Literatur der Psychoanalyse

Herausgegeben von Alexander Mitscherlich

Leopold Bellak / Leonard Small

Kurzpsychotherapie
und Notfall-Psychotherapie

Suhrkamp Verlag

Titel der Originalausgabe: *Emergency Psychotherapy and Brief Psychotherapy*
Aus dem Englischen von Hermann Schultz

Viertes und fünftes Tausend 1975
© 1965 Grune & Stratton, Inc., New York. © dieser Ausgabe Suhrkamp
Verlag Frankfurt am Main 1972. Alle Rechte vorbehalten. Satz und Druck
bei der Allgäuer Zeitungsverlag GmbH, Kempten. Printed in Germany.

Inhalt

»Die Kurzpsychotherapie ist aus einer bitteren praktischen Notlage hervorgegangen, die schon seit eh und je besteht, aber in heutiger Zeit infolge sozialer Umstände immer drückender wird.«

Otto Fenichel
(*The Collected Papers of Otto Fenichel*, New York 1954, S. 243)

»Irgend einmal wird das Gewissen der Gesellschaft erwachen und sie mahnen, daß der Arme ein ebensolches Anrecht auf seelische Hilfeleistung hat wie bereits jetzt auf lebensrettende chirurgische.«

Sigmund Freud
(*Wege der psychoanalytischen Therapie*, Ges. Werke Bd. XII, S. 192)

Vorwort

Dieses Buch ist das Ergebnis einer jahrelangen Beschäftigung beider Autoren mit der Notfallpsychotherapie und anderen Formen der Kurzpsychotherapie. Einer der Autoren kam erstmals im Jahre 1946 notgedrungen dazu, solche Verfahren zu erproben, da die Veterans Administration damals nur en bloc jeweils drei oder vier psychotherapeutische Sitzungen bewilligte und in vielen Fällen ganz ungewiß war, ob einem Verlängerungsantrag stattgegeben werden würde. Bei einer späteren Tätigkeit in einer großen städtischen sozialen Institution war es dann vor allem die beschränkte Zeit, die neben sonstigen Verpflichtungen für psychiatrische Beratungen und Behandlungen zur Verfügung stand, was uns zur Weiterentwicklung der kurzpsychotherapeutischen Technik zwang. Da die Patienten in dieser Institution nach Abschluß der Kurztherapie noch über längere Zeit von Sozialarbeitern weiterbetreut wurden, war nun auch erstmals eine Beurteilung der Behandlungsergebnisse möglich, und die Erfahrungen rechtfertigten unsere Hoffnung, daß eine gut konzipierte Kurztherapie von wenigen Sitzungen durchaus zu anhaltenden Besserungen führen konnte, und zwar bei – z. T. auch schweren – psychischen Störungen verschiedenster Art.

Vor allem wurde dann die »Trouble Shooting Clinic«, die im November 1958 innerhalb der Psychiatrischen Abteilung des City Hospital in Elmhurst (Queens/New York) gegründet worden war, während der nächsten sechs Jahre zu einer Einrichtung, in der speziell notfalltherapeutische und andere kurzpsychotherapeutische Behandlungsmethoden praktisch angewendet und erprobt wurden. Die Trouble Shooting Clinic war vielleicht die erste psychotherapeutische Erste-Hilfe-Station mit 24-Stunden-Dienst. (An einer einzigen anderen Klinik gab es unseres Wissens zu dieser Zeit auch schon eine psychiatrische Notfallambulanz, die aber hauptsächlich deshalb eingerichtet worden war, um die Wartelisten zu verkürzen. Im

Gegensatz dazu war die Trouble Shooting Clinic in Elmhurst als Kern eines Gemeindepsychiatrischen Zentrums konzipiert worden, wobei unsere Bemühungen nicht nur darauf gerichtet waren, die Versorgungsprobleme besser zu bewältigen, sondern vor allem im Sinne der Prävention und Früherkennung psychischer Störungen mehr Patienten *anzuziehen*, um sie möglichst frühzeitig in Behandlung zu bekommen.)

Nachdem die Trouble Shooting Clinic von einem der Autoren (L. B.), seinerzeit Director of Psychiatry am City Hospital, gegründet worden war, war dann auch der andere Autor (L.S.) maßgeblich an der kurzpsychotherapeutischen Ausbildung und Supervision der Mitarbeiter beteiligt.

Daß die Trouble Shooting Clinic als eine neue Behandlungsform sich etablieren und Erfolge erzielen konnte, wie sie auch aus unserem Forschungsbericht (Anhang A in diesem Buch) zu ersehen sind, ist nur den vereinten Bemühungen zahlreicher Kollegen und anderer Mitarbeiter – Psychiater, Psychologen, Sozialarbeiter, Krankenschwestern sowie Vertreter kirchlicher Einrichtungen – zu verdanken. Ihre hervorragende Teamarbeit hat wohl in der Tat ein Beispiel gesetzt, von dem man nur hoffen kann, daß es auch in anderen Einrichtungen dieser Art hier und andernorts nachgeahmt werden wird.

Wir widmen dieses Buch allen unseren Mitarbeitern in der Trouble Shooting Clinic am City Hospital Elmhurst (1958–1964).

Danksagung

Wir sind Verna Small für die Edition des gesamten Manuskripts zu großem Dank verbunden.
Wir danken auch dem Forschungsteam des Trouble-Shooting-Clinic-Projekts – Eva J. Meyer, Max Prola, M.A., Sydney Rosenberg, M.A., und Marcia Zuckerman, B.A. –, ohne deren Mitarbeit und Hilfe die Forschungsstudie, über die im Anhang A dieses Buches berichtet wird, nicht hätte durchgeführt werden können.

L.B., L.S.

Dieses Buch stellt für mich eine willkommene Gelegenheit dar, wenigstens *einigen* der zahlreichen Mitarbeiter des Teams zu danken, deren vereinte Bemühungen die Trouble Shooting Clinic zu einem begeisternden und erfolgreichen Wagnis werden ließen:

R. Altmayer, M.A.	E. Glen, M.D.	P. Park, Ph.D.
M. Babakin, ACSW	F. Gold, ACSW	M. Prola, M.A.
A. J. Beavers, M.D.	F. Goldberg, Ph.D.	S. Rosenberg, M.A.
P. Beskyd, M.D.	L. Goodman, ACSW	A. Rozo, M.D.
I. Bosgang, Ph.D.	M. Kapit, Ph. D.	R. Safrin, Ph.D.
B. S. Brown, M.S.	B. Kimelman, MSS	G. Schauer, M.D.
M. Brzostovski, M.D.	K. H. Klemens	A. Schusdek, M.D.
A. Burney, ACSW	J. C. Laborati, M.D.	J. Schwerner, ACSW
A. Capponi, M.A.	D. E. Lehine, M.D.	I. Siegel, M.A.
W. Caso, M.D.	J. Louie, MSW	L. Small, Ph.D.
S. Chinigo, M.D.	D. Matlaw, MSW	T. Stein
M. A. Code, MSW	W. McDermott, M.A.	J. Villalon, M.D.
R. Cooper, Ph.D.	D. Mercer	L. White, ACSW
E. Edelstein, M.D.	E. J. Meyer	R. Wittenberg, Ph.D.
B. Fischer, ACSW	C. E. Minugh, R.N.	A. Young
A. Fuchs, Ph.D.	E. O'Connor, ACSW	M. Zuckerman, M.A.

sowie mehreren Generationen psychiatrischer Assistenten.

Mein besonderer Dank gilt *Lester Touchman*, M.D., der als Chairman of the Medical Board am City Hospital Center in Elmhurst die verschiedenen Aktivitäten der Psychiatrischen Abteilung als ganzer und insbesondere der Trouble Shooting Clinic stets mit Interesse verfolgt und hilfreich gefördert hat. Darüber hinaus war er ein überragendes Vorbild an hingebungsvoller Bemühung um die Kunst und Wissenschaft der Medizin in einer wahrhaft humanistischen Tradition.

Schließlich möchte ich auch die finanzielle Unterstützung seitens des National Institute of Mental Health dankbar anerkennen, die uns seinerzeit die Vergrößerung der Trouble Shooting Clinic und die wissenschaftliche Auswertung unserer Erfahrungen ermöglichte.

L.B.

Vorwort zur deutschen Ausgabe

Seit der Veröffentlichung der amerikanischen Originalausgabe dieses Buches hat die Praxis der Kurztherapie erheblich an Boden gewonnen, was gewiß nicht nur unserem Buch zuzuschreiben ist, sondern vor allem mit der rapiden Ausbreitung sozialpsychiatrischer Einrichtungen und Dienststellen (Community Mental Health Services) zusammenhängt. Auf diesem Teilgebiet des öffentlichen Gesundheitswesens hat die Kurztherapie mittlerweile eine große Bedeutung für die primäre, sekundäre und tertiäre Prävention psychischer Störungen erlangt.

Die Einrichtung von psychotherapeutischen Ambulanzen hat u. a. dazu geführt, daß psychische Probleme manchmal schon zu einem Zeitpunkt, wo sie sich noch nicht zu stabilen psychopathologischen Syndromen organisiert haben, einer fachgerechten Behandlung zugänglich werden. Im Anschluß an psychische Traumata, z. B. durch eine schwere Krankheit oder Verletzung, oder auch nach einem Objektverlust, einem Verlust der Stellung oder des Selbstwertgefühls kommt es leicht zu einer Regression mit Symptombildung; dieser pathologischen Entwicklung kann man unter Umständen durch eine sofort nach dem auslösenden Ereignis einsetzende Kurztherapie vorbeugen. In solcher primären Prävention sehen wir eine der bedeutsamsten Chancen der Kurztherapie. Psychische Störungen sind zu weit verbreitet, als daß mit den vorhandenen Mitteln und Einrichtungen allen, die es nötig haben, ausreichend geholfen werden könnte; daher müssen wir unsere Hoffnung vor allem auf die Prävention setzen.

Die Kurztherapie vermag ferner auch zur sekundären und tertiären Prävention beizutragen, wo es gilt, die weitere Verschlimmerung einer bereits bestehenden Neurose zu verhüten oder die Invalidität bei chronischen Störungen aller Art einzuschränken.

In manchen Fällen können auch tiefergreifende strukturelle

Persönlichkeitsveränderungen durch eine Kurztherapie erreicht oder zumindest in die Wege geleitet werden, wobei dann oft die *vis medicatrix naturae* uns den Rest der Arbeit abnimmt.

Wir haben aber auch die Erfahrung machen müssen, daß die Kurztherapie – wie jede Behandlungsmethode – nicht vor Mißbrauch bewahrt ist. Falsch ist es in jedem Falle, (1) wenn man sie als Allheilmittel ansieht oder (2) wenn man meint, es handle sich dabei um ein einfaches Verfahren, das keine gründlichere Ausbildung erfordere oder mit dem man keinen Schaden anrichten könne; falsch ist es aber auch (3) zu meinen, daß eine Kurztherapie unter allen Umständen zu wenig sei, um überhaupt etwas nützen zu können.

Ermutigend ist wiederum, daß die Kurztherapie mittlerweile zu einem wertvollen Instrument für erfahrene Psychotherapeuten geworden ist, die sich in psychoanalytischer Dynamik auskennen und die es verstehen, ein Problem präzise zu erfassen und mit entsprechenden verbalen, sozialen, beruflichen oder sonstigen Maßnahmen gezielt anzugehen.

Wir hoffen, daß diese deutsche Ausgabe unseres Buches die praktische Anwendung der Kurztherapie in Deutschland stimulieren wird und darüber hinaus auch unter unseren deutschen Kollegen ein stärkeres Interesse an sorgfältig konzipierten psychodynamischen Behandlungsverfahren wecken möge. Andererseits sind wir auch gespannt, welche Erfahrungen mit dieser Technik in Deutschland gewonnen werden; über jede Mitteilung solcher Erfahrungen würden wir uns sehr freuen.

1. 4. 1970   L.B.   L.S.
              Larchmont, New York   New York City
              U.S.A.   U.S.A.

ERSTER TEIL

Grundprinzipien

I. Die Rolle der Kurz- und Notfall-Psychotherapie

Die dringende Notwendigkeit

In dem Maße, wie die Allgemeinheit sich zunehmend der Bedeutung psychischer Gesundheit und Krankheit bewußt wird, steigen auch die Anforderungen an die mit solchen Problemen befaßten Berufsgruppen. Zugleich stehen nun durch öffentliche Maßnahmen wie z. B. den Community Mental Health Act in den USA (in Deutschland vor allem durch die veränderte Einstellung der Kranken- und Sozialversicherungsträger gegenüber psychischen Krankheiten – Anm. d. Übers.) Mittel zur Verfügung, um mehr an Dienstleistungen dieser Art anzubieten, als dies je zuvor möglich war.

In dieser gegenwärtigen Situation fällt der Notfall-Psychotherapie, anderen Formen der Kurzpsychotherapie und ähnlichen Verfahren eine zumindest zweifache Rolle zu. Zum einen sind solche therapeutischen Techniken entwickelt worden, um trotz des Mangels an kompetenten Fachleuten den Bedürfnissen nach einer Psychotherapie entsprechen zu können, um den Patienten mit den dringendsten Problemen mittels einer Kurztherapie zu helfen oder zumindest so viel Hilfe anbieten zu können, daß ein Kranker durch seine emotionale Störung nicht völlig verkrüppelt wird, sondern wieder fähig ist, – wenn auch keineswegs optimal – weiterzuleben, bis unter Umständen eine gründlichere Hilfe möglich ist.

Zum anderen kann eine Kurzpsychotherapie auch der Prophylaxe dienen: Vielfach läßt sich durch eine sofortige, und sei es auch nur kurze, Behandlung verhüten, daß die Fehlanpassung immer pathologischere Formen annimmt und schließlich eine schwere chronische Störung der gesamten Persönlichkeit resultiert.

So ist es zwar eine ernste Sache, die Psychotherapie verkürzen und beschneiden zu wollen; andererseits aber sind die Gründe, die uns dazu veranlassen, gleichermaßen ernst zu nehmen.

Die Bedürfnisse des Einzelnen

Viele Menschen sind nur in Krisensituationen bereit, sich einer Psychotherapie zu unterziehen; ist die Krise vorüber, so schwindet auch ihre Motivation zur Fortsetzung der Tiefenexploration. In einer solchen Situation hat jeder Psychotherapeut sich zu fragen, ob er dem betreffenden Patienten gegenüber noch eine therapeutische Verpflichtung hat oder nicht. Unsere Auffassung dazu ist natürlich die, daß der Psychotherapeut verpflichtet ist, seinen Patienten zu helfen, so gut er kann und so weit ihre Motivation und ihre Bereitschaft zu einer Psychotherapie reichen.

Im Leben fast aller Menschen gibt es vielerlei Situationen, aus denen heraus schwerwiegendere psychische Probleme entstehen können. Biologische Vorgänge wie Geburt, Ehe, Krankheit und Tod, Familienkrisen durch Sorgenkinder, Ehekonflikte oder finanzielle Schwierigkeiten prägen die Existenz eines jeden Menschen. Der Psychotherapeut kann es ebensowenig ablehnen, solche Probleme mit den Mitteln der Kurzpsychotherapie zu behandeln, wie der Arzt sich weigern könnte, etwa eine akute Blutung zu stillen, weil der Patient eine längere Vitaminbehandlung benötigt.

Die Bedürfnisse der Gesellschaft

Aus dem offiziellen Bericht der Joint Commission on Mental Illness and Health (zu deutsch etwa: Vereinigte Kommission für psychische Gesundheit und Krankheit) geht hervor, daß etwa 17 Millionen Menschen in den Vereinigten Staaten unter behandlungsbedürftigen psychischen Störungen leiden. Dr.

George W. Albee untersuchte im Auftrage der Joint Commission die zahlenmäßigen Entwicklungstendenzen in den verschiedenen Berufssparten, die sich mit psychisch Kranken befassen:

»Der Autor (Albee) zieht mit unverhohlenem Pessimismus den Schluß, daß niemals genügend Fachkräfte zur Verfügung stehen werden, um den krassen Mängeln in der Versorgung unserer psychisch Kranken abzuhelfen, wenn die gegenwärtige Bevölkerungszunahme weiterhin anhält, ohne daß gleichzeitig in entsprechend gesteigertem Umfang Fachkräfte auf dem Gebiet des psychischen Gesundheitswesens bereitgestellt und ausgebildet werden.«[2]

Die Joint Commission schließt sich sodann Albees Grundsatz an, » . . . daß alle, die in diesen Berufen arbeiten, dasjenige tun sollten, womit sie der größtmöglichen Zahl von Hilfsbedürftigen zu helfen vermögen«.
Mehr Psychotherapeuten zur Verfügung zu stellen und auszubilden oder andererseits die Bevölkerungszunahme einzudämmen, wären demnach zwei Möglichkeiten, die zur Lösung der nationalen Probleme psychischer Gesundheit teilweise beitragen könnten. Eine weitere Möglichkeit, rascher wirksam als die beiden zuvor genannten, bestünde darin, die Behandlungskapazität der bereits praktizierenden Psychotherapeuten so weit als möglich zu vergrößern. Wir sind der Überzeugung, daß die Weiterentwicklung und Nutzung kurzpsychotherapeutischer Verfahren unmittelbar Wesentliches zur Erleichterung der ungeheuren Probleme psychischer Gesundheit und Krankheit in unserem Lande beitragen würden. Es besteht ein großer Bedarf an Psychotherapie, der durch die konventionelleren Behandlungsverfahren nicht gedeckt werden kann.

SOZIALPSYCHIATRISCHE REFORMPROGRAMME

Um diesem Bedarf der Allgemeinheit zu entsprechen, wurde das Konzept einer Planung des psychischen Gesundheitswesens auf kommunaler Ebene (community mental health programing) entwickelt, das in zunehmendem Maße zur Anwendung kommt. Nach Caplan[32] sollten solche psychotherapeutischen und kommunalen Reformprogramme als Ziel anstreben, daß eines Tages für alle in der Gemeinde auftretenden Probleme – »und nicht nur für die ein bis zwei Prozent dieser Probleme, für die die vorhandenen Kliniken, sozialen Ämter und privat praktizierenden Therapeuten üblicherweise ausreichen« – kompetente Hilfe angeboten werden kann. Es erscheint weder sinnvoll noch fair, wenn ein Therapeut in einer öffentlichen psychiatrischen Klinik oder in einer sozialen Institution einen einzigen Patienten zwei Jahre lang behandelt und dafür sechzig andere Patienten von der Behandlung ausschließt.

Die Psychotherapeuten sollten erkennen, daß sie selbst dazu beigetragen haben, das Wissen um die Segnungen der Psychotherapie in der Allgemeinheit zu verbreiten. Durch die Erfolge der Psychoanalyse angeregt, sehen heute immer mehr Menschen die Chance, daß eine Psychotherapie ihnen helfen könnte, Krisen zu überwinden oder mit chronischem Leid und Unglück besser fertigzuwerden. Die Effektivität psychoanalytischer Verfahren hat demnach das bewußt empfundene Bedürfnis nach Psychotherapie allgemein gesteigert, ohne daß gleichzeitig auch das Angebot an psychotherapeutischen Behandlungskapazitäten gestiegen wäre. Die Psychoanalyse sieht sich somit vor der Gefahr, daß die therapeutische Praxis unter dem Druck des enormen allgemeinen Bedarfs auf voranalytische Behandlungsmethoden, die bloß vom gesunden Menschenverstand oder von schlichter Menschenfreundlichkeit geleitet sind, zurückfallen könnte, womit zugleich die wertvollen Errungenschaften der Freudschen Hypothesen verlorengingen. Ein solcher Rückschritt ließe sich verhindern, wenn die Psychoanalyse kurzpsychotherapeutische Verfahren entwickeln würde, die auf psychoanalytischen Konzepten, Behandlungsregeln und Theorien beruhen.

Sozialpsychiatrische Reformprogramme sollten aber nicht nur eine umfassendere Therapie psychischer Störungen, sondern auch deren Prävention anstreben.

Im Jahre 1962 explodierte in einer New Yorker Telephonzentrale ein Kessel, wobei viele Frauen aller Altersstufen getötet und hunderte verletzt und psychisch traumatisiert wurden. Die Überlebenden (und ebenso die Familien der Todesopfer) werden aller Voraussicht nach mehr oder weniger ausgeprägte psychische Schäden aufweisen. Wäre die Gemeinschaft in einem solchen Falle nicht verpflichtet, eine Gruppe von gut ausgebildeten Psychotherapeuten zur Verfügung zu stellen, die alle Betroffenen für kurze Zeit behandeln könnten, um auf diese Weise künftigen psychischen und emotionalen Schäden durch die traumatische Erfahrung so weit als möglich vorzubeugen? Bei Erlebnissen, die wie in diesem Falle eine größere Gruppe von Menschen betreffen, wäre z. B. eine Gruppenpsychotherapie von Nutzen.

Im folgenden ein Beispiel, wie die Kurzpsychotherapie im Rahmen eines sozialpsychiatrischen Programms der Prävention dienen kann: Hilgard und Newman[54] untersuchten den Symptombeginn bei einer großen Zahl von Patienten einer psychiatrischen Anstalt und stießen besonders bei den Frauen überraschend häufig auf ein Phänomen, das sie als »Jahrestags-Psychose« (»anniversary psychosis«) bezeichneten. Ein signifikanter Prozentsatz dieser Frauen wurde psychotisch, als ihr ältestes Kind ein Alter erreicht hatte, in dem die Patientinnen selbst ihre Mutter verloren hatten. Mrs. Jones z. B. hatte im Alter von sechs Jahren ihre Mutter verloren; ihre akute Psychose setzte ein, als ihr ältestes Kind sechs Jahre alt wurde. Vermutlich löste dieses Zusammentreffen bei Mrs. Jones eine Reihe von Konflikten aus. Man könnte z. B. die Hypothese aufstellen, daß sie sich stark mit ihrer Tochter identifizierte und bei dieser Gelegenheit erhebliche Wut, Eifersucht und Angst empfand. Eine andere mögliche Hypothese wäre die, daß sie die Tochter mit ihrer eigenen Mutter identifizierte und daß sich aus dieser Umkehrung der psychologischen Positionen für sie ein beträchtlicher Stress ergab.

Wenn wir uns an dieser Stelle einmal eine »Science Fiction«-Phantasie erlauben dürfen, so erscheint es denkbar, daß die

Gemeindepsychiatrie eines Tages so weit entwickelt sein wird, daß das Herannahen solcher Jahrestage mit Hilfe von Computern rechtzeitig bemerkt werden könnte; die schädlichen Auswirkungen derartiger Konstellationen ließen sich dann unter Umständen durch eine präventive Kurzpsychotherapie verhüten. Sicherlich gibt es viele solcher klar umschriebenen Situationen, die voraussehbar zu katastrophalen emotionalen Reaktionen führen; diese Folgen wiederum ließen sich voraussichtlich verhüten, wenn man sie kennen und rechtzeitig, d. h. vorbeugend und nicht erst, nachdem sie bereits eingetreten sind, behandeln würde.

Caplan[32] hat vom »emotionalen Bazillenträger« gesprochen und damit gemeint, daß die emotional gespannte Atmosphäre in einer Familie, einer kleinen Gemeinschaft, einer Fabrik oder in sonstigen umschriebenen Gruppensituationen häufig großenteils von einem einzigen emotional gestörten Menschen ausgeht. Es gibt Schulklassen oder ganze Wohngebiete, in denen durch einen einzelnen gestörten Jugendlichen ganz erhebliche Spannungen entstehen. Durch rechtzeitiges Eingreifen entsprechend ausgebildeter Teams von Psychotherapeuten könnte man eventuell verhüten, daß solche Menschen die ganze Gruppe anstecken. Für präventive Maßnahmen dieser Art bedarf es hauptsächlich zweierlei: zum einen entsprechender Methoden der Erkennung und Voraussage, zum anderen kurzpsychotherapeutischer Verfahren zur vorbeugenden Behandlung.

DIE ROLLE DER KURZPSYCHOTHERAPIE IM ALLGEMEINEN KRANKENHAUS

Heutzutage ist es allgemein üblich, Patienten auf eine Operation mit Antibiotica, Infusionen etc. vorzubereiten; nach dem Eingriff steht schon im Wachsaal alles bereit, um eventuell auftretende Zwischenfälle und Komplikationen sofort behandeln zu können. Entsprechend wäre auch eine präoperative und postoperative Psychotherapie bei allen Patienten wünschens-

wert, die sich einer Amputation oder sonstigen psychisch trau-
matisierenden Operationen unterziehen müssen. Eine präoper-
rative, vorbereitende Kurzpsychotherapie könnte sich beispielsweise auf die subjektive Bedeutung des betreffenden
Traumas bzw. Organverlustes richten. Man würde z. B. darauf
eingehen, was der Verlust eines Armes für den Patienten be-
ruflich bedeutet, was er für sein Selbstwertgefühl bedeutet,
wie dadurch eine Tendenz zur Passivität verstärkt werden
könnte usw. Hysterektomien, Prostatektomien und viele andere Operationen werfen spezielle Probleme auf.

Im City Hospital Center in Elmhurst, einem Stadtteil von
New York*, nimmt regelmäßig ein Psychiater an den Visiten
der Internisten und Chirurgen teil, so daß sowohl die Ärzte
wie die Patienten sich daran gewöhnen, einen Psychiater um
sich zu sehen und mit ihm zu sprechen, wodurch auch die Bereitwilligkeit gefördert werden soll, ihn gegebenenfalls um Rat
zu fragen. Der Psychiater konnte auf diese Weise vielfach Patienten, die es nötig hatten, mit einer kurzen Fokalpsychothe-
rapie helfen.[13, 14, 18]

Am City Hospital Center in Elmhurst gab es daneben auch
eine psychiatrische Beratungsstelle für die Ärzte dieser Gemeinde. Jeder von ihnen konnte kommen und emotionale Probleme seiner Patienten, die im Zusammenhang mit den jeweils
behandelten Krankheiten aufgetreten waren, im einzelnen besprechen. Beispiele dafür sind etwa der Patient mit einer rheu-
matischen Herzkrankheit, der lange Zeit im Bett bleiben muß,
oder auch der Patient, der sich nicht an wesentliche ärztliche
Maßregeln hält.

Die ständige Anwesenheit eines psychotherapeutischen Teams
in der internistisch-chirurgischen Notfall-Ambulanz, und zwar
tags- und nachtsüber, hat unter anderem die Erfahrung er-
bracht, daß viele von den Patienten, die mit Symptomen einer
Appendicitis oder eines stenocardischen Anfalls hereinkom-
men, in Wirklichkeit unter Angst- und Panikreaktionen oder

* Dies gilt für die Zeit von 1958–64, als Leopold Bellak Leiter der dortigen
psychiatrischen Klinik war.

25

unter sonstigen emotionalen Problemen verschiedenster Art leiden, die sich mittels einer Kurzpsychotherapie behandeln lassen. Dies gilt insbesondere für die Nachtstunden, in denen emotionale und psychosomatische Störungen stark gehäuft auftreten.[20]

Definition der Kurz- und Notfall-Psychotherapie

Die Psychotherapie kann durchaus eine gute Wissenschaft sein. Ihre Praxis impliziert eine ganze Reihe von Hypothesen, die eine Erklärung sowohl erfordern als auch erlauben. Das Aufstellen von Hypothesen gibt uns die Möglichkeit, diese dann auch in der klinischen Praxis zu prüfen. Darüber hinaus hat die Formulierung einer psychodynamischen Hypothese über den jeweiligen Patienten den Vorteil, daß sie den Therapeuten weitgehend davor bewahrt, sich von persönlichen Motiven, vagen Vermutungen, Intuition, Sympathie und einer Vielzahl sonstiger unangemessener Faktoren irreführen zu lassen. Die Praxis der Kurzpsychotherapie erfordert in ganz besonderem Maße vom Therapeuten, daß er bei allem, was er tut, immer von einem festen Bestand an gesicherten Fakten und relevanten Hypothesen ausgehen muß. Allein schon wegen der Kürze der Behandlung kommt es auf höchstmögliche Präzision des Denkens und äußerste Ökonomie des therapeutischen Vorgehens an. Die Kurzpsychotherapie, wie wir sie hier definieren wollen, wird im Rahmen von einer bis zu sechs therapeutischen Sitzungen von üblicher Dauer, d. h. von jeweils 45–50 Minuten, durchgeführt. Für diese Form der Psychotherapie gilt ganz besonders, daß sie keineswegs leicht ist. Der Therapeut muß mit schärfster Aufmerksamkeit auf alle bedeutungsvollen Mitteilungen des Patienten achten, muß rasch die gemeinsamen Nenner für sich selbst ausformulieren und die ausgelassenen Stücke aus seiner eigenen Sicht ergänzen, und fast gleichzeitig muß er entscheiden, wie er am fruchtbarsten intervenieren kann, wobei er verschiedene mögliche Interventionen gegen seine Einschätzung der Ichstärke und der realen Lebensumstände und Voraussetzungen des Patienten abwägen muß. In einer Kurzpsychotherapie hat der Therapeut keine Zeit, die allmähliche Entwicklung einer Einsicht abzuwarten; er muß Einsicht fördern. Er hat auch nicht die Zeit, das schrittweise Durcharbeiten der Konflikte abzuwarten; vielmehr muß er den Patienten dazu anregen, seine Probleme selbst durchzuarbeiten. Und wo diese grundlegenden Aspekte des therapeutischen Prozesses nicht in Gang kommen, muß er Alternativen finden. Die Kurz- und Notfall-Psychotherapie ist somit eigentlich Sache des erfahrenen Praktikers, die den vollen Einsatz seiner Fähigkeiten verlangt. So und nicht anders ist der kurzpsychotherapeutische Prozeß zu verstehen, wenn er nicht grobem Mißbrauch ausgeliefert werden soll.

Die Kurzpsychotherapie ist eine stark verkürzte Form der traditionellen Psychotherapie, die immer dann in Frage kommt, wenn entweder die Lebenssituation des Patienten oder aber der Rahmen, in dem die Therapie durchgeführt wird, keine andere Wahl lassen. Als Notfall-Psychotherapie bezeichnen wir eine Kurzpsychotherapie in besonderen Dringlichkeits- und Krisensituationen.

THEORETISCHE GRUNDVORAUSSETZUNGEN

Die Kurzpsychotherapie, wie sie in diesem Buch dargestellt wird, hat ihre Wurzeln in der klassischen psychoanalytischen Theorie. Die psychoanalytische Orientierung scheint uns noch am ehesten systematisch geordnete Hypothesen zu bieten, welche klinischer und – wie zu hoffen ist – auf die Dauer auch experimenteller Verifikation, Modifikation oder Falsifikation zugänglich sind. Ihre Gültigkeit ist natürlich eine relative: Manche Bestandteile der Freudschen Theorie, teils wesentliche, teils unwesentlichere, sind keineswegs gesichert, während andere wiederum vieles zum Verständnis menschlichen Verhaltens beitragen. Wie dem auch sei, die fundamentalen Prinzipien der Kurzpsychotherapie leiten sich jedenfalls aus dem Verständnis normalen und abnormen menschlichen Verhaltens her, wie es in der klassischen psychoanalytischen Psychologie verankert ist. Ohne hier die psychoanalytische Theorie revidieren oder verkürzen zu wollen, müssen wir nun unser Augenmerk auf mehrere grundlegende Konzepte der Freudschen Theorie richten. Sie sind es, auf die unser Verständnis der Symptome und Beschwerden des Patienten und die Wahl des jeweiligen Vorgehens in der Kurzpsychotherapie sich gründet.

Determinismus

Freud hat als erster das Kausalitätsprinzip in Form des psychischen Determinismus auf seelische Vorgänge angewandt und seine Gültigkeit demonstriert. Gemeint ist mit diesem Prinzip, daß jeder psychische Effekt, jeder Erkenntnisprozeß, jeder Verhaltensakt das Ergebnis einer spezifischen Ursache bzw. eines Komplexes von Ursachen und selbst wiederum die Ursache für weitere Wirkungen sein muß. Die Praxis und Theorie der freien Assoziation, die Auffassung der Symptome als sinnvoller psychischer Akte, schließlich die Traumdeutung gründen sich sämtlich auf die Annahme unbewußt wirksamer Kausalzusammenhänge.

Das ganze theoretische Gebäude der Psychotherapie und Psychoanalyse steht auf dem Felsen des psychischen Determinismus. Der Therapeut muß von der Annahme ausgehen, daß jeder psychische Akt eine Ursache habe; das Prinzip des Determinismus verpflichtet ihn dazu, in jedem Falle nach dieser Ursache zu suchen. So forschen wir nach auslösenden Ursachen unter den rezenten Ereignissen und nach disponierenden Ursachen in der weiter zurückliegenden Vergangenheit, und zwar sowohl im Individuum selbst wie auch in dessen soziokultureller Umwelt. Die Herstellung kausaler Zusammenhänge ist auch eine notwendige Voraussetzung für die Wahl des jeweiligen therapeutischen Vorgehens: Was geschehen ist, muß wieder ungeschehen bzw. rückgängig gemacht werden. Das Rückgängigmachen eines Symptoms erfordert ein gezieltes Eingreifen unter Berücksichtigung der jeweiligen Ursachen.

Seit Ende des 19. Jahrhunderts hat das wissenschaftliche Bezugssystem, von dem aus Freud seine Vorstellungen zum Determinismus formuliert hatte, verschiedene Veränderungen durchgemacht, und entsprechend hat sich auch der Begriff des Determinismus (und sein allgemeineres Gegenstück, das Kausalitätsprinzip) in vieler Hinsicht gewandelt.

Bereits das Freudsche Konzept der Überdeterminiertheit psychischer Vorgänge impliziert ja in gewissem Sinne, daß ein psychischer Akt von mehr als einem Faktor verursacht wird (vgl. nächsten Abschnitt). Eine Weiterentwicklung dieses Gedankens in der Medizin ist Selyes Feldtheorie, derzufolge Krankheiten nicht durch einen einzelnen ätiologischen Faktor, sondern durch eine ganze Matrix verschiedener Stressfaktoren verursacht werden. Eine weitere Modifikation des Determinismus ergibt sich zwangsläufig aus der Heisenbergschen Unschärferelation in der Physik, aus der Wahrscheinlichkeitstheorie und den darauf beruhenden statistischen Verfahren. Aus dieser neuen Sicht betrachtet man Ursachen und Wirkungen nicht mehr als Glieder einer starren Kette, sondern vielmehr als Ereignisse, von denen man erwarten kann, daß sie *mit sehr hoher Wahrscheinlichkeit* aufeinanderfolgen.

Für die praktischen Zwecke der Psychotherapie, insbesondere der Kurzpsychotherapie, bleibt jedoch nach wie vor die streng empirische Auffassung kausaler Beziehungen am sinnvollsten, ähnlich wie z. B. auch in der angewandten Mechanik.

Überdeterminiertheit psychischer Vorgänge

Im Verlaufe einer Psychotherapie erweist sich oft, daß ein bestimmter Effekt das Ergebnis mehrerer verschiedener Kräfte ist, die teils der früheren Entwicklung des Patienten, teils der gegenwärtigen Situation entstammen. Der erfahrene Therapeut ist daher gar nicht erstaunt, wenn die Behandlung *einer* Ursache auf den betreffenden Effekt keinen Einfluß hat; vielmehr sucht er in einem solchen Falle nach weiteren zusätzlichen Ursachen. Vor allem aus dem Aspekt des »Durcharbeitens« im psychotherapeutischen Prozeß ergibt sich ja notwendigerweise, daß der Therapeut das Prinzip der Überdeterminiertheit psychischer Vorgänge stets im Auge behalten muß, denn sobald eine Kausalkette durchgearbeitet ist, erhebt sich die Notwendigkeit, nach weiteren zu suchen, die dann ihrerseits wiederum durchgearbeitet werden müssen.

Kontinuität der Persönlichkeit und Unbewußtes
Es ist vielleicht die erstaunlichste und großartigste Leistung der Psychoanalyse, daß sie die scheinbare Zusammenhanglosigkeit, die Diskontinuitäten des manifesten Verhaltens durch die Agnoszierung des Unbewußten zu überbrücken vermochte, wodurch wir heutzutage imstande sind, beispielsweise den Inhalt eines Traumes, die Gedanken und Interessen vom Tage vor dem Traum und die vom darauf folgenden Tage in einen lückenlosen Zusammenhang zu ordnen.

Alltägliche Fehlleistungen wie etwa Versprechen, Verlesen, Namenverwechslungen usw. sind weitere Beispiele für scheinbare Diskontinuitäten dieser Art, die gewöhnlich sofort sinnvoll werden, sobald man das Konstrukt des Unbewußten einführt.

Setzt man den Begriff der Kontinuität der Persönlichkeit in Beziehung mit dem des Unbewußten, so erhält man die Möglichkeit, vergangene Ursachen für die gegenwärtigen Wirkungen zu bestimmen. Freud hat nicht ausdrücklich von der Kontinuität der Persönlichkeit gesprochen; dieses Konzept ist aber implizit in seiner Auffassung enthalten, daß alle wesentlichen Grundzüge der Persönlichkeit bereits um das fünfte Lebensjahr herum ausgebildet seien. Man nimmt demzufolge an, daß Verhaltensunterschiede, die erst im späteren Leben manifest werden, mit Schwankungen im intrapsychischen System, einem quasi-geschlossenen System, zu erklären seien, insofern die Persönlichkeit sich in ständiger Wechselwirkung mit ihrer Umwelt befindet. Man sollte daher vielleicht besser sagen, daß die Theorie von der Kontinuität der Persönlichkeit impliziert, daß die Reaktionen des Individuums auf seine Umwelt nach der Kindheit nur noch innerhalb einer gewissen *beschränkten Varia-*

tionsbreite stattfinden, die weitgehend durch die bereits früher ausgebildeten psychischen Strukturen festgelegt ist.

Die Frage, ob die Persönlichkeit durch ihre Wandlungen hindurch grundsätzlich »dieselbe« bleibe, was natürlich eng mit dem Begriff der Kontinuität zusammenhängt, ist ein theoretisch sehr komplexes Problem und geht eigentlich über den Rahmen dieses Buches hinaus. Es mag hier genügen zu erwähnen, daß natürlich ein und dieselbe Summe von Teilen ganz verschiedene Konfigurationen oder *Gestalten* annehmen kann, ähnlich wie in einem Kaleidoskop. In psychoanalytischen Begriffen würde man sagen, daß immer eine Vielzahl verschiedenster Trieb/Abwehr-Kombinationen gleichermaßen möglich ist.

Allports Theorie der »autonomen Funktionen«[4], Whites Motivationstheorie[100] und andere weniger genetisch orientierte Persönlichkeitstheorien spielen zwar für die klinische Arbeit keine wesentliche Rolle, aber es handelt sich dabei doch immerhin um wichtige Konstrukte, die mit psychoanalytischen Hypothesen durchaus vereinbar sind.

Homöostase

Jones[61] hat beschrieben, wie Freud in seinen Schriften mehrfach auf das Konstanzprinzip des Organismus, auch im Psychischen, hingewiesen hat, womit er eigentlich schon in etwa den später von Cannon formulierten Begriff der Homöostase sowie neuere Anwendungen dieses Begriffs auf psychische Phänomene, beispielsweise von Menninger[75] und v. Bertalanffy[24], vorweggenommen hat. Das Lustprinzip in der Freudschen Theorie besagt ja unter anderem, daß der Organismus eine Tendenz in Richtung auf Befriedigung von Trieben – d. h. in Richtung auf einen Gleichgewichtszustand – besitzt, sowohl wahrnehmungsmäßig wie physiologisch und in anderer Weise. Das Realitätsprinzip, der Gegenspieler des Lustprinzips, ergibt sich, indem das Ich allmählich eine Art Umwegverhalten erlernt, d. h. die unmittelbare Triebbefriedigung im Einklang mit soziokulturellen Forderungen hemmt. Sowohl Freud[43] wie auch Hartmann[52] haben darauf hingewiesen, daß die Tiere über Instinkte verfügen, die Triebbefriedigung und Selbst- und Arterhaltung sichern, während der Mensch zur Befriedigung der psychischen Instanz des Ichs bedarf, das zwischen Trieben und Realität vermittelt. Freud war der Überzeugung, daß die Kulturentwicklung immer dichtere Wechselbeziehungen zwischen den Individuen und daher auch eine immer stärkere Regulierung des individuellen Verhaltens erfordere. Damit aber komme es leicht zu Konflikten, die ihrerseits wiederum immer komplexere Umweghandlungen notwendig machen, wenn man eine sozial akzeptable Triebbefriedigung erreichen will.

Von daher wurde die neurotische Symptombildung als instabiler Kompromiß zwischen Triebbefriedigung einerseits und Triebhemmung durch erlernte Verhaltensmuster andererseits aufgefaßt.

Der neuere Begriff der psychischen Homöostase bringt die Notwendigkeit mit sich, auch die strukturellen Persönlichkeitsaspekte stets im Auge zu behalten – das Es, das Ich und das Über-Ich. Es gilt, die jeweiligen Gleichgewichtslagen zwischen diesen verschiedenen Persönlichkeitsanteilen zu bestimmen: die Triebstärke in Relation zur Stärke der verschiedenen Ichfunktionen, die diese Triebe mit anderen Bedürfnissen und Forderungen vermitteln, und schließlich die Art und Stärke der an das Ich gestellten Überich-Forderungen, wobei die Beurteilung alle metapsychologischen Gesichtspunkte – den genetischen ebenso wie den dynamischen, ökonomischen, adaptiven, topischen und strukturellen – zu berücksichtigen hat.

ABGRENZUNG GEGENÜBER DER PSYCHOANALYSE

Nachdem wir nun beschrieben haben, wie die Kurzpsychotherapie in der psychoanalytischen Theorie wurzelt, müssen wir als nächstes die Kurzpsychotherapie wiederum im Hinblick auf die therapeutischen Ziele und andere Faktoren von der Psychoanalyse abgrenzen.

Therapeutische Ziele

Die Notfall-Psychotherapie ist eine Behandlungsmethode für *Symptome* oder *Fehlanpassungen,* die auf Grund ihres stark beeinträchtigenden oder gefährdenden Charakters oder z. B. auch in Situationen, wo der Patient katastrophalen Ereignissen ausgesetzt ist, sofortige Abhilfe erforderlich machen. Das Behandlungsziel der Kurzpsychotherapie beschränkt sich auf die Heilung oder Besserung bestimmter Symptome; es umfaßt hingegen nicht eine tiefergreifende Persönlichkeitswandlung, sieht man davon ab, daß jede psychodynamische Intervention sekundär und gewissermaßen selbsttätig eine gewisse Umstrukturierung der Persönlichkeit zur Folge haben kann. Mit dieser Orientierung am Symptom hängt zusammen, daß die Kurzpsychotherapie nur darauf abzielt, die jeweilige psychodynamische Situation so weit zu bessern, daß der betreffende Mensch weiterhin selber mit seinen Problemen fertig wird, daß »die Natur« den weiteren Heilungsprozeß von selbst vollenden kann oder daß wenigstens die Selbständigkeit und Belastbarkeit des Patienten genügend zunimmt, um gegebenenfalls – sofern dies angezeigt ist – eine eingehendere Psychotherapie anschließen zu können. Liegt z. B. bei einem Patienten ein gestörtes Gleichgewicht zwischen Triebdruck und Realitätsforderungen oder auch zwischen Triebdruck und Überich-Ansprüchen vor, so bestünde das therapeutische Ziel darin, den Patienten durch die Behandlung so weit zu bringen, daß eine spontane Wandlung eintritt, die es ihm ermöglicht, wieder zurechtzukommen oder vielleicht sogar von sich aus noch mehr zu erreichen. Gelingt es, bei gestörter Ausgangslage die Homöostase wiederherzustellen, und sei es auch nur für kurze Zeit, so gewinnt der Patient dadurch einerseits die Überzeugung, daß sein Zustand sich grundsätzlich bessern kann, und zum anderen die Motivierung, weiter zu suchen und sich aktiv für seine Heilung einzusetzen.

Die auf das Symptom gerichteten Bemühungen der Kurzpsychotherapie sind notwendigerweise begrenzt. Selbst durch eine intensive Psychotherapie lassen sich die Symptome nicht mehr völlig zum Verschwinden bringen. Um so mehr gilt für die Kurzpsychotherapie, daß es nur um eine graduelle Besserung gehen kann, daß man sich hinsichtlich der therapeutischen Ziele darauf beschränken muß, zumindest eine gewisse Besserung im Verhalten und im subjektiven Befinden des Patienten zu erreichen und ihn so weit zu stärken, daß er sich ggf. einer gründlicheren Behandlung unterziehen kann – sei es, weil er inzwischen besser dafür motiviert ist oder weil er sie sich durch bessere Arbeitsfähigkeit jetzt leisten kann. Zugleich aber möchten wir betonen, daß für viele Menschen eine relativ begrenzte Psychotherapie allein schon ausreicht, um ihnen bis zu dem Punkt zu verhelfen, von dem aus der Heilungsprozeß dann autonom fortschreiten kann; dieses Phänomen ist in der gesamten Medizin wohlbekannt, ob man es nun in den Begriffen der Selyeschen Theorie faßt oder in dem optimistischen homöopathischen Begriff der »*vis medicatrix naturae*«.

Der zeitliche Rahmen

Bei einer Notfall-Psychotherapie ergibt sich selbstverständlich schon aus dem erheblichen Leidensdruck oder aus der Gefährdung des Patienten die Notwendigkeit, sofort einzugreifen und so rasch wie möglich, meist schon in der ersten therapeutischen Sitzung, dem Patienten Erleichterung zu verschaffen.

Von Kurzpsychotherapie hingegen kann man sprechen, wenn die Behandlung eine Zeitspanne von 1–6 Sitzungen (oder jedenfalls eine relativ beschränkte Anzahl von Sitzungen) umfaßt. Die Dauer der Kurzpsychotherapie ist häufig schon automatisch durch die äußeren Umstände der Behandlung festgelegt. An vielen Universitäten werden jeweils vom psychologischen Institut oder von der psychiatrischen Klinik aus Kurzpsychotherapien durchgeführt, die von vornherein auf eine bestimmte Stundenzahl beschränkt sind, meist unter zwanzig. In großen städtischen Kliniken wird es im Interesse einer optimalen Nutzung der therapeutischen Möglichkeiten wahrscheinlich erforderlich sein, die Stundenzahl psychotherapeutischer Behandlungen eher noch zu verkürzen.

Methoden

Herkömmlicherweise wird in der Psychoanalyse die Methode der freien Assoziation benutzt, um die psychischen Kausalzusammenhänge aufzudecken, die Übertragung herzustellen und dem Patienten durch Deutungen des durch freie Assoziationen hervorgebrachten Materials zur Einsicht zu verhelfen. Der Patient liegt dabei auf einer Couch, während der Analytiker hinter ihm sitzt; diese Anordnung hat zum Zweck, dem Patienten das freie Assoziieren zu erleichtern und dem Analytiker zu ermöglichen, daß er die momentane Situation relativ unstrukturiert halten kann.

In der Kurzpsychotherapie hingegen spielen freie Assoziationen keine so grundsätzliche Rolle, es sei denn, daß sie als Reaktion auf spezielle Reize von seiten des Therapeuten auftreten, beispielsweise wenn es darum geht, eine informative und wirklich relevante Anamnese zu erheben. Dennoch wäre es falsch zu glauben, daß die freie Assoziation in der Kurzpsychotherapie überhaupt keine Rolle spiele. Jede menschliche Kommunikation unter Bedingungen, die es gestatten, auch auf strukturierte Reize relativ frei zu reagieren, umfaßt ein gewisses Maß an freier Assoziation. Der Anteil der freien Assoziation ist demnach bei den diversen Verfahren der Psychotherapie graduell verschieden; bei der psychoanalytischen Methode ist er am größten, in der Situation der Kurzpsychotherapie dagegen geringer.

Bei der Kurzpsychotherapie liegt der Patient nicht auf einer Couch, sondern er sitzt dem Therapeuten gegenüber. Diese Anordnung ergibt sich sowohl aus der Methode und Zielsetzung einer solchen Therapie, als auch aus der zeitlichen Beschränkung.

In der Psychoanalyse ist die Deutung das wichtigste Mittel des Analytikers, um dem Patienten zur Einsicht zu verhelfen. Dies gilt auch für die Kurzpsychotherapie, wenngleich die Deutungstechnik hier, wie wir sehen werden, durch die Erfordernisse der Dringlichkeitssituation erheblich modifiziert wird. Sehr oft werden hier Deutungen in Situationen und in einer Weise angewandt, wie man sie niemals in einer Psychoanalyse verwenden würde. Vor allem aber werden in der Kurzpsychotherapie Deutungen, d. h. psychodynamische Interventionen, mit therapeutischen Eingriffen anderer Art (somatische Behandlung, Milieuveränderung usw.) kombiniert, die in der klassischen Psychoanalyse niemals oder nur ganz selten in Frage kommen. Darüber hinaus wird die Qualität einer jeweiligen Deutung nicht absolut nach dem Kriterium bemessen, inwieweit sie dem Patienten zur Einsicht verhilft. Da das Ziel der Kurzpsychotherapie in einer relativen Besserung der Symptome besteht, wird auch die Einsicht-fördernde Wirkung einer Deutung immer in bezug auf dieses Ziel beurteilt.

Die Analyse der Übertragungskonflikte gilt als der eigentliche Heilungsfaktor des Prozesses, in dessen Verlauf es im Rahmen der analytischen Situation zu einem Wiederaufleben der Beziehungen, die der Patient ursprünglich zu seinen Eltern oder zu anderen Menschen hatte, kommt. Die Handhabung der Übertragung soll in einem späteren Abschnitt eingehend besprochen werden; wir möchten aber schon hier feststellen, daß in der Kurzpsychotherapie von Anfang bis Ende eine positive Übertragung erstrebt und möglichst aufrechterhalten wird. Man läßt nicht nur zu, daß eine positive Übertragung sich entwickelt, sondern fördert sie sogar und regt sie an. Indem die Kurzpsychotherapie das Ziel der Symptomheilung oder zumindest Symptombesserung verfolgt, läßt sie den Therapeuten als einen Menschen erscheinen, der wohlwollendes Interesse für den Patienten zeigt, der ihm hilft und der aktiv eingreift. Die positive Übertragung wird gefördert, ja vorausgesetzt. Das Auftreten einer negativen Übertragung versucht man nach Möglichkeit zu vermeiden, und wenn es doch dazu kommt, so geht man nur in jenen seltenen Fällen darauf ein, wo die negative Übertragung sich in hilfreicher Weise mit anderen Äußerungen in Beziehung setzen läßt oder wo sie dem therapeutischen Fortschritt im Wege steht.

Indikationen

Eine Psychoanalyse im engeren Sinne ist ganz allgemein dann indiziert, wenn eine gute Ichstärke gegeben ist, wenn keine unmittelbar drängenden Probleme vorliegen und wenn es sich um eine chronische, ausgedehntere und tief verwurzelte Störung handelt.

Die Notfall-Psychotherapie ist bei akuter emotionaler Dekompensation, unter schwer destruktiven Umständen und in Situationen, die mit unmittelbarer Lebensgefahr für den Patienten oder andere Menschen verbunden sind, angezeigt. Die Kurzpsychotherapie allgemein kommt für jene Patienten in Betracht, deren Probleme keine eigentliche Psychoanalyse erfordern oder einer solchen nicht zugänglich sind.

Eine Kurzpsychotherapie kann aber auch aus anderen Gründen angezeigt sein, z. B. wenn in dem betreffenden Falle mehr gar nicht erforderlich ist oder auch, wie es häufig der Fall ist, wenn in Anbetracht von Faktoren wie Zeit, Geld, Behandlungskapazitäten usw. mehr gar nicht angeboten werden kann. Wir denken beispielsweise an die Situation in den USA kurz nach dem Zweiten Weltkrieg, als die Veteran's Administration – als Kostenträger des seinerzeit größten Psychotherapie-Programms – mit Psychiatern Verträge zur Behandlung von ehemaligen Kriegsteilnehmern abschloß, in denen sie nur die Kosten für jeweils drei psychotherapeutische Sitzungen übernahm; manchmal konnte der Vertrag noch einmal oder sogar mehrmals für jeweils drei Sitzungen verlängert werden, in anderen Fällen aber war das nicht möglich. Der Psychiater war somit verpflichtet, auf die reale Lebenssituation und die nächstliegenden Bedürfnisse des Patienten einzugehen und ihn innerhalb der vertraglich festgelegten Zeitspanne zu behandeln. Es gibt aber auch Fälle, wo nicht die Kostenfrage oder der Mangel an Therapeuten, sondern die Lebenssituation des Patienten nur eine Kurzpsychotherapie in Frage kommen läßt. Dieses Problem stellt sich beispielsweise sehr oft bei Kaufleuten, insbesondere bei Handlungsreisenden, die auf Grund ihrer beruflichen Verpflichtungen vielleicht jede zweite Woche oder auch jeweils zwei von vier Wochen unterwegs sein müssen oder vielleicht nur einen oder zwei Tage im Monat in die Stadt kommen können. In solchen Fällen ist natürlich nur eine Kurzpsychotherapie angezeigt.

Wenn ein Patient nicht ambulant kommen kann, so ist dies oft schon für sich genommen eine Indikation zur Kurzpsychotherapie. Manchmal muß die Behandlung telephonisch eingeleitet werden. So hatte z. B. eine unserer Patientinnen, eine Frau von Mitte fünfzig, erfahren, daß ihr Ehemann an einem malignen Tumor leide. Darüber war sie so betroffen, daß sie das Haus nicht mehr zu verlassen wagte, nicht einmal für eine kurze Besorgung. Wenn ihr Ehemann nicht schlafen konnte, so schlief auch sie nicht; war er aufgeregt und verzweifelt, so war auch sie es; mußte er erbrechen, so erbrach auch sie. In dieser Situation war nicht nur die Frau dringend hilfebedürftig, sondern es fehlte dadurch auch ihrem Mann an der nötigen Fürsorge und an einer ruhigen, vernünftigen Einstellung zu seiner Krankheit, die sie ihm in ihrem Zustand nicht zu vermitteln imstande war. In diesem Falle war es möglich, den Circulus vitiosus durch Telephongespräche so weit zu durchbrechen, daß die Behandlung dann in der Praxis fortgesetzt werden konnte.

Auch der institutionelle Rahmen, in welchem ein Psychotherapeut tätig ist, legt manchmal von vornherein eine kurzpsychotherapeutische Technik nahe. Wer als Psychotherapeut in einer großen sozialen Institution, in der psychiatrischen Ambulanz eines großen städtischen Krankenhauses oder in einer Beratungsstelle für Studenten arbeitet, wird häufig schon auf Grund des unveränderlichen Gesetzes von Angebot und Nachfrage – d. h. infolge des Mißverhältnisses zwischen dem Angebot an Psychotherapeuten und der Nachfrage derer, die einer Psychotherapie bedürfen – Kurzpsychotherapie praktizieren müssen.

Zusammenfassend sind also für die Indikation zur Kurzpsychotherapie folgende Gesichtspunkte maßgebend: (1) die Akutheit oder auch die relativ leichte Ausprägung der vorliegenden

Störung, (2) die derzeitigen Lebensumstände des Patienten und (3) der Rahmen, in welchem die Psychotherapie durchgeführt werden kann.

Selbst in dringendsten Fällen jedoch wird der Entschluß, eine Kurzpsychotherapie einzuleiten, letztlich immer davon abhängen, ob der Therapeut in der Lage ist, sich von der Art, der Psychodynamik und der Behandelbarkeit der Störung des Patienten ein klares Bild zu machen.

Kontraindikationen zur Kurzpsychotherapie

Unsere klinischen Erfahrungen haben erwiesen, daß eine Kurzpsychotherapie bei nahezu jeder Art von psychischen Störungen zumindest von einigem Nutzen sein kann. Sogar bei einer jungen Patientin mit einer sehr ausgeprägten narzißtischen Charakterstörung gelang es, sie wenigstens zu einer gewissen Distanzierung von ihrem Verhalten zu bringen und damit möglicherweise die Voraussetzungen zu weiteren spontanen Änderungen zu schaffen. Auch psychotische Zustände sprachen zum Teil gut auf eine solche Behandlung an.

Kontraindiziert ist eine Kurzpsychotherapie zunächst einmal ganz offensichtlich in solchen Fällen, wo sie bereits versucht worden ist und sich als unzureichend erwiesen hat. Weiterhin gibt es eine Reihe von Fällen, wo – sofern die Umstände eine längere Behandlung erlauben – eine eingehendere Psychotherapie oder eine klassische Psychoanalyse das Verfahren der Wahl darstellen. Unter diese Kategorie fallen insbesondere Charakterneurosen, insofern es sich dabei zumeist um komplexere Störungen handelt, die oft nicht genügend unmittelbaren Leidensdruck mit sich bringen, um den Patienten zu einer Änderung stark zu motivieren.

Es gilt überhaupt, daß in allen Fällen, wo ein tiefergreifender Strukturwandel des Chrakters und der Persönlichkeit erwünscht und erreichbar ist, eine Kurzpsychotherapie nicht das geeignetste Behandlungsverfahren darstellt. Hierunter fallen sowohl Psychosen als auch komplexe und hartnäckige Psychoneurosen und Soziopathien mit stark ausgeprägtem Agieren.

Ein großer Teil dessen, was hier über die Indikationen und Kontraindikationen zur Kurzpsychotherapie gesagt wurde, versteht sich weitgehend von selbst. Es gibt jedoch interessante Grenzfälle, wo man hinsichtlich der geeignetsten Therapieform geteilter Meinung sein kann, d. h. wo die einen eine langfristige Psychotherapie oder Psychoanalyse für indiziert halten, während andere die Auffassung vertreten, daß die damit verbundenen Nachteile einer Protrahierung dissoziativer Prozesse, einer Förderung des sekundären Narzißmus und schließlich einer eventuellen Chronifizierung eher zugunsten einer Kurzpsychotherapie sprechen. Man kann nur sagen, daß auch in jenen Fällen, wo eine langfristige Psychotherapie oder Psychoanalyse prinzipiell möglich und den Umständen nach durchführbar ist, die jeweiligen Vorteile und Nachteile einer längeren Behandlung und einer Kurzpsychotherapie sorgfältiger gegeneinander abgewogen werden sollten, als dies bisher üblich zu sein scheint.

WIDERSTÄNDE VON PSYCHOANALYTISCHER SEITE

Gewisse Widerstände gegen das Konzept der Kurzpsychotherapie von seiten unserer psychotherapeutischen Kollegen ergeben sich daraus, daß wir unsere Arbeit als Psychotherapeuten mit dem analytischen Prozeß identifizieren und uns diesem verpflichtet fühlen. Diese Identifizierung und Verpflichtung läßt sich unter verschiedenen Gesichtspunkten betrachten.

Wenn der Heilungsvorgang hauptsächlich an die subtilen und komplexen Schicksale der Übertragungsneurose im analytischen Prozeß gebunden ist, so folgen daraus unmittelbare Einwände gegen ein Vorgehen, welches u. a. die positiven Aspekte der Übertragung direkt anregt und unterstützt und welches darüber hinaus dem Therapeuten, obwohl er nur über relativ wenige Informationen verfügt, viel mehr Verantwortung zum Handeln überläßt als das klassische psychoanalytische Verfahren. Für viele gut ausgebildete Psychotherapeuten stellt ein

Vorgehen, das nicht die Übertragung entwickelt, deutet und durcharbeitet, keine wirkliche Behandlung dar.

Dem analytischen Verfahren entspricht eher eine allmähliche Entfaltung und Aufhellung der Diagnose als die zielstrebigen diagnostischen Maßnahmen der Kurzpsychotherapie. Viele Analytiker halten an der Ansicht fest, daß die Diagnose sich erst nach und nach im Verlauf der Behandlung klären lasse. In der Kurzpsychotherapie dagegen ist die Klärung der Diagnose eine unumgängliche Anfangsphase der Behandlung.

Man kann natürlich leicht sagen, daß viele Psychotherapeuten, die die Kurzpsychotherapie gegenüber der Psychoanalyse abwerten, auf diese Weise nur ihre ungelösten Identitätsprobleme zu erkennen geben. Wesentlicher erscheint es uns, darauf hinzuweisen, daß die Ziele der Kurzpsychotherapie nicht die der Psychoanalyse sind und daß daher auch ihre Methoden Modifikationen der klassischen analytischen Methode darstellen.

Möglichkeiten der Ausbildung in der Psychotherapie

Allein schon die Dauer einer Psychoanalyse oder auch einer intensiven Psychotherapie setzt allen Methoden der Ausbildung in diesen Verfahren eine gewisse Grenze. Die Vorgänge, um die es hier geht, lassen sich nicht alle photographisch oder auf Tonband für Ausbildungszwecke festhalten. Und es ist auch dem Studenten nicht möglich, Jahre hinter dem Einwegspiegel zu verbringen, um erfahrene Therapeuten bei der Arbeit zu beobachten. Wir haben infolgedessen zur Ausbildung junger Psychotherapeuten die Methoden der Lehranalyse und der Behandlung von Patienten unter Kontrolle (Supervision) entwickelt. Durch diese beiden Prinzipien – Lernen durch direkte Beobachtung des Lehranalytikers und Supervision durch direkte Beobachtung des angehenden Psychotherapeuten – ließ sich insgesamt die Qualität der Ausbildung verbessern. Die Ausbildung könnte aber darüber hinaus noch eine Fülle weiterer klinischer Erfahrungen mit den verschiedensten Patienten-

typen und Arten von Störungen vermitteln, wenn die Fortgeschrittenen neben ihren regulären Ausbildungsveranstaltungen
typische Behandlungsprobleme an Fallbeispielen demonstriert
bekämen, nämlich durch direkte Beobachtung oder durch Tonbandaufnahmen von Kurzpsychotherapien, die von einem erfahrenen Lehrtherapeuten durchgeführt werden.

Nur selten wird der angehende Psychotherapeut direkt »in
situ« bei seiner Arbeit kritisch beobachtet; üblicherweise ist es
vielmehr so, daß er seinem Kontrollanalytiker jeweils *nachher*
über einen Behandlungsabschnitt berichtet, wobei dieser Bericht durch die dazwischen liegende Zeit und die Verdrängung
immer schon an Unmittelbarkeit verloren hat. Darüber hinaus
braucht ein Psychotherapeut im Verlaufe seiner Ausbildung
selten mehr als drei Fälle unter Kontrolle zu behandeln. Dagegen könnten fortgeschrittene Ausbildungskandidaten unter
fortlaufender sorgfältiger Kontrolle durchaus Kurzpsychotherapien mit einer weitaus größeren Anzahl ausgewählter Patienten durchführen. Die Kurzpsychotherapie könnte demnach
dem angehenden Psychotherapeuten bessere Möglichkeiten sowohl zu einer umfassenderen klinischen Erfahrung als auch zu
einer direkteren Kontrolle seiner Tätigkeit bieten.

II. Theorien und Grundprinzipien der Kurzpsychotherapie

Psychotherapie läßt sich kurz definieren als *verbale oder sonstwie symbolische Interaktion zwischen einem Therapeuten und einem Patienten, die sich an einer Reihe von in sich geordneten und schlüssigen Konzeptionen orientiert und auf das Ziel einer positiven Änderung des Patienten ausgerichtet ist.* Der Akzent liegt hier auf der Notwendigkeit einer klaren Konzeption, die alle Interventionen des Therapeuten leiten muß, d. h. diese müssen logisch begründet sein in einer Persönlichkeitstheorie und in speziellen Hypothesen hinsichtlich der Diagnose, der Krankheitsdynamik und der Behandlung der Ursachen und/ oder Folgen der Störung. Diese Definition ist zwar unzureichend, aber sie macht es doch möglich, alle Behandlungsverfahren auszuschließen, die sich nur auf den »Instinkt« oder die »Kunst« des Therapeuten, auf die Intuition (wir sprechen hier nicht von der Intuition als einer vorbewußten Form begrifflichen Denkens), den Glauben oder schließlich auf schlichte Menschenfreundlichkeit gründen. Unsere Definition soll den Rahmen für eine systematische Methodologie der Psychotherapie abstecken.

Auf logische Weise gewonnene Leitkonzeptionen müssen die Grundlage einer jeden Form von Therapie bilden, gleich ob es sich nun um Psychoanalyse, intensive Psychotherapie, Notfallpsychotherapie, Kurzpsychotherapie oder auch um Psychopharmakotherapie, Elektroschock- oder Insulinkoma-Therapie handelt. Ein Behandlungsverfahren, das sich auf eine logische Leitkonzeption stützten kann, verdient allemal Aufmerksamkeit, genauere Nachprüfung und Aufwand an Forschung. Alle sonstigen Verfahren sind allenfalls Zufallstreffer nach der Versuch-und-Irrtum-Methode, blinde Bemühungen, dem Patienten zu helfen, die aber dem gegenwärtigen Entwicklungsstand der Wissenschaft nicht mehr angemessen sind.

Es gilt weiterhin zu bedenken, daß *allgemeine* Richtlinien in der Psychotherapie für sich allein zumeist nicht ausreichen, wenn man mehr als nur eine flüchtige, oberflächliche Besserung erreichen will. Jenseits aller Gemeinsamkeiten menschlichen Verhaltens ist doch jedes Individuum einzig in seiner Art und weist ganz individuelle Störungen, eine individuelle Ichstruktur und eine jeweils einzigartige persönliche Vorgeschichte auf. Man darf daher nicht meinen – wie dies leider so oft geschieht –, in der Psychotherapie komme es nur auf ein paar allgemeine Prinzipien an. Man stößt bei jedem Patienten auf andere Probleme. Behandlungsmethoden, die nicht gewissenhaft von einer ausführlichen Diagnose und einem individuellen Therapieplan ausgehen, sind unzulänglich. Die unspezifische Verordnung einer Psychotherapie – handle es sich nun um eine Eheberatung, Kommunikationstherapie, Arbeitstherapie, Familientherapie, Gruppentherapie oder Psychoanalyse nach welcher Schule auch immer – ist unzureichend, solange sie nicht ergänzt und begründet wird durch spezielle, auf den individuellen Patienten zugeschnittene Hypothesen hinsichtlich der Diagnose, der Psychodynamik und der optimalen Therapie.

In diesem Kapitel sollen nun die der Kurzpsychotherapie zugrundeliegenden Theorien und Prinzipien dargestellt werden, die es dem Therapeuten ermöglichen, ausgehend von einem allgemeinen Begriffsmodell menschlichen Verhaltens zu speziellen Hypothesen hinsichtlich der Verhaltensstörungen des einzelnen Patienten zu gelangen.

Grundprinzipien der dynamischen Psychotherapie

Drei Vorgänge spielen bei allen Formen dynamischer, psychoanalytisch orientierter Psychotherapie eine grundlegende Rolle: Kommunikation, Einsicht und das sogenannte Durcharbeiten. Das gilt auch für die Kurzpsychotherapie; wir wollen daher genauer auf diese Prozesse eingehen.

Wie in allen menschlichen Interaktionen, so ist auch in der Psychotherapie Kommunikation der erste und grundlegende Vorgang. Der Patient teilt dem Therapeuten seine Probleme, seine Vorgeschichte und seine gegenwärtige Lebenssituation mit. Die Mitteilungen des Patienten können dabei in verschiedenster Form erfolgen. Zum einen gibt es rein verbale Kommunkationen, beispielsweise Berichte, Beschreibungen, freie Assoziationen. Kommunikation findet aber auch über die Mimik und andere motorische Äußerungen statt: sei es, daß der Patient sich auf die Finger beißt, die Stirn runzelt, auf seinem Stuhl hin- und herrutscht, mit den Füßen auf dem Boden trappelt, sich am Ohr zupft. Das Erzählen von Träumen spielt sich auf einer Kommunikationsebene ab, wo der Patient, zu diesem Zeitpunkt jedenfalls, über keine volle Kenntnis des Inhalts seiner Mitteilungen verfügt. Das grundlegendste Kommunikationsmedium in der Psychotherapie ist natürlich die Sprache. Die Wortwahl des Patienten, sein Sprechtempo, sein Sprachstil und die Art der Darstellung, was er betont und was nicht, – alle diese Merkmale vermitteln dem Therapeuten wertvolle Informationen. Fällt dem Patienten die Verbalisierung seiner Gedanken schwer, so läßt sich die Kommunikation durch bestimmte Maßnahmen, auf die wir später noch zurückkommen werden, fördern; wir denken hier an psychologische Tests, bestimmte Pharmaka sowie die Hypnose.

DIE EINSICHT DES THERAPEUTEN

Während der Patient sich mitteilt, achtet der Therapeut genau auf die Grundmuster, die »gemeinsamen Nenner« im Verhalten des Patienten, auf dessen Gedanken, Gefühle und Erlebnisse, vor allem im Hinblick auf deren Zusammenhang mit den Symptomen. Der Begriff der Verhaltens- und Erlebnismuster ist hier sehr weit gefaßt. Wir unterscheiden grundsätzlich zwischen horizontalen Mustern (d. h. dem jeweiligen Querschnitt des gegenwärtigen Verhaltens und Erlebens) und vertikalen Mustern (d. h. den Längsschnitts-Konfigurationen, den genetischen Vorläufern des aktuellen Verhaltens). Darüber hinaus ist die fortlaufende Beobachtung des Verhaltens in bezug zum Therapeuten von Bedeutung. Der Psychotherapeut steht vor der Aufgabe, jeweils den »gemeinsamen Nenner« dieser drei Arten von Verhaltens- und Erlebnismustern, wie wir sie hier ganz global voneinander unterschieden haben, zu finden; denn solche gemeinsamen Nenner enthalten die Erklärung für das gegenwärtige Verhalten des Patienten, unabhängig davon, ob es sich um adaptives Verhalten oder um Fehlanpassungen handelt.

KOMMUNIKATION – VOM THERAPEUTEN ZUM PATIENTEN

Der Therapeut ist nun gerüstet, seine Einsicht dem Patienten mit Hilfe von Deutungen zu kommunizieren. Dabei ist es das Ziel, dem Patienten zu vermitteln, wie der Therapeut die »gemeinsamen Nenner« seiner verschiedenen Verhaltensmuster versteht. Da also Deutungen darin bestehen, verschiedene Verhaltens- und Erlebnismuster jeweils »auf einen Nenner zu bringen« und diesen dem Patienten einsichtig zu machen, so ergibt sich von selbst, daß es verschiedene Ebenen der Deutung gibt. Und weiterhin auch, daß manche Deutungen mit anderen verschränkt sind, an andere anschließen, so daß insgesamt oft eine umfangreiche Deutungsarbeit erforderlich ist, um die frühere Vorstellungswelt des Patienten zu rekonstruieren bzw. neu zu strukturieren. Man weiß auch, daß der Psychotherapeut neben der Deutung im engeren Sinne auch Interventionen anderer Art verwendet. Unter Umständen sind mehrere vorbereitende und klärende Interventionen erforderlich, bis der Zeitpunkt für die eigentliche Deutung gekommen ist. Der Psychotherapeut wird also, bevor er die definitive Deutung bestimmter Verhaltensweisen oder Erlebnisse formuliert, häufig zunächst eine Reihe von partiellen oder abgeschwächten Deutungen anbieten, sei es, um den Patienten selbst an die vom Therapeuten entdeckte Einsicht heranzuführen, um den Boden für die Mitteilung der Deutung vorzubereiten oder um die Bereitschaft des Patienten zur Annahme der Deutung zu prüfen.

Oft muß man die Aufmerksamkeit des Patienten zuerst einmal durch ein paar »fokusierende« Bemerkungen auf eine relevante Thematik hinlenken. Manchmal ist es auch erforderlich, dem Patienten zusätzliche Informationen zu geben, um die Deutung ganz verständlich zu machen.*

Der Psychotherapeut muß ebenso sehr auf seine eigene Rede achten wie auf die des Patienten. Die Wortwahl des Therapeuten, sein Sprechtempo, Betonungen oder Flüchtigkeiten, ein warmherziger, spöttischer oder gar ablehnender Ton in der Stimme – alles dies wird von den Patienten ebenso genau wahrgenommen und verstanden wie der verbale Inhalt des Gesprochenen.

Die Einsicht des Patienten

Im günstigen Falle folgt nun als nächstes die Einsicht beim Patienten. Damit ist gemeint, daß der Patient in seinem Erleben, Fühlen, Denken und Verhalten ein bisher unerkanntes Grundmuster, eine bestimmte Konfiguration oder Verlaufsgestalt wahrzunehmen vermag. Dieser Vorgang kann sich auf sehr verschiedene Weise äußern. Zuweilen fällt es dem Patienten plötzlich »wie Schuppen von den Augen«, so daß man mit dem treffenden Ausdruck eines bekannten Psychologen von einem »Aha-Erlebnis« sprechen könnte. In anderen Fällen hat es eher den Anschein, als ob dem Patienten eine Einsicht erst langsam dämmere und allmählich ins Bewußtsein dringe. Die Einsicht

---

* Es gibt natürlich neben der verbalen noch viele andere Formen der Kommunikation. Strupp[96] z. B. zählt dazu in seiner Analyse der Interventionsmöglichkeiten des Therapeuten u. a. auch das Schweigen und die wortlose Zuwendung.

kann sich auch in Form von Lachen manifestieren; Psychoanalytiker sprechen in solchen Fällen von »symptomatischem«
Lachen und nehmen es als ein Zeichen dafür, daß es beim Patienten »geklingelt« hat. Der gleiche Vorgang kann sich auch
in Tränen, in einem Wutausbruch oder unter Anzeichen von
Angst äußern. Das Verstehen bzw. die Einsicht, um die es hier
geht, betrifft also eine sowohl intellektuelle wie emotionale
Wahrnehmung »gemeinsamer Nenner«, d. h. prägnanter Gestalten im eigenen Erleben und Verhalten. Der höchste Grad
von Einsicht ist dann gegeben, wenn dieses emotional-intellek-
tuelle Verstehen eine Gesamtgestalt umfaßt, die sowohl die
aktuelle Lebenssituation als auch die Übertragung, frühere Erlebnisse und insbesondere die Verknüpfungen von bewußter
und unbewußter Motivation einschließt.

DURCHARBEITEN

Hat nun der Patient bestimmte »gemeinsame Nenner« in seinem Verhalten verstanden bzw. wahrzunehmen gelernt, so erwarten wir jetzt, daß er das Gelernte auch zur Anwendung
bringen wird. Hat er beispielsweise eingesehen, daß er auf seinen Chef eine Feindseligkeit projiziert, die eigentlich seinem
Onkel gilt, so kann man annehmen, daß er beim nächsten Zusammentreffen mit dem Chef zwar weiterhin feindselige Gefühle hegen, aber zugleich auch sich erinnern wird, was über
seine Aggressivität und deren Projektion besprochen wurde. Er
wird also seine feindseligen Motive gegenüber dem Chef zunächst willentlich korrigieren; nach einer gewissen Zeit wird
dann, wie bei allen Lernvorgängen, aus der erst willkürlichen
Beherrschung allmählich eine mehr automatische, unbewußte
Kontrolle, bis schließlich der Patient seinen aggressiven Impuls
nicht mehr projiziert. Ein noch früherer Schritt im Prozeß des
Durcharbeitens besteht vielleicht schon darin, daß der Patient
eine gewonnene Einsicht verallgemeinert und begreift, daß er
das von ihm erkannte Verhalten nicht nur in der Situation X,

sondern auch in der Situation Y zeigt, woraufhin er dann sein Verhalten in beiden Situationen auf eine gemeinsame Ursache zurückführen kann.

Das Durcharbeiten ist also ein Vorgang, bei dem der Patient eine neu erlangte Einsicht auf eine Vielzahl analoger Situationen anwendet, für die das gleiche Verhaltensschema gilt. Auf diese Weise schärft er die bewußte Aufmerksamkeit für sein manifestes Verhalten und dessen Ursachen. Im wesentlichen handelt es sich hier um einen Lernvorgang im Sinne einer Verhaltenskorrektur; die therapeutische Veränderung besteht, metapsychologisch gesehen, in einem Strukturwandel der Persönlichkeit, indem durch den Prozeß des Verstehens das Ich gestärkt, der Triebdruck vermindert und/oder der Gewissensdruck, d. h. die Überich-Forderungen, modifiziert werden.

Oft jedoch führt das Durcharbeiten nicht zum gewünschten Erfolg einer Symptombesserung. Der Therapeut sieht sich dann vor die Frage gestellt, ob die gewonnene Einsicht unzutreffend ist oder ob das betreffende Verhalten noch weitere bisher unverstandene Determinanten hat. Meistens ist letzteres der Fall, d. h. der Therapeut und der Patient kommen zu der Erkenntnis, daß das Symptom »überdeterminiert« ist. Der therapeutische Prozeß beginnt also von neuem, so lange bis die weiteren Determinanten des betreffenden Verhaltensmusters geklärt und durchgearbeitet worden sind.

So viel zu den allgemeinen Prinzipien der dynamischen Psychotherapie, die in gleicher Weise auch für die Kurzpsychotherapie gelten.

Die Formulierung der Diagnose

Bestand früher die Diagnose in einer bloß deskriptiven Kennzeichnung der vorliegenden Störung, so umfaßt sie beim heutigen Stand unseres Wissens mehr: nämlich auch genauere Aussagen über die Wechselbeziehungen zwischen der Person des Patienten, wie er uns in der therapeutischen Situation begegnet, und seiner Lebensgeschichte. Zur Diagnose gehört also eine exakte Bestimmung der Beziehungen zwischen dem betreffenden Individuum und den Ereignissen, die es in verschiedenen Lebensabschnitten geprägt haben, sei es, daß diese Ereignisse mit einzelnen Bezugspersonen zusammenhingen oder die soziokulturelle Lebenssituation insgesamt betrafen. Dabei ist stets zu berücksichtigen, welche organischen Voraussetzungen (Reifungsstand, Krankheiten usw. – soweit sich das beurteilen läßt) beim Patienten zum Zeitpunkt des betreffenden Erlebnisses bestanden und in welchem Entwicklungsstadium er sich derzeit befand. Das Problem wird noch weiterhin dadurch kompliziert, daß nicht nur jeweils einzelne Erlebnisse zu beurteilen sind, sondern auch die Auswirkungen des Ereignisses X unter Berücksichtigung der vorangegangenen Ereignisse Y und Z. So z. B. wenn die Tatsache, daß ein Patient als Kind seine Mutter verloren hat, in Beziehung zu setzen ist mit der vorherigen Ankunft eines Geschwisters und noch früher mit einer längeren Abwesenheit des Vaters.

Nicht alle Persönlichkeitsfaktoren lassen sich in eine eins-zu-eins-Beziehung zu bestimmten Erlebnissen setzen; wir haben es nicht nur mit einzelnen Erlebnissen zu tun, aus denen jeweils eine lineare Reihe weiterer Ereignisse folgt, sondern vielmehr kann es auch so sein, daß sich aus Erfahrungen verschiedenster Art Erlebniskonstellationen ergeben, die gestaltpsychologisch gesehen mehr sind als die Summe ihrer Teile. Solche Konstellationen wirken dann als Ganzes auf alle späteren Erfahrungen ein. Unsere Aufgabe wird auch durch ein weiteres Moment nicht gerade erleichtert: dadurch nämlich, daß die rigide deterministische Denkweise des 19. Jahrhunderts uns heute überholt erscheint. Stattdessen gilt es heute in der Diagnostik Wahrscheinlichkeiten gegeneinander abzuwägen, d. h. eine diagnostische Hypothese wird bestenfalls nur einen Anhalt geben für die wahrscheinlichsten Verhaltensmanifestationen, die wir bei einem Patienten zu erwarten haben. Glücklicherweise steht uns mit der psychoanalytischen Theorie in ihrer heutigen Form ein Bezugssystem zur Verfügung, das ein nutzbringendes und verläßliches Arbeiten ermöglicht, sofern man es vernünftig und konsequent anwendet.

In der Kurzpsychotherapie geht es darum, wie schon der Name sagt, innerhalb der kürzestmöglichen Zeitspanne psychotherapeutisch zu handeln. Eine solche Zielsetzung erfordert, daß das Handeln nicht vom blinden Zufall diktiert wird, sondern in einer klaren Erfassung der Gesamtsituation fest verankert sein muß, womit erst die Möglichkeit gegeben ist, die Beschwerden des Patienten mit der Dynamik der auslösenden Situation und andererseits auch mit lebensgeschichtlichen Faktoren in Beziehung zu setzen. Die abschließende Diagnose sollte schließlich auch einen Hinweis darauf geben, an welchen Faktoren sich am ehesten etwas ändern läßt und mit welchen Methoden eine solche Änderung bewirkt werden kann. Klagt z. B. ein Patient über Depersonalisationsgefühle in bestimmten Situationen, so wäre es die Aufgabe der Diagnostik zu bestimmen, was in dieser Situation vorgeht, welche früheren Erlebnisse den Patienten für derartige Situationen sensibilisiert haben, was man daran ändern kann und schließlich, wie man therapeutisch vorgehen soll.

Von einem anderen Gesichtspunkt her kann man es so ausdrücken: die erste Aufgabe der Diagnostik ist es, das Symptom zu verstehen, wobei dieses Verständnis von der allgemeinsten bis zur speziellsten Bedeutung des betreffenden Symptoms reicht. Freud verdanken wir die wertvolle Erkenntnis, daß jedes Symptom sowohl einen Wunsch als auch ein Stück Abwehr enthält. Weiterhin hat die klinische Erfahrung ergeben, daß verschiedene Symptome relativ feststehende Bedeutungen haben. So entsteht z. B. eine Depression (1) als Folge einer Kränkung des Selbstwertgefühls, (2) nach dem Verlust oder bei drohendem Verlust eines Liebesobjekts, (3) infolge einer Wendung aggressiver Impulse gegen die eigene Person. Darüber hinaus gilt es aber die speziellen Bedeutungen, die das Symptom für den Patienten hat, zu erkennen, wobei sehr genaue Details aus der Lebensgeschichte und der jetzigen Situation zu berücksichtigen sind. Nehmen wir z. B. eine 60jährige Frau mit einer Depression, deren gegenwärtige Lebenssituation die ist, daß sie ihren kurz zuvor schwer erkrankten Ehemann pflegen muß. Was ist nun bei dieser Depression der Wunsch und was die Abwehr? Hängt die depressive Verstimmung der Patientin mit einem Verlust ihres Selbstwertgefühls zusammen? Liegt der Anlaß in dem drohenden Verlust ihres geliebten Ehemannes, worin sich vielleicht ein früher erfahrener Liebesverlust wiederholt? Oder ist sie depressiv geworden, weil sie sich ärgert, die Arbeit einer Krankenpflegerin tun zu müssen, womit gewisse Einschränkungen sozialer Art verbunden sind, sie sich womöglich mit früheren sozialen Frustrationen und vergleichbaren Reaktionen darauf in Beziehung setzen lassen?

Ein wesentlicher Leitgedanke bei der Formulierung besteht darin, daß die Psychodynamik der aktuellen Situation ihre Wurzeln in der Lebensgeschichte und Persönlichkeitsentwicklung eines Menschen hat. Freud hat festgestellt, daß eine Neurose bei einem Erwachsenen nur dann auftreten kann, wenn sich in der Gegenwart eine traumatische Kindheitssituation wiederholt. Man versteht die jetzige Krankheit erst, wenn man die auslösende Situation deutlich als eine Konstellation erkennt, in der sich eine frühere wiederholt, und wenn man die Bedeutung aller gegenwärtig wirksamen Faktoren klar abschätzen kann.

Die Diagnose ist ein komplexes Urteil über vorliegende Störungen. Dazu aber muß die Art der Störung sowohl deskriptiv erfaßt als auch mit den relevanten zeitlichen Variablen in Beziehung gesetzt werden. Lehrbuchmäßige Beschreibungen von Krankheitsbildern sind notgedrungen grob und oberflächlich. Die psychoanalytische Theorie dagegen ist ein Instrument, das eine detaillierte Erfassung der verschiedenen Ichfunktionen (und der jeweils individuellen Muster ihrer Beeinträchtigung) ermöglicht, womit die Grundlage für eine qualitativ-quantitative Beurteilung einer Störung gegeben ist. Für die Psychosen gilt insgesamt, daß dabei die Ichfunktionen relativ schwerer gestört oder auch mehr Ichfunktionen eingeschränkt sind, als dies bei den Neurosen oder innerhalb der Spielbreite des Normalen der Fall ist. Die verschiedenen Krankheitsgruppen, darunter auch die hirnorganischen Bilder, sind jeweils durch ziemlich spezifische Störungsprofile gekennzeichnet. Mit der Krankheitslehre der Psychoanalyse steht uns eine Reihe von ausgezeichneten psychodynamischen Hypothesen zur Verfügung, die auch Mischbilder, Grenzfälle und Übergänge von einem Syndrom zum anderen verstehbar machen, und zwar dadurch, daß hier von Kräftespielen die Rede ist, die sich bei manchen Menschen und unter bestimmten Bedingungen zu den klassischen Krankheitsbildern stabilisieren, während sie in anderen Fällen in Fluß bleiben. Die Verwendung eines Profils der Ichfunktionen gestattet es, die Beschwerden des Patienten auf die Psychodynamik der auslösenden Situation und auf lebensgeschichtliche Faktoren zu beziehen. Zugleich ermöglicht ein solches Profil dem Therapeuten, diejenigen Faktoren zu erkennen, an denen sich am ehesten etwas ändern läßt, und bietet zugleich Anhaltspunkte hinsichtlich der Methoden, mit denen eine solche Änderung bewirkt werden kann. Auf die Beurteilung der Ichfunktionen zu diagnostischen und therapeutischen Zwecken werden wir an späterer Stelle noch genauer eingehen.

Die Formulierung der Diagnose hat also zum Ziel, den Patienten mit seinen Beschwerden psychodynamisch zu verstehen und eine Reihe von Hypothesen bezüglich der Ursachen aufzustellen, die sodann an Hand von lebensgeschichtlichen Daten abgesichert werden müssen. Nehmen wir als Beispiel einen Patienten, der in ziemlicher Panik zur Behandlung kommt, weil er an einem Verlust der Hautsensibilität um den Mund herum leidet. Der Patient ist ein intelligenter Mann Anfang 40, von Beruf Angestellter. Er klagt darüber, daß er seit einigen Jahren mit seiner Frau schlecht auskomme, daß zwischen ihnen eine Entfremdung eingetreten sei, was ihm sehr nahegehe. Er berichtet aber auch, daß er ähnliche Symptome schon einmal während einer längeren Reise gehabt habe, nämlich als er zum ersten Male für längere Zeit von zu Hause fort war. Diese wenigen Anhaltspunkte erlauben bereits die Hypothese, daß der Patient starke Abhängigkeitsbedürfnisse hat und dazu neigt, sich oral frustriert zu fühlen.

Der Patient teilt nun außerdem mit, er habe vor seiner Ehe zwei Liebesverhältnisse gehabt, die aber beide enttäuschend verlaufen seien. Jedesmal kam es anschließend zu einer ziemlich lange anhaltenden Depression. Die Anamnese ergab weiterhin, daß er bis ins fünfte Lebensjahr hinein an der Brust gestillt worden war. Wir wissen nun aus klinischen Erfahrungen, daß es die gleichen Probleme mit sich bringen kann, wenn man von etwas zu viel bekommt, wie wenn man zu wenig bekommt. Wir können also die Hypothese aufstellen, daß dieser Patient als Kind oral sehr verwöhnt worden ist, was bei ihm ein hohes Maß an oralen Erwartungen geweckt und ihn für Enttäuschungen durch orale Frustrationen prädisponiert hat.

Diese Hypothesen wiederum erklären die Lokalisation seiner Symptome in der perioralen Region. Um die Lippen-Anästhesie zu erklären, bedarf es einer weiteren Hypothese: Sie läßt sich als Abwehrphänomen verstehen, nämlich als Verleugnung einer intensiven Sehnsucht nach der Brust, genauer: des Wunsches, die Brust in seinem Mund zu haben. Psychodynamisch läßt sich die Situation also folgendermaßen charakterisieren: Es besteht ein starker, aber unbefriedigter oraler Wunsch, gegen den sich eine heftige Abwehr erhebt, woraus schließlich das Symptom entstanden ist. Genau genommen ist noch eine Zusatzhypothese erforderlich: Die Versagung weckte Wut und Feindseligkeit gegen das frustrierende Liebesobjekt, d. h. in der aktuellen Situation gegen die Ehefrau, früher gegen die Mutter. Metapsychologisch gesehen handelt es sich also um einen Konflikt zwischen Triebwunsch und Zensur, wobei der Konflikt durch Verleugnung des Wunsches in Form der Anästhesie gelöst wurde. In den Begriffen der Ich-Psychologie läßt sich der Sachverhalt wie folgt kennzeichnen: Verdrängung des Triebwunsches, Verstärkung der Abwehr und Störung in den Objektbeziehungen.

Waelder[99] verdanken wir eine knappe und schlüssige Darstellung der Entwicklung der modernen Ich-Psychologie. Daß die Psychoanalyse sich den Fragen der Ich-Psychologie erst relativ spät zuwandte, bringt Waelder damit in Zusammenhang, daß das Ich in der frühen Phase der psychoanalytischen Theorie mit der bewußten Vorstellungsmasse gleichgesetzt wurde, die in den Kompetenzbereich der akademischen Psychologie fiel; den Psychoanalytikern war zu der Zeit mehr daran gelegen, zu zeigen, daß jede Äußerung des Ichs auch libidinöse Anteile enthält. Erst allmählich zeigte sich, daß diese frühe Auffassung immer wieder in Widerspruch mit klinischen Erfahrungen geriet, so daß nun das Interesse der psychoanalytischen Forschung sich mehr und mehr dem Ich zuwandte, vor allem auf Grund der Entdeckung, daß Teile des Ichs selbst unbewußt sind. Der erste Aspekt, unter welchem das Ich analytisch bedeutsam wurde, war seine Rolle beim unbewußten Widerstand, woraus sich dann der Begriff der Abwehrmechanismen entwickelte; man versteht darunter Abwehrtechniken, die das Individuum in Gefahrensituationen verwendet. Anna Freud[40] hat die Erforschung dieser Abwehrmaßnahmen des Ichs erheblich vorangebracht und gezeigt, daß die Analyse der Widerstände Aufschlüsse darüber vermittelt, welche Abwehrformen jemand vorzugsweise benutzt. Beobachtet man etwa in einer bestimmten Situation beim Patienten einen bestimmten Abwehrmechanismus und stellt man fest, daß er sich auch in anderen Lebenssituationen des Patienten wiederfinden läßt, so hat man es mit einem stabilen Verhaltensmerkmal des Patienten zu tun. Der betreffende Abwehrmechanismus läßt sich dann in gleicher Weise wie ein Es-Impuls analysieren, d. h. auf seine genetischen Ursprünge zurückführen. Kurzum, die speziellen Triebstrebungen des Patienten einerseits und die verschiedenen Formen des Umgangs mit gefährlich erscheinenden Triebimpulsen andererseits wurden für die analytische Arbeit gleich wichtig. Dennoch galt das Interesse der Psychoanalytiker lange Zeit in erster Linie den unbewußten Anteilen des Ichs, während Funktionen wie z. B. Lernen, Wahrnehmen und Denken die Domäne der akademischen Psychologie blieben.

Diese Situation änderte sich jedoch mit den Arbeiten von Hartmann[50]. Er erweiterte den Begriff der Abwehr zu dem der Anpassung. Weiterhin beschrieb er eine »konfliktfreie Sphäre« des Ichs, später gleichgesetzt mit dem Bereich der »autonomen Ichfunktionen« – u. a. Lernen, Wahrnehmen und Denken –, die damit zu angemessenen Gegenständen einer psychoanalytischen Psychologie wurden.

Heutzutage hat die Beschreibung und Beurteilung des Ichs und der Stärke seiner verschiedenen Funktionen eine zentrale Bedeutung für die psychoanalytische Deskription, Diagnose, Prognose und Behandlung vieler Störungen gewonnen.

Ichleistungen sind bei jeder emotionalen Störung in mehr oder weniger großem Umfange mitbetroffen. Daher gibt die Beurteilung der Stärke einzelner Ichfunktionen darüber Auskunft, welche Funktionen durch den Krankheitsprozeß zusammengebrochen oder geschwächt und welche relativ gut erhalten geblieben sind. Damit hat der Therapeut zugleich Anhaltspunkte für den Verlauf und die Ziele der Behandlung gewonnen. Denn er kennt jetzt sowohl die zu therapierenden Persönlichkeitsanteile als auch die erhaltenen Ichfunktionen (den »intakten Rest« des Ichs, wie Katan[64] es bei Psychotikern genannt hat), auf die man sich in der Behandlung stützen kann. Eine solche Beurteilung der Ichfunktionen spielt vor allem in der Praxis der Kurzpsychotherapie eine zentrale Rolle, wo die Formulierung der Diagnose den ersten wesentlichen Schritt darstellt.

Die Kenntnis der Ichfunktionen und ihrer Störungen sowie die Fähigkeit, auf Grund lebensgeschichtlicher Daten eine rasche Beurteilung dieser Funktionen vorzunehmen, gehören zur Grundausrüstung des Psychotherapeuten. Wir bringen deshalb im folgenden eine kurzgefaßte (und daher notgedrungen skizzenhafte) Darstellung einiger Gruppen von Ichfunktionen und ihrer jeweiligen Störungen. Eine isolierte Beschreibung des Ichs vernachlässigt die wechselseitigen Beziehungen zwischen dem

Ich und den übrigen psychodynamischen Faktoren. Trotz dieser Einschränkungen erfüllt der folgende schematische Abriß der Ichfunktionen und ihrer Störungen doch einen praktischen Zweck, indem er ein Bezugssystem für die Diagnose und die Therapie darstellt. Unsere Darstellung folgt den Kriterien von Beres[22] in der von Bellak[12] weiter ausgearbeiteten Form.

REALITÄTSBEZUG

Wir haben es hier mit drei Aspekten des Realitätsbezuges zu tun: mit der Anpassung an die Realität, der Realitätsprüfung und dem Realitätsempfinden oder Wirklichkeitssinn.

Anpassung an die Realität

Der Begriff der »Anpassung an die Realität« überschneidet sich notwendigerweise sowohl mit der synthetischen Funktion des Ichs als auch mit den autonomen Ichfunktionen der Wahrnehmung, des Denkens und des motorischen Handelns. Weiterhin umfaßt die Realitätsanpassung auch die Triebkontrolle und den Gebrauch von Abwehrmechanismen. Es empfiehlt sich, »Anpassung« hier im Hinblick auf den soziokulturellen Kontext zu verstehen: wie jemand im Leben zurechtkommt, die Beziehungen zur Familie, Schule, Beruf, Ehe, Krisenbewältigung usw. In diesem Zusammenhang ist ein Begriff aus der Sozialpsychologie nützlich: der Begriff der Rolle. Ein adäquates Funktionieren in den verschiedenen Rollen des realen Lebens geht parallel mit einem adäquaten Verhalten insgesamt und ist somit ein wesentlicher Gesichtspunkt bei der psychodiagnostischen Beurteilung eines Patienten.

Störungen in der Fähigkeit zur Anpassung führen zu Fehlanpassungen sowohl in der Beziehung zu anderen Menschen als auch bei der Bewältigung der Probleme des täglichen Lebens. Sie äußern sich in mehr oder weniger unangepaßten Verhaltensweisen und zugleich damit in subjektiven und objektiven Schwierigkeiten. Ist die Anpassungsfähigkeit eines Menschen herabgesetzt, so treten bei Abweichungen von der normalen Routine leicht Störungen auf. Solche Störungen können manche Menschen nur vermeiden, indem sie ihre Aktivitäten auf einen kleinen Bereich einschränken, der ihre Fähigkeiten und Energien nur wenig beansprucht. Und umgekehrt gibt es andere, die unstet ihre Lebenssituation ständig wechseln, rastlos auf der Suche nach einer Lebensweise, die ihnen erträglich wäre. Häufiger Stellenwechsel ist nicht selten ein Hinweis auf eine verminderte Anpassungskapazität, oft einhergehend mit paranoiden Zügen.

Realitätsprüfung

Diese Partialfunktion ist eine notwendige Voraussetzung für ein adäquates Rollenverhalten in der Realität und umfaßt auch Leistungen wie Wahrnehmung, Urteilsvermögen und Intelligenz. Sieht man von diesen Anteilen ab, so bezieht sich der Begriff der Realitätsprüfung in erster Linie auf die Fähigkeit, zwischen äußeren und inneren Vorgängen zu unterscheiden.

Störungen im Bereich der Realitätsprüfung äußern sich in einer verzerrten Wahrnehmung der eigenen Rollen und der Rollen anderer. Den Extremfall stellt der Schizophrene dar, der durch Projektion, Verleugnung, Entstellung, Rationalisierung und auf sonstige Weise die Realität aus der Sicht seiner eigenen Psychodynamik tendenziös verfälscht. Rationalisierung, Verleugnung und Realitätsverfälschung lassen sich aber auch bei Störungen geringeren Grades beobachten. Menschen mit einer Neigung zum Agieren weisen nicht nur eine schlechte Triebkontrolle, sondern auch eine mangelhafte Realitätsprüfung auf, indem sie die Konsequenzen ihres Verhaltens nicht wahrhaben wollen (verleugnen). Bei anderen Störungen wiederum beobachtet man manchmal eine »zu gute« Realitätsprüfung, in dem Sinne, daß ihre Objektbeziehungen völlig affektleer sind; das Gegenstück zum agierenden Patienten stellt der Zwangsneurotiker dar, dessen Realitätsprüfung – so gut sie sein mag, was die Genauigkeit anbetrifft – insgesamt doch in einem mangelhaften Realitätsbezug resultiert, wodurch auch andere Ichfunktionen in Mitleidenschaft gezogen werden. Eine derart hypertrophierte Realitätsprüfung wirkt sich auch hinderlich auf kreatives Denken und Verhalten aus, indem sie die dazu erforderliche »Regression im Dienste des Ichs« (Kris[67]) behindert. Wahnbildungen, Halluzinationen und schwere Intelligenzdefekte stellen die extremsten Formen gestörter Realitätsprüfung dar.

Realitätsgefühl (Wirklichkeitssinn)
Im Verlaufe seiner Entwicklung lernt das Kind zu unterscheiden zwischen dem, was es selbst ist, und dem, was ihm nicht zugehört, ein Prozeß, bei dem die Kategorien von Ort, Zeit und Person ausgebildet und die sogenannten »Ichgrenzen« oder »Selbstgrenzen« konstituiert werden. Ein guter Wirklichkeitssinn zeigt sich im Fehlen einer bewußten Wahrnehmung seiner selbst, ebenso wie man auch sonst die gut funktionierenden, gesunden Persönlichkeitsanteile nicht bewußt empfindet. Mit anderen Worten: bei intaktem Realitätsgefühl tritt das Selbst, sei es als Subjekt oder als Objekt, gar nicht auffällig hervor.
Störungen des Realitätsgefühls kommen in allen Schweregraden vor; fast regelmäßig sind sie mit Angst verbunden. Die vielleicht am häufigsten zu beobachtende Störung dieser Art ist die Depersonalisation, wobei das Körperschema oft mitbetroffen ist. Projektion oder Ausweitung des Körperschemas mit Auflösung der Ichgrenzen spielen häufig bei Beziehungs- und Beeinflussungserlebnissen eine wesentliche Rolle. Bei schizophrenen Störungen des Realitätsgefühls findet man oft kosmische Wahnideen. Unter den Ursachen für ein Gefühl der Unwirklichkeit sind u. a. physiologische Störungen zu nennen: So treten hypnagoge Phänomene oft beim Erwachen aus einem mit Schlafmitteln induzierten Schlaf auf; das Gefühl einer eigenartigen Leichtigkeit im Kopf läßt sich bei schwerer Übermüdung oder auch nach Hyperventilation beobachten; emotionale und physische Isolierung führen ebenfalls zu Störungen des Realitätsgefühls, und déjà-vu-Erlebnisse kommen manchmal unter Stress auch bei Gesunden vor, allerdings längst nicht

so gehäuft wie bei manchen Schizophrenen. In der Regel hängen Störungen des Wirklichkeitssinnes mit unbewußten aggressiven Impulsen zusammen.

TRIEBKONTROLLE UND -STEUERUNG

Die Fähigkeit zur Triebregulation entwickelt sich einerseits aus erlernten Verhaltensmustern, die das Kind im Zuge der Sozialisation übernimmt, und zum anderen aus der endogen gesteuerten Abfolge der Reifungsphasen, die jeweils phasenspezifisch mit Triebverstärkung, Triebverminderung und Triebkontrolle einhergehen. Die zu beobachtenden Unterschiede in der Triebstärke sind möglicherweise das Ergebnis einer unterschiedlichen Triebkonstitution der betreffenden Individuen; zugleich aber wirken sich auch Umweltfaktoren auf die Triebstärke aus. Die Fähigkeit zur Triebsteuerung hängt sowohl von der Triebstärke als auch von den erworbenen Mitteln der Triebregulierung ab. Triebimpulsen stehen im allgemeinen die Überich-Standards entgegen, wobei klinisch häufig zu beobachten ist, daß das Über-Ich der Patienten in mancher Hinsicht zu schwach, in anderer Hinsicht wiederum zu starr und streng ist. Dem Ich fällt die Aufgabe zu, zwischen Triebansprüchen und Überich-Forderungen zu vermitteln. Dies erreicht es mittels einer Art »Umwegverhalten«, indem die unmittelbare Triebbefriedigung aufgeschoben wird zugunsten einer späteren eventuell noch größeren Befriedigung. Je komplexer die Erwartungen und Ansprüche der Gesellschaft sind, um so zahlreichere Varianten und Hierarchien solchen Umwegverhaltens lassen sich beobachten. Frustrations- und Angsttoleranz sind wichtige Kriterien im Zusammenhang mit der Triebkontrolle. Unter Sublimierung, einem alten psychoanalytischen Begriff, versteht man die Umwandlung von Triebenergie in realitätsgerechte Anpassungsleistungen. In der modernen psychoanalytischen Theorie ist der Begriff der Neutralisierung von Triebenergie hinzugekommen. Manche Menschen zeigen eine Tendenz zur Libidinisierung von Angst, indem sie normalerweise angsterregende Situationen oder Handlungen als lustvoll erleben, jedenfalls solange die Angst nicht eine bestimmte Toleranzschwelle übersteigt. Es mag Menschen geben (Bergsteiger, Testpiloten, Jäger usw.), für die diese Art der Angstverarbeitung ein recht erfolgreiches Mittel darstellt, um mit bestimmten sexuellen und aggressiven Triebanteilen fertigzuwerden.

Störungen der Triebsteuerung erscheinen manchmal schon in der frühen Vorgeschichte in Form von mangelhafter Beherrschung der exkretorischen Funktionen, woraus dann allmählich die späteren Verhaltensstörungen erwachsen können. Frühe Hinweise auf Störungen der Triebkontrolle sind kindliche Wut- und Trotzanfälle, Bettnässen, Tics, Nägelkauen usw.; später treten an deren Stelle andere Verhaltensstörungen wie Neurosen, Charakterstörungen und Psychosen. Häufiger findet man nur leichtere Anzeichen mangelhafter Triebkontrolle, wie z. B. Versprechen und andere Fehlleistungen. Impulsivhandlungen, Erregungszustände, Agieren und eine Neigung zu Unfällen aller Art sind weitere Beispiele für eine gestörte Triebkontrolle. Generell äußern sich Störungen der Triebsteuerung entweder in einer zu schwachen Kontrolle – so z. B. in Promiskuität oder übermäßiger Reizbarkeit – oder aber in übermäßiger Triebfeindlichkeit und Abwehrbereitschaft wie z. B. im Falle des schwer Zwangskranken. Die Extreme findet man natürlich in der katatonen oder manischen Erregung, im katatonen Stupor, in der psychomotorischen Hemmung Depressiver und in sonstigen psychotischen Manierismen verschiedener Art.

Ein Wechsel der Umgebung mit entsprechendem Rollenwechsel hat nicht selten Störungen der Triebregulierung zur Folge; typische Beispiele dafür sind der Eintritt in das homosexuell stimulierende Milieu des Militärs, eine Reise in das »sexuell freizügige« Paris, die Einrichtung einer eigenen »sturmfreien« Wohnung, die Hochzeitsnacht usw.

Generell läßt sich festhalten, daß Störungen der Triebsteuerung die wohl häufigste Form von Ichfunktionsstörungen darstel-

len. In den meisten Symptomen ist sowohl der jeweilige Triebimpuls als auch die Art der gegen den Trieb gerichteten Abwehr deutlich zu erkennen, gleich ob es sich nun um Wahnideen, Halluzinationen und die bizarre Motorik psychotischer
Patienten handeln mag oder um Depressionen verschiedener
Art, hysterische Konversionssymptome oder die erschreckenden
Depersonalisationserlebnisse.

Objektbeziehungen

Psychoanalytisch betrachtet besteht die Funktion des Ichs in
erster Linie darin, den Kontakt zur Realität und zu den Objekten darin zu gewährleisten; diese Funktion entwickelt sich
parallel mit der zunehmenden Fähigkeit des Ichs zur diskri-
minierenden Wahrnehmung. Objektbeziehungen werden üblicherweise nach ihrer Qualität unterschieden als oral, anal,
sadistisch, masochistisch, phallisch, voyeuristisch, exhibitioni-
stisch; in pathologischen Fällen spricht man von einer phobischen, zwanghaften, hysterischen, schizoiden, ambivalenten,
feindseligen etc. Beziehung.
Man findet jedoch in der psychoanalytischen Literatur zu diesem Thema nur wenig über den so wichtigen psychodynamischen Begriff der Intensität von Objektbeziehungen. Diese läßt
sich klinisch am genauesten beurteilen, wenn man darauf achtet, welches Maß an Nähe oder Distanz zwischen sich und anderen Menschen dem Patienten am angenehmsten ist. Manche
brauchen die unmittelbare Nähe, andere wiederum fühlen sich
nur in großer Distanz von anderen Menschen wohl. Ehepartner steuern die Intensität ihrer Beziehung zueinander oft durch
Mittel wie z. B. Einschränkung des Geschlechtsverkehrs, ge-
trennte Schlafzimmer, häufiges Verreisen des Ehemannes, En-
gagement der Ehefrau in öffentlichen Angelegenheiten.
Der manifeste Aspekt einer Objektbeziehung deckt sich nicht
unbedingt mit ihrem eigentlichen Charakter. Um die Objektbeziehungen eines Menschen verstehen und diagnostisch beur-

teilen zu können, muß man Einblick in seine Phantasien und Träume haben. Nur zu oft stellt sich bei näherer Betrachtung heraus, daß z. B. ein Patient, der zuerst eindeutig heterosexuell orientiert zu sein schien, in Wirklichkeit gegen starke homosexuelle oder narzißtische Triebtendenzen zu kämpfen hat. Deckerinnerungen, perseverierende Kindheitserinnerungen, Onaniephantasien und immer wiederkehrende Traumthemen gehören zu den wichtigsten Materialien, die uns Anhaltspunkte zum Verständnis des wirklichen Charakters von Objektbeziehungen liefern.

Störungen in den Objektbeziehungen machen einen Großteil der gesamten Psychodynamik aus; sie treten in vielerlei Formen auf. Der Kliniker hüte sich jedoch davor, den Grad der Störung in den Objektbeziehungen mit dem Schweregrad der manifesten Psychopathologie ohne weiteres parallelzusetzen. Patienten mit Charakterstörungen sind häufig narzißtischer als viele Schizophrene, obgleich man bei ihnen schizophrene Symptome sowohl in der Vorgeschichte wie im aktuellen Querschnittsbild im allgemeinen vermißt. Und ebenso gibt es Schizophrene, die lange Zeit oder sogar bis in die Gegenwart hinein über recht gute Objektbeziehungen, sogar auf ödipaler Stufe, verfügen. Narzißtische Objektbeziehungen können deshalb zwar den Verdacht auf eine Psychose nahelegen, aber ob sie vorliegen oder nicht, ist kein diagnostisches Kriterium. Hartmann[51] hat wichtige Überlegungen zur Differentialdiagnose des Narzißmus beigetragen. Er bezieht sich dabei insbesondere auf den Unterschied zwischen einer übermäßigen narzißtischen Besetzung des Selbst und einer überstarken narzißtischen Besetzung des Ichs, wobei er das Ich mit der Gesamtheit seiner Funktionen gleichsetzt. Von daher lassen sich die narzißtischen Charakterstörungen vor allem durch eine übermäßige Besetzung des Selbst kennzeichnen und abgrenzen, während man bei schizophrenen Psychosen im typischen Falle oft eine geringere Selbst-Besetzung und dafür eine stärkere Besetzung verschiedener Ichfunktionen findet. So kann es beispielsweise bei einer narzißtischen Überbesetzung der Denkvorgänge zu einer enormen Überschätzung des Denkens mit dem Gefühl der »Allmacht der Gedanken« kommen. Hier hat das Denken sich verselbständigt und seine Funktion als Probehandeln, seine Objektbezogenheit und seine übliche Semantik und Symbolik verloren. Beim echten Größenwahn beobachtet man eine übermäßige narzißtische Besetzung sowohl des Selbst als auch bestimmter Ichfunktionen.

Die Störungen in den Objektbeziehungen sind vielfältiger Art. Spitz[92-94] hat die psychischen Mangelkrankheiten des Säuglings als frühe Störungen der Mutter-Kind-Beziehung beschrieben; Kanner[63], Mahler[72] und andere haben autistische Kinder geschildert, die scheinbar objektlos sind. Margaret Mahler führt speziell die symbiotischen Psychosen auf eine mangelhafte Trennung zwischen dem Selbst und der Mutter als Objekt zurück. Symbiotische Objektbeziehungen beobachtet man auch oft bei erwachsenen Schizophrenen, die in der Behandlung starke Wünsche nach Verschmelzung mit dem Psychotherapeuten zeigen. Solch ein Patient vermag den anderen Menschen gar nicht als Person zu begreifen, die auch außerhalb seiner Beziehung zu ihr existiert, und ebensowenig kann er sich selbst unabhängig von anderen als Person konzipieren. Infolgedessen neigen diese Patienten zu übermäßiger Anklammerung und erwarten, daß der andere ihre Gedanken lesen und alle ihre Wünsche erkennen und erfüllen wird, ohne daß sie diese erst zu äußern brauchten. Objektbeziehungen dieser Art sind häufig durch starke Gefühlsausbrüche gekennzeichnet; dazu kommt es immer wieder, weil gerade die Intensität der symbiotischen Beziehung eine Angst vor zu großer Nähe schafft, eine Angst davor, »verschlungen zu werden«. Häufig vermag der Patient eine derartige Beziehung nur noch gewaltsam zu lösen.

Anaklitische Objektbeziehungen sind dadurch gekennzeichnet, daß die Bezugsperson nur einseitig als Mittel zur unmittelbaren Triebbefriedigung gebraucht wird und leicht gegen irgendein anderes Objekt austauschbar ist. Was manchmal bei einem Menschen wie Extravertiertheit und Umgänglichkeit aussieht, spielt sich vielleicht in Wirklichkeit auf anaklitischer Stufe ab und ist somit eher als Sprunghaftigkeit und Oberflächlichkeit zu werten. Die Begriffe der Extraversion und Introversion im manifesten Verhalten haben daher nur geringen diagnostischen Wert, solange man sie nicht unter dem Blickwinkel der Objektkonstanz betrachtet.

DENKPROZESSE

Die psychoanalytische Theorie unterscheidet zwischen zwei Formen von Denkvorgängen, die als Primärprozeß und Sekundärprozeß bezeichnet werden; sie lassen sich vom genetischen und vom formalen Aspekt her betrachten. Genetisch gesehen, verfügt der Säugling zunächst nur über diffuse Wahrnehmungen. Erst allmählich findet eine zunehmende Differenzierung und Integration in den verschiedenen Sinnesmodalitäten statt, räumliche und zeitliche Erlebniskategorien bilden sich heraus. Parallel mit dem Vermögen zur Bildung eindeutiger und voneinander unterscheidbarer Begriffe und Vorstellungen etabliert sich nach und nach der Sekundärprozeß, der sich zwar aus dem Primärprozeß heraus entwickelt, diesen aber niemals vollständig ersetzt. Die nur locker gegliederte Wahrnehmungsmasse bleibt in der Erinnerung erhalten und bildet den Unterbau der rationaleren, logisch strukturierten Sekundärprozesse. Nach der Lehre Herbarts[53] ist das Wahrnehmen, Vorstellen und Denken eine Resultierende aus der aktuellen Reizverarbeitung des Individuums und der Masse aller früheren Vorerfahrungen. Diese unscharf gegliederte und z. T. abstruse Wahrnehmungs- und Vorstellungsmasse ist es dann, was das Erleben der Psychotiker beherrscht und was auch beim Gesunden z. B. in Form von Fehlleistungen die differenzierteren Denk- und Anpassungsvorgänge kontaminieren kann. Eine wesentliche Voraussetzung für die regelrechte Entwicklung des Sekundärprozesses ist ja die Fähigkeit des Ichs, das verfügbare Vorstellungsmaterial jeweils selektiv zu ordnen und Kontaminationen durch nicht zugehöriges Material zu vermeiden. Solange die

Denkfunktionen intakt sind, ist die Struktur des Sekundärprozesses im Denken vorherrschend; sind diese Funktionen gestört, so gewinnen Inhalte und Strukturmerkmale des Primärprozesses die Oberhand.

Denkstörungen sind zwar nicht die frühesten, aber doch vielleicht die empfindlichsten Anzeichen einer schwereren Störung des Ichs. Symptome wie z. B. Angst vor dem Verlust der Triebkontrolle und eine labile, ungesteuerte Affektivität treten bei der Entwicklung einer akuten Schizophrenie im allgemeinen früher auf als Denkstörungen. Holt[56] hat die Merkmale des Primärprozesses folgendermaßen definiert:

»Erstens: Je primärprozeßhafter das Denken ist, um so mehr wird es von Triebvorgängen beherrscht und strukturiert. Zweitens: Primärprozeßdenken läßt sich nicht nur am inhaltlichen Überwiegen von Triebzielen erkennen; es weist auch einige besondere formale Kennzeichen auf, u. a. eine ›autistisch-undisziplinierte‹ Logik im Gegensatz zum strengen, problemorientierten Sekundärprozeßdenken, weiterhin lockere und z. T. unsinnige assoziative Verknüpfungen sowie vielfältige Verzerrungen und Verfälschungen der Realität.«

Im großen und ganzen entsprechen diese formalen Merkmale weitgehend denen, die Piaget[83] am kindlichen Denken beobachten konnte, nämlich u. a. mangelnde Berücksichtigung von Kategorien wie Ort und Zeit, Anthropomorphismus, Konkretismus und Synkretismus. Sie ähneln auch den Vorgängen, die Freud erstmals im Zusammenhang mit Träumen beschrieben hat: Verdichtung, Verschiebung, Umkehrung ins Gegenteil, Identität von Gegensätzen, Symbolik und Verwendung des pars pro toto. Diese formalen Merkmale, die hier als charakteristisch für den Primärprozeß angeführt wurden, sind zugleich identisch mit den Hauptkennzeichen schizophrenen Denkens. Im Gegensatz dazu sind die Formalkriterien des Sekundärprozesses am stärksten in der reinen Logik ausgeprägt. Es ist jedoch zu beachten, daß ein vereinzeltes Auftreten von Primärprozeß-Merkmalen nicht eo ipso bereits als schizophrenes Symptom oder überhaupt nur als pathologisch zu werten ist. Besonders bei Jugendlichen, Künstlern und Menschen mit Erfahrungen im freien Assoziieren beobachtet man gelegentlich Anzeichen von Primärprozeßdenken, ohne daß dieses unbedingt krankhafte Bedeutung haben müßte.

Vieles spricht dafür, daß die Fähigkeit zur vorübergehenden Regression auf die Stufe des Primärprozeßdenkens ein wesentliches Merkmal der Kreativität und damit ein besonderes Kennzeichen des Genialen ist. Häufig ermöglicht erst eine derartige Regression die Formulierung einer neuen Konzeption oder die klarsichtige Erfassung eines Problems. Erforderlich ist jedoch dann auch die Fähigkeit, anschließend wieder zum Sekundärprozeßdenken zurückzukehren, um die neuen Ideen und Konzeptionen rational prüfen zu können. Kris[67] hat solche Vorgänge als »Regression im Dienste des Ichs« beschrieben; darunter ist zu verstehen, daß das Ich dabei nicht der Regression zum Opfer fällt, sondern diese in den Dienst seiner eigenen realitätsgerechten Ziele stellt.

Oft kommt es vor, daß Primärprozeßdenken nicht im klinischen Untersuchungsgespräch, wohl aber im Material der psychologischen Testuntersuchung manifest wird. Der Rorschach-Test und bestimmte Untertests des Hamburg-Wechsler-Intelligenztests sind besonders gut geeignet, Denkstörungen zu erfassen.

ABWEHRFUNKTIONEN

Die sogenannten Abwehrmaßnahmen des Ichs dienen als Barriere gegen sowohl innere wie äußere Reize bedrohlicher Art. Oder genauer: sie ermöglichen überhaupt erst eine selektive Verarbeitung innerer und äußerer Reize. Die Verdrängung, der erste von Freud beschriebene Abwehrmechanismus, ist, wie man inzwischen erkannt hat, ein wichtiger Aspekt auch des normalen Seelenlebens. Verdrängung ist eine wesentliche Voraussetzung für alles zielgerichtete Denken und Handeln und für die Selektions- und Konzentrationsleistungen beim zweckorientierten Verhalten, welches ja immer mit einschließt, daß eine große Zahl möglicher Reaktionen zugunsten der einen gewählten Reaktion vom Bewußtsein und Handeln ausgeschlossen werden.

Im Zuge der Fortentwicklung der Psychoanalyse wurden weitere Abwehrmechanismen entdeckt und benannt, insbesondere von Anna Freud[40]. Auf diese Weise sind zwar inzwischen zahlreiche Abwehrmechanismen beschrieben und definiert worden, aber nach wie vor fehlt es an einer systematischen Fassung des Abwehrbegriffes. Manches spricht dafür, daß die Verdrängung als integrierender Bestandteil des gesamten Seelenlebens auch bei allen anderen Abwehrmechanismen mitbeteiligt ist. So handelt es sich z. B. bei der Reaktionsbildung um die Verdrängung einer Triebtendenz unter gleichzeitiger Übertreibung ihres Gegenteils; Gegensatzpaare dieser Art sind Liebe und Haß, Aktivität und Passivität. Klinisch bedeutsam ist auch die Beziehung zwischen dem Zeitpunkt, zu dem eine bestimmte Abwehr in der Entwicklung eines Menschen auftritt, und dem jeweiligen Krankheitswert dieses Abwehrtypus. Im großen ganzen gilt: Je früher ein Abwehrmechanismus auftritt, um so primitiver ist er wahrscheinlich, und um so pathologischer wird er sich infolgedessen im Erwachsenenalter auswirken. Verleugnung und Projektion sind wahrscheinlich die pathologischsten Abwehrmechanismen, weil sie die Anpassung an die Realität schwer beeinträchtigen.

Neben der Frage nach der Art und Wirkungsweise der vorherrschenden Abwehrmechanismen eines Patienten interessiert uns auch die jeweilige Stabilität bzw. Labilität der Abwehr. Es gilt also ebenso zu beurteilen, inwieweit der Patient flexibel von einem Abwehrtypus zum anderen umzuschalten vermag, oder auch an welchem Punkt beispielsweise die zwangsneurotische Isolierung von Affekten oder die phobische Vermeidung in Depersonalisation oder Projektion umschlägt.

In einem weiteren Sinne überschneiden sich die Störungen der Abwehrfunktionen mit dem, was man als Zusammenbruch der synthetischen Funktion des Ichs bezeichnet: Wenn die Verdrängung versagt und der Primärprozeß die Oberhand gewinnt, so scheint der Patient nicht mehr in der Lage zu sein, »sich zusammenzunehmen«; er kann sich nicht mehr konzentrieren, sein Gedächtnis ist beeinträchtigt und seine Leistungsfähigkeit generell vermindert. In solchen Fällen hat es den Anschein, als werde allein schon für den notwendigsten Reizschutz des Ichs so viel Energie verbraucht, daß für spontane Anpassungsleistungen nur noch wenig übrigbleibt. Eine gesteigerte Reaktionsbereitschaft auf Reize jeder Art und eine deutliche Stimmungslabilität sind häufig die Folge.

Ein Versagen der Verdrängung kann déjà-vu-Erlebnisse, eine Häufung von Fehlleistungen und einen mehr oder weniger ausgeprägten Verlust der Triebkontrolle zur Folge haben. Umgekehrt ist aber auch übermäßige Kontrolle ein Hinweis auf Störungen der Abwehrfunktion, da sie generell die Anpassungsleistungen behindert. Eine solche übermäßige Selbstbeherrschung läßt sich an der Affektivität, dem Denken oder auch an der Motorik des Patienten erkennen; nicht selten ist sie die letzte Abwehrposition im Kampf gegen einen psychotischen Zusammenbruch. Verwirrende Träume mit fast unverhüllten Primärprozeß-Inhalten können gleichfalls Anzeichen für ein Versagen der Verdrängung sein, ebenso auch das Auftreten erschreckender hypnagoger Phänomene. Bei manchen Patienten zeigt sich die Schwächung der Abwehrfunktionen ausschließlich oder jedenfalls besonders ausgeprägt bei Gelegenheiten, wo das Ich schon normalerweise geschwächt ist: beim Einschlafen und Erwachen, während körperlicher Krankheiten oder nach einem Objektverlust.

Die autonomen Funktionen

Von Hartmann[50] stammt der Begriff der autonomen Ichfunktionen, worunter Wahrnehmung, Intentionalität, Auffassung, Denken, Sprache, Produktivität und verschiedene Phasen der motorischen Entwicklung zu zählen sind. Alle diese Funktionen werden der sogenannten konfliktfreien Sphäre des Ichs zugerechnet. Im weitesten Sinne verstanden, handelt es sich hier um tief im Organismus verankerte Persönlichkeitsanteile, die konstitutionell angelegt oder intra-uterin, intra partum oder möglicherweise auch erst post partum entstanden sind. Hartmann hat jedoch betont, daß diese primären Variablen später auch in sekundäre, konflikthafte Ichleistungen mit einbezogen werden können.

Bei Schizophrenen kommt es vor, daß manche autonomen Funktionen vom Krankheitsprozeß mitbetroffen sind, andere dagegen nicht. Der Laie ist oft erstaunt, wenn er unter den Schizophrenen hochintelligente und begabte Menschen mit erstaunlichen Fähigkeiten auf künstlerischem, sprachlichem, mathematischem oder sonstigen Gebieten findet. Manchmal entwickelt sich eine einzelne autonome Funktion, z. B. eine mathematische Begabung, anstelle von konkreteren Objektbeziehungen als eine Art von Ersatz für unmittelbare Kontakte. Die Motorik ist z. B. bei Tänzern und Artisten möglicherweise deshalb so gut entwickelt, weil diese Ichfunktion in ihrer frühen Entwicklung eine ganz besondere Rolle gespielt hat, ggf. auf Kosten einer ausgeglicheneren Entwicklung anderer Ichanteile. Im Verlaufe chronischer Krankheiten kommt es leicht zu einem allmählichen Abbau der autonomen Funktionen, wobei regressive Zustände auftreten, die schließlich im Extrem in einer Art nur mehr vegetativer Existenz enden. Andererseits gibt es chronische schizophrene Verläufe, die selbst ohne Behandlung zu keiner wesentlichen Regression oder Defektbildung führen, außer daß einzelne Ichfunktionen in speziellen Bereichen gestört sind; so können z. B. Paranoid-Schizophrene psychisch völlig intakt sein mit Ausnahme eben des Wahnsystems, das ihre Symptomatik ausmacht.

Jugendliche bieten einige besondere diagnostische Schwierigkeiten, zum einen wegen des gesteigerten Triebdrucks in der Pubertät und zum anderen auch deshalb, weil bei ihnen die autonomen Funktionen in erheblichem Ausmaße in den Dienst der verstärkten Triebhaftigkeit und der dagegen aufgerichteten Abwehr gestellt werden. Oft ist es kaum zu entscheiden, ob die

Beeinträchtigung von Ichfunktionen bei einem Jugendlichen bereits als Schizophrenie einzustufen ist oder ob eher eine weniger schwerwiegende, prognostisch günstigere Diagnose angebracht erscheint. Ein entscheidendes differential-diagnostisches Kriterium kann in solchen Fällen sein, ob die frühe Entwicklung des Patienten einigermaßen gesund und normal verlaufen ist oder nicht.

DIE SYNTHETISCHE FUNKTION DES ICHS

Nunberg[78] hat als »synthetische Funktion« die Fähigkeit des Ichs beschrieben, Disparates »zu vereinigen, zu verbinden, Neues zu schaffen«. Man kann das so interpretieren, daß es sich hier um die Ichfunktion der *Gestaltsbildung* handelt. Wie dem auch sei, die synthetische Funktion ist jedenfalls derjenige Aspekt, der wahrscheinlich am ehesten alle übrigen Ichfunktionen einschließt und am höchsten mit dem globalen Begriff der Ichstärke korreliert, in ähnlichem Sinne wie zwischen Wortschatz und allgemeiner Intelligenz eine besonders hohe Korrelation besteht.

Der Begriff der synthetischen Funktion impliziert energetische, quantitative Aussagen, z. B. über die Relation zwischen der vorhandenen Tragfähigkeit und den zu bewältigenden Lasten; uns schwebt hier das Bild vor von jemandem, der beide Hände voller Päckchen hat und sich eine Zigarette anzünden will. Als synthetische Funktion bezeichnet man also, kurz gesagt, die Fähigkeit eines Menschen, die nötigsten Funktionen der Lebenserhaltung und Anpassung zu gewährleisten. Ist nun die synthetische Funktion geschwächt, so ist das Ich genötigt, eben auf Grund dieser Schwäche bestimmte Funktionen abzuspalten, auf gewisse Leistungen zu verzichten. Beim Rorschach-Test z. B. werden dem Probanden Tafeln mit Farbklecksen vorgelegt; er muß in seiner Wahrnehmung und in seiner Antwort Form und Farbe realitätsgerecht integrieren. Ist die synthetische Funktion geschwächt, so gibt der Proband beispielsweise die

Antwort »grünes Reptil«, während ein gesundes Ich beide Aspekte in einer Antwort – »Krokodil« – zu integrieren vermag.

Psychotherapie und Lerntheorie

Verhalten zu ändern, ist das gemeinsame Ziel sowohl des Lernens wie der Psychotherapie. Beide Bemühungen haben überhaupt vieles miteinander gemein. Unsere These ist die, daß die Psychotherapie ein Lernprozeß ist, daß die psychotherapeutische Behandlung stets in Lernvorgängen und Überwindung von Lernschwierigkeiten besteht und schließlich daß die Therapie jeden Patienten unter Berücksichtigung der Diagnose individuell angepaßt werden muß. Eine rationale psychotherapeutische Methode hat immer von der Frage auszugehen: Wie kann dieser Patient am besten lernen, umlernen oder neu lernen, was er braucht, um bestimmte Symptome zu verlieren, bestimmte Funktionen zu beherrschen oder seine Persönlichkeitsstruktur zu ändern? Psychoanalyse und dynamische Psychotherapie basieren in erster Linie auf einem Lernen durch Einsicht, also durch eine relativ plötzliche und mit Affektäußerungen verbundene Wahrnehmung von Zusammenhängen. Diese Formulierung entspricht genau dem Begriff der Einsicht oder Gestaltungsprägnanz in der Gestalttheorie des Lernens. Andererseits lassen sich die sogenannten Übertragungsheilungen in der Psychotherapie als Effekt einer speziellen Lernsituation auffassen, die auf einer außergewöhnlich starken Motivierung durch die intensive Beziehung des Patienten zum Therapeuten beruht. Symptomheilungen dieser Art halten im allgemeinen nicht lange an, sofern nicht ein bestimmtes Maß an Einsicht und Durcharbeiten geleistet worden ist. Die Lerntheorie, deren Domäne die verschiedenen Lernmethoden, Lernhindernisse und die Steigerung der Effektivität von Lernvorgängen sind, hat dem Psychotherapeuten, besonders wenn er Kurzpsychotherapie betreibt, vieles Wertvolle zu bieten. In den folgenden Abschnitten stellen wir zunächst die Grundlagen der Lerntheorie dar und gehen anschließend auf die Beziehungen zwischen Lerntheorie und Psychotherapie ein.

KURZER ABRISS DER LERNTHEORIE

Lernen durch Versuch und Irrtum

Die Theorie vom Lernen durch Versuch und Irrtum (trial-and-error learning) geht von der Hypothese aus, daß neue Anpassungsleistungen immer einen Trieb voraussetzen, den der Organismus mit seinen bisherigen Mitteln nicht zu befriedigen vermag. Unter einem »Trieb« können wir in diesem Zusammenhang eine Art Dauerreiz aus dem Organismus selbst oder aus der Umwelt verstehen. Der Trieb, als Spannungszustand, verlangt nach »Abfuhr«, nach Entspannung.

Stehen nun der Triebabfuhr Hindernisse entgegen, so kann die ansteigende Spannung nicht entladen werden, und es setzen zunächst ziellose, zufällige Aktionen ein, die schließlich irgendwann einmal zum Erfolg führen. Dieses Erfolgserlebnis wiederum hat zur Folge, daß fortan unter den zunächst ganz zufälligen Aktionen diejenigen ausgewählt und bevorzugt werden, die zum Erfolg geführt haben, so daß es schließlich zu einer Fixierung auf diejenigen Handlungen kommt, durch die sich eine Spannungsabfuhr, d. h. eine Triebbefriedigung, erreichen ließ.

Die Selektion zweckmäßiger Handlungsfolgen ist eines der zentralen Probleme in der Theorie vom Lernen durch Versuch und Irrtum. In den Untersuchungen und Überlegungen zu diesem Problem haben vor allem zwei Prinzipien besondere Bedeutung erlangt: das Prinzip der Häufigkeit (frequency) und das der Neuheit (recency) einer Reaktionsweise. Das Häufigkeitsprinzip besagt, daß häufige Wiederholung eines Handlungsmusters zu dessen Fixierung führt. Dieses der allgemeinen Lerntheorie entlehnte Prinzip erwies sich jedoch als ungenügend, und heutzutage versuchen die Psychologen die Selektion von Handlungsmustern eher mit Hilfe von Faktoren wie Motivation, Konditionierung und antagonistische Hemmung zu erklären. Unter diesem Gesichtspunkt wäre die Hemmung antagonistischer Verhaltensmuster ein wesentliches Ziel jeder Psychotherapie. Man kann ja logischerweise nicht zugleich sich annähern und zurückweichen; aller Voraussicht nach wird vielmehr je nachdem die eine oder die andere Verhaltensweise dominieren, oder aber keine von beiden, sondern eine dritte Verhaltensweise tritt auf. Psychodynamisch und metapsychologisch läßt sich das Wirken antagonistischer Kräfte im ganzen Persönlichkeitsgefüge erkennen: die Ambivalenz wäre ein Beispiel dafür, ein anderes der Antagonismus zwischen den Trieben und dem Über-Ich. Das Lernziel in einer Psychotherapie besteht oft in der Abschwächung einer bestimmten Motivation unter Verstärkung einer anderen, oder anders gesagt: in der Verstärkung der einen Seite des Antagonismus auf Kosten der anderen.

Lernen durch Konditionierung

Konditionierung besagt so viel wie Herstellung neuer Beziehungen. Zwei Reize, die zunächst nichts miteinander zu tun haben, werden durch Konditionierung miteinander assoziiert oder integriert. Indem man die beiden Reize wiederholt gemeinsam darbietet, stellt sich nach und nach eine Verbindung zwischen ihnen her, so daß schließlich die Darbietung des einen Reizes allein schon genügt, um die Reaktion, die vorher nur auf den anderen Reiz hin zustande kam, auszulösen.

Der Begriff der Verstärkung (reinforcement) spielt in der Konditionierungstheorie eine besondere Rolle. Es ist experimentell erwiesen, daß Häufigkeit und Wiederholung allein nicht ausreichen, um eine konditionierte Reaktion zu verstärken oder auch nur aufrechtzuerhalten. Wird nach Konditionierung nur mehr der zweite, assoziierte Reiz ohne den ersten, ursprünglichen Reiz dargeboten, so kommt es nach und nach zu einer Abschwächung und schließlich Auslöschung der konditionierten Reaktion. Das allgemeine Gesetz vom Übungseffekt ist demnach hier nicht anwendbar; man muß den Begriff der Verstärkung hinzunehmen. In der Diagnostik geht es uns um die emotionalen Faktoren, die zur Entstehung und besonders zur Aufrechterhaltung oder Verstärkung des Symptomverhaltens geführt haben. Bei der Behandlung dieses Fehlverhaltens werden dann die Verstärkungseffekte der Psychotherapie wichtig, die gewährleisten, daß die neu erlernten Verhaltensweisen auch bestehen bleiben. Neue Befriedigungsmöglichkeiten, die der Patient in der analytischen Situation entdeckt, müssen jeweils durch Erfahrungen im wirklichen Leben verstärkt werden.

Klinische Erfahrungen haben gezeigt, daß der Effekt einer Psychotherapie oft nach deren Beendigung allmählich nachläßt, d. h. daß die alten Symptome wiederkehren, so daß der Patient sich erneut in Psychotherapie begeben muß, um den Effekt der ersten Behandlung wieder zu verstärken.

Lernen durch Gestalterfassung

Von der gestaltpsychologischen Schule wurde sowohl gegen die Konditionierungstheorie als auch gegen die Theorie vom Lernen durch Versuch und Irrtum der Einwand vorgebracht, daß sie zu mechanistisch und im Grunde beide physiologische Theorien seien. Die Gestaltpsychologen sind demgegenüber der Ansicht, Lernen sei nicht nur eine Summierung von einzelnen Teilen, vielmehr handle es sich hier um eine Art von Interaktionssystem, um eine Konfiguration mit besonderen Eigenschaften und Gesetzmäßigkeiten. Das Ganze der Persönlichkeit, der Individualität, sei etwas völlig Neuartiges im Unterschied zur Summe der einzelnen Teile, aus denen dieses Ganze zusammengesetzt ist. Weiterhin betonen die Gestaltpsychologen, der Reiz, auf den der Organismus reagiert, sei prinzipiell keine nur physikalische Größe, sondern immer ein bedeutungsvoller Reiz, d. h. immer einem bestimmten Kontext zugehörig.

Damit wird von den Gestaltpsychologen nicht geleugnet, daß es Lernen durch Versuch und Irrtum oder auch durch Konditionierung gibt, aber sie bestehen darauf, daß die beobachtbaren Fakten anders zu interpretieren seien. Die Beobachtungen, so sagen sie, auf Grund derer man diese Theorien aufgestellt hat, seien unter experimentellen Bedingungen angestellt worden, die es den Versuchspersonen unmöglich machten, eine Einsicht in die Gesamtsituation und ihre sinnvollen Beziehungen zu erlangen. Die Gestaltpsychologen sind der Auffassung, daß Lernvorgänge in der Regel viel rascher und plötzlicher, zweckmäßiger und zielgerichteter vor sich gehen, als andere Lerntheoretiker annehmen.

Cole[33a] stellt fest, daß in manchen experimentellen Untersuchungen von Thorndike, dem ersten Verfechter der Theorie vom Lernen durch Versuch und Irrtum, offenbar ein Lernen nach ganz anderem Typus, nämlich durch plötzliche Erfassung einer Gesamtgestalt, stattgefunden habe. Auf Grund dieser Beobachtung kommt Cole zu einigen bemerkenswerten Schlußfolgerungen. Nach seiner Auffassung wird nicht in allen Situationen und von allen Menschen auf ein und dieselbe Weise gelernt; vielmehr gibt es eine Hierarchie von Lernvorgängen. Regressive Lernweisen, d. h. primitive Typen des Lernens, beobachtet man bei Kindern und bei Anfängern, aber auch immer dann, wenn der Lernende einer allzu komplexen und verwirrenden Masse von Reizen gegenübersteht oder wenn seine Motivation zwiespältig, unklar oder zu schwach ist. Der Typus des Lernens durch Gestalterfassung, meint Cole, finde sich bei erfahreneren, reiferen, höher entwickelten, differenzierteren Menschen oder auch immer dann, wenn die Zahl der Reize nicht zu groß oder wenn diese so angeordnet sind, daß wesentliche Bedeutungs- und Gestaltmerkmale hervorstechen, so daß eine gerichtete, selektive und integrierte Reaktion folgt; weiterhin auch immer dann, wenn die Motivation des Lernenden entschieden und stark genug ist und wenn frühere Erfahrungen eine adäquate Reaktion in der Gegenwart bereits vorgebahnt haben.

Für die Psychotherapie ergibt sich aus der gestaltpsychologischen Auffassung des Lernvorgangs, daß die richtige Strukturierung des Materials es dem Patienten erleichtert, sein Fehlverhalten aufzugeben, weiterhin daß die monotone, entmutigende Routine in der psychotherapeutischen Praxis durch Förderung von Einsicht zu ersetzen oder jedenfalls weitgehend einzuschränken ist, schließlich als wesentlichster Punkt: daß das Begreifen eines Problems oder einer Situation wichtiger ist als häufiges Wiederholen.

Kritik am Modell der Spannungsminderung als Lernmotiv

Seward[88] hat kürzlich einen Überblick über neuere Entwicklungen in der Motivationstheorie gegeben. Nach seiner Darstellung haben verschiedene Lerntheoretiker sich bemüht, den Ursprung der Motivation von Lernvorgängen, insbesondere beim Erlernen sozialer Verhaltensweisen, zu klären; dabei wurde der Instinktbegriff immer mehr durch einen biologischen Triebbegriff abgelöst, und an dessen Stelle wiederum trat schließlich die These, daß soziale Motive nicht angeboren seien, sondern durch Konditionierung erworben. Gegen das Modell der Lerntheoretiker, die im Ziel der Spannungsminderung das letzte Motiv aller Lernvorgänge sahen, stellte Allport[4] seine These von der *funktionellen Autonomie von Motiven* auf. Damit ist die Vorstellung verbunden, daß Verhaltensweisen – und zwar durch Lernvorgänge – nach und nach von ihrer ursprünglichen Motivation abgespalten und selbst zu autonomen Motiven werden; was vorher Mittel zum Zweck war, wird damit zum Selbstzweck.

Gleichzeitig aber erhoben andere Forscher Einwände gegen die Hypothese, daß diese Motive erlernt seien (was Allport in seiner Theorie von der funktionellen Autonomie grundsätzlich angenommen hatte): Woodworth[102] nahm an, jede Fähigkeit bringe ihre eigene Motivation mit; K. Bühler[30] entwickelte den Begriff der »Funktionslust«, und Diamond[34] kam zu der Auffassung, daß ein gewisses Maß an Stimulierung ein Grunderfordernis des Organismus sei.

Damit waren die Grundlagen für den Entwurf einer Theorie geschaffen, in deren Mittelpunkt exogene Motive stehen, die primär nichts mit biologischen Trieben zu tun haben, sondern in dem Bestreben des Organismus gründen, seine Umwelt *unter Kontrolle zu halten* und Umweltereignisse *antizipieren* zu können.

Nach Seward

»geschehen Annäherung und Rückzug, exploratives und manipulatives Verhalten des Organismus in Abhängigkeit von der jeweiligen Diskrepanz zwischen der bestehenden Situation und den Erwartungen, die im Organismus auf Grund seines Schemas von der Welt enthalten sind.«

Schon früher hatte White[100] in seinem Bericht über den derzeitigen Stand der Motivationstheorie zahlreiche Einwände gegen jene Theorien, die von der Annahme primärer Triebe ausgehen, angeführt. Nach seiner Darstellung wurden diese Theorien von seiten der Tierpsychologie als unzureichend empfunden, weil man damit explorative und manipulative Verhaltensweisen nicht zu erklären vermochte; von psychoanalytischer Seite kam der Einwand hinzu, daß solche Theorien den Vorgängen bei der Ichentwicklung nicht gerecht werden. Demgegenüber entwickelte White seinen Begriff der *Kompetenz* zur Beschreibung bestimmter Verhaltensweisen, die biologisch alle die gleiche Funktion haben, nämlich daß sie alle dem Entwicklungsprozeß zugehören, durch welchen das Kind oder das junge Tier »lernt, effektiv mit seiner Umwelt zu interagieren«. Die Kompetenz entwickelt sich aus Verhaltensweisen, für deren Erklärung der Triebbegriff nicht ausreicht; vielmehr geht es hier um Aktivitäten spielerischer und explorativer Art (Neugierverhalten), die jedoch zugleich auch durch »Gerichtetheit, Selektivität und Persistenz in der Interaktion mit der Umwelt« gekennzeichnet sind. Diese Verhaltensweisen, schließt White, »enthalten ihre Motivation in sich selbst«.

Von seiten psychoanalytischer Theoretiker[84] werden die Lerntheorien der akademischen Psychologen generell als zu eng empfunden und demgegenüber die Auffassung vertreten, daß nur eine psychoanalytische Theorie alle Faktoren, die bei Lernvorgängen eine Rolle spielen, zu umfassen vermöge. Eine solche psychoanalytische Lerntheorie hätte zu berücksichtigen: Triebe, materielle und soziale Realität, autonome Ichfunktionen, die Vorgänge der Neutralisierung und Automatisierung, die Entwicklung des Sekundärprozeßdenkens aus dem Primärprozeß und den Übergang vom Lustprinzip zum Realitätsprinzip. Im Zusammenhang mit diesem Übergang ginge es weiterhin um Fragen wie z. B. das Wesen von Befriedigung und Versagung, welche Faktoren Identifizierungen fördern und welche sie hemmen, sowie die Rolle von Ängsten, Schuldgefühlen, Konflikten, psychischen Traumen und aktiver Meisterung. Zugleich damit wäre auch ein autonomer, angeborener und selbständig motivierter Mechanismus des Realitätskontaktes zu postulieren. Die psychoanalytische Theorie entwickelt sich deutlich in Richtung auf die Annahme angeborener Ich-Apparate, deren Entwicklung und Ausreifung eigenen Gesetzmäßigkeiten folgt, und einer angeborenen dem Ich eigenen Energie, die eigene Lust vermittelt und als Motivation hinter allen Lernvorgängen steht.

Sewards Theorie geht auch auf das Problem der Stimulierung ein, und in diesem Punkt steht seine Theorie in schärfstem Gegensatz zum Modell der Spannungsminderung als Lernmotiv. Seward nimmt an, daß der Organismus bestrebt ist, ein optimales (nicht minimales) Erregungsniveau (arousal) einzustellen; übermäßige Stimulierung führt zum emotionalen Schock mit Verminderung des Erregungsniveaus, während umgekehrt ungenügende Stimulierung Langeweile und damit eine Steigerung des Erregungsniveaus zur Folge hat.

Für die Psychotherapie ist besonders das jeweilige Motiv der Erregung von Interesse. Klinisch beobachtet man sowohl unter- wie überstimulierte Patienten. Über die Identifikation mit dem Therapeuten, durch Stärkung der Ichfunktionen und realitätsgerechte Korrektur von Überich-Standards scheint es möglich zu sein, den »Sollwert« optimaler Stimulierung oder anders gesagt: das Erregungsoptimum (level of excitation expectancy) zu verschieben. Die vielleicht wichtigste klinische Beobachtung in dieser Hinsicht ist das Phänomen der Spontanbesserungen auch ohne weitere Verstärkung durch Psychotherapie.

Die kritische Überprüfung der Theorie von der Spannungsminderung als Lernmotiv sowie die ziemlich allgemein akzeptierte Annahme autonom entstehender Verhaltensweisen legen die Schlußfolgerung nahe, daß nicht alles erlernte Verhalten mit einer einzigen Theorie zu erklären ist. Wahrscheinlicher ist vielmehr, daß ein und dasselbe Verhalten auf verschiedene Weise erlernt werden kann und umgekehrt: daß verschiedenartige Verhaltensweisen auf gleichem Wege entstehen können.

PRAKTISCHE KONSEQUENZEN AUS DER LERNTHEORIE FÜR DIE PSYCHOTHERAPIE

Fehlverhalten, wie es die Versuch-und-Irrtum-Methode des Lernens mit sich bringt, wird am ehesten in Situationen zu erwarten sein, die für den betreffenden Menschen zu schwierig zu bewältigen sind oder in denen er nicht über die nötigen inneren Voraussetzungen – entsprechende Vorerfahrung und Motivierung – verfügt. Solches Fehlverhalten läßt sich korrigieren durch Belehrung oder durch praktische Erfahrungen, am sichersten durch beides zusammen. Die Psychotherapie besteht im wesentlichen genau darin: Der Psychotherapeut ist bestrebt, Einsicht zu vermitteln und im Prozeß des Durcharbeitens den Patienten zu ermutigen, daß er nicht nur die gewonnene Einsicht immer wieder verstärkt und vertieft, sondern auch durch neue Erfahrungen weitere Einsicht gewinnt. Im Endeffekt also vermittelt der Psychotherapeut Einsicht und bestärkt sodann den Patienten darin, daß er sich Situationen aussetzt, in denen er die Richtigkeit und Tragweite seiner Einsicht prüfen und weitere wichtige Erfahrungen machen kann.

Die große Bedeutung der Motivation wird in allen Lerntheorien hervorgehoben. Mit Recht, denn ohne entsprechende Motivation ist kein Lernen möglich. Dafür spricht auch eine alte psychoanalytische Erkenntnis, nämlich daß ein Symptom manchmal noch weiter bestehen bleibt, obwohl es dem Patienten längst einsichtig gemacht worden ist; hier spielt u. a. der sekundäre Krankheitsgewinn eine wesentliche Rolle. Bei lern-psychologischen Experimenten hat man sowohl mit Bestrafung wie mit Belohnung gearbeitet (negative und positive Verstär-kung), beides Methoden, die auch in der Sozialisierung von Kindern von grundlegender Bedeutung sind. Bemerkenswer-terweise stimmen aber alle Lerntheoretiker darin überein, daß man mit einer positiven Motivierung das meiste erreicht. Dra-stische Bestrafungen wirken sich leicht auf die gesamte Lernsi-tuation im Sinne einer allgemeinen Hemmung und Reaktions-trägheit aus. Diese Beobachtung ist auch für die Psychotherapie relevant, wo man eine Besserung der Symptome kaum jemals dadurch zu erreichen versucht, daß man sich durch Strafandro-hungen mit dem Über-Ich verbündet, sondern vielmehr indem man dem Ich positivere und realitätsgerechtere Befriedigungen zum Ziel setzt.

Am wirksamsten hinsichtlich der Fixierung einer Reaktion sind solche Belohnungen, durch die ein peinlicher Spannungszustand sofort und vollständig aufgehoben wird. Für die Psychothera-pie bedeutet dies, daß Interventionen, durch die der Patient fähig wird, bestimmte Befriedigungen anzustreben und zu er-langen, am ehesten eine bleibende Wirkung hinterlassen. Inter-ventionen, mit denen sich dieses Ziel nur teilweise erreichen läßt, machen zusätzliche Bemühungen nötig.

Die Ergebnisse der Theorie vom Lernen durch Konditionierung lehren uns, daß die bloße Wiederholung konditionierter Reak-tionen nicht ausreicht, sondern eine Verstärkung durch zusätz-liche Motive erforderlich ist, um die Desintegration bzw. Aus-löschung der betreffenden Reaktionen zu verhüten. Aus der Pawlowschen Theorie läßt sich außerdem ableiten, daß der Lernvorgang immer der Situation angepaßt sein muß, in der das betreffende Verhalten wirksam werden soll; die Psychothe-rapie muß also immer einen Bezug zu Situationen und Proble-men des wirklichen Lebens haben. Deshalb genügt es nicht, wenn man sich mit der Aufklärung genetischer und kausaler Beziehungen zufriedengibt; der Therapeut muß einen Schritt weitergehen und zu erreichen versuchen, daß der Patient das aktuelle Geschehen nicht nur versteht, sondern auch damit umgehen kann.

Eine weitere Folgerung aus den Experimenten Pawlows ist die, daß es beim Erlernen von Unterschieden eine wesentliche Hilfe ist, wenn man mit gröberen Unterschieden anfängt und zu feineren hin fortschreitet. Entsprechend gilt für die Deutungstechnik, daß man sich am besten immer an beobachtbare Verhaltensmuster hält und dabei vom Konkreten zum Abstrakten kommt. Man fängt also in einer Deutung mit konkreten und spezielleren Beispielen an und knüpft dann daran allgemeinere Aussagen an. Dieses Vorgehen entspricht auch einer Erkenntnis aus der Gestaltpsychologie, nämlich daß man am besten lernt, wenn man schon durch frühere Lernschritte so weit vorbereitet ist, daß man eine fast vollständige Gestalt vor sich hat, die dann leichter zu komplettieren und somit zu erfassen ist. So läßt sich auch in der Psychotherapie eine Gesamtgestalt, die sowohl das frühere wie das jetzige Erleben des Patienten durchzieht, leichter für den Patienten einsichtig machen, wenn man zunächst die vielen einzelnen Situationen durcharbeitet, in denen Teilaspekte dieser Gesamtgestalt zu erkennen sind.

Nach Ansicht der Gestaltpsychologen ist fehlerhaftes Lernen ein Hinweis auf eine ungenügende Motivation, woraus umgekehrt zu schließen ist, daß gutes Lernen eine entsprechende Bereitschaft, eine entsprechende Erwartungseinstellung voraussetzt. Es ist also auch für den Psychotherapeuten wichtig, erst einmal im Patienten eine solche Bereitschaft zu wecken, sofern sie nicht schon besteht. Dies kann z. B. auf die Weise geschehen, daß man diejenigen Teilstücke des zu erlernenden Verhaltens, über die der Patient bereits verfügt, ihm aufzeigt und somit mobilisiert, wodurch seine Lernmotivation steigt. So läßt sich z. B. in der Behandlung sehr passiver Patienten die Bereitschaft zum Erlernen eines aktiveren Verhaltens dadurch steigern, daß man dem Patienten noch einmal alle Situationen vor Augen führt, in denen er durch Aktivität etwas erreicht hatte. Die Erfahrungen der Psychotherapie zeigen auch, daß ein Gutteil Motivation im Patienten sozusagen schlummert und in der Latenz gehalten wird, weil der Patient unbewußt die Konsequenzen, die mit der Realisierung solcher Motive verbunden wären, fürchtet. In diesem Falle lassen sich solche Motive mobilisieren, wenn es gelingt, die betreffenden Ängste zu erkennen und durchzuarbeiten; also eine Art Umlernen ist nötig, bevor neues Lernen möglich wird.

Die Gestaltpsychologen lehren auch, daß die Berücksichtigung von Gestaltfaktoren beim Lernen entscheidend wichtig ist. Das bezieht sich insbesondere auf die Darbietung des zu erlernenden Materials, dessen Anordnung derart sein soll, daß sie eine sinnvolle und anschauliche Erfassung erleichtert. In dieser Hinsicht kann man allerdings leicht des Guten zu viel tun, etwa indem man den Fehler macht, dem Patienten Zusammenhänge aufzeigen zu wollen, die allzu komplex, zu allgemein, vielleicht auch zu verwirrend sind, als daß er sie ohne große Mühe auffassen und verstehen könnte. Das oben genannte Prinzip ist aber doch sinnvoll, sofern man nur darauf achtet, dem Patient die betreffenden Zusammenhänge in Begriffen und Bildern zu veranschaulichen, die seiner Intelligenz, seinen Interessen und Erfahrungen und seiner soziokulturellen Herkunft angemessen sind.

LERNEN DURCH IDENTIFIZIERUNG

Die Psychoanalyse hat mehrere bedeutende Beiträge zur Lerntheorie geleistet. Dazu rechnen Erkenntnisse wie z. B. daß es verschiedene Bewußtseinsstufen gibt, weiterhin die Entdeckung des Primärprozeßdenkens und der Entwicklung vom Primär- zum Sekundärprozeß, die Erkenntnis unbewußter Lernvorgänge und phasenspezifischer Lernprozesse, d. h. daß Lernvorgänge besonders einprägsam sind, wenn das »Erlernte« eine besonders enge Beziehung zur derzeitigen Entwicklungsphase des Kindes aufweist – also z. B. wenn ein phallisches Trauma (Kastrationsdrohung) in die phallische Phase fällt. Vielleicht am wichtigsten für unser Thema ist aber der psychoanalytische

Begriff des Lernens durch Identifizierung. Die Identifizierung mit dem Therapeuten spielt für den therapeutischen Lernprozeß eine wichtige Rolle insofern, als z. B. ein archaisches Über-Ich beim Patienten durch das weniger irrationale Über-Ich des Therapeuten umstrukturiert wird und überhaupt der Patient Introjekte verschiedenster Art über den Therapeuten in sich aufnehmen kann. Dabei ist wichtig, wenn man die Zusammensetzung des Verhaltens eines Menschen verstehen will, daß es ein Lernen durch positive wie auch durch negative Identifizierung gibt. Mit anderen Worten: man kann entweder durch positive Nachahmung eines anderen Menschen oder aber durch Vermeidung bestimmter Verhaltensweisen, die man an einem »schlechten« Introjekt ablehnt, neues Verhalten erlernen.

Der Begriff der Identifikation wird, ebenso wie der der Introjektion, zwar viel diskutiert, aber es fehlt noch immer an einer klaren Definition dieser Konzepte. Eine gute Übersicht über diese Fragen findet man in der Arbeit von Scheidlinger[86].

Zweifellos hat die »Introjektion« etwas mit der einfachen Tatsache zu tun, daß alles neu Erlebte der gesamten Erlebnismasse (apperceptive mass) einverleibt wird und diese wiederum (neben den biologischen, konstitutionellen Strukturanteilen) in die Persönlichkeitsstruktur mit eingeht. In dieser Hinsicht schließt die psychoanalytische Theorie an die Empiristen (Hume, Berkeley und Herbart) an, wobei allerdings die radikalen empiristischen Vorstellungen von der »tabula rasa« und »esse est percipi« durch die Einführung biologischer Aspekte modifiziert worden sind. Mit der Libidotheorie hat die Psychoanalyse einen genauen Zeitplan darüber aufgestellt, wie Lernvorgänge mit bio-psychologischen Entwicklungsphasen verschränkt sind. Zu den wesentlichsten Lernvorgängen hat die Psychoanalyse spezielle Theoreme entwickelt und damit Erkenntnisse formuliert, die in keiner anderen Theorie enthalten sind. Hierzu gehört auch der Vorgang der Identifizierung mit den Eltern und anderen wichtigen Beziehungspersonen.

So verstanden unterscheidet sich die Identifizierung kaum von der Introjektion. Den Kliniker interessiert die Stärke der jeweiligen emotionalen Besetzung von Introjekten sowie auch die Schicksale solcher Introjekte im Zusammenhang mit Anpassungs- und Abwehrvorgängen wie z. B. Idealisierung, Verleugnung, Reaktionsbildung etc. Weiterhin ist die jeweilige »Gewichtung« (Murray spricht von »regency«) der Introjekte innerhalb der Persönlichkeitsstruktur und des Gesamtverhaltens zu berücksichtigen.

Abschließend gehen wir noch kurz auf eine besondere Spielart der Identifikation ein, die oft mißverstanden wird: die sogenannte »primäre Identifikation«. Man bezeichnet damit ein regressives Phänomen: Unter bestimmten pathologischen Bedingungen kommt es vor, daß ein Mensch sich vollständig mit einer anderen Person identifiziert, d. h. daß ein Introjekt oder Identifikationsobjekt völlig die Herrschaft über das Selbst an sich reißt – was fatale Folgen mit sich bringt.

Lernen durch Einsicht in der Psychotherapie

Die Persönlichkeit läßt sich als eine Struktur auffassen, die vom Organismus auf dem Wege über Lernerfahrungen erworben wird. Die Person wäre demnach ein Gesamtkomplex aus der Summe aller früheren Wahrnehmungen und Affekte plus einem konstitutionell vorgegebenen Substrat; jede einzelne Wahrnehmung bildet einen Grundstein, auf den die nächste Wahrnehmung sich aufsetzt, so daß die Persönlichkeitsstruktur insgesamt das Resultat einer Überlagerung vieler einzelner Daten ist, die sich zu bestimmten Komplexen konfigurieren, welche wiederum die Verarbeitung aller künftigen Erlebnisse beeinflussen. Der ganze psychotherapeutische Prozeß besteht in dem Bemühen, die gegenwärtigen Erlebniskonfigurationen zu analysieren, d. h. in ihre jeweiligen (lebensgeschichtlichen, konstitutionellen etc.) Anteile zu zergliedern und auf diese Weise eine Umstrukturierung abnormer Erlebnisverarbeitungen zu erreichen. Dieser Prozeß ist in der Psychoanalyse und in der intensiven Psychotherapie ein langwieriger, da die Ziele, um die es hier geht, nur zu erreichen sind, indem der Patient ein umfangreiches Erlebnismaterial nach und nach durcharbeitet. In der Kurzpsychotherapie dagegen handelt es sich zur Hauptsache darum, das wesentlichste Problem, mit dem der Patient kommt, zu begreifen, so daß wir es hier in erster Linie mit den momentan wichtigsten Lernaufgaben des Patienten zu tun haben, auf deren Umstrukturierung unsere Interventionen abzielen. Um es noch einmal zu wiederholen: Die eigentliche Aufgabe einer jeden Psychotherapie läßt sich mit der Frage umschreiben: Wie kann dieser Patient am besten lernen, umlernen oder neu lernen, was er lernen muß? Oder genauer: Wie kann er lernen, bestimmte Symptome zu verlieren, bestimmte Fähigkeiten zu erwerben, anders zu reagieren oder bestimmte Persönlichkeitsaspekte zu ändern?

Welche therapeutischen Lernverfahren stehen uns nun zur Verfügung? Das meistverwendete Lernkonzept in der Psychotherapie ist zweifellos das Lernen durch Einsicht, welches mit dem gestaltpsychologischen Prinzip der Gestalterfassung in Beziehung steht. Fast stets muß in der Psychotherapie ein solches Lernen durch Einsicht ergänzt und verstärkt werden durch den Prozeß des Durcharbeitens der infantilen Vorerfahrungen, des aktuellen Erlebens und des Übertragungsgeschehens. Beim Durcharbeiten spielt nun zweifellos das Lernen durch Konditionierung eine Hauptrolle insofern, als »richtiges« Verhalten jeweils durch Angstentlastung, Besserung störender Symptome und durch das befriedigende Erfolgserlebnis »belohnt« wird, wohingegen »falsches«, d. h. neurotisches Verhalten sich durch Angst oder sonstige neurotische Beschwerden »straft«. Diese beiden psychotherapeutischen Lernmethoden – Lernen durch Einsicht und durch Konditionierung – finden auch in der Kurzpsychotherapie Anwendung. Wie schon angedeutet wurde, spielt in der längeren Psychoanalyse darüber hinaus auch das Lernen durch Identifizierung mit dem Analytiker eine Rolle; diese Lernmethode läßt sich in modifizierter Form auch in Langzeit-Psychotherapien verwenden, und zwar bei solchen Patienten, die einer längerdauernden Unterstützung und Ichstärkung bedürfen. Die Psychotherapie beruht zur Hauptsache aber doch auf einem Lernen durch Einsicht und durch Konditionierung im Prozeß des Durcharbeitens. Da Einsicht im wesentlichen durch Deutungen während der »hörbaren Abschnitte« des psychotherapeutischen Prozesses vermittelt und gewonnen wird, soll dieser Lernvorgang im nächsten Kapitel besonders eingehend besprochen werden.

Persönliche Voraussetzungen für die Ausübung der Kurzpsychotherapie

Eine erfolgreich abgeschlossene Lehranalyse und eine entsprechende klinische Erfahrung, die unter der Supervision durch erfahrene Therapeuten gewonnen wurde, sind die Grundpfeiler psychotherapeutischen Könnens.
Die persönlichen Voraussetzungen, die für die Kurzpsychotherapie erforderlich sind, sind sowohl intellektueller als auch emotionaler Art. Selbstverständlich muß der Therapeut über eine gründliche Ausbildung in der psychodynamischen Theorie verfügen; weiterhin sollte seine Ausbildung ein breites Spektrum klinischer Erfahrung und eine entsprechende Schulung in der Diagnostik umfassen. Zu den wissensmäßigen Voraussetzungen gehören auch einige Kenntnisse auf lerntheoretischem Gebiet. Dabei geht es nicht so sehr um ein detailliertes Wissen, wie man es von einem Experimentalpsychologen erwarten würde, sondern für den Psychotherapeuten ist es wichtiger, daß er für den Umgang mit Verhaltensstörungen über die wesentlichsten praktischen Folgerungen aus der Lerntheorie Bescheid weiß. Da in der Kurzpsychotherapie die Anwendung unterstützender Maßnahmen eine große Rolle spielt, gehört zum Rüstzeug des Therapeuten auch eine gründliche Kenntnis sowie praktische Erfahrung mit derartigen Methoden.
Die Fähigkeit zu raschem logischem Denken unter Verwendung sowohl deduktiver wie induktiver Schlußweisen ist ebenso

wichtig wie das Vorhandensein bestimmter persönlicher Eigenschaften. Unter diesen ist u. a. eine gewisse Flexibilität in der Methodik wichtig, also die Fähigkeit, die therapeutischen Methoden zu variieren und den individuellen Erfordernissen des Patienten anzupassen. Die Beschränkung auf eine einzige Behandlungsmethode mindert die Erfolgschancen der Therapie ganz beträchtlich. Flexibilität ist nicht nur hinsichtlich der Wahl und Durchführung einer psychotherapeutischen Intervention erforderlich, sondern auch im Hinblick auf das Auftreten des Therapeuten dem Patienten gegenüber, das manchmal freundlich, gelegentlich aber auch relativ streng und hart sein muß.

Wurde soeben das logische Denken als eine der intellektuellen Voraussetzungen des Therapeuten angeführt, so gilt es nun zu erwähnen, daß es in der Kurzpsychotherapie auch auf die Fähigkeit zur »Regression im Dienste des Ichs« ankommt. Die psychodynamische Betrachtungsweise erfordert ein Denken in Kausalbeziehungen von einer Art, wie sie mit der üblichen Logik nicht zu erfassen sind. Der Psychotherapeut muß imstande sein, Primärprozesse im Denken des Patienten zu erkennen; er muß Triebmanifestationen und Triebreaktionen auf verschiedenartige Reize erkennen und verstehen können, darunter auch solche Triebimpulse, die von der Gesellschaft nicht allgemein akzeptiert und gebilligt werden. Ein solches Erkennen setzt notwendigerweise eine Art gesteuerter, kontrollierter Regression voraus. Regressive Erkenntnisprozesse dieser Art erleichtern die Diagnose; andererseits muß der Therapeut auch immer wieder zum Sekundärprozeßdenken zurückkehren können, um die gewonnenen Informationen zum Nutzen des Patienten anzuwenden.

Unter den persönlichen Eigenschaften des guten Psychotherapeuten wurden schon immer die Geduld und die Bereitschaft zum Zuhören genannt. Dies gilt auch für die Kurzpsychotherapie. Man darf es sich jedoch damit nicht zu leicht machen. Für manche Menschen wirkt es schon in gewissem Ausmaße therapeutisch, wenn sie sich nur einmal aussprechen und ihre Gefühle äußern können; ein solches therapeutisches Vorgehen muß jedoch genau indiziert sein und stellt keineswegs für alle Patienten die Methode der Wahl dar.

Der Psychotherapeut muß darüber hinaus mutig sein, wenn er die kurzpsychotherapeutische Methode anwendet; wie jeder Therapeut muß er den Mut haben, die Verantwortung für das Wohlergehen des Patienten, ja unter Umständen für dessen Leben, zu übernehmen; und es erfordert auch Mut, zu dem, was er von der Psychodynamik des Patienten erkennt, zu stehen und sich dementsprechend für ein bestimmtes Vorgehen zu entscheiden. Außerdem muß er den Mut haben, unter bestimmten Umständen von den klassischen Methoden der Psychotherapie abzugehen. Selbst in der »orthodoxen« psychoanalytischen Literatur wird neuerdings häufiger der Standpunkt vertreten, daß es unter bestimmten Voraussetzungen richtig ist, wenn der Analytiker in der Eröffnungsphase der Behandlung dem Patienten relativ freundlich entgegenkommt, ihn ermutigt und ihm beim Assoziieren Hilfen gibt, ja u. U. sogar bestimmte Verhaltensweisen fördert und unterstützt.

Ursprünglich war der Anwendungsbereich der Psychoanalyse ziemlich begrenzt, und viele Patienten galten als nicht analysefähig. Daß sich das Wirkungsfeld der Psychoanalyse in den letzten beiden Jahrzehnten erheblich erweitert hat, ist vor allem der Entwicklung modifizierter Behandlungstechniken zu verdanken, mit denen eine erfolgreiche Therapie auch bei verschiedenen psychotischen Zuständen, Charakteranomalien und sonstigen Störungen möglich geworden ist. Der Indikationsbereich der Psychotherapie reicht sogar noch über den der modernen Psychoanalyse hinaus. Seit nun die kurzpsychotherapeutische Methode und ein breites Spektrum von unterstützenden Behandlungsmaßnahmen zur Verfügung stehen, gibt es wahrscheinlich keine Krisensituation und keinen Patienten mehr, dem man nicht zumindest in gewissem Ausmaß bei seinen bedrückenden Problemen helfen kann, sofern es nur nicht an den entsprechenden Kenntnissen, an Findigkeit und an gutem Willen mangelt.

III. Grundsätzliches zum praktischen Vorgehen

Angesichts der großen interindividuellen Unterschiede im Verhalten muß jede Schematisierung zwischenmenschlicher Interaktionen riskant erscheinen. Dennoch kann man innerhalb des psychotherapeutischen Prozesses einige grundsätzliche Schritte hervorheben, die fast regelmäßig in einer Psychotherapie durchlaufen werden. In der Kurzpsychotherapie sind die wichtigsten Schritte folgende: Feststellung des aktuellen Problems und wichtiger Anhaltspunkte zur Therapeut-Patient-Beziehung, Erhebung der Vorgeschiche, Feststellung der Beziehungen zwischen Symptom und Vorgeschichte, Auswahl und Durchführung der therapeutischen Interventionen, Durcharbeiten und schließlich der Abschluß der Behandlung. Diese einzelnen Schritte überschneiden sich mit den drei allgemeinen Phasen jeder Psychotherapie: Kommunikation, Einsicht (oder auf sonstige Weise bewirktes Umlernen), Durcharbeiten.

Die Rolle der Übertragung

Bevor wir nun im einzelnen auf die genannten Schritte im psychotherapeutischen Prozeß eingehen, wollen wir zunächst die Rolle der Übertragung* in der Kurzpsychotherapie besprechen,

* Der Terminus »Übertragung« hat verschiedene Bedeutungen. Im klassischen Sinne bezeichnen die Psychoanalytiker damit die auf den Therapeuten gerichteten Triebimpulse, Gefühle und Einstellungen, die während der verschiedenen Regressionsphasen im Verlaufe der sogenannten *Übertragungsneurose* auftreten; diese wiederum stellt eine gedrängte Rekapitulation früherer Entwicklungsphasen und Konflikte dar, wobei auf den Analytiker Einstellungen und Gefühle übertragen werden, die ursprünglich anderen Menschen, insbesondere den Eltern, galten.
Von manchen Analytikern wird der Begriff in einem weiteren Sinne verstanden, und zwar meint man häufig damit vorgefertigte Erwartungshaltungen, die dem Analytiker schon von Anfang an, ja schon vor Beginn der Behandlung, entgegengebracht werden, weiterhin überhaupt Projektionen

denn »Übertragung« wird hier im erweiterten Sinne verstanden als die gesamte Beziehung des Patienten zum Therapeuten. Wenn wir betonen, daß wir eine positive Übertragung für eine Grundvoraussetzung jeder Kurzpsychotherapie halten, so wollen wir damit nur hervorheben, wie wichtig es ist, daß der Patient – wenn nicht sogleich, so doch bald – den Therapeuten als einen sympathischen, verläßlichen und verständnisvollen Menschen empfindet und sich von ihm akzeptiert fühlt. Der Patient sollte auch wenigstens ein bißchen Hoffnung haben, daß der Therapeut ihm vielleicht helfen könne.

Eine solche Art von Beziehung ist eine der Grundvoraussetzungen dafür, daß der Patient auch ausreichend motiviert ist, um in der kurzen Zeitspanne, die zur Verfügung steht, die geforderte Arbeit des Lernens und Umlernens leisten zu können; bei ichschwachen Patienten mit geringer Frustrationstoleranz ist eine Psychotherapie ohne positive Übertragung praktisch nicht möglich.

Wenn wir die Notwendigkeit einer insgesamt positiv getönten Beziehung in der Kurzpsychotherapie hervorheben, so meinen wir damit keineswegs, daß die negativen Beziehungsaspekte vernachlässigt werden könnten oder in die Deutungsarbeit nicht mit einbezogen zu werden brauchten; das Gegenteil ist richtig, und zwar insbesondere dann, wenn solche negativen Einstellungen die Therapie behindern oder wenn sie einen wesentlichen Teil der therapeutischen Aufgabe ausmachen. Einem ablehnenden, argwöhnischen Patienten, der Klinikärzte grundsätzlich für untauglich hält, muß man zeigen, daß er zur gleichen Einstellung auch in anderen Situationen neigt. In der

aller Art. Zuweilen wird der Begriff »Übertragung« fast synonym mit dem der Projektion gebraucht, und zwar auch für außertherapeutische Situationen – was verwirrend und nicht ratsam erscheint.

Heutzutage wird der Terminus »Übertragung« in fachlichen Diskussionen meist sehr weit gefaßt; man versteht darunter sämtliche irrationalen gefühlsmäßigen Einstellungen des Patienten zum Therapeuten – Hoffnungen, Befürchtungen, Sympathien und Antipathien. (Es ist wohl kaum nötig, darauf hinzuweisen, daß viele – auch negative – Gefühle, Gedanken und Erwartungen, die der Patient dem Therapeuten gegenüber hegt, unter Umständen durchaus berechtigt und adäquat sein können.)

Kurzpsychotherapie ist es vielleicht unter besonderen Umständen sogar statthaft, dem Patienten – allerdings in taktvoller und beiläufiger Weise – anzudeuten, daß der Therapeut hervorragend qualifiziert sei.

Zu Anfang muß man vielen Patienten erst einmal dabei behilflich sein, ihre Ansichten über »Irrenärzte, die ja meistens selber verrückt sind«, »Spinner« und dergleichen zu revidieren.

Alle Übertragungsäußerungen, oder anders gesagt: alle Aspekte der Beziehung zwischen Patient und Therapeut können zum Gegenstand von Deutungen werden. In der Kurzpsychotherapie wird man jedoch Widerstände nicht analysieren, wenn dadurch negative Einstellungen geweckt werden könnten, die über das Maß dessen hinausgehen, was sich unmittelbar in einen konstruktiven Impuls umsetzen läßt. Hier wäre anzufügen: Wenn der Patient ein irritierendes Verhalten zeigt, so kann man auf die Weise eingreifen, daß man dieses Verhalten unmittelbar mit einer konstruktiven Deutung verknüpft, mit der man sich eindeutig auf die Seite des Patienten stellt. Als allgemeine Regel für die Handhabung solcher Situationen braucht man sich nur zu merken, daß es für den Lernprozeß, der in jeder Kurzpsychotherapie zu leisten ist, auf eine positive Übertragung ankommt.

In der Kurzpsychotherapie geht also das Bestreben vorwiegend dahin, daß der Therapeut für den Patienten eine wohlwollende, interessierte und hilfreiche Gestalt bleibt. Dazu muß man als Therapeut aber auch imstande sein, die eventuelle Entwicklung einer übermäßig anklammernden Abhängigkeitsbeziehung, zu welcher manche Patienten ausgesprochen neigen, rechtzeitig zu erkennen und richtig damit umzugehen. Hierfür gibt es verschiedene Möglichkeiten: Man kann z. B. so vorgehen, daß man die Abstände zwischen den einzelnen Behandlungsstunden zunehmend verlängert und den Patienten schließlich nur noch alle paar Wochen einmal sieht. Oder man vereinbart mit dem Patienten nach Abschluß der Kurzpsychotherapie regelmäßige Telephonanrufe in bestimmten Zeitabständen, um auf diese Weise eine allzu abrupte Trennung, die von solchen Patienten als tiefe Zurückweisung empfunden würde, zu vermeiden.

Indem wir die Wichtigkeit einer positiven Übertragung unterstreichen, wird zugleich auch die Auswahl des geeigneten Therapeuten für den jeweiligen Patienten zu einer bedeutsamen Frage. Dabei kommt es u. a. auf das Alter und Geschlecht des Therapeuten, auf die Rolle, die ihm am meisten liegt, und überhaupt auf seine ganze Mentalität im Verhältnis zu der des Patienten an.

Gehen wir abschließend noch kurz auf einige Sonderfälle bezüglich der Entwicklung der positiven Übertragung ein. Im allgemeinen kann der Therapeut gewiß sein, daß sich eine positiv getönte Beziehung herstellen wird, wenn er dem Patienten höflich und mit der ärztlichen Einstellung des Helfenwollens gegenübertritt, ja schon indem er einfach eine sorgfältige und gründliche Vorgeschichte erhebt. Manchmal ist jedoch ein modifiziertes Vorgehen erforderlich. Hat man es z. B. mit Jugendlichen zu tun (unabhängig vom Geschlecht des Patienten und auch von dem des Therapeuten), so vermeidet man am besten jede körperliche Nähe, selbst den sonst üblichen Händedruck bei der Begrüßung. Man vermeidet auf diese Weise z. B. als männlicher Therapeut bei einem jugendlichen Patienten die Stimulierung homosexueller Ängste oder bei einem jungen Mädchen die Implikation eines sexuellen Angebotes. Einer hübschen, attraktiven, koketten jungen Frau gegenüber sollte der Therapeut eine betont höfliche, distanzierte, aber natürlich nicht uninteressierte Haltung bewahren. Unter Umständen wird er sich sogar jedes Lächeln versagen müssen, so schwer ihm das auch fallen mag. Gleichzeitig jedoch sollte er die Koketterie der Patientin als typische Verhaltensweise beobachten und nach weiteren Anhaltspunkten außerhalb der therapeutischen Beziehung suchen, mit deren Hilfe dieses Verhalten sich interpretieren läßt. Im Gegensatz dazu kann es einer zwanghaft-kühlen, sehr reservierten und gehemmten Patientin gegenüber günstiger sein, wenn der Therapeut ganz direkt und herzlich ist. Er sollte allerdings aufpassen, ob er damit nicht eine

Abwehrhaltung provoziert, die dann als Reaktion der Patientin auf sein Verhalten zu deuten wäre.

Das aktuelle Problem

Meistens liegt das aktuelle Problem, mit dem der Patient in die Behandlung kommt, klar zutage, so z. B. wenn er unter Angst, Depersonalisationserlebnissen, depressiven Verstimmungen, Zweifel und Unsicherheit, Verwirrtheit oder unter sonst irgendeinem klar zu bezeichnenden Zustand leidet. Wie wir sehen werden, gibt sehr häufig schon die Art des aktuellen Problems dem Psychotherapeuten wichtige Hinweise für die Suche nach den beteiligten Faktoren in der Lebensgeschichte und gegenwärtigen Lebenssituation des Patienten und erlaubt auch manchmal schon Vermutungen bezüglich der zugrundeliegenden Ätiologie.

Schwieriger ist das aktuelle Problem in denjenigen Fällen zu erkennen, wo die Beschwerden des Patienten die tatsächliche Situation eher verdecken als darstellen. So würde z. B. jedermann sofort zugestehen, daß es für eine Frau große Schwierigkeiten mit sich bringt, mit einem Alkoholiker verheiratet zu sein, und daß allein schon diese Tatsache als Grund für eine Depression, für Angst, Unsicherheit und Sorgen um das Wohlergehen ihrer Kinder ausreicht; – dennoch ist es möglich, daß diese durchaus realistischen Beschwerden von dem, worauf eine Psychotherapie aufzubauen hätte, eher ablenken; d. h. das für die Behandlung relevante Problem liegt in einem derartigen Falle vielleicht gerade in dem, was die Patientin selbst zum Alkoholismus ihres Mannes beiträgt.

Auf jeden Fall stellt das Problem, das der Patient uns präsentiert, die Art und Weise dar, wie er selbst seine Situation sieht; es verdient daher immer entsprechende Beachtung und Verständnis. Der Therapeut muß mit dem Patienten an dem Punkt beginnen, wo der Patient steht. Sein Verständnis versetzt ihn dann allerdings in die Lage, über die unmittelbar gegebene

Situation hinaus dynamische Faktoren zu verstehen, die der Patient zunächst noch nicht selbst zu sehen vermag. Und weiterhin setzt das aktuelle Problem des Patienten beim Therapeuten sofort eine Reihe von Hypothesen und Erwartungen in Gang, die dann in der Folge durch die Vorgeschichte bestätigt, modifiziert oder falsifiziert werden können.

Die Vorgeschichte

Die Erhebung der Vorgeschichte hat zum Ziel, solche Daten zu erfassen, die die persönlichen Erlebnisse des Patienten erhellen und die es ermöglichen, diagnostische Hypothesen aufzustellen. Mit der Kurzpsychotherapie ist die Notwendigkeit verbunden, einen großen Teil der ersten Sitzung der Erhebung einer detaillierten Vorgeschichte zu widmen.

Als erstes geht es uns darum, vom Patienten eine genaue Schilderung und Vorgeschichte seiner hauptsächlichen Beschwerden zu erhalten und alles, was mit deren erstmaligem Auftreten zusammenhängt, in Erfahrung zu bringen. Dieser Teil der Anamnese zielt auf ein umfassendes Verständnis der auslösenden Faktoren und der gesamten derzeitigen Lebenssituation. Wir brauchen daher nicht nur Angaben über die Beschwerden, sondern auch Informationen über die gegenwärtige Lebenssituation des Patienten, über seine Beziehungen zu anderen Menschen und seine berufliche und soziale Situation. So ist es z. B. für die psychotherapeutische Krisenintervention oft entscheidend wichtig, ob Freunde oder Familienangehörige da sind, die dem Patienten helfen können.

Als nächstes ist es uns um eine erschöpfende Lebens- und Entwicklungsgeschichte des Patienten zu tun, wobei es wiederum nicht auf eine möglichst umfangreiche Sammlung äußerer Daten ankommt; das Ziel ist vielmehr ein wirkliches Verständnis der Entwicklung des Patienten in seiner speziellen Familienumwelt, wozu seine Beziehungen zu den Eltern und Geschwistern auf verschiedenen Altersstufen und die wechselseitigen

Einwirkungen der Familienmitglieder aufeinander sowie die ganze gesellschaftliche und sozioökonomische Situation gehören. Wir wollen etwas erfahren über die Menschen, mit denen der Patient sich in verschiedenen Entwicklungsstadien identifiziert hat, über die Menschen, die er geliebt hat, und die, von denen er enttäuscht wurde, die er nachgeahmt hat und mit denen er rivalisierte. Daten und Ereignisse ermöglichen u. U. wichtige Einblicke in die Entwicklungsgeschichte der betreffenden Persönlichkeit, aber nur unter der Voraussetzung, daß solche Ereignisse für die Entwicklung wirklich relevant geworden sind. Mit wieviel Monaten jemand den ersten Zahn bekam, interessiert uns deshalb nicht so sehr wie z. B. die Frage, in welchem Alter der Patient die Ankunft eines Geschwisters erlebt hat; für einen sechsjährigen Jungen bedeutet die Geburt einer Schwester psychodynamisch etwas ganz anderes als für einen Zweijährigen. *Die Anamnese ist erst dann vollständig, wenn sie es ermöglicht, das Auftreten der gegenwärtigen Symptomatik unter psychodynamischen Gesichtspunkten zu verstehen und mit genetischen, entwicklungsgeschichtlichen und soziokulturellen Daten des Patienten in Beziehung zu setzen.*

RICHTLINIEN FÜR DIE ERHEBUNG DER VORGESCHICHTE

Mit einigem Bangen gehen wir nunmehr an die Formulierung von Richtlinien für das Erstinterview in der Kurzpsychotherapie; wir sind uns dabei bewußt, daß jedes Modell, das wir hier entwerfen könnten, seine Lücken hat und auf so und so viele Fälle nicht anwendbar ist. Man muß als Psychotherapeut flexibel genug sein, um seine Interviewtechnik sowohl der eigenen Persönlichkeit als auch der des jeweiligen Patienten anzupassen und entsprechend zu modifizieren. Das Ziel bleibt jedoch immer dasselbe: eine erschöpfende Erhebung von relevanten Daten, welche uns Hypothesen über die Auflösung und Psychodynamik der Störung aufzustellen erlauben und damit die Grundlage für mögliche therapeutische Interventionen abgeben.

Das Interview beginnt damit, daß man dem Patienten zunächst einmal die Möglichkeit gibt, seine Beschwerden zu schildern. Daran anschließend wird man ihn eventuell bitten, noch einmal in allen Einzelheiten den Beginn der jetzigen Beschwerden zu beschreiben. Ist dies dann einigermaßen zufriedenstellend geklärt, so sollte man den Patienten dazu anregen, in kurzen Zügen seine Lebensgeschichte darzustellen, wobei aber die Art und Reihenfolge seiner Schilderung ganz ihm selbst überlassen sein soll.

Indem sich so das Material nach und nach entfaltet, ist der Therapeut ständig darauf aus, die jeweils relevanten Daten aufzuspüren und zu sammeln, wobei er zugleich auf Auslassungen achtet. So mag es z. B. vorkommen, daß ein Patient eine detaillierte Lebensgeschichte liefert, dabei aber mit keinem Wort auf seinen Vater zu sprechen kommt. Darauf angesprochen, zeigt er sich dann vielleicht ganz erstaunt und bricht unmittelbar darauf in wütende und bittere Anklagen gegen seinen Vater aus, oder aber er geht etwa nur in ganz beiläufigen farblosen Bemerkung darauf ein, um dann sofort wieder auf etwas anderes zu kommen.

Wieviele Fragen man benötigt, um an die nötigen Informationen heranzukommen, hängt hauptsächlich von der Mitteilungsbereitschaft des Patienten ab.

Eine gewisse Intelligenz und Differenziertheit des Patienten kann durchaus eine wesentliche Hilfe sein; grundsätzlich aber kann man sich darauf verlassen, daß jeder Patient – sofern er überhaupt dazu bereit ist, sich mitzuteilen – in der ihm eigenen Sprache alles Wesentliche zum Ausdruck bringen wird, und zwar einfach deshalb, (1) weil er will, daß ihm geholfen werde, und (2) weil dynamisch-unbewußte Kausalverknüpfungen ihn notwendig dazu treiben, die signifikanten Zusammenhänge zwischen der gegenwärtigen und entsprechenden früheren Situationen immer wieder zur Darstellung zu bringen.

Dem Therapeuten bleibt dabei die Aufgabe überlassen, fehlende Zwischenglieder zu ergänzen. Freud hat besonders im Hinblick auf die Zwangsneurose betont, welche Rolle hier die Auslassung und die Isolierung von Zusammengehörigem spielen und wie die Bedeutung eines Symptoms sofort klar wird, wenn es gelingt, das fehlende Element in die Lücke einzusetzen. Dabei kann es sich einmal um die einfache Auslassung etwa einer zugehörigen affektiven Reaktion handeln, so z. B. in einer Situation, wo unser klinischer Verstand uns sagt, daß ein bestimmter Affekt – etwa ein aggressiver Affekt im Zusammenhang mit einer Frustration – vorhanden gewesen sein muß. Die Auslassung kann sich aber auch noch auf andere Weise äußern, z. B. indem ein ich-syntones Detail übermäßig betont wird, um ein ich-dystones Element zu verdecken. Dafür ein Beispiel: Ein junger Patient preist die Tugenden seiner Mutter, ihre hohe Menschlichkeit, ihre selbstlose Hingabe. Er schildert, mit welchem Einsatz sie sich anderen Menschen widmete, so daß sie ständig derart beschäftigt war, daß sie den ganzen Tag und oft noch bis spät in die Nacht außer Hause blieb. Unser klinischer Verstand sagt uns, daß hier das Wichtigste ausgelassen wurde, nämlich daß der Patient das Gefühl hat, seine Mutter habe sich zu wenig um ihn gekümmert, und daß er darüber sehr verbittert und wütend ist.

Gewisse anamnestische Daten werden vom Patienten nur selten spontan im Erstinterview gebracht; der Psychotherapeut sollte aber immer danach fragen. Hierzu gehören vor allem frühe Erinnerungen und Träume, die besonders wertvolle Informationen hinsichtlich der psychodynamischen Bedeutung der Symptome enthalten. Gerade Träume bieten oft einen guten Zugang, vor allem solche aus der Kindheit, sofern der Patient sich noch daran erinnert, denn solche Träume, die im Gedächtnis über Jahre hin erhalten geblieben sind, enthalten oft besonders reichhaltiges psychodynamisches Material. Wiederholungsträume bieten wertvolle Hinweise auf persistierende Erlebnismuster und Reaktionsweisen des Patienten. Demgegenüber können rezente Träume natürlich vieles zur Aufklärung der unbewußten Reaktionen des Patienten auf bestimmte Schlüsselsituationen beitragen.

Frühe Erinnerungen sind wiederum besonders aufschlußreich

hinsichtlich der Objektbeziehungen des Patienten, so z. B. Erinnerungen an das Gefüttertwerden, an die Ankunft eines Geschwisters, an frühe Wutausbrüche oder an Situationen, wo man Schmerzen und Qualen masochistisch genoß. Oft kommt in solchen frühen Erinnerungen eine ganz andere Einstellung gegenüber bestimmten Bezugspersonen zum Ausdruck als im manifesten Bild. So schilderte ein 30jähriger Patient, der angeblich sehr an seiner Mutter hing, während er den Vater ablehnte, folgende Erinnerung: Er lag weinend in seinem Kinderbettchen; seine Eltern kamen zu ihm, beide in Weiß gekleidet. Die Mutter nahm seine beschmutzte Windel heraus und wollte sie ihm ins Gesicht stoßen, aber der Vater nahm ihn in Schutz und hielt sie davon ab.

Sehr aufschlußreiches Material hinsichtlich der Objektbeziehungen ist auch in Onaniephantasien enthalten. Natürlich muß man die Situation des Patienten und seine Beziehung zum Therapeuten berücksichtigen, bevor man nach solchen Dingen fragt. Es wäre z. B. taktlos, eine 60-jährige verheiratete Frau danach zu fragen, ob sie masturbiert, selbst wenn Anhaltspunkte dafür vorliegen, daß dies für sie die vorherrschende Form sexueller Befriedigung ist. Sicherlich ist eine genaue Sexualanamnese für die Belange der Psychotherapie ebenso wichtig und relevant wie die Angaben des Patienten über seine Schulbildung, seinen beruflichen und seinen sozialen Werdegang.

Die Berufsanamnese ist schon deshalb besonders wichtig, weil die Situation am Arbeitsplatz ein geeignetes Feld für Übertragungsmanifestationen darstellt, wobei Vorgesetzte unbewußt meist als Elternfiguren, Arbeitskollegen als Geschwister-Repräsentanten erlebt werden. Bei paranoiden Persönlichkeiten fanden wir als typisches anamnestisches Merkmal häufige Stellenwechsel in relativ kurzen Intervallen, was man damit erklären kann, daß sich bei solchen Patienten immer wieder nach kurzer Zeit unerträgliche Ängste aufstauen, die auf die Situation am Arbeitsplatz projiziert werden und damit zum Stellenwechsel veranlassen.

Die Erhebung der Vorgeschichte ist für den Patienten kein psychisches Trauma oder braucht es jedenfalls nicht zu sein. Im Gegenteil: wenn man dabei taktvoll vorgeht, so wird das eingehende Fragen und Zuhören dem Patienten ein gewisses Maß an narzißtischer Befriedigung vermitteln (indem er erfährt, daß man sich für ihn interessiert) und wird eher seinen Rapport zum Therapeuten verstärken als ihn verängstigen.

Für manch einen Patienten kann die Erhebung der Anamnese zum kathartischen Erlebnis werden, nämlich dadurch, daß er hier zum ersten Male die Gelegenheit erhält, einem anderen Menschen mitzuteilen, was ihn wirklich bedrückt und was er vielleicht vor seinen Freunden und Familienangehörigen bisher immer verborgen gehalten hat. Die Möglichkeit, sich einem kompetenten Zuhörer gegenüber offen zu äußern, bewirkt eine gewisse Entlastung und damit auch oft schon eine Besserung der Symptome, zumindest eine optimistischere Beurteilung der ganzen Situation.

Sobald eine umfassende, sinnvoll zusammenhängende Vorgeschichte erhoben ist, sollte man dem Patienten unverzüglich auch eine therapeutische Hilfe zuteil werden lassen, sei es indem man ihn davon überzeugt, daß man sein Problem verstanden hat und damit umzugehen weiß, oder indem man ihm eine Deutung gibt, welche die aktuelle Situation und die jetzige Reaktionen des Patienten mit einer früheren Situation und seinen damaligen Reaktionen in Beziehung setzt, wobei man ihm zeigt, daß er Ähnliches wie jetzt schon früher einmal erlebt und damals gut bewältigt hat. Etwa 90 % des Erstinterviews, so kann man sagen, sollten der Erhebung anamnestischer Daten dienen, die restlichen 10 % verbleiben für therapeutische Interventionen irgendwelcher Art.

Bei der Anamneseerhebung für eine Kurzpsychotherapie muß der Therapeut einen Kurs steuern, der sich irgendwo zwischen frei strömender, ungesteuerter Kommunikation einerseits und einem völlig durchstrukturierten Frage-und-Antwort-Spiel andererseits bewegt. Unserer Erfahrung nach sind die meisten Patienten durchaus imstande, genügend Material innerhalb eines einzigen Interviews mitzuteilen, wenn man strukturierte Reize (Fragen oder sonstige Interventionen) verwendet und dabei dem Patienten für seine Reaktionen alle Freiheit läßt.

Fragen sollten nach Möglichkeit immer so gestellt werden, daß der Patient darauf nicht nur mit Ja oder Nein antworten kann, sondern zugleich etwas von seinen Vorlieben, Abneigungen, Einstellungen und Reaktionen offenbaren muß. »Sie haben bisher noch wenig über Ihre Eltern erzählt« ist eine bessere Intervention als »erzählen Sie mir doch etwas über Ihre Mutter« bzw. »über Ihren Vater«. Wenn man dem Patienten die Reihenfolge der Darstellung selbst überläßt, so erhält man aus der tatsächlichen Folge der Mitteilungen schon Anhaltspunkte für positive und negative Valenzen des Mitgeteilten (ähnlich wie im Zeichne-einen-Menschen-Test das Geschlecht der zuerst gezeichneten Figur Aufschlüsse über die sexuelle Identifikation des Probanden gibt).

Es gibt allerdings auch Situationen, wo man ganz gezielt fragen muß, um bestimmte Informationen zu erhalten, so z. B. wenn es darauf ankommt, die genaue chronologische Reihenfolge bestimmter psychodynamisch bedeutsamer Ereignisse festzulegen.

Manche Patienten haben eine derart lange, komplizierte oder auch obskure Vorgeschichte, daß man für die Erhebung der Anamnese mit einer Sitzung nicht auskommt. Bei anderen wiederum führen auch zusätzliche Explorationen nicht weiter, solange man nicht die Kommunikationsfähigkeit des Patienten mit unterstützenden Maßnahmen fördert.

In der psychotherapeutischen Kommunikation laufen gewöhnlich zwei Gespräche nebeneinander bzw. es handelt sich um zwei Ebenen der Kommunikation, eine manifeste und eine latente. Der Psychotherapeut ist es gewohnt, im manifesten Inhalt der Mitteilungen des Patienten zugleich den darin enthaltenen latenten Inhalt mitwahrzunehmen. Dabei hilft ihm seine Kenntnis der Psychodynamik und der psychoanalytischen Theorie, besonders im Hinblick auf die kindliche Entwicklung, und vermittelt ihm eine ungewöhnliche Wahrnehmungsperspektive, die sich in vielem von der sonst üblichen Sichtweise unterscheidet. Ohne Zynismus kann man sagen, daß der Psychotherapeut gewissermaßen ähnlich verfährt wie der Code Napoléon: alle manifesten Äußerungen des Patienten sind für ihn zunächst einmal verdächtig und auf ihren möglichen latenten Gehalt zu überprüfen.

Bei Menschen, die frei verbal kommunizieren, läßt sich der latente Inhalt meist unschwer erkennen. Schwieriger wird es mit Patienten, denen es schwer fällt, sich verbal auszudrücken, etwa auf Grund ihrer geringen Intelligenz oder auch ihrer Herkunft aus sozialen Unterschichten, in denen die verbale Ausdrucksfähigkeit nicht hoch gewertet und dementsprechend auch nicht gefördert wird. Andere wiederum sind es einfach nicht gewohnt, ihr eigenes Erleben introspektiv wahrzunehmen, zu reflektieren und mitzuteilen. Manchen Patienten steht auch nicht der nötige Wortschatz zu Gebote, um ihre Gedanken und Empfindungen zu verbalisieren, und vor allem sind sie es gar nicht gewohnt, mit anderen über Gefühle zu sprechen. Die Förderung der Kommunikationsfähigkeit wird somit zu einer wichtigen Aufgabe des Psychotherapeuten, besonders wenn er nur wenig Zeit zur Verfügung hat.

Bei manchen Patienten läßt sich der Kommunikationsfluß schon in Gang bringen, indem man sie auffordert, irgendwelche kürzlichen Erlebnisse – z. B. was zur Zeit des Ausbruchs der Symptome vorgefallen war oder was sich seit der letzten Sitzung ereignet hat – in ihren üblichen Worten detailliert zu schildern. Der Therapeut muß die betreffenden Erlebnisse hinsichtlich potentieller Konflikte abhorchen und gemeinsam mit dem Patienten sorgfältig durchleuchten, wobei schon von selbst bestimmte Affekte und Reaktionen des Patienten erkennbar werden; man muß nur genau auf seine äußere Erscheinung und sein Verhalten während der Schilderung achten. Solche Affektäußerungen lassen sich dann leicht aufgreifen; allerdings müssen die Kommentare des Therapeuten behutsam formuliert werden, damit der Patient sie nicht als eine narzißtische Kränkung auffaßt. So kann man z. B. sagen: »Wie Sie eben hereinkamen, hatte ich fast das Gefühl, als hätten Sie Angst, jemand wollte Ihnen den Kopf abreißen«, – »Sie sehen so erschrocken aus«, – »Irgend etwas bedrückt Sie«, – oder: »Sie sind plötzlich so traurig geworden«.

Ein anderes Mittel, um den Kommunikationsfluß anzuregen – und dies gilt nicht nur für Patienten, denen das Verbalisieren ihrer Gefühle schwer fällt – besteht darin, daß man sich Träume berichten läßt. Wie schon gesagt, sollte man es sich überhaupt zur Regel machen, bei der Anamneseerhebung auch nach neueren Träumen, nach Wiederholungsträumen und nach Träumen aus der Kindheit, die in der Erinnerung des Patienten lebendig geblieben sind, zu fragen. Auch hierbei geht es hauptsächlich um die zentralen, durchgehenden Themen, m.a. W. um den latenten Inhalt. Der Therapeut kann dem Patienten sodann beispielsweise sagen: »Sie haben also immer wieder einen Traum, in dem Sie jemanden anrufen wollen und nicht erreichen können. Entweder ist die Leitung gerade besetzt, oder Sie wachen auf, kurz bevor Sie den Anschluß bekommen haben. Was meinen Sie, was das alles zu bedeuten hat?«

In der Kurzpsychotherapie greift man in einer Deutung tunlichst nur diejenigen Teile des Traumes auf, die schon im manifesten Inhalt deutliche Hinweise auf eine relevante Thematik enthalten. So träumt z. B. eine Patientin mehrmals davon, wie sie als kleines Mädchen im Hause ihrer Mutter lebt. Darin drückt sich vermutlich der Wunsch aus, wieder das kleine Mädchen von früher zu sein, um das die Mutter sich kümmerte, statt, wie es jetzt der Fall ist, selbst Mutter zu sein und für ein eigenes Kind sorgen zu müssen. Indem man der Patientin diesen Zusammenhang aufzeigt, hat man es ihr eventuell überhaupt erst möglich gemacht, ihre orale Sehnsucht, über deren Frustration sie so verbittert ist, offen zu äußern, darüber hinaus aber auch die Wut auf ihr Kind, das ständig ihre Sorge beansprucht und das nebenbei auch eine Identifikationsfigur für die jüngere Schwester der Patientin, ihre ursprüngliche Rivalin, sein könnte.

Für das Verständnis der Mitteilungen des Patienten ist es besonders wichtig, jeweils die fehlenden Zwischenglieder zu finden. So hatte z. B. eine Patientin immer wieder einen Traum, in dem sie vergeblich versuchte, einen früheren Freund telephonisch zu erreichen. Bei der Besprechung des Traumes stellte sich heraus, daß es sich um einen Franzosen handelte. Später war außerdem noch zu erfahren, daß die Patientin als Kind eine Zeitlang in Frankreich zusammen mit ihrer Mutter gelebt hatte, die aber dann gestorben war. Wenn sie sich jetzt im Traum immer wieder bemüht, mit ihrem früheren französischen Freund in Kontakt zu kommen, so will sie damit in Wirklichkeit u. a. sagen: »Ich möchte mit meiner Mutter sprechen, meine Mutter soll wiederkommen, ich vermisse sie so sehr, ich war damals völlig verlassen, meine Mutter soll sich um mich kümmern.«

Weitere Hilfsmittel zur Anregung der Kommunikationsbereitschaft

Sehr oft erweist sich der Thematische Apperzeptions-Test (TAT) als eine Brücke zum Verständnis von Patienten, die auf andere Weise nicht viel von sich mitteilen können. Der hauptsächliche Wert des TAT liegt darin, daß man mit diesem Test ein psycho-dynamisches Querschnittsbild der zentralen Konfliktkonstellationen erfassen kann. Deshalb ist der TAT besonders für Therapeuten, die in der Psychodynamik und Psychoanalyse bewandert sind, von großer praktischer Bedeutung.

Der Thematische Apperzeptions-Test wurde von dem Amerikaner Henry A. Murray[77] und seiner Mitarbeiterin Christiana Morgan im Jahre 1936 an der Harvard Psychological Clinic entwickelt. Zahlreiche Bilder wurden daraufhin geprüft, ob sie geeignet seien, bei verschiedenen Probanden diagnostisch und therapeutisch verwertbare Phantasien zu evozieren. Für die erste Serie wurden schließlich zwanzig Bildtafeln ausgewählt, die noch in der letzten (dritten) Auflage des Testes unverändert beibehalten worden sind. Beim Standardverfahren legt man dem Probanden an zwei aufeinanderfolgenden Tagen jeweils zehn Bildtafeln vor; häufig jedoch verwendet der klinische Psychologe eine abgekürzte Version des TAT, bei welcher von den zwanzig Tafeln nur diejenigen ausgewählt und dargeboten werden, die voraussichtlich für den jeweiligen Fall besonders aufschlußreich sind. Man fordert den Probanden auf, zu den Bildtafeln erfundene Geschichten zu erzählen, in denen er dazu Stellung nehmen soll, was in der dargestellten Szene vorgeht, wie es zu der betreffenden Situation gekommen ist und was nun weiter geschehen wird. Dabei sieht sich der Proband schon ganz von selbst gedrängt, seine Geschichten zu dramatisieren und auch auf die Gefühle und Überlegungen der geschilderten Charaktere einzugehen.

Der TAT ist ein ausgezeichnetes Mittel zur Untersuchung horizontaler und vertikaler Patterns, d. h. sowohl des dynamischen Querschnittsbildes als auch der genetischen Längsschnittsbeziehungen, die besonders bei psychologisch unvorgebildeten Probanden recht offen in den erfundenen Geschichten zu Tage treten, ohne daß der Betreffende sich dessen bewußt ist. Oft ist schon ein großes Stück Einsicht und Kooperation gewonnen, wenn der Patient zu seiner Überraschung plötzlich merkt, daß er unversehens einige seiner wichtigsten Probleme formuliert hat[8a]. Im TAT taucht eine Fülle von autobiographischem Material auf und bietet dem Therapeuten zahlreiche Anhaltspunkte, um die Herkunft mancher Verhaltensmuster zu untersuchen. In Fällen, wo Verleugnungsmechanismen die Kommunikation und Einsicht behindern, kann man dem Patienten oft die Wirkung solcher Abwehrmechanismen an Hand seiner TAT-Geschichten zeigen. Zwei Bildtafeln sind dafür besonders geeignet: eine, auf welcher eine schwangere Frau zu sehen ist, und eine andere, die eine kauernde Gestalt an einer Couch und daneben auf dem Boden ein Gewehr zeigt. Patienten, die sexuelle und/oder aggressive Impulse verleugnen, gehen häufig überhaupt nicht auf die Schwangerschaft der Frau oder auf das Gewehr ein; man kann ihnen dann unschwer demonstrieren, wie sie ganz deutlich sichtbare Details aus ihrer Wahrnehmung einfach ausklammern, d. h. verleugnen. Daran anschließend wird man ggf. die Wirkung von Verleugnungsmechanismen auch in anderen Lebensbezügen des Patienten deuten und damit mehr an Einsicht vermitteln können, als dies auf andere Weise möglich gewesen wäre.

Grundsätzlich lassen sich die Ziele der Kurzpsychotherapie mit Hilfe der verschiedensten Methoden und Verfahrensweisen erreichen, sofern nur die Indikation für die jeweils verwendete Methode eindeutig feststeht und im Rahmen einer psychodynamischen Gesamtkonzeption gut begründbar ist. Zu den Verfahren, die unter diesen Vorbehalten gelegentlich auch einmal in Frage kommen, gehört u. a. die umstrittene Hypnose.

Gewiß ist die Verwendung der Hypnose in vielen Fällen kontraindiziert, insbesondere bei Patienten mit starken passiven Tendenzen, mit exzessiven Abhängigkeitsbedürfnissen und schließlich auch, wenn die Gefahr einer Provokation von dissoziativen oder paranoiden Zuständen besteht. Andererseits aber und insofern keine Kontraindikation gegeben ist, kann die Hypnose bei leicht suggestiblen Patienten ein nützliches Mittel sein, um an verdrängte Inhalte heranzukommen. Wir denken z. B. an den Fall, daß ein Patient eine konstante amnestische Lücke für ein bestimmtes Kindheitserlebnis aufweist, welches aber auf Grund der Konvergenz zahlreicher Erinnerungen und sonstiger Daten mit großer Wahrscheinlichkeit vorgefallen sein muß. Hier gelingt es eventuell mittels Hypnose, die Amnesie aufzuheben und das vermutete Schlüsselerlebnis ans Licht zu holen. Bevor man allerdings die Hypnose anwendet, sollte man unbedingt dem Patienten erklären, was damit bezweckt wird, sollte ihn über die Grundprinzipien dieser Methode aufklären und schon im voraus eventuelle Befürchtungen (beispielsweise die Angst, hilflos einem anderen Menschen ausgeliefert zu sein) beruhigen. Wichtig ist auch, daß man das unter Hypnose erhaltene Material dem wachen Patienten noch einmal darstellt, um die Ich-Synthese der zuvor unbewußten Inhalte zu ermöglichen und diese für die psychotherapeutische Arbeit nutzbar zu machen. Zu diesem Zwecke kann man z. B. auch – natürlich nur mit Erlaubnis des Patienten – die hypnotische Sitzung auf Tonband aufnehmen und später die Abschnitte, in denen wichtiges Material aufgetaucht ist, noch einmal abspielen, wodurch dem Patienten eine ich-syntone Assimilation der betreffenden Inhalte erleichtert wird. Dabei gilt es aber zu beachten, daß der Patient auf die Konfrontation mit traumatischen Erinnerungen immer erst sorgfältig vorbereitet werden muß, denn das betreffende Erlebnis war ja gerade auf Grund seiner traumatischen Qualität so stark abgewehrt und so tief in der Verdrängung gehalten worden. Erscheint aus diesem oder sonstigen Gründen eine Konfrontation mit den Tonbandaufzeichnungen nicht ratsam, so sollte man besser das in Hypnose gewonnene Material nur ausschnittweise nach und nach dem Patienten mitteilen, damit er es ganz allmählich mit seinen sonstigen Erinnerungen und Erlebnissen verknüpfen und assimilieren kann. Auf diese Weise kann es gelingen, die unbewußten Inhalte schließlich ich-synton und nutzbar zu machen und in den dynamischen Gesamtkontext des therapeutischen Prozesses einzufügen.

Die kausale Verknüpfung der Daten

Ein geübter Psychotherapeut stellt ununterbrochen und ganz automatisch kausale Beziehungen zwischen den verschiedenen Daten her, während er sich die Beschwerden des Patienten anhört, ihn beobachtet und die Vorgeschichte erhebt. Wir haben diesen Punkt auch nur deshalb für eine gesonderte Besprechung abgetrennt, um seine entscheidende Bedeutung gerade im kurz-psychotherapeutischen Prozeß zu unterstreichen. Die kausale Verknüpfung der Daten zu einem psychodynamischen Gesamt-kontext erfordert von seiten des Therapeuten eine gründliche psychoanalytische Ausbildung, ausgedehnte klinische Erfah-rung sowie die bereits angeführten persönlichen Voraussetzun-gen. Kurz gesagt: für die Wahrnehmung der kausalen Zusam-menhänge in dem vom Patienten mitgeteilten Material muß der Psychotherapeut den gesamten Bestand seiner intellektuel-len und emotionalen Fähigkeiten aufbieten können. Er muß imstande sein, die Virtuosität des Hysterikers im Verdrängen und Verschieben, die verklemmte Aggression des Zwangsneu-rotikers und die mannigfachen Spielarten der Reaktionsbil-dung unmittelbar zu erkennen. Ob es sich um unbewußte Vor-gänge, um Abwehrmanöver, um regressive Ausdrucksformen handelt, nichts Menschliches sollte ihm fremd sein.

Man bedenke nur die Vielfalt von Ursachen, die für ein und dasselbe manifeste Symptom in Frage kommen. Schlaflosigkeit z. B. ist ein besonders faszinierendes Symptom, das vielfach de-terminiert sein kann. Viele Menschen fürchten sich vor dem Einschlafen aus Angst vor ihren Träumen. Eine unserer Pa-tientinnen hatte Angst vor dem Einschlafen, weil sie fürchtete, ihre Zunge zu verschlucken. Die Schlafstörung eines anderen Patienten ließ sich rasch aufklären, nachdem er von seinen hyp-nagogen Phantasien berichtet hatte, ohne die er niemals ein-schlafen konnte. Ursprünglich hatte er nämlich phantasiert, er befinde sich an irgendeinem geschützten Ort; später wurde daraus ein geschlossenes Blockhaus; bald mußte er dieses mit einem Stacheldrahtzaun umgeben, dann mit einem Minengür-tel, und schließlich wurden noch automatische Maschinenge-wehre eingebaut. Erst mit diesem Maximum an Schutzmaßnah-men konnte er endlich einschlafen. Ein anderer Patient mußte sich vor dem Einschlafen immer erst ganz fest in seine Decke einwickeln, damit keine Schlangen eindringen konnten.

Eine Patientin klagte über merkwürdige ganz umschriebene Kopfschmerzen, die sie verschiedentlich als stechend, bohrend oder drückend beschrieb. Gründliche Untersuchungen ergaben keinerlei Anhalt für eine organische Ursache; dagegen fanden sich psychische Störungen vom hysterischen Typ, und die Kopfschmerzen der Patientin ließen sich schließlich mit diversen Details ihrer sexuellen Anamnese und ihrer Phantasien in Zusammenhang bringen.

Bei der Herstellung kausaler Verknüpfungen besteht die eigentliche Aufgabe immer darin, zu verstehen, wie ein Symptom durch ein bestimmtes Erlebnis ausgelöst worden ist und welche Bedeutung sowohl dem Symptom als auch dem auslösenden Erlebnis im Zusammenhang mit der Vorgeschichte und der Struktur des betreffenden Patienten zuzumessen ist.

Eine Patientin kam wegen akuter Angstzustände zur Behandlung. Sie hatte bereits Tranquilizer genommen, aber als diese nicht halfen, ging sie zu einem Psychotherapeuten. Die Angstzustände waren noch schlimmer geworden, als die siebenjährige Tochter der Patientin eine Schulphobie entwickelte. Eine ihrer Klassenkameradinnen mußte neuerdings jeden Morgen erbrechen, worüber das Kind sich sehr aufregte und ekelte, so daß es schließlich gar nicht mehr zur Schule gehen wollte. Nun war es ja durchaus adäquat und verständlich, wenn die Patientin sich wegen der Schulphobie ihrer Tochter Sorgen machte, aber damit waren die Angstzustände noch nicht hinreichend erklärt. Sie beriet sich mit verschiedenen Autoritäten der Schule, darunter auch mit dem Psychologen. Es wurde vereinbart, daß sie das Kind jeden Morgen zur Schule bringen und dort während der Schulzeit bleiben sollte, da man die Phobie nicht unterstützen und es dem Kind ermöglichen wollte, weiterhin die Schule zu besuchen. Erst zu diesem Zeitpunkt wurde aus der Angst der Patientin eine akute Panik, wie sie sie in dieser Heftigkeit noch niemals zuvor erlebt hatte, offenbar eine Art frei flottierender Angst ohne erkennbare Inhalte. Der Therapeut begann nun weiter nachzuforschen: War die Panik der Patientin eine Reaktion auf die Schulphobie ihrer Tochter? oder auf das Erbrechen des anderen Kindes? oder schließlich darauf, daß sie jetzt mit ihrem Kind praktisch wieder zur Schule gehen mußte? Die sorgfältige Erhebung der Vorgeschichte ergab viele aufschlußreiche Hinweise. Die Patientin war mit einem etliche Jahre älteren Mann verheiratet; sie führte ihren Angaben nach eine in jeder Hinsicht gute Ehe. Aber in den letzten zehn Jahren war ihre Schwiegermutter sehr krank gewesen, hatte sich oft für längere Zeit im Hause der Patientin pflegen lassen und an deren Ehemann und damit praktisch auch an sie vielerlei Forderungen gestellt; der Ehemann der Patientin hatte diese häufig allein gelassen und im Hause seiner Mutter geschlafen, um sich besser um sie kümmern zu können.

Weiterhin war bemerkenswert, daß gerade das jüngste Kind der Patientin die Schulphobie entwickelt hatte; ein weiteres Kind war bereits im Pubertätsalter und viel selbständiger. Es stellte sich heraus, daß die Patientin vielseitig begabt war und besonders über künstlerische Talente verfügte. Sie hatte sich in letzter Zeit sehr darauf gefreut und Pläne geschmiedet, sich wieder eine Halbtagsstelle zu suchen, womit sich für sie die Vorstellung von größerer Freiheit und Selbständigkeit verband; der kürzliche Tod der Schwiegermutter hatte diese Pläne noch gefördert. Es wurde deutlich, daß sie in all den Jahren erhebliche Ressentiments gegen die Schwiegermutter angestaut hatte, die für sie eine enorme Belastung gewesen war und ständig ihre und ihres Ehemannes Aufmerksamkeit und Sorge in Anspruch genommen hatte. Daneben hatte sie auch die Aufgabe der Versorgung und Erziehung ihrer Kinder immer als Belastung empfunden. Aus anderen Hinweisen ergaben sich ferner Anhaltspunkte dafür, daß sie ziemlich oral eingestellt war und sich ihren Ehepartner offensichtlich nach dem Vorbilde ihrer Mutter gewählt hatte. Unter normalen Umständen ergaben sich daraus keine besonderen Probleme; aber genau in dem Moment, wo sie glaubte, endlich freier zu sein und einen größeren Teil des Tages ihren eigenen Interessen widmen zu können, spielte das Kind ihr einen »üblen Streich«, indem es seine Schulphobie entwickelte und sie damit zwang, die Hälfte des Tages in der Schulklasse abzusitzen. Die eigentliche Bedeutung ihrer Panik bestand also offenbar in der Befürchtung, ihre unbewußte Wut auf das Kind könnte unerträgliche Ausmaße annehmen und plötzlich hervorbrechen; insofern war ihre Angst ein Gefahrsignal. Darüber hinaus fürchtete sie in ihren Panikzuständen ohnmächtig zu werden; damit wandte sie sich an den Ehemann und gab ihm zu verstehen: »Ich bin krank, du mußt dich um mich kümmern, wie du dich um deine Mutter gekümmert hast, anstatt mich zu zwingen, daß ich mich um das Kind kümmern soll.«

Als dieser Fokus erst einmal abgegrenzt war, konnte man jetzt auch gezieltere Fragen zur Vorgeschichte stellen. Es kam heraus, daß die Patientin auch früher schon kurzdauernde Angstzustände erlebt hatte, die allerdings niemals das Ausmaß ihrer jetzigen Panik erreicht hatten. Der Inhalt dieser früheren Angstsituationen entsprach weitgehend der gegenwärtigen dynamischen Konstellation, insofern unbewußte Wut und Passivität dabei immer eine ähnlich zentrale Rolle gespielt hatten wie auch jetzt*.

ÜBERDETERMINIERUNG

Die Überdeterminierung neurotischer Symptome ist vielleicht das stärkste Argument zugunsten einer gründlichen und umfassenden Anamnese. Klinische Sorgfalt läßt nicht nur erkennen, daß die Genese eines Syndroms individuell variiert, sondern daß darüber hinaus auch bei ein und demselben Individuum ein Symptom mehrfach determiniert sein kann. In einer langen und intensiven Psychotherapie wird die Überdeterminierung der Symptome im Verlaufe der Behandlung gewöhnlich immer klarer durchschaubar. In der Kurzpsychotherapie hingegen ist der Therapeut auf eine umfassende Anamnese angewiesen, wenn er das ganze System der kausalen Determinanten aufdecken will.

Ein sehr erfolgreicher Geschäftsmann kam wegen eines für ihn höchst alarmierenden Symptoms, nämlich einer Aufzugsphobie, zur Behandlung. Seine berufliche Existenz stand auf dem Spiel, denn er mußte seine Geschäftspartner besuchen können, deren Büros sich größtenteils in den oberen Stockwerken einiger New Yorker Wolkenkratzer befanden. Er konnte aber keine Aufzüge benutzen, da er beim Aufzugfahren sofort von einer schweren, unüberwindlichen Panik befal-

---

* In der Notfallpsychotherapie dieser Patientin wurden erstens einige Deutungen zur Psychodynamik der Situation gegeben, und zweitens wurde vereinbart, daß sie sich während der Schulstunden ihres Kindes nicht im Klassenraum, sondern im Sekretariat der Schule aufhalten sollte, wo sie sich in dieser Zeit ihren eigenen Interessen widmen konnte.

len wurde; andererseits aber waren seine ganzen Lebensumstände auf so hohe Ausgaben eingerichtet, daß ein ständiges hohes Einkommen für ihn geradezu eine Existenzfrage darstellte. Kurz zuvor hatte er schon bei anderer Gelegenheit einen heftigen Angstausbruch erlebt. Er hatte sich ein paar Tage Urlaub genommen, um nach Rom zu fahren und dort »ein bißchen am Leben teilzunehmen«. Warum er seine Frau nicht mitnehmen wollte, lag klar auf der Hand; aber statt nun seinen Urlaub genießen zu können, wurde er kurz nach der Ankunft in Rom von einem Panikzustand überrascht und mußte wenige Stunden darauf wieder nach New York zurückfliegen. Unmittelbar nach seiner Rückkehr brach die Aufzugsphobie aus. Auf den ersten Blick konnte es so erscheinen, als habe sein Verlangen nach sexuellen Abenteuern die Panik ausgelöst; dann wäre also das Aufzugfahren – wie so oft in Träumen – ein Symbol für eine phallisch-sexuelle Erregung, das Steigen und Fallen des Aufzugs entspräche dem An- und Abschwellen des Penis. Hiergegen wandte der Patient jedoch mit zwingender Logik ein, er sei auf Geschäftsreisen häufig über Land gefahren und habe dabei des öfteren sexuelle Abenteuer ohne jegliche Angst genießen können. Allerdings hatten ihn diese Geschäftsreisen nie sehr weit von der New Yorker City weggeführt. Daraus ergab sich die Folgerung, daß das Risiko der Untreue für sich allein genommen noch keine Angstzustände und keine Aufzugsphobie hervorgerufen hatte, daß aber andererseits in der Auslandsreise wohl noch eine andere, dynamisch wichtigere Bedeutung liegen mußte.

Im Verlaufe des Interviews wurde dann allmählich deutlicher, daß der Patient eine starke und hochgradig ambivalente Bindung an seine Mutter hatte und weiterhin, daß seine Frau für ihn eine ähnliche Rolle spielte wie früher seine Mutter. Im Ausland fern von der Mutterfigur zu sein, bedeutete unbewußt für ihn, völlig hilflos zu sein, falls ihm (etwa zur Strafe für sexuelle Ausschreitungen) irgend etwas passieren sollte.

Aus dieser Sicht ließ sich auch die Aufzugsphobie besser verstehen. Die wirkliche unbewußte Bedeutung des Aufzugfahrens lag hier nicht in der symbolischen Äquivalenz mit dem An- und Abschwellen des Phallus, sondern vielmehr in dem Gefühl, hilflos in einem engen Raum eingeschlossen zu sein und nicht mehr hinauskommen zu können. Dies wiederum entsprach seinem Gefühl der Ohnmacht und Kraftlosigkeit, wie er es gegenüber seiner übermächtigen Mutter erlebt hatte, gleichsam als Gegenstück zu seinen Anlehnungsbedürfnissen an die Mutter. Er fürchtete sich also vor allem davor, hilflos zu sein, damit aber auch seiner Hilflosigkeit und seinem überwältigenden Hilfsbedürfnis wehrlos ausgeliefert zu sein*.

Andererseits waren auch die Konsequenzen seiner Aufzugsphobie zu bedenken. Bliebe sie bestehen, so würde er seinen Lebensunterhalt nicht mehr allein bestreiten können und wäre auf andere angewiesen. Finanziell und sozial käme das auf einen völligen Bankrott hinaus, aber zugleich hätte er damit doch seinen Wunsch befriedigt, von anderen versorgt und behütet zu sein. Übrigens stellte sich noch heraus, daß er tatsächlich auch ein vorbewußtes Motiv hatte, weniger zu verdienen: Er unterstützte nämlich seinen bedürftigen Bruder regelmäßig mit größeren Geldsummen; bewußt empfand er zwar größte Sympathie für seinen Bruder, aber unbewußt ärgerte er sich über dessen anspruchsvolle Forderungen.

Bei diesem Patienten ergaben sich also schon aus der Vorgeschichte mehrfache dynamische Zusammenhänge zwischen seiner Panik auf der Romreise und der Aufzugsphobie: man erkennt seine phallischen Wünsche im Konflikt mit der Angst vor Hilflosigkeit; das Verlangen, von einer Mutterfigur behütet und versorgt zu werden, zugleich mit der Gefahr, von deren Übermacht erdrückt zu werden; schließlich das starke Bedürfnis des Patienten nach Anlehnung und Abhängigkeit.

Die Wahl der therapeutischen Intervention

Wenn die Ursachen der Symptome einigermaßen feststehen, so stellt sich als nächstes die Aufgabe, diese wieder rückgängig zu machen. Speziell in der Kurzpsychotherapie kommt es darauf

* Die Reise nach Rom war sozusagen der Höhepunkt seines Wunsches nach Unabhängigkeit, Selbständigkeit und sexueller Freiheit, fern von zu Hause; als die nahe Verwirklichung solcher Wünsche mehr Angst auslöste, als er bewältigen konnte, kam es zu einer massiven Regression und damit zu der Aufzugsphobie mit ihren vorwiegend präphallischen Konflikten. Der unbewußte Vorgang läßt sich etwa folgendermaßen formulieren: »Da es so gefährlich ist, als Mann promiskuöse sexuelle Wünsche auszuleben, ziehe ich es vor (aber auch: fürchte ich mich davor), ein hilfloses Kind (und damit übermächtigen Kräften wehrlos ausgeliefert) zu sein, von anderen Menschen mich versorgen und beschützen zu lassen, statt selbst die Sorge und Verantwortung für andere tragen zu müssen.«

an, genau zu bestimmen, welche Faktoren im Einzelfalle verändert werden müssen bzw. an welchen sich am ehesten etwas ändern läßt. Auf diese Weise gelangt man zur Auswahl der therapeutischen Intervention, die sowohl in verbalen Operationen als auch in sonstigen unterstützenden Maßnahmen bestehen kann, wie sie weiter unten noch besprochen werden sollen. Im angeführten Beispiel der Patientin mit den Angstzuständen wird der Leser bemerkt haben, daß hier nicht nur verbale Interventionen verwendet wurden, sondern auch das Umwelt-Arrangement verändert wurde.

In diesem Kapitel sollen nun Interventionen besprochen werden, die im Wesentlichen auf der verbalen Kommunikation zwischen Patient und Therapeut basieren; daran anschließend werden wir noch auf die Beurteilung der Ichfunktionen als Grundlage für die Entscheidung des therapeutischen Vorgehens genauer eingehen. Dabei wird es nicht zu umgehen sein, daß wir hier und da auch schon auf die nicht-verbalen unterstützenden Maßnahmen zu sprechen kommen; diese sollen aber erst im nächsten Kapitel eingehender beschrieben werden.

VERMITTLUNG VON EINSICHT –
DIE TRADITIONELLE DEUTUNGSTECHNIK

In der herkömmlichen Psychotherapie versucht man eine Besserung oder Heilung zu erreichen, indem man dem Patienten Einsicht in den Sinn und die Ursachen seiner Ängste und Sorgen, seiner Triebimpulse und der dagegen aufgerichteten Abwehr, seiner vorbewußten und unbewußten Motive vermittelt.

Die Begründung dieser Behandlungsmethode liegt in der klinischen Erfahrung, daß Einsichten dieser Art in vielen Fällen eine dynamische Reorganisation der Persönlichkeit bewirken, und zwar im Sinne einer Stärkung des Ichs und einer besseren Effektivität der Ichfunktionen. Für Patienten, bei denen von der Persönlichkeitsstruktur und von der Symptomatik her eine

Psychoanalyse oder eine intensive Psychotherapie indiziert erscheint, ist eine solche aufdeckende, auf Einsicht zielende Therapie die Methode der Wahl. Die Behandlung von Psychosen, schweren Charakterstörungen, stark agierenden Patienten und akuten Krisen erfordert hingegen andere therapeutische Methoden. In der Kurzpsychotherapie jedoch spielt die auf Einsicht zielende Deutungstechnik nach wie vor eine zentrale Rolle; wegen der zeitlichen Beschränkungen muß sie aber hier besonders bedacht und gezielt eingesetzt werden.

Die Vermittlung von Einsicht durch Deutungen zählt, neben der Sicherheit in der Diagnostik und in der Wahl des therapeutischen Vorgehens, zu den hervorragendsten Fähigkeiten eines guten Psychotherapeuten.

Die Deutung

Eine gelungene Psychotherapie setzt gewöhnlich voraus, daß es in mehreren Vektoren bzw. Variablen gleichzeitig zu günstigen Veränderungen kommt. Gewinnt ein Patient Einsicht in die Ursachen seiner Symptome, so muß er sich zu gleicher Zeit innerlich von ihnen distanzieren. Manchmal gilt es einen Triebimpuls in bestimmter Hinsicht ich-synton, in anderer Hinsicht ich-fremd zu machen; bei depressiven Patienten z. B. kommt es häufig darauf an, die nach innen gewendete Aggression wieder nach außen zu lenken, ohne sie allzu stark und inadäquat werden zu lassen. Bei manchen Patienten liegt die Aufgabe des Therapeuten darin, einen bestimmten Abwehrmodus abzubauen und dafür einen anderen zu stärken, ein bestimmtes Rollenverhalten einzuschränken zugunsten eines anderen, für einen gehaßten Elternteil mehr Verständnis zu wecken und dafür die Auseinandersetzung des Patienten mit dem anderen Elternteil in Gang zu bringen.

Bei jeder Deutung kommt es also zunächst und vor allem darauf an, sich die Sache nicht zu einfach zu machen, etwa indem man blindlings nur eine einzige Zielrichtung verfolgt. Ein Psychotherapeut muß vielmehr die Wirkung seiner Deutungen im voraus abschätzen und notfalls entsprechende Sicherungen mit einbauen. Wir möchten hier einem weitverbreiteten Mißverständnis begegnen, das die Vermittlung von Einsicht durch Deutungen betrifft: Das wahllose Aufdecken unbewußter Inhalte ist allemal grundfalsch und ein grober Mißbrauch der psychoanalytischen Technik. Der Psychotherapeut muß immer, wenn er Unbewußtes aufdeckt, zugleich das Ich stärken – sofern er überhaupt aufdecken muß. Ein weiterer technischer Fehler wird oft mit dem an sich richtigen Argument begründet, daß diejenigen Einsichten therapeutisch am wirksamsten seien, welche mit lebhaften affektiven Reaktionen einhergehen. Gefährlich wird es nur dann, wenn man meint, den Patienten nun um jeden Preis zu möglichst intensiven Affektäußerungen bringen zu müssen – anscheinend in der Annahme, Affekte seien allemal gut, also je mehr, desto besser. Diese einseitige Zielsetzung, unbedingt Affekt freizusetzen oder zu provozieren, führt dann zum falschen Prinzip der »Konfrontation«, nach welchem der Therapeut den Patienten ständig mit »tiefen« Deutungen verdrängter oder verleugneter Triebimpulse »bombardiert«.

Dabei ist eine Verstärkung der Abwehr durch Verdrängung oder Verleugnung noch immer die harmloseste Folge solcher »konfrontierenden« Deutungen. Gefährlicher sind andere Möglichkeiten, nämlich daß es zum Ausbruch einer schweren Panik, einer tiefen Depression, zu impulsivem Agieren oder gar zum Suicid kommt. Dies gilt besonders für die Behandlung von Symptomen, die durch Verdrängung aggressiver Triebimpulse entstanden sind. Eine direkte Konfrontation kann sich in solchen Fällen verheerend auswirken, weil dadurch der Triebimpuls u. U. für den Patienten noch unerträglicher wird, so daß die Aggression in verstärktem Maße gegen die eigene Person gewendet wird und es leicht zu einem Suicidversuch kommen kann. Sehr häufig läßt sich aber schon an Hand der Symptomatik die Toleranzbreite des Ichs gegenüber Konfrontationen in etwa abschätzen. So war z. B. ein Jugendlicher aus einem fahrenden Auto gesprungen, das sein Vater steuerte, und hatte kurz darauf die Wahnvorstellung entwickelt, er habe die ganze

Welt vernichtet. In der Behandlung kam deutlich heraus, daß er seinen Vater umbringen wollte und aus dem Auto springen mußte, um ihn vor dieser Gefahr zu bewahren. Im Zuge der sekundären Verarbeitung hatte der Triebimpuls, den Vater zu ermorden, die akzeptablere Form angenommen, daß er die ganze Welt vernichtet habe. Nach dem Prinzip der Konfrontation könnte man nun, in der Meinung, eine kathartische Deutung zu geben, dem Patienten etwa sagen: »Schauen Sie, Ihr Problem ist doch im Grunde, daß Sie Ihren Vater umbringen wollten.« Eine solche Deutung hätte unmittelbar zum Suicid führen können.

Wenn man durch Deutungen Einsicht vermitteln will, muß man also stets bedenken, ob der Patient auch bereit und in der Lage ist, diese Einsicht zu akzeptieren und für sich zu nutzen. Für die Deutung von Triebimpulsen heißt das, daß der Patient fähig und bereit sein muß, den betreffenden Triebwunsch als einen Anteil seiner eigenen Persönlichkeit zu akzeptieren, ihn bewußt zu erleben, ihn auf nicht-destruktive Weise zu realisieren, die Angst und Spannung, auf Grund derer der Trieb verdrängt worden war, zu tolerieren, und schließlich durch die neue Einsicht eine aktive Umstrukturierung der Abwehr und damit ein neues Kräftegleichgewicht innerhalb seiner Persönlichkeit zu erlangen.

Man muß sich also davor hüten, die primitiven Aspekte von Triebimpulsen allzu sehr zu forcieren, bevor nicht das Ich des Patienten so weit gestärkt ist (falls das überhaupt gelingt), daß er diese Triebkomponenten akzeptieren kann, ohne sich bedroht zu fühlen. Der Patient muß sich darauf verlassen können – und dafür ist zu sorgen –, daß er adäquate Abwehrmöglichkeiten gegen den Triebimpuls zur Verfügung hat, für die er die pathologischen Abwehrmechanismen, die im Symptom liegen, gefahrlos aufgeben kann.

Zur Förderung von Einsicht

Wir sind der Ansicht, daß lerntheoretische Überlegungen in der psychotherapeutischen Praxis bisher allzu sehr vernachlässigt worden sind, deren Berücksichtigung durchaus die Effizienz des psychotherapeutischen Lernprozesses verbessern könnte.

Viele Therapeuten haben betont, daß eine Deutung zum rechten Zeitpunkt gegeben werden muß, wenn sie für den Patienten annehmbar sein soll (»timing«). In lerntheoretischen Begriffen ausgedrückt, hat dieses »timing« etwas mit der Aufnahmebereitschaft oder Einstellung (»set«) des Patienten zu tun. Nehmen wir z. B. an, ein Patient fühle sich gerade von seinem Therapeuten vernachlässigt, und zwar mit Recht, so wäre eine Deutung in dem Sinne, daß der Patient sich allzu sehr vom Therapeuten abhängig mache und diesem alle Verantwortung zuschieben wolle, sicherlich unangebracht, d. h. der Zeitpunkt für eine solche Deutung wäre falsch gewählt. R. Löwenstein erzählt die Geschichte von einem Analytiker, der während der Behandlung einschläft und dabei seine Zigarre fallen läßt, so daß diese in das Blickfeld des Patienten rollt. Der Patient dreht sich um und erhebt Protest, worauf der Analytiker die Deutung gibt: »Sie müssen sich aber auch immer in den Vordergrund stellen.« Die Deutung, meint Löwenstein dazu, ist richtig, aber der Zeitpunkt ist falsch gewählt.

Ein weiterer wichtiger Aspekt hinsichtlich der Förderung von Lernprozessen betrifft das Prinzip der Ökonomie in der Formulierung der Deutungen. Kurze, direkte und prägnante Formulierungen sind wirksamer als wortreiche rhetorische Ergüsse. Hierzu eine amüsante Geschichte, die zeigt, worauf es ankommt: Hitler befand sich auf einer Reise durch Polen, als seine Staatskarosse in einem kleinen Dorf plötzlich streikte. All den versammelten Nazibonzen und Mechanikern gelang es nicht, den Wagen wieder in Gang zu bringen. Schließlich wurde ein alter polnischer Mechaniker aufgetrieben. Er warf einen Blick auf den Motor, schlug mit seinem Hammer einmal kräftig auf eine bestimmte Stelle, und der Motor lief wieder. Hitler war beeindruckt und fragte, wieviel er ihm schuldig sei. Der Mann verlangte tausend Zloti. »Was?« fragte Hitler, »tausend Zloti für einen einzigen Hammerschlag?« Der Mechaniker schüttelte den Kopf: »Für den Schlag nur 10 Zloti; 990 dafür, daß ich weiß, wo man draufschlagen muß.«

Eine plastische Ausdrucksweise hat eine bekräftigende Wirkung und bleibt dem Patienten länger im Gedächtnis. So ist es wirkungsvoller, wenn man feststellt: »Sie halten also Ihren Chef für einen üblen Gauner«, als wenn man sagt: »Sie sind wütend auf Ihren Vorgesetzten«.

Die Verwendung von kurzen Anekdoten, die einen Sachverhalt treffend veranschaulichen, ist ein weiteres ausgezeichnetes Mittel, um auf verbalem Wege Lernprozesse zu fördern. Nicht umsonst haben große Lehrer immer wieder von Parabeln und Gleichnissen Gebrauch gemacht! Die folgende hübsche Geschichte hat sich uns besonders bewährt, wenn es darum ging, einem Patienten über seine Passivität hinwegzuhelfen und sein Selbstvertrauen zu stärken. Es handelt sich dabei um eine Diskussion über den Umgang mit jugendlichen Delinquenten; unter den Diskussionsteilnehmern befanden sich teils jüngere, eifrige Lehrer mit wenig praktischer Erfahrung, teils auch einige ältere, gewitzte und etwas desillusionierte Schulleiter. Es war ein Vortrag gehalten worden, in dem die Ansicht vertreten wurde, jugendliche Delinquente seien in ihrer Persönlichkeit gestört und bedürften einer Psychotherapie. Daraufhin erhob einer der jüngeren Lehrer Protest: »Und was machen Sie«, fragte er den Vortragenden, »wenn so ein Junge Ihnen sagt: ›Hauen Sie ab mit Ihrer Psychotherapie‹?« Während der Angesprochene noch nach einer passenden Antwort suchte, ergriff einer der Älteren das Wort und sagte: »Hauen Sie nicht ab!« – Eine solche Anekdote wird der Patient sicher eher im Gedächtnis behalten und vielleicht in ähnlichen Situationen selbst beherzigen, als irgendeinen abstrakten Ratschlag des Therapeuten etwa in dem Sinne, daß er nicht alles, was die Leute ihm sagen, zu befolgen brauche.

Eine weitere lerntheoretische Erkenntnis, die sich auch in der Psychotherapie verwenden läßt, besteht darin, daß aktives Lernen effektiver ist als passives. Daraus ergibt sich u. a. die Konsequenz, daß der Patient die notwendigen Einsichten so

weit als möglich selber entdecken soll. In der Kurzpsychotherapie ist das zwar selten möglich, man kann aber jedenfalls
den Patienten immer wieder zu selbständigem, aktivem Lernen
anregen, etwa indem man ihn dazu auffordert, bestimmte
Hypothesen zu formulieren, sie zu wiederholen und schließlich mit anderen relevanten Aspekten zu integrieren.

Auch durch einen Rollentausch kann man bei manchen Patienten Einsicht fördern. Man sagt z. B.: »Nehmen wir an, Sie
seien Psychotherapeut. Jemand erzählt Ihnen, daß er bei allen
Frauen, die er kennenlernt, immer wieder etwas auszusetzen
findet: entweder stehen ihre Zähne nicht gerade, oder sie hat
ein Muttermal auf der Wange, oder ihre Witze sind ihm nicht
geistreich genug. Was denken Sie: was ist sein Problem?« Es
empfiehlt sich, in solchen Fällen von relativ unkomplizierten
Zusammenhängen auszugehen, die voraussichtlich keine Widerstände beim Patienten provozieren; womöglich nimmt man
auch ein Beispiel von einem anderen Patienten.

Ein weiteres bewährtes Prinzip der Lerntheorie ist das des
Intervalltrainings (»spacing«). Abschnittweises Lernen mit
Pausen dazwischen ist oft effektiver als eine ununterbrochene
Anstrengung. Man hat dieses Phänomen mit dem Konzept des
»stummen Lernens« zu erklären versucht. Für die Psychothe-
rapie ergibt sich jedenfalls daraus, daß negative Effekte der
Therapie, etwa die Regression und sekundäre Gewinne aus der
Abhängigkeit vom Therapeuten, durch eine intermittierende
Behandlung auf ein Minimum reduziert werden können. Ein
weiterer Vorteil dabei ist das »stumme« Durcharbeiten und
Integrieren des Besprochenen während der Behandlungspausen.
Alle Lernkurven enthalten typischerweise ein Plateau, und dieses wirkt sich oft retardierend, wenn nicht gar desintegrierend
auf den psychotherapeutischen Prozeß aus. In solchen Fällen
bringt eine Unterbrechung der Therapie eventuell mehr Nutzen als fortgesetzte und schließlich entmutigende Anstrengungen, den »Widerstand« durchzuarbeiten. Wir werden in einem
gesonderten Abschnitt über das Durcharbeiten noch einmal auf
dieses Prinzip zurückkommen.

Lernen durch Wiederholung ist eines der bekanntesten lerntheoretischen Prinzipien. In der Psychotherapie kommt es u. a. in der Weise zur Anwendung, daß ein psychodynamischer Zusammenhang unter verschiedenen Aspekten und in verschiedenen Lebensabschnitten des Patienten interpretiert wird.

Der thematische Apperzeptions-Test (TAT) läßt sich auch im Sinne des Lernens durch Wiederholung und des aktiven Lernens gut verwenden. So kann der Therapeut beispielsweise die Geschichten, die der Patient zu den Bildtafeln erfunden hat, ihm noch einmal vorlesen und ihn fragen: »Nun, was meinen Sie, worum es hier geht?« Auf diese Weise läßt sich oft die Wahrnehmung des Patienten besonders für vorbewußte Gedanken und Gefühle recht gut schärfen.

Mit Hilfe der Psychopharmaka ist es möglich geworden, viele Patienten, für die sonst eine auf Einsicht zielende Psychotherapie nicht in Frage gekommen wäre, einer solchen Therapie zugänglich zu machen. Übermächtige Angst, mangelnde Frustrationstoleranz oder eine unzureichende Triebkontrolle machen den therapeutischen Prozeß für manche Patienten unerträglich. Mit Psychopharmaka lassen sich diese Faktoren eventuell so günstig beeinflussen, daß der dadurch ermöglichte psychotherapeutische Lernprozeß zu einem Strukturwandel führt, wodurch schließlich bei ausreichender Stabilisierung und Integration keine weitere Anwendung von Medikamenten mehr erforderlich ist. Die Psychopharmaka wirken hier ähnlich wie eine unterstützende medikamentöse Behandlung bei chirurgischen Eingriffen, indem sie generell die synthetische Funktion des Ichs stärken, desintegrative Tendenzen hemmen und Lernvorgänge auch unter solchen Umständen ermöglichen, wo andernfalls der Primärprozeß überhandnehmen und dadurch die Sekundärprozeß-Aktivität des Ichs fragmentiert werden würde.

Hindernisse für das Lernen durch Einsicht

Verdrängung und Verleugnung, die vielfach an der Symptombildung beteiligt sind, behindern auch am häufigsten den Lerneffekt von Deutungen. Ist Verdrängung im Spiel, so bedeutet das nicht schon von vornherein, daß eine Kurzpsychotherapie grundsätzlich nicht in Frage kommt, wenn auch hartnäckige strukturierte Verdrängungen eine längere therapeutische Arbeit erfordern. Was die Verleugnung betrifft, so lassen sich – wie überhaupt bei jeder Form menschlichen Verhaltens – verschiedene Spielarten beobachten. Im allgemeinen handelt es sich bei der Verleugnung um einen vorbewußten Prozeß, d. h. wir haben es hier mit Inhalten zu tun, die sich – im Gegensatz zum Verdrängten – relativ leicht bewußt machen lassen.

Manche Patienten sind unfähig zur Einsicht, weil ihnen das hierzu erforderliche logische Denkvermögen fehlt. Dies kann u. a. daher rühren, daß diese Menschen es aus irgendwelchen Gründen nicht vermocht haben, Sekundärprozesse und eine hierarchische Gliederung des Denkens nach Kategorien von Ursache und Folge, Raum, Zeit und Person in genügendem Maße auszubilden.

Ein ähnliches Problem ist das übermäßig konkretistische Denken. In solchen Fällen kann manchmal eine verbale, auf Deutungen und Einsicht gegründete Psychotherapie unmöglich sein, obschon Arieti auch einige Möglichkeiten aufgezeigt hat, wie man mit diesem Problem umgehen kann.

In Situationen dieser Art fällt natürlich unterstützenden nicht-verbalen Maßnahmen eine entscheidende Bedeutung zu, wenn eine Kurzpsychotherapie überhaupt in Frage kommen soll.

STÄRKUNG DES SELBSTWERTGEFÜHLS

Eine Technik, welche bei nahezu allen Patienten, die zur psychotherapeutischen Behandlung kommen, und besonders in Notfallsituationen eine große Rolle spielt, besteht in der Ichstärkung durch Hebung der Selbstachtung des Patienten. Die bloße Notwendigkeit, wegen emotionaler Probleme die Hilfe eines Psychotherapeuten in Anspruch nehmen zu müssen, bedeutet für viele Menschen bereits ein narzißtisches Trauma, eine Kränkung ihres Selbstwertgefühls, ein Stigma, dem man sogleich entgegenwirken muß. Solche Patienten fassen ihre Behandlungsbedürftigkeit so auf, als seien sie damit völlig lebensuntüchtig oder schwer defekt, was ihre Minderwertigkeitsgefühle noch verstärkt. Dazu kommen Gefühle des Versagens und Abgelehntwerdens. Einem solchen Patienten, der sich außerdem vielleicht noch oral frustriert fühlt und zu regressiven Verhaltensweisen und projektiven Verzerrungen neigt, muß man die positiven Aspekte seines Lebens aufzeigen; man muß ihm offen sagen, daß er doch etwas geleistet hat, daß er mit vielen Schwierigkeiten durchaus fertig geworden ist und vor allem daß er doch jetzt den Willen hat, einen vernünftigen Ausweg aus seinen Problemen zu finden. Kurzum, man muß dem Patienten das Gefühl vermitteln, daß man seine Situation versteht und ihm gerade auf Grund dieses Verständnisses auch helfen kann.

Eine relativ vertrauliche Beziehung zum Patienten (im Gegensatz zum sonst üblichen psychotherapeutischen Vorgehen) kann eventuell dazu beitragen, dessen Selbstwertgefühl zu stärken. Wenn auch der Therapeut notwendigerweise die Autorität bleibt, so muß doch der Patient das Gefühl bekommen, daß er auf gleicher Ebene mit dem Therapeuten steht und daß dieser nicht geringschätzig auf ihn herabblickt. Er sollte erkennen können, daß seine Probleme und Sorgen allgemein menschliche sind, daß er in keiner Weise klein und minderwertig und andererseits der Therapeut keineswegs übermenschlich und furchterregend ist, sondern daß beide über alles miteinander reden können.

Natürlich darf man diese Technik auch nicht überstrapazieren oder gar unaufrichtig anwenden. Der Therapeut mag es durchaus einmal für angebracht halten, seine eigene Person mit ins Spiel zu bringen, etwa indem er andeutet, er selbst habe sich auch schon einmal in einer ähnlichen Situation befunden wie jetzt der Patient, oder: er könne dessen Gefühle aus eigener Erfahrung gut nachempfinden. Wir möchten jedoch an dieser Stelle noch einmal betonen, daß ein solches Vorgehen zur Stär-

kung der Selbstachtung des Patienten eine realistische Grundlage haben muß und nicht etwa das Resultat bloßer Routine,
eigener Ängste des Therapeuten oder gedankenloser Menschenfreundlichkeit sein darf.

Die kathartische Methode

Kathartische Deutungen haben zum Ziel, einen unbewußten
Triebimpuls oder Gedanken ins Bewußtsein zu heben. Dabei
gilt es alle Vorsichtsmaßnahmen zu beachten, die hinsichtlich
der Deutung von Es-Inhalten bereits genannt wurden. Die
kathartische Deutung läßt sich somit am besten definieren als
eine Konfrontation unter optimalen Sicherheitsvorkehrungen;
letztere bestehen entweder in der bereits vorhandenen Ichstärke des Patienten oder in einem auf Ichstärkung gerichteten
therapeutischen Prozeß oder schließlich in einer Modifikation
der kathartischen Methode.
Handelt es sich um einen relativ ichstarken Patienten mit einer
neurotischen Störung, so kann man es eventuell riskieren, den
im störenden Symptom symbolisierten unbewußten (aggressiven,
sexuellen, narzißtischen etc.) Triebinhalt unmittelbar anzusprechen. Denken wir z. B. an einen insgesamt relativ stabilen
Jugendlichen mit Panikzuständen, in denen er fürchtet, epilep-
tische Anfälle zu bekommen. Unter einem solchen Anfall stellt
er sich vor, daß man dabei erregt wird, die Kontrolle über sich
selbst verliert und wie ein wildes Tier tobt. Läßt sich durch die
neurologische Untersuchung ein organisches Anfallsleiden aus-
schließen, so darf man annehmen, daß die gefürchteten Anfälle
einen aggressiven sexuellen Akt symbolisieren. Diese Annahme
wird noch zusätzlich unterstützt, wenn man dann von dem
Patienten hört, daß die Angst vor solchen Anfällen besonders
bei Verabredungen mit Mädchen auftaucht. Er hat niemals
sexuelle Erfahrungen gemacht und weiß gar nicht, was beim
Geschlechtsverkehr wirklich vor sich geht. Jedenfalls stellt er
sich vor, daß man bei einem Coitus viel stärker erregt ist als

beim Onanieren oder beim Petting. Einem solchen Patienten könnte man beispielsweise sagen:

»Sie haben offenbar plötzlich den Impuls gehabt, das Mädchen zu packen und sich einfach gehen zu lassen. Aber dann haben Sie Angst davor bekommen, was passieren könnte, weil Sie eigentlich gar nicht genau wissen, was bei einem Geschlechtsverkehr zwischen Mann und Frau geschieht. Deshalb haben Sie gefürchtet, Sie könnten die Kontrolle verlieren, dem Mädchen weh tun oder sich selbst dabei verletzen. Oder anders gesagt: Sie hatten Angst, Sie würden sich genau so verhalten wie bei einem epileptischen Anfall.«

Im Anschluß an diese Deutung müßte man dann den Patienten entsprechend aufklären, um seine falschen Vorstellungen über die Sexualität zu korrigieren.

Im gleichen Maße wie eine intensive Psychotherapie fortschreitet, sind auch kathartische Deutungen eher angebracht, denn allmählich hat der Patient mehr Einsicht in unbewußte Prozesse und zugleich eine größere Ichstärke gewonnen. In der Kurzpsychotherapie dagegen fehlt es natürlich an Zeit für einen solchen langsamen Vorbereitungsprozeß, und dementsprechend müssen auch die Deutungen im Hinblick auf ihren voraussichtlichen Effekt den jeweiligen Umständen genau angepaßt werden. Man verwendet deshalb im allgemeinen eine modifizierte kathartische Technik, um den Patienten nicht unmittelbar der vollen Gewalt seiner verdrängten Triebimpulse und unbewußten Phantasien auszusetzen. Abgesehen von den wenigen Ausnahmefällen, wo ein Patient wirklich »reif« für eine kathartische Deutung ist, gilt in der Kurzpsychotherapie die Regel, daß man besser übervorsichtig sein und mit abgeschwächten Deutungen arbeiten soll.

DIE »MODIFIZIERTE« KATHARTISCHE METHODE

Bei der modifizierten kathartischen Methode verwendet man sehr bedacht formulierte Deutungen, wobei es darum geht, (1) den aufdeckenden Effekt der Deutung genau zu dosieren,

(2) zugleich mit der Aufdeckung unbewußter Inhalte auch das Ich des Patienten zu stützen, (3) dem Triebimpuls einen akzeptablen Abfuhrweg zu bahnen, so daß er nicht aufgestaut zu werden braucht, (4) zu erreichen, daß der Triebimpuls ichsyntoner wird und zugleich daß der Patient sich mehr von ihm distanzieren kann, (5) schließlich dem Patienten die Ichstärke des Therapeuten zu »leihen«, damit er gegen sein übermäßig strenges Über-Ich besser gewappnet ist.

Der aufdeckende Effekt einer Deutung läßt sich etwa in der Weise dosieren, daß man anstelle grober und direkter Bezeichnungen »zivilisiertere« Worte verwendet, z. B.: »Da haben Sie die *Wut* bekommen«, oder: »Sie haben sicher gedacht: was ist das für ein gemeiner Kerl«, anstatt: »Sie wollten ihn also *umbringen*«. Man wählt dabei meistens etwas stärkere Worte, als der Patient sie im üblichen sozialen Umgang gebrauchen würde, um der Deutung größere emotionale Prägnanz und affektive Ladung zu geben.

Mit einer Ichstärkung läßt sich der kathartische Effekt einer Deutung etwa folgendermaßen verbinden:

»Sie sind so *wahnsinnig wütend* auf Ihre Schwester, daß Sie ihr manchmal geradezu *den Tod wünschen* (wohlgemerkt *nicht:* daß Sie sie am liebsten *umbringen* würden)! Aber andererseits haben Sie ja so ein strenges Gewissen, daß Sie keiner Fliege etwas zu leide tun können, und deshalb muß so ein Gedanke Sie entsetzlich belasten. Kein Wunder, daß Sie die ganze Wut gegen sich selbst gewendet haben, weil Sie so etwas denken können, und auf diese Weise sind Sie depressiv geworden.«

Es kommt leider gar nicht so selten vor, daß ein Psychotherapeut einen Patienten überzeugen will, alle seine Probleme wären gelöst, wenn er sich nur erlauben könnte, seine unbewußte Aggression (die der Therapeut eventuell ganz richtig erkannt hat) bewußt zu erleben. Hat er damit Erfolg, so bleibt der Patient alleingelassen mit seinem entfesselten Haß, gegen den er nur eine minimale Abwehr aufbieten kann und der sich rasch in alle seine Objektbeziehungen ausbreitet, so daß seine Angehörigen und Freunde sich von ihm abwenden und er schließlich seiner Isolierung und Angst hilflos ausgeliefert ist. Ein typisches Beispiel dafür ist der paranoide Borderline-Psychotiker: Ein unerfahrener Therapeut kann es erleben, wie bei einem solchen Patienten plötzlich außerordentlich störende phobische Symptome auftreten, wenn man ihm durch vermeintlich kathartische Deutungen seine abgewehrte Aggression um jeden Preis bewußt machen will. Andererseits müssen aber diese Triebimpulse auf irgendeine Weise erkannt und abgeschwächt werden, denn auch ohne derartig forcierte Deutungen fühlt der Patient sich ja die meiste Zeit aggressiv gespannt und gequält. Der Triebimpuls bedeutet eine innere Gefahr, eben weil er ichfremd ist; daß er durch die Deutung ich-synton werden könnte, erscheint dem Patienten aber nicht minder gefährlich. Der Therapeut hat also einen mittleren Kurs zu steuern, d. h. er muß beides zugleich anstreben: daß der Trieb vom Ich besser assimiliert wird, aber gleichzeitig weiterhin auf Distanz gehalten werden kann. Diese doppelte Zielsetzung erscheint weniger widersprüchlich, wenn wir uns klar machen, daß die Angst des Patienten vor seinen abgewehrten Triebimpulsen letztlich vom Druck des Über-Ichs auf das Ich herrührt; das therapeutische Ziel bestünde also darin, den Überich-Druck zu vermindern und gleichzeitig das Ich zu stärken, so daß es fähig wird, den Triebwunsch als ein akzeptables menschliches Gefühl anzuerkennen, das aber nicht hemmungslos ausagiert werden kann.

Als Beispiel führen wir den Fall einer jungen Frau an, bei der es sich eindeutig um eine paranoide Borderline-Persönlichkeit handelt. Sie ist eine außerordentlich tüchtige Facharbeiterin, hält es aber niemals lange an einer Arbeitsstelle aus. In einer neuen Stelle ist sie dann immer zunächst sehr zufrieden, aber bald wird sie es leid, und es kommt zu Streitigkeiten mit ihren Kollegen und Vorgesetzten. Gleichzeitig – und meistens schon kurz vor dem Auftreten ihrer aggressiven Ausbrüche – leidet sie unter quälenden phobischen Reaktionen auf Ungeziefer (psychodynamisch hier als Geschwister zu deuten). Es ist gelungen, die Patientin durch wiederholte kurzpsychotherapeutische Behandlungen in etwa jährlichen Abständen mit der modifizierten kathartischen Technik einigermaßen stabil zu halten.

Dabei ging es zunächst darum, der Patientin ihre Wut auf die Kollegen und Vorgesetzten erst einmal erlebbar und annehmbar zu machen, indem man den Affekt als solchen anerkannte, ihn an Hand der jeweiligen Anlässe mit ihr besprach und schließlich indem man ihr zeigte, daß es hier um ein ziemlich allgemeines Gefühl ging, wie es die meisten Menschen in ihrer Situation auch empfinden würden. Sodann aber kam es darauf an, ihr auch die Distanzierung zu erleichtern. Fast alle Menschen werden in solchen Situationen ärgerlich, aber sie akzeptieren diesen Ärger, weil er eben zum Beruf gehört; die Wut der Patientin dagegen entspringt häufig ihrer Angst vor einer drohenden Entlassung, sobald jemand sie kritisiert oder korrigiert; deshalb kündigt sie lieber selbst, bevor ihr gekündigt wird. Ihre Angst vor der Entlassung ist aber übertrieben, denn andere Kollegen werden auch kritisiert und korrigiert, ohne gleich entlassen zu werden.

Mit der modifizierten kathartischen Technik läßt sich ein ich-stärkender Effekt oft auch dadurch erreichen bzw. unterstützen, daß der Therapeut sozusagen sein Ich dem Patienten »leiht«, etwa folgendermaßen: »Ich hätte an Ihrer Stelle auch die Wut bekommen«, – und jetzt: »... *aber* ich würde die Situation klären und mit ihr mal darüber sprechen«, oder: »... *aber* ich hätte mir im Stillen gesagt, so ist sie nun mal und daran werde ich mich gewöhnen müssen«, oder auch: »... *aber* ich hätte mir gesagt, meine Arbeitsstelle zu behalten ist mir im Moment wichtiger, als diese Frau kleinzukriegen«.

Kommt es in einer Kurzpsychotherapie darauf an, den Patienten zu einer »kathartischen« Einsicht in einen unbewußten Triebimpuls zu bringen, so gebietet schon die Kürze der Zeit, daß praktisch nur eine modifizierte kathartische Technik in Frage kommt. Denn man kann nicht wahllos Unbewußtes aufdecken und dann den Patienten sich selbst überlassen – die Büchse der Pandora öffnen und Triebe entfesseln, gegen die keine ausreichende Abwehr mehr zur Verfügung steht.

Bei vielen Patienten besteht die therapeutische Aufgabe zu einem wesentlichen Teil darin, die Verdrängung oder Einschränkung bestimmter Triebimpulse zu unterstützen. Ein paar Beispiele: Ein Patient hat unter dem Konformitätsdruck seiner Subkultur sexuelle, destruktive oder delinquente Verhaltensweisen angenommen, die eine extreme Angst oder Depression ausgelöst haben. Ähnlich liegt der Fall bei einer verheirateten Frau mit promiskuösen Beziehungen, die sich keinerlei Gedanken darum macht, welche Auswirkungen ihr Verhalten auf ihre Kinder und ihre Ehe hat. Ein Ehepaar streitet sich ständig in Gegenwart ihres zweijährigen Kindes, ohne sich darum zu sorgen oder überhaupt nur wahrzunehmen, wie das Kind auf diese Auseinandersetzungen reagiert. Ein junger Mann schließlich hat mit heftigen, aber bisher noch latenten homosexuellen Impulsen zu kämpfen, die wiederholt in seinen Träumen erscheinen, so daß er erschrocken aufwacht und sich vor dem Einschlafen fürchtet.

In vielen Fällen dieser Art wird man, wenn eine Ichschwäche vorliegt, durch eine Deutung der betreffenden Triebimpulse voraussichtlich nur die Angst noch verstärken oder gar (etwa im Falle des latent-homosexuellen Jugendlichen) eine psychotische Regression in Gang setzen; ist dagegen hauptsächlich das Über-Ich defekt (wie z. B. bei der promiskuös agierenden Frau), so provoziert man auf diese Weise wahrscheinlich nur die Reaktion: »Na und?« Bei manchen kommt es also darauf an, die Wirksamkeit des Über-Ichs zu stärken, bei anderen mehr, das Ich zu stabilisieren, und bei wieder anderen Patienten geht es um beides zugleich.

Im Falle der zerstrittenen Ehepartner wird man versuchen, ihnen die voraussichtlich verheerenden Folgen ihrer Streitereien für das Kind aufzuzeigen. Die promiskuös agierende Frau wird man vielleicht über ihren Narzißmus ansprechen können, etwa indem man ihr die Drohung einer Geschlechtskrankheit, ihre ungünstige Position in einem Scheidungsprozeß und die in jedem Falle erhebliche Belastung für ihre Kinder eindringlich vor Augen hält. Im Falle der Jugendlichen, die durch sexuelles oder destruktives Agieren in Angstzustände geraten sind, kann man an ihre Vernunft appellieren und ihnen raten, solche Triebbefriedigungen aufzuschieben, bis sie ein Stück reifer geworden sind und sich ihre Triebwünsche unter sozial akzeptableren Umständen erfüllen können; macht man ihnen gleichzeitig die negativen Folgen ihres derzeitigen Verhaltens klar, so wird der Triebaufschub noch plausibler.

Zielt die Therapie auf verstärkte Triebverdrängung ab, so kann es dennoch geschehen, daß der Patient weiterhin von Wiederholungsträumen gequält wird, in denen die abgewehrten Triebe ins Bewußtsein einzubrechen drohen. Ein Psychotherapeut kann solche Träume natürlich nicht einfach ignorieren, sondern muß damit therapeutisch wirksam umgehen. Er wird sich beispielsweise ganz auf der Ebene des manifesten Trauminhalts halten und diesen ausschließlich mit rezenten Erlebnissen des Patienten in Beziehung setzen – also z. B. eine bestimmte Traumszene eher auf eine Auseinandersetzung mit dem Chef wegen der Arbeitseinteilung beziehen, als auf den (viel tiefer unbewußten) Wunsch des Patienten nach einer sexuellen Beziehung zu seinem Vater. Eine andere Möglichkeit wäre, nicht den andrängenden Triebwunsch, sondern die Angst vor dem jeweiligen Gegentrieb aufzugreifen – also etwa die Angst des Patienten vor seiner Aggressivität anzusprechen und nicht den Wunsch, sich passiven Triebzielen hinzugeben.

Eine weitere Taktik besteht darin, daß man die Abwehr gegen einen drohenden Triebdurchbruch zu stärken versucht. Geht z. B. aus der Vorgeschichte des Patienten hervor, daß er zeitweise leicht zwanghafte Züge aufgewiesen hat, so kann man jetzt diese Seite an ihm wieder verstärken und unterstützen, wobei man ihm zugleich zeigen wird, in welchen Lebensbereichen ein solches Verhalten gut anzuwenden wäre. So gelang es beispielsweise, einen jungen Mann dazu anzuregen, daß er seine langen Abende statistischen Berechnungen von Börsentrends widmete, statt sie einsam und depressiv in Bars abzusitzen; auf diese Weise gelangen ihm einige geschickte Spekulationen, und der erzielte Gewinn ermöglichte ihm wiederum zusätzliche libidinöse Befriedigungen durch Reisen, die er sich vorher nicht hatte leisten können.

Schließlich gibt es auch noch die Möglichkeit, Triebimpulse in Sublimierungen bzw. Ersatzbefriedigungen zu kanalisieren. Einen aggressionsgeladenen, gespannten Patienten kann man beispielsweise dazu anregen, Boxen oder andere Sportarten zu betreiben, Plastiken in Stein zu hauen oder aus Holz zu schnitzen. Bei einem weichen, passiven Menschen riskiert man nichts, wenn man ihn in seiner femininen Einstellung unterstützt, etwa indem man ihm rät, sich der Pflege alter Menschen zu widmen.

STÄRKUNG DER REALITÄTSPRÜFUNG

Auch bei neurotischen Patienten kann man beobachten, daß die Wahrnehmung bestimmter äußerer Gegebenheiten oder auch innerer Bedürfnisse entstellt oder abgewehrt wird, um peinliche Wünsche und Ängste zu vermeiden. Dabei kann es sich, wie oft bei Kindern, um den Abwehrmechanismus der Verleugnung handeln: unangenehme Details der Realität werden einfach ausgeblendet. Andere neigen eher zur Projektion innerer Triebwünsche und Erlebnisreaktionen. Leichte paranoide Reaktionen, häufig auf dem Boden einer masochistischen Haltung, finden sich vielfach auch bei nicht-psychotischen Patienten.

Gedächtnis und Lernfähigkeit sind wesentliche Grundlagen für die Entwicklung der Realitätsprüfung, und über die Stützung dieser Funktion lassen sich auch Störungen der Realitätsprüfung am ehesten angehen. So wird man z. B. dem Patienten frühere adäquatere Reaktionsformen ins Gedächtnis zurückrufen und sein gegenwärtiges fehlangepaßtes Verhalten dagegenstellen. Eine andere Möglichkeit besteht darin, daß man dem Patienten die Konsequenzen seines Verhaltens aufzeigt, unterschiedliche Interpretationen einer bestimmten Situation und darunter auch die Ansichten Außenstehender gegeneinander abwägt oder daß man überhaupt das Verhalten eines Menschen nach anderen Motiven deutet, als der Patient es in seiner Fehleinschätzung tut.

Viele Menschen haben einfach noch nicht gelernt, welche Rechte, Pflichten und Erwartungen mit ihrer Position oder Rolle üblicherweise verknüpft sind. Ein Jugendlicher z. B., der gerade eine Lehrstelle angetreten hat, weiß vielleicht noch gar nicht, daß es selbstverständlich ist, als Lehrling etwa von den älteren Arbeitern zum Kaffeeholen geschickt zu werden, daß er aber andererseits auch von anderen bestimmte Dinge erwarten und fordern kann.

SENSIBILISIERUNG FÜR SIGNALE

Die Wahrnehmung innerer und äußerer Signale hätte man an sich ebenso gut im Abschnitt »Realitätsprüfung« unterbringen können; sie verdient aber als therapeutische Technik eine gesonderte Besprechung. Oft ist es nämlich für Patienten eine wesentliche Hilfe, wenn man ihnen zeigen kann, daß sie bestimmte Warnsignale bei sich selbst oder von seiten anderer nicht genügend beachtet haben. Wir denken da u. a. an ein junges Mädchen, das sich zutiefst verletzt fühlte, als ein Freund gleich beim ersten Rendezvous vorschlug, zusammen zu schlafen, und das dann zu beider Erstaunen hervorbrachte: »Mary hatte mir ja auch schon gleich gesagt, dir ginge es nur darum.« Fordert man den Patienten dazu auf, sich eine bestimmte Situation, ein bestimmtes Erlebnis noch einmal in allen Einzelheiten zu vergegenwärtigen, so kann man ihm häufig unschwer demonstrieren, daß er tatsächlich rechtzeitig ein entsprechendes Warnsignal erhalten, aber ignoriert hat. Im Anschluß daran ist der Patient dann eventuell eher bereit, eine auf Einsicht zielende Deutung anzunehmen.

Die Entwicklung der psychoanalytischen Praxis hat zu einer gewissen Abwertung, wenn nicht gar zur offenen Ablehnung der Intellektualisierung bzw. Rationalisierung als therapeutischer Technik geführt. Zweifellos ist insbesondere die Betonung der therapeutischen Wirkung kathartischer Erlebnisse, d. h. mit affektiven Reaktionen einhergehender Einsichten, dafür verantwortlich zu machen, daß die Rationalisierung derart in Mißkredit geraten ist. Nichtsdestoweniger steht aber von der Praxis her fest, daß es sehr wohl auch eine psychotherapeutische Veränderung bedeutet, wenn man eine beim Patienten schon in gewissem Umfang vorhandene, relativ benigne Form der Abwehr fördert und damit erreicht, daß dafür pathologischere Abwehrmechanismen zurücktreten. Die Rationalisierung hat deshalb durchaus auch ihren Platz in der psychotherapeutischen Technik. Die Ersetzung von Fehlinformationen durch richtiges Wissen, von Phantasie durch Realität trägt oft schon ein ganzes Stück dazu bei, unseren Patienten irrationale Befürchtungen, die nur infolge mangelnder Information aufkommen konnten, zu nehmen. Jeder Psychotherapeut hat die Erfahrung gemacht, daß die Angst eines Patienten sofort nachläßt, sobald man ihm beispielsweise erklärt, daß seine Symptome keineswegs so einzigartig und außergewöhnlich sind, wie er meint, sondern daß relativ viele Menschen unter ähnlichen Schwierigkeiten leiden.
Ein typisches Beispiel ist auch die Korrektur falscher Vorstellungen über die Onanie. Treten in einer Beziehung immer wieder aggressive Spannungen auf, so hilft es oft viel, wenn man dem Patienten erklärt, daß viele Menschen in Situationen ärgerlich werden, wo sie eigentlich Angst empfinden. Mit dieser Vorstellung gewinnt der Patient die Möglichkeit, seinen Ärger zurückzuhalten und sich zu überlegen, was an der Beziehung ihm im Moment Angst bereiten könnte. Mit Hilfe der Rationalisierung gelingt es oft, Verleugnungsprozesse zu durchbrechen, Vorbewußtes bewußt zu machen und damit eventuell

eine mehr auf eigener Einsicht gründende Form des Lernens in die Wege zu leiten.

Die Patienten leiden ja nicht zuletzt deshalb so unter ihrer Angst und ihren Symptomen, weil sie sich diesen gegenüber so hilflos fühlen, so als seien sie einem unverständlichen Gegenwillen, einer fremden Gewalt ausgeliefert. Wenn man einem solchen Kranken beispielsweise die Ursache seiner Depression, oder einem Hysteriker den Mechanismus der Verschiebung und Somatisierung verstandesmäßig erklärt, so gibt man ihm eventuell mehr Mut und motiviert ihn zu einer besseren Mitarbeit in der Psychotherapie.

Der hauptsächliche Nutzen der Rationalisierung liegt darin, daß sie dem Patienten ermöglicht, sein Verhalten auf eine neue Weise zu sehen. Damit ist aber bereits ein Anfang gemacht, wie er seine Probleme anders angehen kann als bisher, und ein neuer Ansatz gefunden, auf den er vielleicht von sich aus niemals gekommen wäre.

STÜTZUNG UND ERMUTIGUNG

Die stützende psychotherapeutische Technik besteht in einer direkten oder indirekten aktiv-befriedigenden Unterstützung des Patienten. Ein gutes Beispiel für eine indirekt stützende Intervention ist es, wenn ein Therapeut einem schwer ängstlichen oder suicidgefährdeten Kranken anbietet, daß er notfalls jederzeit, Tag und Nacht, für ihn erreichbar sei. Mit einem solchen Angebot – das dann ggf. natürlich auch eingehalten werden muß – gibt man dem Patienten zu verstehen: du bist nicht allein, sondern ich bin noch da, um dir zu helfen, wann immer du mich brauchst. Die meisten Patienten überlegen es sich sehr genau, ehe sie von einem solchen Angebot Gebrauch machen; manchen muß man es sogar mehrmals sagen, bevor sie glauben, daß man es ernst damit meint. So ein Patient kommt etwa zum üblichen Termin zur Therapie und berichtet von einem schweren Angstzustand, den er in der Zeit zwischen der letzten und dieser Sitzung aus Anlaß einer gravierenden Konfliktsituation erlebt hat; er hat jedoch entgegen der Vereinbarung den Therapeuten nicht angerufen. In diesem Falle sollte der Therapeut sein Angebot wiederholen und den Patienten darauf hinweisen, wie sehr ein kurzer Anruf ihm eventuell hätte helfen können. Sehr selten nur geschieht es, daß ein Patient das Angebot ständiger Erreichbarkeit überstrapaziert, sei es weil er die Verläßlichkeit des Therapeuten testen will oder auch weil er ihn dazu provozieren will, sein Angebot zurückzuziehen, womit dann wieder einmal bestätigt ist, daß niemand sich um den Patienten kümmert und alle ihn nur abweisen. In solchen Fällen hilft es oft, wenn man dieses »Testen des Therapeuten« oder auch die enormen Passivitätsbedürfnisse geradheraus deutet. Bei anderen wiederum bewährt sich eine prophylaktische Voraussage, etwa indem man dem Patienten sagt, dieses Angebot (der ständigen Erreichbarkeit des Therapeuten) sei für manchen so verlockend, daß er eventuell sogar selbst eine Konfliktsituation fingiere oder provoziere, nur um einen Grund zu haben, die Hilfe des Therapeuten in Anspruch zu nehmen; im Anschluß daran muß man die einzelnen Möglichkeiten des Mißbrauchs klar abstecken.

Im Sinne einer indirekten Stützung kann es gelegentlich sogar vertretbar sein, manche Patienten oral zu »füttern«, etwa durch Anbieten von Zigaretten, Kaffee, Gebäck, Obst usw. Eine solche Maßnahme begünstigt die Inkorporation des Therapeuten als eines guten Introjekts und kommt besonders bei »narzißtisch verarmten«, also vor allem schwer depressiven, suicidalen Patienten in Betracht.

Direkte Stützung ist es beispielsweise, wenn der Therapeut einem Patienten zustimmt, ihn lobt oder sich mit bestimmten Gefühlen, Äußerungen und Verhaltensweisen des Patienten identifiziert. Hierbei »leiht« der Therapeut sozusagen dem Patienten sein eigenes stärkeres Ich und sein toleranteres Über-Ich, etwa indem er ihm sagt: »Ich wäre in Ihrer Situation bestimmt auch wütend geworden«, oder: »Ihre Wut war doch völlig berechtigt«, oder auch indem er ihn ganz offen darin unterstützt, daß er eine Gehaltsaufbesserung verlangt, sich gegen seine allzu autoritären Eltern wehrt, sich ein eigenes Zimmer sucht, oder was es an ähnlichen Situationen geben mag. Vielen Patienten muß man durch eine derartige direkte Unterstützung über ihre »Initialangst« hinweghelfen – eine Angst, die jedesmal an der Schwelle einer neuen Entscheidung auftritt, wobei der Therapeut aber ziemlich sicher ist, daß diese Angst im wesentlichen überwunden sein wird, sobald der Patient einmal gehandelt hat. Dies trifft insbesondere für phobische Patienten zu, die oft erst kräftigen Zuspruch brauchen, wenn man sie dazu bringen will, sich den gefürchteten Situationen auszusetzen.

Auf der anderen Seite kommt es aber auch vor, daß man einen Patienten *gegen* bestimmte Gefühle, die er hat, unterstützen muß. Dies gilt besonders dann, wenn jemand durch gewisse Gefühle in Panik gerät, weil er fürchtet, wer so empfinde, müsse homosexuell oder verrückt sein. In solchen Fällen wird man manchmal direkt stützend intervenieren, indem man dem Patienten versichert, nach der Auffassung des Therapeuten sei er weder verrückt noch homosexuell, oder auch indem man generalisiert und dem Patienten sagt, daß keineswegs nur er, sondern sehr viele Menschen ähnlich empfinden.

Beratung und Anleitung

Techniken der Beratung und Anleitung kommen immer dann in Frage, wenn ein Patient zu einem bestimmten Verhalten veranlaßt werden soll, das nach dem psychodynamischen Urteil des Therapeuten für ihn das beste ist. Solche Verhaltensdirektiven können u. a. hinsichtlich der zwischenmenschlichen Beziehungen des Patienten erforderlich werden, aber dabei bedarf es meistens auch milieutherapeutischer Interventionen, die erst in einem späteren Kapitel ausführlicher besprochen werden sollen.

Hat der Therapeut den Eindruck, daß ein Patient genügend

Einsichtsfähigkeit und Realitätseinschätzung besitzt, um auf der Grundlage angebotener Möglichkeiten und Informationen seine Entscheidungen selber treffen zu können, so kann die Beratung und Anleitung in einer nicht-manipulativen, nicht-direktiven Weise geschehen, d. h. man gibt dann nicht eigentlich Ratschläge und Empfehlungen, sondern man entwirft vielmehr Alternativen zu einem Verhalten oder einer Situation und stellt die damit verbundenen Konsequenzen dar. Von manchen Patienten darf man erwarten, daß sie an Hand solcher Alternativen selbständig zu Entscheidungen gelangen, die einen therapeutischen Fortschritt darstellen.

Heftig agierenden Patienten muß man manchmal ganz direkt sagen, wie sie sich zu verhalten haben. Gelegentlich ist es sogar unumgänglich, daß der Therapeut auf der Einhaltung seiner Anweisungen bestehen und andernfalls jede weitere therapeutische Verantwortung ablehnen muß.

FAMILIEN- UND EHEBERATUNG

Auch die vor allem von Jackson[57] entwickelte Familientherapie ist manchmal ein gutes Mittel, um therapeutische Lernprozesse zu fördern. So wie wir diese Methode verwenden, läßt sie sich wohl besser als »kombinierte Beratung« (conjoint consultation) bezeichnen: Hat der Therapeut die Struktur und Dynamik eines Patienten ausreichend verstanden, so kann er eventuell zu dem Schluß kommen, daß die angestrebten Veränderungen nicht so gut in einer Zweierbeziehung Therapeut/Patient zu erreichen sind, sondern am ehesten durch eine gemeinsame Bearbeitung der anstehenden Probleme mit dem Patienten und derjenigen Person bzw. denjenigen Personen, mit denen er am stärksten im Konflikt steht.

Diese Technik ist aber völlig verfehlt, ja sogar ausgesprochen riskant, wenn man nicht genau weiß, was man damit erreichen will. Kombinierte Beratungen können nur dann von Nutzen sein, wenn der Therapeut seine Ziele im voraus klar abgesteckt hat. Das heißt, er muß zunächst einmal das ganze Problem auch im Hinblick auf seine genetischen Wurzeln verstanden haben. Sodann muß er wissen und verstehen, was sich zwischen den beteiligten Personen abspielt, so daß er, wenn er sie zusammenbringt, schon eine klare Vorstellung davon hat, welchen Gang das Interview nehmen soll und wie er es in eine Richtung steuern kann, die für den Patienten von wirklichem Nutzen sein wird. Bei solchen kombinierten Beratungen geht es ja hauptsächlich darum, daß man dem Patienten dazu verhelfen will, einen Konflikt mit seinem Partner besser zu lösen, eine konfliktreiche Beziehung zu ändern. Im Anschluß an das gemeinsame Interview muß man mit dem Patienten allein noch einmal alles Besprochene analysieren und durcharbeiten.

Von besonderem Wert kann die kombinierte Beratung bei Ehepartnern sein, deren Beziehung eine vorwiegend sadomasochistische ist. An solchen Beziehungen ist immer wieder bemerkenswert, daß die Partner sich meistens gar nicht darüber im klaren sind, wie lange sie sich schon gegenseitig quälen. Sie erinnern sich zwar jeweils noch an den letzten Streit, aber es fehlt ihnen die Perspektive, um auch die vorangegangenen zwanzig Jahre zu überblicken. Hier ist der Hinweis angebracht:

»Sehen Sie: diesmal haben Sie sich wegen ... gestritten, aber im Grunde ist es ja gleichgültig, woran der Streit sich jeweils entzündet, ich könnte dieses oder jenes herausgreifen. Seit mehr als zwanzig Jahren haben Sie sich um hunderterlei Dinge gestritten. Irgendetwas ist da zwischen Ihnen, was Sie immer wieder gegeneinander aufbringt. Was könnte das sein? Worum geht es eigentlich?«

Entscheidend ist dabei, den Partnern klar zu machen, daß ihr Streit keine einmalige Episode, sondern Ausdruck ihrer beider Charaktere ist und sich in ähnlicher Form seit langer Zeit immer wieder so abgespielt hat.

Oft merken die Menschen gar nicht, wie unglücklich sie sich gegenseitig machen. Natürlich spielen Verleugnungsprozesse dabei eine Rolle, und auch die momentanen Affekte pflegen die objektive Wahrnehmung zu trüben. Zwei Ehepartner, beide schon über sechzig, hatten seit mehr als dreißig Jahren ständig miteinander gestritten. Ihnen sagte der Therapeut:

»Was denken Sie eigentlich, wie lange Sie noch leben werden? Gewiß nicht ewig, oder? Sie sind jetzt Mitte sechzig, also bleiben Ihnen vielleicht noch zehn Jahre. Entweder machen Sie sich in den nächsten Jahren gegenseitig fertig, oder Sie sehen sich einmal an, was Sie eigentlich die ganze Zeit miteinander gemacht haben und wie das jedesmal vor sich geht. Sie könnten doch einmal versuchen, sich wenigstens jetzt noch zu ändern, damit Sie für den Rest Ihres Lebens etwas besser miteinander auskommen.«

Das klingt zunächst brutal, aber ein Psychotherapeut darf sich auch nicht scheuen, seine Patienten mit harten Tatsachen zu konfrontieren, wenn er nur weiß, warum er das tut, und wenn er eine Alternative anzubieten hat. In diesem Falle waren die Ehepartner ziemlich schockiert, aber die Intervention des Therapeuten besserte jedenfalls die Situation zwischen ihnen so weit, daß sie danach etwas freundlicher miteinander umgehen konnten. Sie waren nun beide damit einverstanden, daß in Einzelinterviews eingehend ihre Vorgeschichte erhoben wurde, wobei sich deutlich zeigen ließ, daß sie sadomasochistische Verhaltensweisen und Charakterprägungen bereits früher in der Beziehung zum Vater, zur Mutter oder zu älteren Geschwistern angenommen und dann beide später mit in die Ehe gebracht hatten. Auf diese Weise vermochten sie zu erkennen, daß in ihrer gegenseitigen Quälerei vieles an unrealistischen Erwartungen lag, das weit über die jeweiligen konkreten Anlässe ihrer Streitigkeiten hinausging. Der Therapeut zeigte beiden schließlich noch einige Anhaltspunkte am Verhalten des jeweiligen Partners, die es ihnen ermöglichten, sich besser aufeinander einzustellen.

Informationen über soziales Rollenverhalten in Reaktion auf bestimmte Schlüsselreize bzw. Rollenangebote von seiten anderer sind überhaupt in solchen Fällen oft eine große Hilfe. Man kann diese Zusammenhänge gut am Beispiel von Verkäufern verdeutlichen, die sich verschiedenen Kunden gegenüber oft ganz unterschiedlich verhalten. Der eine Kunde z. B. bringt sein Anliegen mit leiser, piepsiger Stimme vor, als wollte er sagen: »Ich bitte tausendmal um Entschuldigung, daß ich Sie überhaupt mit meiner Anwesenheit belästige, aber könnten Sie mir vielleicht ausnahmsweise ...« Dem Angestellten, der seine Arbeit vielleicht ohnehin schon satt hat, kommt der Mann wie gerufen, und er ist glücklich, daß er seinen Ärger an jemandem auslassen kann. Eine andere Kundin dagegen betritt schon gleich den Laden wie eine Furie, und ihr gegenüber verhält derselbe Verkäufer sich ganz unterwürfig. – Der Therapeut hat sehr häufig die Aufgabe, seinen Patienten klar zu machen, daß die ursprünglichen auslösenden Reize für ihr Rollenverhalten oft Jahre zurückliegen und daß die Partner seither immer wieder die gleichen, inzwischen längst inadäquat gewordenen Rollen spielen.

Besonders bei Kindern (wir meinen Kinder jeglichen Alters) ist es häufig sehr gut, wenn man sie mit einem Elternteil oder beiden Eltern zusammen sieht. In Anwesenheit des Therapeuten und mit dessen Unterstützung kann der Patient seinen Eltern gegenüber vielleicht erstmals etwas äußern, was er allein niemals zu sagen gewagt hätte. Dabei kann es natürlich nicht darum gehen, daß der Patient seinen Vater oder seine Mutter beschimpft und klein macht, sondern entscheidend ist, daß bestimmte Dinge einfach einmal festgestellt werden: »So bist du immer zu mir gewesen. Du hast mich nie erwachsen werden lassen.« Der Therapeut wird dann darauf hinweisen, wie viele Eltern es nicht gern wahrhaben wollen, daß ihre Kinder inzwischen älter geworden sind. Man kann auch die realistische Kritik mit einer narzißtischen Stützung verbinden, indem man einem Vater z. B. sagt, er habe sich eben selbst emporgearbeitet, sei mit großen Schwierigkeiten allein fertiggeworden und schaue vielleicht gerade deshalb jetzt etwas geringschätzig auf seinen Sohn herab, der als kleiner Angestellter bei ihm arbeite. Es gibt da auch die Geschichte von einem der älteren Rothschilds, dem jemand sagte: »Sie geben mir ja nur zehn Cents – von Ihrem Sohn kriege ich immer einen Viertel Dollar«, worauf Rothschild erwiderte: »Ja, der hat es leichter: er hat einen reichen Vater.« Man kann dem Vater beispielsweise zeigen, daß er es seinem Sohn übelnimmt, daß dieser es nicht ebenso weit gebracht hat wie er, daß er ihn aber andererseits weder zur Selbständigkeit erzogen hat noch auch jetzt seine eigenen Wege gehen läßt. Wenn es nur gelingt, im Interview einige der sichtbarsten oder besser noch der konfliktgeladensten Aspekte der betreffenden Eltern-Kind-Beziehung herauszuarbeiten, so ist vielleicht schon eine gewisse Besserung erreicht und der Boden für weitere positive Veränderungen vorbereitet. Man erreicht in einem solchen gemeinsamen Gespräch vielleicht nicht alles, was man sich vorgenommen hatte, aber dann kann man ja mit dem Patienten allein weiterarbeiten und ihm dabei helfen, seinem Konfliktpartner gegenüber eine andere Einstellung zu entwickeln.

Kaffmann[62] hat kürzlich über die Verwendung einer kurzpsychotherapeutischen Technik mit kombinierten Beratungen im Rahmen der Familientherapie in Israel berichtet. Seine Studie weist mehrere grundsätzliche Parallelen zu den hier dargestellten Verfahren auf. Die von Kaffman und seinen Mitarbeitern angewendete Methode scheint in der Tat eine Mischung von Konzeptionen einerseits der Kurzpsychotherapie und andererseits der »kombinierten Beratung« im oben definierten Sinne zu sein, wobei sowohl einzelne Familienmitglieder als auch die Familie als ganze behandelt werden.

Kaffman geht davon aus, daß neue Methoden der Psychotherapie entwickelt werden müssen, mit denen man mehr Patienten behandeln kann. Es sei nicht zu leugnen, meint er, daß ein großer Teil psychischer Störungen im Kindes- und Erwachsenenalter auch ohne langwierige Psychotherapien durchaus befriedigend gebessert werden könne. Dies gelte vor allem für die große Mehrzahl der erlebnisreaktiven Störungen sowie für akute psychische Krisen bei relativ »normalen« prämorbiden Persönlichkeiten. Durch eine rechtzeitige therapeutische Intervention gelinge es häufig, das emotionale Gleichgewicht wiederherzustellen, bevor es infolge der desorganisierenden Wirkung der Angst zu einer zunehmenden Fehlanpassung, weiterer Desintegration und schließlich zur Ausbildung schwerer psychopathologischer Störungen gekommen sei. Darüber hinaus habe die klinische Erfahrung mehrfach erwiesen, daß sogar lange bestehende psychische Störungen sich nach einer kurzen Psychotherapie bessern können.

Kaffman hat interessanterweise beobachtet, daß der Behandlungserfolg zu einem wesentlichen Teil davon abhängt, ob Therapeut und Patient hinsichtlich der Länge der Behandlung gleiche Vorstellungen und Erwartungen haben. Patienten aus niederen sozialen Klassen vermögen im Gegensatz zu den Gebildeteren häufig nicht einzusehen, daß psychische Störungen, anders als die meisten körperlichen Beschwerden, einer längeren und intensiveren Behandlung bedürfen. Sie werden daher meistens mißtrauisch und unkooperativ, wenn man ihnen die Notwendigkeit einer langfristigen Psychotherapie klar machen will. Gebildete Patienten dagegen sind oft enttäuscht, skeptisch und wenig kooperativ, wenn ihnen statt einer intensiven Psychotherapie eine Kurztherapie angeboten wird.

Kaffmans Arbeit ist ein Bericht über Erfahrungen mit kurzpsychotherapeutischen Familienbehandlungen an zwei Kinderkliniken in Israel. Besonders bei Kindern läßt sich ja die individuelle Psychopathologie gar nicht von der Gruppenpathologie der Familie isolieren. Klinische Erfahrungen haben hinreichend erwiesen, daß Änderungen in der Familiendynamik auch eine Besserung der individuellen Störung zur Folge haben können, selbst wenn keine systematische Einzeltherapie stattfindet. Auf der anderen Seite bleibt unter Umständen die beste Einzelbehandlung eines Kindes erfolglos, solange sich an der Psychopathologie der Familie nichts geändert hat. Kaffman und seine Mitarbeiter sind deshalb weder »Kind-zentriert« noch »Eltern-zentriert« vorgegangen, sondern haben ihre Bemühungen auf das Verhalten der ganzen Familie ausgerichtet.

Kaffman beschreibt auch das sogenannte »Schneeballphänomen«: Sobald günstige Verhaltens- und Einstellungsänderungen, sei es auf seiten des Kindes oder eines Elternteils, erst einmal eingesetzt haben, bewirken diese dann weitere gegenseitige

Veränderungen in der Eltern-Kind-Beziehung, die sich wiederum positiv auswirken; wenn auf diese Weise mit Hilfe der Therapie der Circulus vitiosus einmal durchbrochen ist, so geht die weitere klinische Besserung auch ohne direkten Bezug zur Intensität der Behandlung vonstatten.

Bei der Indikationsstellung wurden folgende diagnostische Gruppen ausgeschlossen: (1) länger bestehende Psychosen; (2) soziopathische Persönlichkeiten bzw. Fälle, bei denen eine Heimunterbringung angezeigt erschien; (3) Patienten mit nachgewiesenen Hirnschäden und solche, bei denen Schwachsinn im Vordergrund des klinischen Bildes stand; schließlich (4) Patienten mit schweren psychopathologischen Störungen, deren Symptomatik weitgehend chronifiziert war und in gleicher Ausprägung bereits seit Jahren bestanden hatte.

Hinsichtlich der Eltern war eine Voraussetzung, daß ein Minimum an positiven familiären Bindungen bestand; völlig abgelehnte und vereinsamte Kinder wurden nicht in das Programm aufgenommen. Wenn beide Eltern in keiner Weise für die Behandlung motiviert waren, so wurde auch dies als eine Kontraindikation angesehen.

Die zur Behandlung geeigneten Fälle umfaßten alle Formen psychischer Störungen bei Kindern bis zu sechzehn Jahren, wobei vorausgesetzt wurde, daß der psychische Konflikt nicht völlig internalisiert war und daß das betreffende Kind genügend Ichstärke und Leidensdruck aufwies, um für die Herstellung einer sinnvollen Objektbeziehung zum Therapeuten hinreichend motiviert zu sein.

Die Erhebung der Vorgeschichte sieht Kaffman als einen entscheidenden Bestandteil des klinischen Vorgehens an, da die vorherige Kenntnis der wichtigsten Daten es dem Therapeuten wesentlich erleichtere, die Behandlung wirksam zu führen. Die Vorbesprechung, und zwar mit beiden Eltern, wird von einem psychiatrischen Sozialarbeiter (bzw. Sozialarbeiterin) geleitet.

Die Behandlungen werden dann jeweils von einem Therapeuten (also nicht vom ganzen therapeutischen Team) durchgeführt, wobei man von der Vorstellung ausgegangen ist, daß diese Methode eine erhebliche Ersparnis an Zeit und Mühe bedeute und daß sie außerdem eine einheitliche und zusammenhängende Beurteilung der Familiendynamik und damit auch ein konsequentes und gezieltes therapeutisches Eingreifen sehr erleichtere. Das Erstinterview wird mit der ganzen Familie durchgeführt, also mit dem Kind, beiden Eltern und womöglich auch noch weiteren wichtigen Familienangehörigen. Es dauert im allgemeinen etwa zwei bis drei Stunden. Der Zweck des Erstinterviews besteht darin, allen Beteiligten, natürlich auch dem Kind, zu einer klaren Auffassung und Abgrenzung ihres gravierendsten Problems zu verhelfen. Die nachfolgenden Interviews unterliegen keiner festen Regel. Man kann beispielsweise schon im Erstinterview nacheinander mit verschiedenen Familienmitgliedern einzeln sprechen. Danach kann man das Kind zu mehreren kurzpsychotherapeutischen Sitzungen allein einbestellen. In manchen Fällen besteht gar kein Bedürfnis nach solchen Einzelgesprächen, oder die anderen Familienangehörigen zeigen zu starke Widerstände dagegen; dann wird die Behandlung mit der ganzen Familie gemeinsam fortgesetzt. Meistens besteht das Erstinterview aus vier Teilen, nämlich jeweils einem Interview mit der ganzen Familie, dann mit dem Kind allein, mit den Eltern allein und schließlich wieder mit der ganzen Familie. Am Schluß faßt der Therapeut noch einmal in knapper und für alle Beteiligten verständlicher Form zusammen, was sich hinsichtlich der grundsätzlichen Probleme, die zur Diskussion stehen, ergeben hat. Wenn nötig, gibt er auch noch spezielle Hinweise und Ratschläge. Die anschließenden therapeutischen Sitzungen folgen demselben Prinzip einer flexiblen Anpassung an die jeweilige Notwendigkeit von Einzel- oder Gruppengesprächen.

Alle Interviews, gleich mit welchen Familienmitgliedern, umfassen gewöhnlich die folgenden Punkte: Abgrenzung der wichtigsten Probleme; Zusammenfassung der Ergebnisse vorangegangener Sitzungen; Analyse rezenter Ereignisse; weiteres Suchen nach den Faktoren, die für eventuelle Fehlschläge der

Therapie verantwortlich sind; weiterhin die realistische Einschätzung der gegenwärtigen Situation und dessen, was von der Behandlung noch erwartet werden kann; schließlich die spezielle Hervorhebung der bisher erreichten positiven Ergebnisse. Bei mehr als 75% der 29 Familien, die in das Programm eingeschlossen waren, ließ sich eine wesentliche Besserung erreichen, die im Verschwinden der gravierenden Symptome und jener Probleme, die der Anlaß zur Behandlung gewesen waren, ihren Ausdruck fand.

GRUPPENTHERAPIE

Die Gruppentherapie läßt sich ebenfalls als eine Methode zur Erzielung psychotherapeutischer Lerneffekte verstehen, die entweder im Anschluß an eine Einzeltherapie oder auch parallel dazu angewendet werden kann. Die Prozesse des Umlernens und Neulernens in der Einzeltherapie müssen manchmal durch konkretere und häufiger wiederholte Gruppenerfahrungen bestimmter Art ergänzt werden; in gewissen Fällen liegt sogar das Schwergewicht des therapeutischen Prozesses auf seiten der Gruppentherapie. In dieser geht es u. a. um das Lernen von Konsequenzen »falschen« Verhaltens und um die Belohnung »richtigen« Verhaltens durch die Gruppe. Auf diese Weise lassen sich manchmal bessere Triebkontrollen aufbauen und auch sonstige Umstrukturierungen bewirken, wie sie durch das abstraktere verbale Vorgehen selbst in der besten Einzeltherapie nicht zu erzielen sind.

RICHTLINIEN FÜR DIE WAHL DER THERAPEUTISCHEN TECHNIK – DIE BEURTEILUNG DER ICHFUNKTIONEN

Zu den vordringlichsten Zielen bei der Einschätzung des Ichs gehört die genaue Erfassung des »intakt gebliebenen Restes« der Persönlichkeit, wie Katan[64] das genannt hat. Dieser intakte Rest, d. h. der gesunde Anteil des Ichs, wird in der Behandlung zum Bündnispartner des Psychotherapeuten bei dessen Bemühungen um die schwächeren Ichanteile. Der Therapeut muß daher die globale Funktion des Ichs abschätzen, er muß die Stärke oder Schwäche einzelner Ichfunktionen ermessen und darunter besonders jene beachten, die geeignet sind, das Behandlungsziel zu fördern. Wie man den intakten Rest der Persönlichkeit für die Therapie nutzbar machen kann, soll nun an einigen Beispielen demonstriert werden. Bemerkt man z. B. bei einem sehr gestörten Patienten eine Tendenz zur Stabilisierung mit Hilfe zwanghafter Arbeitswut, so wird man diese Aktivität unterstützen. Bei einem anderen läßt sich beispielsweise die defekte Realitätsprüfung verbessern, wenn man die hervorragende Intelligenz des Patienten in den Dienst der Abwehr mittels Rationalisierung stellt. Ein dritter Patient verfügt vielleicht über gute Objektbeziehungen, die sich dazu verwenden lassen, seine sonstigen Störungen etwas zu kompensieren. Andererseits wird man solchen Patienten, die im engen Zusammenleben mit anderen leicht paranoide Ideen entwickeln, eher zu einer relativen Isolierung raten.

Die Einschätzung der Ichfunktionen ist vor allem deshalb so wichtig, weil sie den Therapeuten vor groben Vereinfachungen und vor einem undifferenzierten, eindimensionalen therapeutischen Vorgehen bewahrt. Denn z. B. das Aufdecken von unbewußten Triebimpulsen, Phantasien und Affekten tut keineswegs allen Patienten gut. Die Neurose oder Psychose trifft eben nicht alle Menschen auf gleiche Weise. Besonders in der Notfall-Psychotherapie kommt es entscheidend darauf an, ob der Therapeut sich an einen gesunden Ichanteil wenden und diesen für die Bewältigung der Krise nutzen kann. Beurteilt man eine größere Zahl von Patienten mit derselben Diagnose unter diesen Kriterien, so zeigt sich, daß jeweils ganz unterschiedliche Ichfunktionen und diese in verschiedenem Ausmaße gestört oder intakt geblieben sind. So leiden beispielsweise längst nicht alle Schizophrenen in erster Linie an einer Störung ihrer Objektbeziehungen; liegt die Störung hauptsächlich im Bereich der

Denkprozesse, so können die Objektbeziehungen sogar relativ gut entwickelt sein. Man hat auch früher einmal den Narzißmus für das hervorstechendste Merkmal des Schizophrenen gehalten. Wie schon in unserer theoretischen Diskussion dieses Punktes erwähnt wurde, ist der Narzißmus im Sinne einer Überbesetzung des Selbst bei vielen Patienten mit Charakterstörungen stärker ausgeprägt als bei manchen Schizophrenen (Hartmann[51] hat außerdem bemerkt, daß Schizophrene nicht so sehr das Selbst als vielmehr bestimmte Ichfunktionen narzißtisch überbesetzen).

Viele Schizophrene brauchen daher gar keine Beziehungstherapie. Einem Schizophrenen, der hauptsächlich an Denkstörungen leidet, der also z. B. die Strukturierung des Erlebens nach den Kategorien von Raum und Zeit etc. noch nicht erworben hat, hilft wahrscheinlich die beste therapeutische Beziehung, die denkbar liebevollste Mutter oder Ersatzmutter überhaupt nichts, sondern was ihm not tut, ist vielmehr die Entwicklung eines adäquaten Sekundärprozeß-Denkens.

Bei anderen Patienten liegt vielleicht das Hauptproblem in einer defekten Triebkontrolle. Die therapeutische Aufgabe ist es dann, dem Patienten zu einer besseren Kontrolle zu verhelfen, statt ihn durch kathartische Deutungen zum Agieren anzuregen.

Was wir meinen, wird vielleicht noch klarer, wenn wir nun im folgenden einen Katalog verschiedener therapeutischer Techniken an Hand unseres Schemas der Ichfunktionen und ihrer Störungen aufstellen. Wir gehen dabei auch kurz auf verschiedene nicht-verbale unterstützende Maßnahmen ein.

Realitätsanpassung

Es gibt vielerlei Störungen der Realitätsanpassung; wir erwähnen hier nur einige der wichtigsten Formen. Steht z. B. die Unangemessenheit des Verhaltens im Vordergrund, so kommt es vor allem auf eine Verbesserung der Realitätsprüfung und auf eine Analyse der Auffassungsstörungen an. In solchen Fällen ist eine auf Einsicht gründende Psychotherapie von außerordentlichem Wert, die ja auf eine Umstrukturierung des ganzen Erlebnismaterials abzielt. Bei Störungen des Realitätssinnes (Depersonalisation etc.) ist ebenfalls eine auf Einsicht gerichtete Therapie sinnvoll, die aber oft durch eine unterstützende medikamentöse Behandlung ergänzt werden muß, um die Angst und Aggressivität, durch welche Störungen des Körperschemas und der Ichgrenzen leicht gefördert werden, zu dämpfen. In solchen Fällen kann auch die Technik der Rationalisierung sehr nützlich sein. Manchmal kommt es durch Hyperventilation bei starker Angst zu einer Art Ohnmacht und durch diese wiederum zu Entfremdungsgefühlen; solchen Patienten ist oft schon durch die Anleitung zu einer besseren Atemtechnik viel geholfen.

Bei der aufdeckenden Psychotherapie von Störungen des Realitätsbezugs muß man vorsichtig die Zusammenhänge der Symptome mit Störungen der Triebkontrolle und Triebregulierung herausarbeiten. Kommt es mehr darauf an, im Verlaufe der Behandlung eine Art sorgfältiger Umerziehung zu leisten, so spielt dabei die Förderung der Realitätsprüfung eine wichtige Rolle.

Die kombinierte Beratung zusammen mit den Eltern oder dem Ehepartner ist dann von Nutzen, wenn der Patient die direkte Unterstützung des Therapeuten braucht, um diesen Partnern gegenüber eine neue Einstellung zu finden und durchzusetzen.

Triebregulierung

Diagnostisch ist bei Störungen der Triebregulierung zunächst einmal die Frage, ob zu viel oder zu wenig Kontrolle vorliegt. Ist die Triebkontrolle übertrieben starr ausgebildet, so profitiert der Patient eventuell am meisten von einer modifizierten kathartischen Behandlungstechnik. Bei vielen Patienten ist jedoch – ganz im Gegensatz zur kathartischen oder überhaupt zur deutenden Technik – die Förderung der Triebverdrängung wichtiger. Dies läßt sich am Beispiel einer 18jährigen Patientin demonstrieren, die unter Panikzuständen wegen ihrer sexuellen Gefühle leidet. In der Gruppe ihrer Altersgenossen wird viel

Petting betrieben; um sich nicht unbeliebt zu machen, hat sie auch daran teilgenommen und ist dadurch gleichzeitig mit einem anderen Teil ihrer Umwelt, der dieses Verhalten mißbilligt, in Konflikt geraten. Ihre schwere Angst ist also eine Folge des Konfliktes zwischen ihrem Wunsch, es den anderen gleich zu tun, und ihrem strengen Über-Ich. Der Therapeut kann in einer solchen Situation u. a. versuchen, ihr Über-Ich zu unterstützen, zugleich aber dessen strafenden Charakter abzumildern, etwa indem er ihr vorsichtig rät:

»Tun Sie das jetzt besser noch nicht, Sie brauchen es ja doch gar nicht. Es ist völlig verständlich, wenn Sie sich dabei ungut vorkommen. Sie müssen Ihre Gefühle erst einmal kennenlernen und klären, dann können Sie immer noch entscheiden, was Sie wirklich wollen. Sie brauchen ja gar nicht alles so zu machen wie Ihre Freunde, Sie können doch Ihren eigenen Weg gehen. Lassen Sie sich nur Zeit; vielleicht sollten Sie am besten noch etwas damit abwarten.«

Gleichzeitig wird man ihr erklären, daß sie erst besser verstehen muß, worum es hier überhaupt geht; dann kann man sie in taktvoller Weise aufklären und ihr helfen, eventuelle Fehlmeinungen bezüglich der Sexualität zu korrigieren.

Ein weiteres Beispiel ist das eines jungen Mannes, der es ablehnt, Verhütungsmittel anzuwenden; er leidet unter Angstzuständen und weiß nicht warum. Ihm könnte man beispielsweise sagen, er habe wohl auch ohne die Verantwortung für eine Schwangerschaft seiner Freundin schon genug Sorgen, so daß es zur Zeit für ihn sicherlich das beste wäre, entweder Kontrazeptiva zu verwenden oder aber sexuelle Beziehungen zu meiden. Ein ähnliches Beispiel ist ein Patient, der ein Verhältnis mit einer verheirateten Frau hat und gleichzeitig mit deren Ehemann freundschaftliche Beziehungen unterhält. Seine Angst läßt sich herabmindern, indem man ihn drängt, das Verhältnis aufzugeben, und ihm klar macht, daß er mit dieser Beziehung den Zorn des Ehemannes heraufbeschwört, an dessen Freundschaft ihm viel gelegen ist.

In allen diesen Beispielen geht es darum, daß der Patient innere Angst- und Gefahrsignale ignoriert und die Situation fortsetzt, welche seine Angst auslöst und aufrechterhält. Diese Patienten müssen dazu erzogen werden, auf solche Signale zu achten, die sie bislang immer verleugnen und nicht wahrhaben wollen. Nur mit Hilfe einer solchen Sensibilisierung und Schärfung der Realitätsprüfung werden sie überhaupt fähig, die Situation, in der sie sich befinden, zu verstehen. Eine Frau, die mit einem wesentlich jüngeren Mann, einem Alkoholiker, zusammenlebte, entdeckte plötzlich, daß diese Beziehung mittlerweile für sie unerträglich geworden war. Es ließ sich zeigen, daß sie eine ganze Reihe früherer Episoden, in denen es immer um das gleiche Thema wie jetzt gegangen war, schlichtweg vergessen hatte, und weiter: daß sie sich auch die schwere Gestörtheit dieses Mannes einfach verleugnet hatte; sie hatte ihn nämlich schon einmal zu einem Psychiater geschickt, der ihr gesagt hatte, ihr Freund sei schizophren.

Triebeinschränkung und Realitätsprüfung greifen oft ineinander – so z. B. im Fall des »halbstarken« Angebers, der in Situationen, wo er tatsächlich riskant und destruktiv agiert, Angstzustände bekommt. Hier liegt die Aufgabe des Therapeuten darin, dem Patienten Punkt für Punkt zu demonstrieren, in welche Schwierigkeiten er gerät, indem er sich immer wieder seinen Mut und seine Kraft beweisen muß, und weiterhin ihm ganz klar zu zeigen, daß seine Panikzustände völlig realistisch sind, insofern er Dinge tut, die ihm tatsächlich Angst bereiten *müssen*.

Die Verordnung von Stimulantien und Tranquilizern spielt ebenfalls eine wichtige Rolle, wo es um die Kontrolle und Regulierung von Triebimpulsen geht (siehe Kap. IV).

Objektbeziehungen

Störungen im Bereich der Objektbeziehungen lassen sich meistens im Rahmen einer Kurzpsychotherapie nicht so leicht behandeln; sie sprechen am besten auf eine intensive Psychotherapie an, in der man systematisch die Übertragungsbeziehung bearbeiten und gegebenenfalls auch den Abwehrcharakter des sekundären Narzißmus deuten kann. Dennoch kann auch die

Kurzpsychotherapie hier manchmal Gutes leisten, insofern der Therapeut dem Patienten Situationen »verschreiben« kann, die nach Art und Intensität der involvierten Objektbeziehungen so dosiert sind, wie der Patient sie zu ertragen vermag. Das Schopenhauersche Gleichnis von den frierenden Stachelschweinen erläutert vielleicht am besten, was hier gemeint ist:

»Eine Gesellschaft Stachelschweine drängte sich an einem kalten Wintertage recht nahe zusammen, um durch die gegenseitige Wärme sich vor dem Erfrieren zu schützen. Jedoch bald empfanden sie die gegenseitigen Stacheln, welches sie dann wieder voneinander entfernte. Wenn nun das Bedürfnis der Erwärmung sie wieder näher zusammenbrachte, wiederholte sich jenes zweite Übel, so daß sie zwischen beiden Leiden hin- und hergeworfen wurden, bis sie eine mäßige Entfernung herausgefunden hatten, in der sie es am besten aushalten konnten.« (Schopenhauer, Parerga und Paralipomena)

Manchen kontaktgestörten Patienten, die sich sehr nach wirklicher Nähe und Intimität sehnen, gelingt es eventuell besser, solche Beziehungen aufzunehmen und zu ertragen, wenn ihre Triebkontrolle besser geworden ist, sei es durch eine aufdeckende, Einsicht-orientierte oder auch durch eine zudeckende, Verdrängung fördernde Behandlungstechnik. Anderen wiederum wird man raten, sich bestimmten Clubs oder Vereinen anzuschließen, wo die zwischenmenschlichen Kontakte gleichsam verdünnt sind, d. h. sich auf viele Bezugspersonen verteilen, zu denen man keine individuellen engeren Beziehungen aufzunehmen braucht. Wieder anderen wird man eher relativ einsame Tätigkeiten anraten, bei denen sie vor allzu großer Nähe so weit als möglich geschützt sind.

Das ganze Intensitätsspektrum von Objektbeziehungen zwischen den Extremen von Nähe und Distanz läßt sich u. a. an Taxifahrern sehr gut beobachten. Manche scheinen sich bei ihrer Arbeit einsam zu fühlen und verwickeln ihre Fahrgäste in lange Gespräche, sobald sich auch nur der geringste Anknüpfungspunkt bietet; dabei äußern sie Meinungen und geben sehr persönliche Einzelheiten preis, wie es normalerweise eigentlich nur zwischen engen Freunden üblich ist. Zum anderen Extrem gehören die Taxifahrer, die ihren Fahrgästen noch nicht einmal das Fahrtziel bestätigen und während der ganzen Fahrt stumm bleiben.

Die Gruppentherapie kann bei sorgfältiger Indikationsstellung eine gute Methode sein, um Objektbeziehungen und deren Störungen zu klären und durch den Gruppenlernprozeß therapeutische Veränderungen zu erreichen.

Denkprozesse

Findet man bei einem Patienten Anzeichen von Primärprozeß-Denken, beispielsweise Kontaminationen, wie man das in der Rorschach-Terminologie nennt, so kann die Behandlung außerordentlich schwierig und langwierig werden. Sind aber die Denkstörungen auf relativ umschriebene Bereiche beschränkt, etwa bei einem ansonsten ungestörten und intelligenten Paranoiker, so kommt man manchmal relativ leicht zum Ziel, indem man die Realitätsprüfung für bestimmte Situationen stärkt, die dem Patienten schwer fallen. Sehr oft kann man solchen Menschen auch dadurch helfen, daß man die Intensität ihrer Objektbeziehungen reguliert oder die Triebimpulse unter Kontrolle bringt, die für die Denkstörungen verantwortlich sind. Bevor man jedoch einen solchen Patienten in Kurzpsychotherapie nimmt, sollte man sich erst vergewissern, ob er auch über ein einigermaßen entwickeltes Sekundärprozeß-Denken verfügt. Ist dies der Fall, so kann auch die Anwendung von Psychopharmaka die Methode der Wahl sein, um die Flut von Triebimpulsen, die das Primärprozeß-Denken stimulieren, besser einzudämmen.

Daneben ist auch die Gruppenpsychotherapie geeignet, mit Hilfe eines konditionierenden Systems von Belohnungen und Bestrafungen eine Verstärkung sekundärer Denkprozesse zu erreichen.

Abwehrfunktionen

Bei Störungen im Bereich der Abwehrfunktionen gilt es vor allem einzuschätzen, inwieweit das Über-Ich stabil integriert ist. Das Über-Ich soll weder in manchen Bereichen zu streng und rigide, noch in anderen zu lax und nachgiebig sein. Um dies zu erreichen, muß der Therapeut mit Bedacht einmal streng und unnachgiebig, dann wieder permissiv und tolerant sein, je nach dem, was gerade durchgearbeitet wird.

Die Probleme, auf die man bei der Behandlung der Abwehr-funktionen stößt, sind sehr ähnlich denen, die wir bereits im Zusammenhang mit der Triebkontrolle erwähnt haben. Es gilt u. a. abzuschätzen, ob zu viel oder zu wenig Abwehr vorhan-den ist. Dementsprechend ist entweder eine modifizierte ka-thartische Technik oder eine Unterstützung der Triebeinschrän-kung angebracht. Daneben sind Hilfsmaßnahmen, etwa im Sinne einer Manipulation von Umweltfaktoren, um die Stimu-lation von außen zu verringern, oft von entscheidender Bedeu-tung. Ein Wechsel des Berufs, der Wohnung, der Lebensweise kann manchmal ebenso notwendig sein wie die Anwendung von Psychopharmaka. Entscheidend wichtig ist jedenfalls, daß der Therapeut die Psychodynamik richtig und klar erfaßt haben muß und daß er dann eventuell auch auf drastischen Verände-rungen insistieren sollte, statt sich in falsch verstandener analy-tischer Abstinenz von allen Entscheidungen fernzuhalten, die die Realität des Patienten betreffen.

Autonome Funktionen

In vielen Fällen sind die autonomen Ichfunktionen ein wichti-ger Teil jenes »intakten Restes« der Persönlichkeit, mit dem der Therapeut kooperieren kann, ja auf den er entscheidend ange-wiesen ist, wenn er eine Umstrukturierung der gestörten Per-sönlichkeitsbereiche erzielen will. Eine stabile Arbeitsmoral oder eine hohe Intelligenz sind manchmal von unschätzbarem Wert für die Behandlung eines ansonsten schwer gestörten Pa-tienten.

In der Praxis bekommt man neuerdings immer häufiger Stö-rungen der autonomen Ichfunktionen bei verheirateten Frauen zu sehen, deren Kinder mittlerweile erwachsen geworden sind und das Elternhaus verlassen haben. Gelingt es solchen Frauen dann nicht, sich anderweitig zu beschäftigen und in befriedigender Weise zu engagieren, so entwickeln sie leicht psychische Störungen. In vielen Fällen dieser Art nützt es schon, die Patientin zu einer wirklich sinnvollen Tätigkeit anzuregen, wobei vor allem eine Berufstätigkeit mit geregelten Pflichten und Ansprüchen in Betracht kommt.

Die synthetische Funktion
Die synthetische Funktion des Ichs stabilisiert sich gewöhnlich nur im Gefolge einer Besserung anderer Ichfunktionen. Allerdings scheinen Psychopharmaka, z. B. die Phenothiazin-Derivate, direkt einer Dissoziation entgegenzuwirken, etwa im Sinne eines synthesefördernden, integrierenden Effekts. Möglicherweise ergibt sich diese Wirkung indirekt über eine verstärkte Triebkontrolle oder durch Beeinflussung irgendeines organischen Substrats.

Durcharbeiten

Es wurde bereits definiert, daß unter dem Prozeß des Durcharbeitens die Anwendung von Lernvorgängen auf aktuelle Erfahrungen, auf das Erleben in der Übertragung und auf frühere Erlebnisse zu verstehen ist. Für die Lerntheorie bietet sich hier ein spezielles Anwendungsgebiet, denn wir haben es ja in erster Linie mit dem Problem zu tun, wie wir die Lernerfahrungen unserer Patienten in der psychotherapeutischen Situation dauerhafter machen können – klinisch gesprochen: wie Rückfälle zu verhindern sind. In der Kurzpsychotherapie bleibt für gründliches Durcharbeiten nicht viel Zeit, so daß der Hauptakzent notwendigerweise auf dem unmittelbaren Lernen liegt. Hier sind besonders bestimmte formale Aspekte der Lerntheorie von Bedeutung, etwa der Begriff des »spacing«, d. h. der richtigen Aufteilung der Lernarbeit. Gerade in der Kurzpsychotherapie wird man oft einem Patienten anbieten, in längeren Abständen noch einmal zu einer oder zwei Sitzungen wiederzukommen oder in telefonischem Kontakt mit dem Psychotherapeuten zu bleiben.

Beim Durcharbeiten geht es hauptsächlich darum, das Erlernen neuer Verhaltensweisen zu verstärken und neurotische Fehlanpassungen auszulöschen. Wie in der intensiven Psychotherapie, so gilt auch hier: wenn der Lernprozeß ein Plateau erreicht hat und dort stehen bleibt, kann eine zeitweilige Unterbrechung der Therapie dem Patienten die Lösung aus der Abhängigkeit vom Psychotherapeuten erleichtern und ihm zugleich die Chance bieten, das Erlernte auf reale Lebenssituationen anzuwenden oder auch weitere Probleme zu entdecken, die bisher noch nicht in den Blick gekommen waren. Auf diese Weise kann der Patient sich selbst davon überzeugen, daß er sich tatsächlich einen neuen Verhaltensstil zueigen gemacht hat oder aber daß sein bisheriger Lernprozeß noch unzureichend war. In beiden Fällen ist das Resultat dasselbe, nämlich daß der psychotherapeutische Lernvorgang durch praktische Lebenserfahrungen unterstützt und gesteigert wird.

Beendigung der Therapie

In der Kurzpsychotherapie muß der Patient am Ende eine sorgsam gezüchtete positive Übertragung behalten, und er muß das Gefühl mitnehmen, daß er jederzeit gern wiederkommen kann. Indem man die positive Übertragung aufrechterhält, vermeidet man jeglichen Akzent der Zurückweisung oder des Abgeschobenwerdens am Ende der Behandlung und erleichtert es damit dem Patienten, seinen Therapeuten als gutes Introjekt zu bewahren. Das wirkt sich günstig auf die ganze Persönlichkeit aus und motiviert ihn dazu, sich auch weiterhin dem Therapeuten zuliebe Mühe zu geben, ähnlich wie ja auch ein Kind um der Liebe und Anerkennung seiner Eltern willen bestimmte Verhaltensweisen aufgibt, bis dann später die eigene Autonomie die Funktion dieser Motive übernimmt.

Man sollte dem Patienten gegenüber betonen, daß man ihm

gegebenenfalls auch weiterhin zur Verfügung steht. Zugleich aber sollte man ihn drängen, sich mit dem, was er während der Kurzpsychotherapie gelernt hat, intensiv auseinanderzusetzen. Man wird ihm sagen, daß ihm nur deshalb überhaupt geholfen werden konnte, weil er mittlerweile mit Hilfe des Therapeuten angefangen habe, seine Probleme zu verstehen. Gleichzeitig muß man ihm aber zu verstehen geben, daß er nicht eher wiederkommen soll, als bis er mit irgendwelchen Problemen wirklich gar nicht mehr allein fertig wird.

Beim Abschluß der Behandlung ist es aber vielleicht für den Patienten am hilfreichsten, wenn man das Gelernte zusammenfaßt und verstärkt, indem man gemeinsam mit ihm künftige Probleme antizipiert, die sich aus bestimmten im Behandlungsverlauf deutlich gewordenen Verhaltensweisen ergeben könnten. Vorwegnahmen dieser Art haben oft eine vorbeugende Wirkung.

Man gibt dem Patienten auch ein gutes motivierendes Moment mit auf den Weg, das ihm die Aufrechterhaltung der positiven Übertragung erleichtert und ihn gleichzeitig auch von der weiteren Verfügbarkeit des Therapeuten überzeugt, wenn man ihn bittet, in regelmäßigen Abständen brieflich oder telefonisch zu berichten, wie es ihm geht.

IV. Zusatzmaßnahmen zur
Kurzpsychotherapie

Die in Frage kommenden Zusatzmaßnahmen zur Kurzpsychotherapie reichen von Psychopharmaka und Elektroschockbe-
handlung (letztere nur ausnahmsweise bei spezieller Indikation) bis hin zur Milieutherapie, d. h. der Manipulation von
Umweltfaktoren persönlicher, sozialer, familiärer oder beruflicher Art. Für alle diese Maßnahmen gilt, daß ihre Anwendung von einer sorgfältigen Indikationsstellung unter psychodynamischen Kriterien abhängig gemacht werden muß. Ist dies
garantiert, so können solche Methoden auf verschiedenste
Weise neben oder anstelle der Psychotherapie eingesetzt werden.

Psychopharmaka

Manche Patienten sind derart von Angst überflutet, daß es
nicht gelingt, sie in den Prozeß einer verbalen Psychotherapie
einzubeziehen. Bei anderen wiederum bewirkt die unumgängliche Verbalisierung eine derartige Steigerung der Angst, daß
die Behandlung nahezu undurchführbar wird. Konkreter ausgedrückt: solche Patienten werden durch eine aufdeckende
und Einsicht vermittelnde Behandlungstechnik derart irritiert,
daß ihre Kommunikationsfähigkeit darunter leidet. In anderen Fällen ist der Patient zu ängstlich, um im Sinne von Versuch und Irrtum neue Verhaltens- und Erlebnismöglichkeiten
riskieren zu können, was aber notwendig ist, wenn er von dem,
was er in der Psychotherapie lernen kann, wirklich profitieren
soll. Für alle derartigen Situationen wünschte man sich als
Psychotherapeut oft ein ähnliches Mittel, wie es etwa dem Chirurgen in Form der Narkose zur Verfügung steht: zu starke
Schmerzen bei einer Operation wirken sich ungünstig auf At-

mung, Kreislauf und Stoffwechsel aus, und eine ungenügende muskuläre Entspannung macht jeden chirurgischen Eingriff riskanter. Für die Behandlung psychischer Störungen steht aber seit einiger Zeit auch eine Reihe älterer und neuerer Medikamente zur Verfügung, die man entweder als Adjuvantien oder auch als hauptsächliche Therapie einsetzen kann.

VORSICHT MIT PSYCHOPHARMAKA

Bei der Anwendung von Sedativa, Tranquilizern, Psychostimulantien und sonstigen psychotropen Pharmaka ist stets zu berücksichtigen, daß alle diese Medikamente bei manchen Menschen Veränderungen des Ichgefühls und der Selbstwahrnehmung bewirken können, durch die es statt der erhofften Entspannung und Erleichterung zu panischen Angstzuständen kommen kann. Dies dürfte auch der Grund für die gelegentlich zu beobachtende paradoxe Erregung unter Sedativa sein, wobei die Ursache der Angst wahrscheinlich nicht so sehr in einer zentralnervösen Stimulierung, als vielmehr in dem Gefühl des Kontrollverlustes und der Veränderung der Selbstwahrnehmung zu suchen ist.

PSYCHOPHARMAKA ALS »PRÄMEDIKATION«
ZUR PSYCHOTHERAPIE

Gelegentlich können Patienten auf Grund phobischer Ängste, beispielsweise einer Agoraphobie oder einer U-Bahn- oder Aufzugsphobie nicht allein zur Behandlung kommen. In solchen Fällen hat sich die Einnahme eines Sedativums oder Tranquilizers etwa eine Stunde vor dem angstauslösenden Ereignis oft als hilfreich erwiesen, um dem Kranken für den Moment über die unangenehme Situation hinwegzuhelfen.

Bei der Behandlung von Angstzuständen ist manchmal eine sofortige Angstdämpfung erforderlich, um dem Patienten wieder Mut zu geben und ihn zur Fortsetzung der Behandlung zu motivieren. Man muß ihm dabei aber eindringlich klar machen, daß die Medikamente nur ausnahmsweise und vorübergehend angewendet werden und ohnehin nur eine oberflächliche Besserung bewirken.

Depersonalisationszustände oder zumindest deren paralysierende Auswirkungen lassen sich oft wirksam behandeln, indem man die sekundären Folgen der Angst bekämpft, besonders die Hyperventilation und die dadurch hervorgerufene respiratorische Alkalose und Trübung des Sensoriums. Hierfür kommen Sedativa mit muskelrelaxierender Wirkung oder andere Medikamente in Frage, die die Vigilanz und damit das gestörte Selbst- und Körperempfinden günstig beeinflussen.

FÖRDERUNG DER KOMMUNIKATIONSBEREITSCHAFT

Psychopharmaka werden insbesondere angewendet, um die Kommunikationsfähigkeit zu verbessern, wenn ein Patient sich »blockiert« fühlt, sei es bewußt blockiert – indem es ihm schwer fällt, seine vorhandenen Gedanken und Gefühle zu äußern – oder auch unbewußt blockiert – indem er einfach nicht weiß, was er sagen soll, oder an oberflächlichen Dingen hängen bleibt, ohne etwas von seinem unbewußten primärprozeßhaften Erleben mitteilen zu können. Bellak[6] hat zur Förderung der Kommunikationsbereitschaft die Anwendung kurzwirkender Barbiturate empfohlen, wobei er im einzelnen folgendermaßen vorging:

Er verwendete für diesen Zweck meistens Secobarbital-Natrium. In einen wenigen Fällen wurde vorsichtshalber mit einer Initialdosis von 0,75 g begonnen; die übliche Dosis war aber 1,5 g Secobarbital, das eine halbe Stunde vor Beginn der psychotherapeutischen Sitzung vom Patienten eingenommen wurde*.

---

* Wie immer bei der Anwendung stärkerer psychotroper Pharmaka muß man die Patienten allgemein zur Vorsicht ermahnen und ihnen dringend anraten, während der Wirkungsdauer des Medikamentes kein Kraftfahrzeug zu steuern und sich nötigenfalls von jemandem begleiten zu lassen.

Nur eine Patientin klagte über beunruhigende Nebenwirkungen; es handelte sich um eine Hysterika mit Konversionssymptomen, die beim erstenmal vorübergehende Sehstörungen bemerkt hatte, ihrer Schilderung nach ähnlich wie bei einem leichten Alkoholrausch; nach entsprechender Beruhigung setzte sie die Medikation ohne weitere Schwierigkeiten fort. Die Wirkung des Barbiturates wurde meistens als eine ausgeprägte Entspannung oder leichte Intoxikation geschildert. Entgegen unseren Erwartungen fühlte sich fast keiner der Patienten so schläfrig, daß dadurch die Durchführung der Psychotherapie nennenswert beeinträchtigt worden wäre. Die gleiche Dosis hatte jedoch beim selben Patienten einen deutlich ermüdenden Effekt, wenn das Medikament zur Schlafenszeit und mit der psychischen Bereitschaft zum Einschlafen eingenommen wurde. Die Medikamentenwirkung variierte überhaupt in weiten Grenzen, nicht nur interindividuell, sondern auch bei ein und demselben Patienten in verschiedenen Sitzungen, und dies ohne Bezug zur Nahrungsaufnahme. Bei sehr starker psychischer Abwehr gegen das Mittel blieb die Wirkung manchmal fast völlig aus. Gelegentlich kam es vor, daß ein Patient sich nach dem Aufstehen von der Couch noch eine Zeitlang leicht benommen oder schwach auf den Beinen fühlte. Dann wurde ihm geraten, bei nächster Gelegenheit eine Tasse Kaffee zu trinken, falls die Benommenheit anhielte. Einige Patienten erhielten auch am Ende der ersten Sitzungen jeweils eine Dosis Coffein per os, lehnten dieses aber bald als unnötig ab*. Allen wurde vom Autofahren abgeraten.

Die Patienten, bei denen das Barbiturat angewendet wurde, waren solche, denen das freie Assoziieren schwer fiel. Bei einigen wurde die »Prämedikation« nur *initial* zur Überwindung anfänglicher Hemmungen eingesetzt, bei anderen *episodisch*, nämlich immer dann, wenn exzessive Widerstände die Bearbei-

---

* Zur Zeit bevorzugen wir für Behandlungen unter Barbiturat-Medikation zweistündige Sitzungen; nach etwa einer Stunde erhält der Patient 2,5 oder 5 mg Desoxyephedrin-HCl, wodurch der sedierende Effekt des Barbiturats am Ende der Sitzung meist völlig abgeklungen ist.

tung bestimmter Probleme zu stark behinderten; manche erhielten das Mittel fast während der ganzen Behandlung.

Hartnäckige Charakterwiderstände waren eine weitere Indikation für die sedierende Medikation. Eine Patientin mit Zwangszügen war buchstäblich nicht imstande, auch nur zehn Minuten lang zu sprechen; sie hatte enorme Angst vor den psychotherapeutischen Sitzungen. Unter Barbituraten dagegen konnte sie zügig assoziieren. Mehrmals wurde das Mittel probeweise abgesetzt, aber sofort traten die anfänglichen Schwierigkeiten wieder auf.

Eine andere Patientin mit einer vorwiegend hysterischen Charakterneurose versuchte zu Beginn in fast spielerischer Weise die Behandlung zu sabotieren, indem sie nur oberflächliche und irrelevante Einfälle brachte. Unter Barbituraten konnte sie sich erlauben, echte Affekte zu zeigen und sich in der therapeutischen Situation wirklich zu engagieren. Bei einer ganzen Reihe von permanent gutgelaunten Patienten – die bereitwillig über jedes beliebige Problem sprechen, aber ohne die geringste emotionale Beteiligung – bewirkte die Barbiturat-Medikation eine entscheidende Wende zum Besseren; sie vermochten jetzt zu weinen, Verbitterung und Aggressivität offen zu zeigen und überhaupt brauchbarere Assoziationen zu liefern.

Eine weitere spezielle Indikation zur Anwendung von Barbituraten bestand bei depressiven Patienten, deren psychomotorische Hemmung die Kommunikation erheblich behinderte. In diesem Falle wurde das Barbiturat mit Desoxyephedrin-HCl (= Desoxyn »Abbott«, Methedrine »Burroughs Wellcome«) in einer Dosis von 2,5 oder 5 mg kombiniert. Nicht-suicidale depressive Patienten wurden angewiesen, diese Medikamente entweder jeweils eine Stunde vor der psychotherapeutischen Sitzung einzunehmen oder aber als Dauermedikation jeweils zweimal täglich (frühmorgens und mittags) eine Kombination von 0,75 oder 1,5 g Pentobarbital-Natrium (= Nembutal »Abbott«) und 2,5 mg Desoxyephedrin-HCl. – Die unterstützende medikamentöse Behandlung von Depressionen wird weiter unten besprochen.

Bellak hat auch den therapeutischen Effekt kurzwirkender Barbiturate auf die antizipatorische Angst bei Ejaculatio praecox und bei Frigidität untersucht. Traten solche Orgasmusschwierigkeiten hauptsächlich infolge von Angst auf, so ließen sie sich auf diese Weise erfolgreich beheben; waren sie jedoch Ausdruck einer tieferreichenden Charakterstörung, so änderte die Medikation gar nichts. Wichtig ist es, den Patienten darauf hinzuweisen, daß er das Barbiturat erst ca. $^3/_4$-1 Std. vor dem beabsichtigten Geschlechtsverkehr einnehmen soll, um sedierende Effekte zu vermeiden. Whiskey erfüllt den gleichen Zweck, und zwar in einer Menge, die gerade etwas enthemmt und stimuliert, bei der aber noch nicht die dämpfende Wirkung überwiegt. Manche Menschen reagieren eventuell sowohl auf Barbiturate als auch auf Alkohol atypisch; in solchen Fällen ist ein längeres Probieren mit verschiedenen Mitteln und Dosen erforderlich. Auf jeden Fall sollte man, bevor man ein Medikament gegen sexuelle Hemmungen verordnet, zunächst die Stärke und Dauer der Reaktion des Patienten auf das Mittel testen, und zwar bei leerem und bei vollem Magen.

Seit Bellaks Untersuchung aus dem Jahre 1949 stehen außer den Barbituraten mittlerweile zahlreiche weitere Psychopharmaka zur Verfügung. Chlordiazepoxid (Librium »Roche«), Meprobamat (Miltaun) und andere Tranquilizer wirken ebenfalls anxiolytisch und sind zur Förderung der Kommunikationsbereitschaft den kurzwirkenden Barbituraten eventuell sogar vorzuziehen; aber die Barbiturate haben doch immer noch einen Vorteil, der besonders für psychotherapeutische Zwecke von Bedeutung sein kann: sie wirken, ähnlich wie Alkohol, nicht nur angstdämpfend, sondern lösen auch die Zunge und schwächen die Kontrolle. Unter Tranquilizern wird allerdings die synthetische Funktion des Ichs weniger beeinträchtigt.

Ein überhöhter Triebdruck kann für den Patienten oder auch für seine Umwelt eine Gefahr bedeuten. In solchen Fällen kommt es therapeutisch zunächst einmal darauf an, die Situation so zu verändern, daß der Patient auch außerhalb eines Krankenhauses sicher gehalten und behandelt werden kann. Oft sind Psychopharmaka ein gutes Mittel, um Triebimpulse zumindest zeitweise unter Kontrolle zu halten, besonders natürlich bei Suicidgefahr, bei Panik- und Depersonalisationszuständen. Mittels Psychopharmaka lassen sich auch Tendenzen zum Agieren manchmal sehr gut beherrschen, sogar bei Charakterstörungen. Bei Hypomanie und Hyperaktivität ist der gezielte Einsatz sowohl von Tranquilizern als auch von Stimulantien oft von unschätzbarem Wert. Ausgedehnte Erfahrungen mit Psychopharmaka wurden besonders auf dem Gebiet der psychiatrischen Rehabilitation gewonnen (vgl. Bellak und Black[15]).

»STRAFFUNG« VON DENKPROZESSEN

Bei Patienten, in deren Denken der Primärprozeß allzu stark überwiegt, besteht ein Ziel der Therapie darin, die Denkprozesse zu »straffen«, d. h. besser durchzustrukturieren. Denn wenn das Primärprozeßdenken allzu sehr dominiert, beeinträchtigt es die logischen Operationen, die zur Assimilation psychotherapeutischer Lernerfahrungen erforderlich sind. Diese Patienten können sich meist nicht genügend konzentrieren – »so als hätte man mehrere Fernsehprogramme gleichzeitig eingeschaltet«, wie ein Patient es einmal ausdrückte. Chlordiazepoxid kann erwiesenermaßen[20a] eine Straffung der Denkprozesse bewirken, vermutlich auf dem Umwege über eine Minderung der Angst und Stärkung der synthetischen Funktion des Ichs. In anderen Fällen sind Neuroleptica erforderlich, um eine Tendenz zum Primärprozeßdenken unter Kontrolle zu bringen.

In der Kurzpsychotherapie ist es nicht selten notwendig, sekundäre Krankheitsgewinne aus einer neurotischen Fehlhaltung einzuschränken. Dieses Problem wurde besonders bei der Rehabilitation von Patienten mit Tuberkulose[7] oder auch bei Herzleiden[10] beobachtet, unter denen es viele gibt, die sich mit der durch die Krankheit erzwungenen Passivität und Abhängigkeit nach kurzer Zeit nur allzu leicht abgefunden haben. Solche Patienten sind vielfach durchaus einsichtsfähig, fühlen sich aber einfach nicht imstande, auf den primitiven Gewinn und Vorteil zu verzichten, den die Krankenrolle mit ihrer Entlastung von Verantwortung ihnen bietet. In diesen Fällen bewährt sich oft die Verordnung eines einfachen Psychostimulans wie z. B. Desoxyephedrin-HCl, das dem Kranken eine leicht gehobene Stimmung und ein Gefühl größerer Energie vermittelt. Es wurde mehrfach beobachtet, daß Patienten unter einer solchen Medikation sich wieder nach Arbeit umsehen und eine Stelle annehmen, wobei natürlich die Belastungsfähigkeit zu berücksichtigen ist, die der jeweilige Facharzt (im obigen Beispiel der Cardiologe oder der Lungenspezialist) festlegen muß. Hatten die Patienten ihre Anfangsschwierigkeiten erst einmal überwunden, so ließ sich auch psychotherapeutisch besser mit ihnen arbeiten, und sie waren leichter an ihrer Arbeitsstelle zu halten, ohne daß es erneut zu Angstgefühlen oder zur Regression in passives Verhalten kam.

Bei phobischen Patienten ist gar nicht selten zu beobachten, daß sie in der Psychotherapie zwar schon Einsicht in die Ursachen ihrer Angst gewonnen haben, aber immer noch nicht wagen, sich den gefürchteten Situationen auszusetzen, etwa die U-Bahn oder einen Aufzug zu benutzen. Eine leichte Sedierung, eventuell in Kombination mit einem Stimulans, hilft oft dem Phobiker über seine »Schwellenangst« hinweg, worauf er dann meistens die betreffende Situation besser toleriert und seine Angst allmählich ganz durcharbeiten und aufgeben kann.

Die medikamentöse Behandlung von Depressionen wurde kürzlich in aller Ausführlichkeit von Cole[33] für das Council on Drugs in der American Medical Association dargestellt. Aus seiner Übersicht geht hervor, daß der Nutzen der sogenannten Antidepressiva bisher noch keineswegs als gesichert gelten kann und daß auch noch gar nicht feststeht – ja nicht einmal wahrscheinlich ist –, ob die Pharmakotherapie bei schweren Depressionen der Elektroschock-Behandlung gleichwertig oder gar überlegen ist. Einer der Hauptnachteile aller Antidepressiva – Monoaminooxydasehemmer, Imipramin, Amitriptylin usw.* – liegt darin, daß der Wirkungseintritt erst etwa zwei Wochen nach Beginn der Medikation erwartet werden kann. Eine eingehendere Diskussion dieser Fragen ist hier nicht angebracht; es besteht aber kein Zweifel daran, daß viele Psychiater bei stark suicidgefährdeten Patienten, bei denen eine stationäre Aufnahme vermieden werden soll, eine Elektroschock-Behandlung der Pharmakotherapie mit Antidepressiva vorziehen. Im Rahmen der Kurzpsychotherapie depressiver Verstimmungen ohne Suicidalität lohnt sich nach wie vor ein Versuch mit einer Kombination von Dexedrin (oder einem ähnlichen Mittel) und einem Barbiturat (jeweils morgens und mittags einzunehmen). Unter dieser Medikation können viele Patienten ihre Arbeit und ihr übliches Alltagsleben fortsetzen; sobald dann die Psychotherapie wirksam wird, können die Medikamente reduziert und schließlich abgesetzt werden.

Läßt sich mit der Kombination von Barbituraten und Amphetamin-Derivaten kein hinreichender Effekt erzielen oder handelt es sich um eine chronische und tieferreichende depressive Verstimmung (in diesen Fällen wird oft mit wenig Berechtigung von einer »endogenen« Depression gesprochen), so haben

---

* Kürzlich wurde das Desipramin (als Hydrochlorid) unter verschiedenen Handelsnamen eingeführt; den bisherigen Erfahrungen nach scheint es einen rascheren Wirkungseintritt zu besitzen.

sich Antidepressiva wie Imipramin, Amitriptylin und dgl. gewiß oft als nützlich erwiesen. Häufig machen diese Mittel eine Psychotherapie überhaupt erst möglich und befähigen darüber hinaus den depressiven Patienten, seine tägliche Routine fortzusetzen, was ihm sicherlich gut tut. Denn es gilt grundsätzlich, daß eine Psychotherapie immer am besten durchzuführen ist, während der Patient sein gewohntes Leben führt, vorausgesetzt daß er damit nicht überfordert ist. Wenn es gelingt, durch Medikamente gleich welcher Art eine Depression auch nur ein wenig wieder aufzuhellen, so gibt diese Erfahrung dem Kranken häufig schon wieder so viel Mut und Erleichterung, daß er zugleich auch für die Psychotherapie viel besser motiviert ist; nachdem er selbst erfahren hat, wie anders das Leben doch für ihn sein kann, wird ihm viel daran gelegen sein, an einer Änderung seiner Persönlichkeit mitzuarbeiten.

DER PLACEBO-EFFEKT

Eine unterstützende Pharmakotherapie ist manchmal auch im Sinne einer oralen Zufuhr, also als eine Art von Placebo, angebracht. Aus gleichen Gründen ist es in der Psychotherapie gelegentlich auch vertretbar, dem Patienten ein leichtes alkoholisches Getränk, eine Tasse Kaffee, Obst oder Gebäck anzubieten. Mit solchen Mitteln gelingt es manchmal leichter, eine therapeutische Allianz, einen Rapport, eine freundliche Atmosphäre herzustellen. Je nachdem wie der Patient auf solche Angebote bzw. auf ein pharmakologisch unwirksames Medikament reagiert, erkennt man schon, ob sich ein Placebo-Effekt erzielen läßt oder nicht. Ist dies der Fall, so kann der Therapeut entweder bei demselben Mittel bleiben oder auch ein aktives Medikament verordnen, das außer dem Placebo-Effekt auch noch bestimmte pharmakologische Wirkungen hat.

Elektroschock-Therapie

Unter bestimmten – mittlerweile stark eingeschränkten – Indikationen ist gelegentlich auch einmal eine Elektroschock-Behandlung als hauptsächliche Therapie oder auch als Zusatzbehandlung neben einer Psychotherapie zu erwägen. Wir denken da an Situationen, wo die Suicidgefahr zu groß ist, als daß man eine ausschließlich psychotherapeutische Behandlung riskieren könnte, oder wo die Depression oder der katatone Stupor so tief ist, daß eine psychotherapeutische Kommunikation nicht zustande kommen kann. In solchen Ausnahmefällen beschränkt man oft die Psychotherapie am besten auf bestimmte milieutherapeutische Maßnahmen je nach der psychodynamischen Situation oder auf eine Beratung und Unterstützung des Patienten in seinen dringendsten Problemen. Manchmal läßt sich sogar eine aufdeckende Psychotherapie gleichzeitig mit der Elektroschock-Behandlung durchführen, sofern die mnestischen Funktionen durch die Elektroschocks nicht allzu sehr beeinträchtigt sind.

Milieutherapeutische Interventionen

Die psychoanalytische Maxime, daß der Therapeut nicht in die realen Lebensumstände des Patienten eingreifen und dieser seinerseits während der Behandlung weitreichende Entscheidungen und Veränderungen seiner Lebensweise (z. B. eine Heirat oder Schwangerschaft) vermeiden und aufschieben soll, gilt zwar für die Psychoanalyse, aber nicht im gleichen Umfange für die Psychotherapie. Besonders in der Kurzpsychotherapie ist es durchaus erlaubt, die Art und Weise, wie der Patient lebt, arbeitet, seine sozialen Beziehungen regelt und seine Freizeit verbringt, zu überprüfen und gezielt einzugreifen, sofern dem Patienten damit geholfen wird.
Die Entscheidung, ob man auf die Umwelt und die Lebensverhältnisse des Patienten Einfluß nehmen und auf welche Weise

das geschehen soll, hängt hauptsächlich von zwei Faktoren ab: erstens von der psychodynamischen Gesamtsituation und zweitens von den realen Lebensumständen des Patienten. Im folgenden einige Beispiele für dynamische Konstellationen, die den Therapeuten dazu veranlassen können, eine Modifikation von Umweltfaktoren anzustreben: (1) Ein Kind schläft im selben Zimmer wie die Eltern und ist auf diese Weise einer ständigen sexuellen Überstimulierung ausgesetzt. (2) Ein schwerer Zwangsneurotiker spricht auf die Psychotherapie nicht genügend an, aber sein Beruf erfordert von ihm rasche Entschlüsse und entschiedenes Handeln, wozu er nicht in der Lage ist. (3) Ein selbstunsicherer junger Mann arbeitet mit seinem übermächtigen, autoritären, ja sadistischen Vater zusammen und gerät täglich mit ihm in Streit, wobei er jedesmal unterliegt. (4) Ein hochgradig aggressiver Patient hat für seine Triebspannungen keine adäquaten Abfuhrmöglichkeiten zur Verfügung, so daß er ständig unter Angst leidet und schließlich eine Zwangssymptomatik entwickelt. In allen derartigen Situationen ist es die Aufgabe des Therapeuten, die störenden und konfliktträchtigen Faktoren zu eliminieren oder zu modifizieren und dem Patienten Möglichkeiten einer sublimierteren Triebbefriedigung zu eröffnen, die er von sich aus nicht zu finden vermochte.

Man muß überhaupt immer darauf achten, ob für die Störung des Patienten nicht auch bestimmte Lebensumstände verantwortlich sind, die ihrem Wesen nach durch die Psychotherapie, d. h. durch eine psychotherapeutische Veränderung des Patienten, nicht zu korrigieren sind. Ein Körperbehinderter z. B. kann nicht durch bloße Psychotherapie wieder voll leistungsfähig werden, und wenn man noch so gut die emotionalen Konsequenzen seiner Behinderung mit ihm durcharbeitet; was er außerdem braucht, ist eine gezielte Rehabilitation. Die finanziellen Sorgen eines verschuldeten Familienvaters lassen sich allein im Rahmen einer psychotherapeutischen Zweierbeziehung nicht lösen; er braucht vielmehr Unterstützung und Rat, wie er aus seiner wirtschaftlichen Notlage wieder herauskommt, wie er seine kranke Frau versorgen oder die dringend notwendige Zahnbehandlung seines Kindes finanzieren soll. Ein Arbeitsloser braucht eine neue Stelle oder eine berufliche Umschulung, ein körperlich Kranker medizinische Behandlung, ein Witwer eine Hilfe, die sich um seine Kinder kümmert.

Mit diesen Beispielen ist bereits angedeutet, welche wichtige Funktion neben einer Kurzpsychotherapie oft dem Sozialarbeiter zukommt. Milieutherapeutische Maßnahmen sind ja hauptsächlich Sache des Sozialarbeiters und können je nach der gegebenen Situation vor, während oder nach der Psychotherapie in Betracht kommen. Ein Psychotherapeut sollte nicht nur über die Zuständigkeiten und Möglichkeiten der Sozialarbeiter und der öffentlichen Fürsorgeeinrichtungen informiert sein, sondern zugleich auch selbst über die wichtigsten öffentlichen Stellen und deren Funktion Bescheid wissen, die Menschen in Not helfen können. Heutzutage gibt es ja in den meisten größeren Städten zahlreiche teils öffentliche, teils private Institutionen dieser Art. Neben Krankenhäusern, Polikliniken und Sozialstationen gibt es spezielle Einrichtungen für die Versorgung und Betreuung von Kindern, Körperbehinderten, psychisch Kranken, Waisen und Obdachlosen; manche Institutionen sind spezialisiert auf die Vermittlung von Berufsausbildungen und Umschulungen, Berufsberatung und Stellenvermittlung; wieder andere Stellen vermitteln zinslose Darlehen, Erholungsreisen für Kinder und ganze Familien oder auch Beratungen für Unerfahrene, die größere Reisen im Lande oder in einen anderen Kontinent unternehmen wollen.

FAMILIENANGEHÖRIGE UND FREUNDE

Die familiären und sozialen Beziehungen des Patienten zu ignorieren hieße, ihn in einem therapeutischen Vakuum zu sehen. Den größten Teil seines Lebens – Arbeit, Freizeit – verbringt der Patient ja nicht mit dem Therapeuten zusammen, sondern mit anderen Menschen. In einem früheren Abschnitt über Familien- und Eheberatung wurde bereits davon gesprochen, daß es gelegentlich erforderlich ist, Familienangehörige des Patienten in den therapeutischen Prozeß mit einzubeziehen, um Konfliktspannungen zu entschärfen. Dabei braucht aber meistens nicht die ganze Familie behandelt zu werden; häufig bessert sich die psychodynamische Situation des Patienten bereits, wenn der Therapeut bestimmte Veränderungen in den gewohnten Verhaltensweisen der Familie vorschlägt. Wir denken da u. a. an Empfehlungen bezüglich der Intimsphäre, des An- und Auskleidens, der Benutzung des Badezimmers durch die einzelnen Familienmitglieder, auch an das Unterbinden sexualisierter Verhaltensweisen mancher Eltern ihren Kindern gegenüber.

Der Therapeut sollte aber nicht meinen, wenn er eine Konfliktquelle in der Familie entdeckt hat, daß diese nun auch unverzüglich beseitigt werden müsse. Die Hospitalisierung einer psychotischen Mutter z. B. ist nicht unbedingt das beste für ihr Kind. Man müßte einigermaßen sicher voraussagen können, ob es für dieses Kind besser ist, keine Mutter zu haben, als von dieser psychotischen Frau versorgt zu werden. Überlegungen dieser Art bilden die realistische Grundlage für die jeweiligen Entscheidungen des Therapeuten.

Desgleichen braucht eine heftige Geschwisterrivalität noch nicht zu bedeuten, daß es zwischen den Geschwistern keinerlei Liebe und damit auch keine gegenseitige Unterstützung und Hilfe geben könne. In zerrütteten Familien, wo die Eltern beide schwer gestört sind, erweist sich oft erst bei genauerer Untersuchung, daß die älteren Kinder ihren jüngeren Geschwistern gegenüber Elternrollen übernommen haben. Wenn der Therapeut solche Bindungen zwischen älteren und jüngeren Geschwistern unterstützt und die Kommunikation zwischen ihnen verbessert, so kann er eventuell erreichen, daß sein Patient, der sich sonst durch die Entfremdung der Eltern von der Familie völlig allein und im Stich gelassen fühlte, auf diese Weise doch ein Gefühl der Verbundenheit und Solidarität mit seiner Familie entwickelt.

Die Familienbeziehungen des Patienten sind auch im Hinblick auf neurosefördernde sekundäre Krankheitsgewinne sorgfältig zu überprüfen, und manchmal muß man direkt aktiv eingreifen, wenn man überhaupt therapeutisch etwas erreichen will. Ein Ehemann, der die phobischen Ängste seiner Frau kritiklos akzeptiert und sich in allem völlig auf sie einstellt, unterstützt damit ihre Neurose und trägt zu deren Chronifizierung bei, indem er der Patientin nicht genügend Veranlassung gibt, sich zu ändern.

Alle diese Überlegungen gelten sowohl für die Beziehungen zu Familienangehörigen wie auch zu Freunden des Patienten. Besonders bei Suicidgefahr ist es wichtig, Drittpersonen als Helfer mit einzubeziehen, d. h. man wird manchmal Freunde und Familienangehörige des Patienten dazu anhalten müssen, ihn gegen autoaggressive Tendenzen zu beschützen, besonders während sehr belastender Behandlungsphasen. Die Verordnung stärkerer Schlafmittel ist bei suicidgefährdeten Patienten kontraindiziert, wenn keine Freunde oder Angehörigen zur Verfügung stehen, die dem Patienten die Medikamente zuteilen und damit Suicidversuche sicher verhindern können.

Für die Einbeziehung von Freunden und Familienangehörigen als Helfern gelten in der Kurzpsychotherapie folgende Richtlinien: (1) Sowohl die gesunden, stabilisierenden als auch die konfliktuösen Aspekte der Beziehungen des Patienten zu den betreffenden Personen müssen dem Therapeuten klar sein; (2) eventuelle Konflikte müssen erst unter Kontrolle gebracht oder jedenfalls modifiziert werden; (3) man muß die stabilisierenden Aspekte dieser Beziehungen unterstützen, verstärken und für den Patienten nutzbar machen.

BERUFSTÄTIGKEIT UND BERUFSAUSBILDUNG

Von Karl Menninger stammt wohl die Bemerkung, die Berufswahl bedeute neben der Partnerwahl die wichtigste Entscheidung im Leben eines Menschen. Es ist ja gewissermaßen tragisch und zugleich komisch, zu beobachten, daß viele Menschen ihrem Beruf ganz ähnlich gegenüberstehen wie ihrem Ehepartner, sei es, daß sie das Gefühl haben, in eine Falle geraten zu sein und nicht mehr herauszukommen, oder andererseits daß sie in Ehe und Beruf die Freiheit und Gelegenheit zu libidinöser Selbstverwirklichung, vitaler Aktivität, Entfaltung ihrer Persönlichkeit und allgemein zu einem glücklichen Leben gefunden haben. Einige Psychoanalytiker haben schon früh erkannt, daß in der Arbeit und in beruflichen Beziehungen objektlibidinöse und narzißtische Wünsche befriedigt, aggressive und sadistische Triebimpulse ausgelebt und fortwährende Anpassungsprozesse an die Realität vollzogen werden. Wo immer dies zutrifft, kann man sagen, daß die Arbeit eine persönlichkeitsintegrierende Funktion erfüllt. Der Therapeut muß aber auch erkennen, welche Faktoren am Arbeitsplatz und in der beruflichen Tätigkeit des Patienten sich desintegrierend auf dessen Persönlichkeit auswirken. Hierzu gehören so verschiedene Gegebenheiten wie etwa mangelnde Anerkennung und Selbstachtung, Monotonie, Erschöpfung, Isolierung, Ziellosigkeit, Ungewißheit und Angst, Frustrationen vielfältigster Art, Arbeitsanforderungen, durch die die Abwehrstruktur des Patienten überfordert zu werden droht, Lärmüberlastung, extrem schmutzige Arbeiten, Entscheidungsdruck, berufliche Mobilität oder auch umgekehrt Mangel an Möglichkeiten für einen beruflichen Aufstieg oder einen Stellenwechsel.

Welche Persönlichkeitstheorie der Therapeut auch immer vertreten mag, er muß auf jeden Fall in der Lage sein, die wechselseitigen Beziehungen zwischen der Psychodynamik des Patienten und dessen Berufs- und Arbeitssituation zu erfassen. Hinsichtlich der Rolle, die die Arbeit im Leben eines Menschen spielt, darf man zunächst einmal voraussetzen, daß die Fähigkeit, sich seinen eigenen Lebensunterhalt zu verdienen, grundlegend zu einem Gefühl der Selbständigkeit, des Optimismus und der Selbstachtung beiträgt. Darüberhinaus gilt es, die speziellen Bedürfnisse des Patienten in Relation zu den vorhandenen Möglichkeiten der Befriedigung zu verstehen[90]. Mangel an Befriedigungschancen hinsichtlich elementarer Bedürfnisse (z. B. nach Autonomie, Anlehnung, Isolierung, Objektbeziehungen, körperlicher Bewegung und Betätigung, Zwanghaftigkeit, Schmutz und Unordnung etc.) führt leicht zu Frustrationen, aufgestauter Aggressivität und Gefühlen hoffnungsloser Unfreiheit und Depression. Bestimmte Arbeitsbedingungen bedrohen eventuell ganz direkt die Abwehrsysteme der Persönlichkeit und gefährden diese durch übermäßige Stimulierung primitiver Triebimpulse. Die Bedeutung der Arbeit für die psychische Gesundheit kann wohl kaum überschätzt werden. Bedenkt man die Vielfalt möglicher Berufe und Arbeitsbedingungen, so leuchtet sofort ein, daß Berufstätigkeiten und Arbeitsumstände sich selektiv mit bestimmten psychodynamischen Bedürfnissen in Beziehung setzen lassen. So gibt es Arbeiten, die man allein und isoliert verrichtet; andere wiederum setzen zwischenmenschliche Kontakte voraus, die aber nach Häufigkeit und Intensität stark variieren können. Manche arbeiten in einem großen Team, wo die Objektbeziehungen stark »verdünnt« sind, d. h. flüchtig und oberflächlich bleiben. Es gibt konstruktive und destruktive Arbeit. Arbeit kann auch zwanghafte oder anal-expressive Merkmale aufweisen. Wer sich erst richtig entfalten kann, wo er gefordert wird, findet in verantwortungsvoller Arbeit die Möglichkeiten dazu. Andere Arbeiten wiederum liegen unselbständigeren Menschen mehr, weil sie mit einer gewissen Passivität vereinbar sind.

Jemand sitzt vielleicht seit Jahren auf einer Stelle fest, obgleich er nach seiner Erfahrung und seinen Leistungen längst eine bessere Position innehaben könnte. Verhilft man so einem Menschen zu einem Berufswechsel, der mit einer wenn auch noch so geringen Verbesserung seines Einkommens, Status und Prestiges, seiner Verantwortung oder überhaupt nur mit einer Veränderung seiner Arbeitsweise verbunden ist, so wächst sein Selbstvertrauen eventuell in kurzer Zeit mehr als in vielen Stunden Psychotherapie. Andererseits kann es bei einem Borderline-Paranoiden erheblich zur Angstminderung und zur Besserung der Objektbeziehungen beitragen, wenn er fähig

wird, es in einer Arbeitsstelle einmal für längere Zeit auszuhalten. In der Unterstützung und Förderung einer anspruchs-
volleren oder überhaupt einer anderen Berufsausbildung liegt
nicht selten der Schlüssel zu einer effektiveren Therapie. Die
neue Ausbildung hilft dem Patienten nämlich oft nicht nur in
seinen unmittelbaren beruflichen Problemen, sondern macht
zugleich eine Auseinandersetzung mit anderen Menschen möglich und notwendig, die mancher sozial Gehemmte sonst eher
zu vermeiden geneigt wäre. So wird man auch einem jungen
Mädchen durch einen beruflichen Fortbildungskursus vielleicht
eher zu ausgedehnteren Sozialkontakten verhelfen können als
etwa durch den Besuch von Tanzstunden.

REHABILITATION

Erst seit kurzem stehen Rehabilitationsverfahren und -einrich-
tungen nicht nur für körperlich Kranke und Behinderte, sondern auch für seelisch und geistig Behinderte zur Verfügung.
Wie sinnvoll solche Rehabilitationsmaßnahmen sein können,
sieht man leicht am Beispiel von Menschen, die einen Herzinfarkt durchgemacht und dabei den emotionalen Schock einer
Begegnung mit dem Tode erlebt haben; eine Psychotherapie
kann ihnen dazu verhelfen, ihre Ängste zu realisieren und besser damit umzugehen. Zugleich aber muß ein solcher Patient
ganz konkret lernen, daß nicht jede Belastung für ihn den Tod
bedeutet, sondern daß er (das gilt jedenfalls für viele Herz-
infarkt-Patienten) durchaus noch zu einer Berufstätigkeit um-
geschult werden kann, die die Leistungsfähigkeit seines Her-
zens nicht überfordert.
Psychotische Patienten mit guter prämorbider Leistungsfähigkeit, akutem Krankheitsbeginn und schneller Remission sind
nach dem Abklingen der Psychose in der Regel bald imstande,
ohne allzu große Schwierigkeiten ihr früheres Leistungsniveau
wieder zu erreichen. Bei vielen Psychotikern sind aber diese
Voraussetzungen nicht gegeben, und sie sind voller Ängste und

Zweifel, ob sie den Anforderungen des Berufslebens noch gewachsen seien. Viele fürchten auch, daß die Arbeitskollegen etwas von ihren psychischen Problemen merken oder von der durchgemachten Krankheit in Erfahrung bringen könnten, daß der Lärm am Arbeitsplatz ihre schwachen Nerven überstrapazieren würde oder daß die Halluzinationen wieder auftreten könnten, sobald ein Vorgesetzter sie tadelt oder ein Arbeitskollege ihre Schwächen ausnutzt und sich über sie lustig macht.

Dennoch ist erwiesen, daß die große Mehrzahl dieser Kranken durch geeignete Rehabilitationsmaßnahmen wieder befähigt werden kann, sich ihren Lebensunterhalt selbst zu verdienen. Von den Altro Health and Rehabilitation Services in New York City[15, 27] werden seit 1954 solche Rehabilitationsprogramme bei Schizophrenen anschließend an die stationäre Behandlung durchgeführt, wobei die eigentlichen Rehabilitationsmaßnahmen mit Einzelfallhilfe (Casework), medizinischer und psychiatrischer Betreuung kombiniert werden. Im Zentrum dieser Bemühungen steht die Arbeitstherapie, und zwar in Form gestufter Arbeitsbelastungen in einer modernen Fabrik unter den Bedingungen einer regulären Anstellung. Hier erlernt der Patient nicht nur bestimmte praktische Handgriffe, sondern er trainiert auch seine Objektbeziehungen, seine Realitätsprüfung und die Fähigkeit zur Triebkontrolle. Viele lernen ihre Symptome so gut abzukapseln und unter Kontrolle zu halten, daß sie ihre Arbeit trotz der Psychose (manche sogar mit Wahnideen und Halluzinationen) erfolgreich fortsetzen können. Wenn ein solcher Patient erst einmal die Erfahrung gemacht hat, daß er ohne erneute Rückfälle wieder arbeiten kann, so wird er es auch bald wagen, sich wieder um eine Stelle in seinem früheren Beruf oder in einem während der Rehabilitation neu erlernten Beruf zu bemühen oder auch eine berufliche Fortbildung anzustreben. Die Rehabilitationsbehandlung besteht also im wesentlichen in einem Lernprozeß, der sich in einer Arbeitssituation und mit arbeitsbezogenen Motivationen und Zielen vollzieht.

Da diese Patienten, wie ja überhaupt alle Geisteskranken, in erster Linie an Ichfunktionsstörungen leiden, gilt es vor allem diese im Verlaufe der Rehabilitation zu bessern, also die Ichfunktionen zu stärken. Daneben erwähnt Altro eine weitere Gruppe von Psychotikern, die ebenfalls von dem Lernprozeß der Rehabilitation profitieren können, und zwar handelt es sich dabei um diejenigen, die auch vor der Psychose noch niemals in ausreichendem Maße reifere Ichfunktionen entwickelt hatten, um selbständig leben und sich ihren eigenen Lebensunterhalt verdienen zu können.

Besonders interessant ist auch Altros neuere Konzeption der Nachtklinik, wobei die Rehabilitation bereits während der stationären Behandlung einsetzt. Das heißt, der Patient wohnt und schläft weiterhin in der Klinik und wird dort behandelt, aber tagsüber arbeitet er im Rehabilitationszentrum. Die bisherigen Erfahrungen haben gezeigt, daß bei diesen Patienten besonders die Realitätsprüfung und die Objektbeziehungen schneller gebessert werden.

Sublimierungen

Übermäßige Aggressivität ist für den Psychotherapeuten immer ein großes Problem. Bei manchen Patienten kommt es im Verlaufe des therapeutischen Prozesses durch die Schwächung pathologischer Abwehrmechanismen zu einer zunehmenden Freisetzung aggressiver Triebimpulse, so daß man sie auf neue, sozial akzeptable Möglichkeiten der Aggressionsabfuhr aktiv hinlenken muß. Andere kommen bereits von vornherein mit einem extrem hohen Aggressionspotential in die Behandlung, das dann auf irgendeine Weise adäquat kanalisiert werden muß, um die damit verbundene Tendenz zum Agieren möglichst unter Kontrolle zu halten. Aktive sportliche Betätigung ist eine gute Gelegenheit zur Abfuhr überschüssiger aggressiver Triebenergien, wobei vor allem solche Sportarten in Frage kommen, die etwas mit Schlagen und Werfen zu tun haben und körperlich anstrengend sind. Es ist immerhin besser, wenn jemand seinen Gegner im Tennisspiel »erledigt«, als wenn er es in Wirklichkeit tut.

Man muß allerdings darauf achten, daß Empfehlungen dieser Art, mit denen man ja bestehende Konflikte entschärfen will, nicht gleichzeitig neue Konflikte schaffen. Einen Patienten mit latenten homosexuellen Problemen wird man z. B. nicht gerade ins Schwimmbad schicken, wo er in den Umkleidekabinen, beim Duschen und im Schwimmbecken ständig homosexuellen Reizen ausgesetzt ist. Desgleichen sollte man auch die Toleranzschwelle des Patienten für körperliche Kontakte berücksichtigen, wenn man ihm eine sportliche Betätigung empfiehlt. Um in dieser Hinsicht sicherzugehen, wird man ihm vielleicht erst einmal zu Sportarten wie Tennis, Federball, sonstigen Ballspielen, Diskus- und Speerwerfen etc. raten, bei denen kein unmittelbarer Körperkontakt mit dem Gegner stattfindet.

Gymnastik und Tanzkurse sind ebenfalls in dieser Hinsicht von Wert. Gehemmten und verspannten Menschen tut es oft sehr gut, wenn sie ihren Körper freier zu bewegen und zu gebrauchen lernen; aber auch für manche agierenden Typen wirkt es sich günstig aus, wenn sie auf diese Weise eine bessere Kontrolle über ihre Motorik erwerben. Auch hier ist wiederum darauf zu achten, daß männliche Patienten, denen solche Beschäftigungen als feminin erscheinen, sich nicht in angstauslösende Situationen gedrängt fühlen.

Malen, Töpfern und Musizieren sind für viele Menschen gute Möglichkeiten der Beschäftigung und des Selbstausdrucks, vorausgesetzt, daß solche therapeutischen Empfehlungen von der psychodynamischen Situation des Patienten her gut begründet sind. Ein gewisses Maß an Befähigung und Talent dazu ist aber erforderlich, damit der Kranke nicht den Mut und die Selbstachtung verliert. Man kann sich gut vorstellen, welche Möglichkeiten sublimierter Aktivität für einen analen Charakter im Tonkneten und Schmieren mit Fingerfarben oder für eine aggressive Persönlichkeit im Herunterhämmern von vehementen Klavierstücken liegen. Der ichstärkende Effekt solcher

Betätigungen kommt sicher nicht nur auf dem Wege des Abreagierens zustande, sondern auch durch den Erwerb von Fertigkeiten, die das Gefühl gekonnter Beherrschung vermitteln.

Eine soziale Tätigkeit auf freiwilliger Basis kommt u. a. für Patienten mit unausgelebten zärtlichen und mütterlichen Bestrebungen oder auch für aggressiv gespannte Patienten als Gelegenheit zur Reaktionsbildung in Betracht.

Alle oben erwähnten Möglichkeiten der Betätigung wird man aber auch solchen Menschen empfehlen können, die ihre Zeit ohne sinnvolle Beschäftigung in einsamen Grübeleien »totzuschlagen« versuchen. Wir denken hier vor allem an die zunehmende Zahl derer, die sich in einem Alter, wo sie durchaus noch leistungsfähig sind, vom Berufsleben zurückziehen müssen und dann leicht in Depressionen verfallen, weil es ihnen an Möglichkeiten der Selbstbestätigung und der aggressiven Selbstbehauptung fehlt, die ihre berufliche Tätigkeit ihnen früher noch geboten hatte. Für Frauen aus den höheren sozioökonomischen Schichten gibt es die traditionelle Möglichkeit, sich in irgendeiner Weise sozial oder philanthropisch zu engagieren, was ja nicht nur ihr Selbstwertgefühl stärkt, sondern zugleich auch aggressive Triebbefriedigungen vermittelt. Aber es gibt zahlreiche ältere Frauen, deren Kinder inzwischen erwachsen geworden sind, die mit ihrer vielen freien Zeit nichts anzufangen wissen und deren Selbstwertgefühl keine Stütze mehr in der Versorgung und Erziehung der Kinder findet; vielen von ihnen ist schon ein Stück weitergeholfen, wenn jemand sie zu einer der oben erwähnten Aktivitäten oder – oft noch besser – zu einer ganz- oder halbtägigen Berufstätigkeit ermutigt.

ERKLÄRUNGEN UND ANWEISUNGEN

Angstsymptome lassen sich oft mildern, wenn man dem Patienten das Wesen bestimmter physiologischer und Wahrnehmungsvorgänge erklärt, so daß er sich entsprechend verhalten kann. So kann z. B. ein sehr ängstlicher Patient an sich selbst zu beobachten lernen, daß er in seiner Angst hyperventiliert, wodurch es zu einem Gefühl der Benommenheit kommt, das die Angst noch verstärkt und manchmal sogar zu Depersonalisationsgefühlen führen kann. Die Behandlungstechnik in solchen Fällen besteht darin, daß man den Patienten dazu anleitet, auf diese Zusammenhänge bei sich selbst zu achten und seine Atmung entsprechend zu korrigieren.

In ähnlicher Weise leiden sehr verspannte Menschen häufig unter Rückenschmerzen, die sich rasch bessern, sobald man ihnen den Kausalzusammenhang zwischen Muskelverspannung und Schmerzen erklärt hat.

Patienten mit Depersonalisationszuständen kann man gelegentlich helfen, indem man ihnen zeigt, daß solche Entfremdungsgefühle hauptsächlich durch Wahrnehmungsstörungen zustandekommen. Man kann das beispielsweise demonstrieren, indem man den Patienten auf einen nahen Gegenstand blicken läßt, aber ohne die Augen auf die Nähe zu akkomodieren; so erkennt er selbst, daß die veränderte Wahrnehmung des Gegenstandes zugleich ein verändertes Wirklichkeitsgefühl von ihm vermittelt.

Urlaub und Reisen

Die traditionellen Empfehlungen praktischer Ärzte für Patienten, die mit psychischen Problemen kommen, haben in manchen Fällen durchaus noch ihren Wert, vorausgesetzt, der Patient kann sich einen Urlaub oder eine längere Reise auch finanziell leisten.

So ein »Tapetenwechsel«, bei dem man einmal »alles hinter sich lassen« kann, ist für viele eine Chance, ihre konflikthafte Verklammerung mit einer bestimmten Person oder Situation endlich einmal zu lockern. Die bloße räumliche Distanzierung kann schon bewirken, daß die weitere Eskalation des Konflikts noch vor dem endgültigen Zusammenbruch abgestoppt wird, daß günstigere Voraussetzungen für eine Regeneration des Ichs gefunden oder geschaffen werden oder schließlich daß beiden Partnern implizit die Möglichkeit einer definitiven Trennung als Konsequenz ihres Konfliktes bewußt wird.

Unter einem anderen psychodynamischen Aspekt gesehen, liegt der Nutzen von Ferien und Reisen auch darin, daß sie eine »geordnete Regression« erlauben; es gibt völlig erschöpfte Patienten, die sich selbst nichts gönnen und die sich erst wieder erholen, wenn ihnen ein Urlaub »vom Arzt verordnet« worden ist. Einer eventuellen masochistischen Verarbeitung der mit dem Urlaub verbundenen lustvollen Regression läßt sich meistens leicht vorbeugen, indem man derartige Reaktionen rechtzeitig voraussagt und dabei auch auf frühere ähnliche Erfahrungen des Patienten verweist.

Kurzfristige stationäre Aufnahme

Bei der kurz- und notfallpsychotherapeutischen Behandlung von suicidgefährdeten oder präpsychotischen Patienten können leicht Situationen auftreten, in denen die Therapie nicht mehr gefahrlos ambulant fortgesetzt werden kann. In solchen Fällen bietet eventuell eine vorübergehende stationäre Aufnahme, etwa in der psychiatrischen Abteilung eines allgemeinen Krankenhauses, die notwendigen Voraussetzungen für den Schutz des Patienten und für eine gefahrlose und gründliche psychotherapeutische Arbeit, bei der dann auch tiefreichende Deutungen mit kathartischem und ichstärkendem Effekt riskiert werden können. Unter solchen Voraussetzungen kann es manchmal sogar gelingen, akute Psychosen im Frühstadium psychotherapeutisch zu behandeln.

Zweiter Teil

Klinische Syndrome

V. Depression

Zum klinischen Bild einer schweren Depression gehört hauptsächlich die psychomotorische Hemmung mit ausgeprägter Verlangsamung der Sprache, der Gestik und des Ganges sowie der typische Gesichtsausdruck des Depressiven. Der Kranke sagt uns – allerdings oft erst auf entsprechende Fragen –, er empfinde sein Leben nicht mehr als lebenswert, oder: er wolle nicht mehr weiterleben, er könne sich an nichts mehr freuen, er sei ein schlechter Mensch und verdiene es nicht, am Leben weiter teilzunehmen. Bei weniger schweren Depressionen stehen im Vordergrund des manifesten Bildes Beschwerden des Patienten, daß er sich bedrückt, niedergeschlagen und unglücklich fühle; meist wird auch erwähnt, die Stimmung sei morgens schlechter als am Abend. Eine ganze Reihe von depressiven Symptomen kann gelegentlich auch ohne subjektive depressive Verstimmung auftreten; man spricht dann von einer *larvierten Depression* oder von *depressiven Äquivalenten*. Bei larvierten Depressionen beobachtet man u. a. folgende Symptome: eine allgemeine Erschöpfung, manchmal verbunden mit Rastlosigkeit und innerer Unruhe, wie man sie typischerweise auch bei agitierten Depressionen findet; eine Unfähigkeit zu Entscheidungen, endlose Grübeleien, mehr oder weniger ausgeprägte zwanghafte Züge, Appetitlosigkeit, Schlafstörungen, Obstipation.

Bestimmte Beobachtungen sind für die Diagnose besonders aufschlußreich. Man sollte sich zur Gewohnheit machen, den Patienten von Anfang an, d. h. schon wenn man ihn das erstemal im Wartezimmer sieht, genau zu beobachten; solange er sich noch nicht beobachtet fühlt, kann man vielleicht seinen gequälten Gesichtsausdruck, die gebeugte Haltung oder die Langsamkeit in seinen Bewegungen noch erfassen; sobald er sich aber dann vom Wartezimmerstuhl erhoben hat und in ein soziales Rollenverhältnis zum Arzt eingetreten ist, werden diese typischen Merkmale oft völlig vom konventionellen Sozialverhalten verdeckt.

Die nächste Chance für diagnostisch relevante Beobachtungen ergibt sich dann auf dem kurzen Wege vom Wartezimmer zum Stuhl neben dem Schreibtisch des Therapeuten. Man sieht ja als Arzt tagtäglich so viele Patienten in dieser gleichen Situation, daß man leicht Vergleiche und diagnostische Schlußfolgerungen ziehen kann.

Solche Eindrücke konvergieren dann bald mit weiteren Anhaltspunkten. Depressive Patienten ergehen sich oft in verallgemeinernden und diffusen Beschwerden, z. B.: »Ja, ja, das Leben ist eben nicht leicht.« Sie reagieren oft empfindlicher als andere Menschen auf Kälte, so als übertrügen sie die Empfindung emotionaler Kühle, innerer Leere und Freudlosigkeit auf ihre Umwelt.

Depressive Äquivalente wie z. B. Antriebsmangel, Appetitlosigkeit, Schlafstörungen usf. kommen auch im Rahmen anderer psychogener oder internistischer Krankheiten vor; man sollte aber bei solchen Symptomen immer auch an eine Depression denken. Hypochondrische Beschwerden finden sich sehr häufig bei Depressionen; der Patient klagt dann nicht so sehr über seine depressive Stimmung, sondern bringt multiple körperliche Beschwerden vor.

In der Fachliteratur wird immer wieder versucht, verschiedene Formen von Depressionen voneinander abzugrenzen, etwa endogene und reaktive, psychotische und neurotische Depressionen, Involutions-, Schwangerschafts- und Wochenbettdepressionen. Psychodynamisch gesehen, bestehen wahrscheinlich zwischen allen diesen verschiedenen Formen der Depression keine grundsätzlichen qualitativen, sondern nur graduelle Unterschiede hinsichtlich der jeweiligen Tiefe der Verstimmung, der Beeinträchtigung wesentlicher Ichfunktionen, des Ausmaßes der Regression im Zuge der depressiven Symptombildung und schließlich auch hinsichtlich der unterschiedlichen Erfaßbarkeit auslösender Faktoren.

Bei psychotischen Depressionen kommt es in besonders ausgeprägter Weise zu einer Regression auf infantile Erlebnis- und Verhaltensmuster, wobei auch somatische Symptome sowie Veränderungen der Realitätsprüfung und der Ich-Identifikationen auftreten.

Involutionsdepressionen treten meist zu Beginn oder im Verlaufe des Klimakteriums auf und sind durch eine Reihe zusätzlicher Symptome gekennzeichnet, wie z. B. Hitzewallungen, Hinterkopfschmerzen, Parästhesien, eigenartige Geruchs- und Geschmacksempfindungen, manchmal auch paranoide Ideen vorwiegend sexuellen Inhalts, etwa daß die Patienten sich bespitzelt oder in peinlichen Situationen beobachtet fühlen. Bei Depressionen im Involutionsalter und im Senium findet man auch typische auslösende Faktoren, nämlich die Herabminderung des Selbstwertgefühls bei Frauen und den Potenzverlust bei Männern; im hohen Alter spielt neben dem Verlust der Selbstachtung auch die allgemeine Einschränkung vitaler Funktionen eine Rolle. Ob zwischen Cerebralsklerose und Depression spezifische Zusammenhänge bestehen, ist noch nicht hinreichend geklärt. Man darf aber annehmen, daß eine allgemeine Ichschwächung infolge der physiologischen Involutionsprozesse oder auch auf Grund der veränderten Kreislauf- und Stoffwechselverhältnisse im höheren Lebensalter eine verstärkte Anfälligkeit für Depressionen bedingt.

Manche Psychiater halten daran fest, daß man klinisch eindeutig sogenannte »endogene« von »exogenen« oder »reaktiven« Depressionen unterscheiden könne. Fenichel[37] vermochte in der differentialdiagnostischen Unterscheidung zwischen endogenen und reaktiven Depressionen keinen wirklichen Nutzen zu sehen und meinte, bei allen solchen Bemühungen werde nur zu leicht die Wirkung des Unbewußten übersehen. Nach seiner Auffassung ist jede Depression mehr oder weniger reaktiv, wenn auch die auslösenden Ursachen nicht immer klar auf der Hand liegen. Nach unserem gegenwärtigen Wissensstand besteht bei den sogenannten endogenen Depressionen einfach eine stärkere Tendenz, auf oft nur unterschwellige Auslöserreize depressiv zu reagieren, wohingegen bei den sogenannten reaktiven Depressionen die auslösende Situation leicht erkennbar ist und oft sogar vom Patienten selbst verbalisiert wird. Es handelt sich also wahrscheinlich mehr um einen quantitativen, graduellen als um einen echten qualitativen Unterschied; vielleicht haben einfach manche Menschen aus konstitutionell-angeborenen oder auch aus familiären Gründen eine stärkere Neigung zu depressiven Reaktionen. Nach der Auffassung mancher Kliniker sollen Tagesschwankungen mit morgendlichem Stimmungstief für endogene Depressionen pathognomonisch sein; nach unseren Erfahrungen findet man dieses Merkmal aber bei praktisch allen Depressionen.

Man kann sich also eine kontinuierliche Reihe vorstellen, an deren einem Ende Depressionen mit nur minimalen äußeren Auslösungsfaktoren stehen, während am anderen Ende der Skala äußeren Anlässen das Hauptgewicht zukommt. Unter ansonsten gleichen Bedingungen wird die Prognose desto besser sein, je größer die Rolle äußerer Faktoren ist; jemand, der erst auf einen wirklich schweren Schicksalsschlag hin eine Depression entwickelt, verfügt vermutlich über eine stabilere prämorbide Persönlichkeit als ein anderer, der schon unter einer minimalen Belastung depressiv wird. Je gestörter aber ein Mensch schon von seiner Primärpersönlichkeit her ist, desto leichter werden Situationen, die ein anderer vielleicht spielend meistert, für ihn zu einer Frustration und damit zur traumatischen Wiederholung früherer Enttäuschungen, die er als Kind von seiten seiner Eltern erlitten hatte. Der Endogen-Depressive ist demnach ein Mensch mit so labilen und ambivalenten Objektbeziehungen, daß für ihn bereits die geringste Frustration zum pathogenen Auslöserreiz werden kann.

Depressionen im Zusammenhang mit Schwangerschaft und Wochenbett sind gar nicht selten. Das klinische Bild ist ähnlich wie bei sonstigen Depressionen. Wichtig ist hierbei aber die psychodynamische Bedeutung der Wochenbett-Situation für die betreffende Patientin. Manche Frauen mit strengem Über-Ich empfinden ihre Sexualität als etwas Beschämendes und die

Schwangerschaft als eine Strafe für sexuelle Ausschweifungen. Für andere wiederum bedeutet diese Situation eine Herabminderung ihrer Attraktivität und damit eine narzißtische Kränkung. Daraus kann sich leicht eine feindselige Einstellung gegenüber dem Kind entwickeln, das dann eventuell als Konkurrent um die Liebe des Ehemannes empfunden wird, also in der Rolle eines rivalisierenden Geschwisters. Manche Frauen fühlen sich durch die Geburt eines Kindes, das sie nun versorgen und aufziehen müssen, an eine unglückliche Ehe gebunden. Für andere bedeuten Schwangerschaft und Mutterschaft das Ende ihrer sorglosen Jugendzeit. Besonders das erste Kind erfordert immer einen tiefgreifenden Identitätswechsel von der Rolle der jungen Frau zur schwerer wiegenden Rolle einer Mutter.

PSYCHODYNAMISCHE ERWÄGUNGEN

Bibring[26] hat die entscheidende Bedeutung unterstrichen, die dem Verlust des Selbstwertgefühls bei allen Depressionen zukommt. Der Anlaß für diese Herabminderung des Selbstwertgefühls ist gewöhnlich ein wirklicher oder vermeintlicher Verlust an Status und Prestige, an Funktions- und Leistungsfähigkeit, an Liebe und Anerkennung, so z. B. wenn jemand seine Arbeitsstelle verloren hat, von einem geliebten Menschen enttäuscht oder zurückgewiesen worden ist, sich auf sexuellem Gebiet als Versager empfunden hat oder seine Vorrangstellung in der Familie als bedroht empfindet, etwa durch die Geburt eines jüngeren Geschwisters.

Die Bedeutung von Enttäuschungen für die Psychogenese der Depression wurde besonders von Edith Jacobson[58] herausgestellt. Diese Autorin versteht »Ent-täuschung« ganz wörtlich als eine Art Desillusionierung, verbunden mit dem Gefühl, getäuscht und hintergangen worden zu sein. Sehr häufig haben depressive Patienten in ihrer Kindheit Situationen erlebt, in denen sie sich von einem geliebten Menschen enttäuscht fühlten und auf diese Kränkung mit einer Depression reagierten; die Neigung zur depressiven Verarbeitung von psychodynamischen Konstellationen, die für sie mit einer Enttäuschung verbunden sind, behalten sie ihr ganzes Leben hindurch.

Selbstwertminderung und/oder Enttäuschungen können eine narzißtische Überbesetzung des Selbst nach sich ziehen, so als argumentierte der Patient in seiner Gekränktheit: »Wenn ich mich schon auf niemanden verlassen kann, wenn alle mich nur enttäuschen und das Leben mir so wenig Befriedigung bietet, dann muß ich mich eben, so gut es geht, um mich selbst kümmern und mir selbst genug sein.« Die bei Depressionen so häufigen hypochondrischen Züge lassen sich in diesem Zusammenhang leicht verstehen: der Patient nimmt sich selbst gegenüber eine Mutterrolle ein, kümmert sich liebevoll um sich selbst, beobachtet sich unentwegt, macht sich Sorgen um seine Gesundheit – und dies alles, »weil sich ja sonst niemand um mich kümmern will«, also als eine gekränkte Reaktion auf einen Mangel an Befriedigung von seiten anderer. Die narzißtische Überbesetzung des Selbst stellt sozusagen einen beleidigten Rückzug auf die eigene Person dar, meist verbunden mit einer verminderten emotionalen Besetzung anderer Menschen.

Enttäuschung, Gekränktheit, Selbstwertminderung und narzißtischer Rückzug sind dabei meistens mit einem erheblichen Maß an aggressiven Affekten verbunden, vor allem mit Wut darüber, daß man enttäuscht, hintergangen, gekränkt oder verlassen worden ist. Diese Wut und Feindseligkeit kann aber gerade der Depressive mit seinem strengen Über-Ich überhaupt nicht akzeptieren, er muß sie deshalb als Autoaggression bzw. Intraaggression gegen die eigene Person wenden.

Ein extrem strenges Über-Ich ist überhaupt außerordentlich charakteristisch für die depressive Konstellation. Diese Patienten stecken voller Aggressivität, sind aber nicht imstande, diese gegenüber der betreffenden Situation oder Person, auf die sie so wütend sind, zum Ausdruck zu bringen; stattdessen neigen sie dazu, sie gegen sich selbst zu richten. Intraaggression ist somit ein zentrales Merkmal der Depression. Eine genauere Untersuchung der Zusammenhänge erweist regelmäßig, daß die Aggression, die der Patient gegenwärtig einer bestimmten Person gegenüber empfindet, aber nicht ausdrücken kann, ihre Wurzeln in einer sehr ähnlichen früheren Lebenssituation hat und damals gegen eine andere bedeutungsvolle Bezugsperson gerichtet war.

Die Aggressivität depressiver Patienten ist nun typischerweise vorwiegend oral-sadistischer Art, d. h. es handelt sich hauptsächlich um ein Verschlingenwollen, eine gierige Unersättlichkeit (Abraham[1], Lewin[70]). Nach Lewin gehört dieses Verschlingenwollen ebenso zur »oralen Trias« wie das Sichverschlingen-lassen-wollen und das Schlafenwollen oder allgemeiner der Wunsch, sich passiv hinzugeben. Solche passiven Triebwünsche im Zusammenhang mit oral-rezeptiven Tendenzen spielen bei allen Depressiven psychodynamisch eine große Rolle.

Bei manchen Depressionen muß man außer den üblichen depressiven Symptomen und Zusammenhängen auch noch ermitteln, welche spezifischen Faktoren im jeweiligen Falle für die depressive Reaktion verantwortlich sind. Wir denken hier besonders an Depressionen im Anschluß an schwere körperliche Krankheiten, nach schweren Verletzungen, größeren chirurgischen Eingriffen und Schwangerschaften, aber auch Altersdepressionen. So ist es z. B. wichtig zu klären, was etwa eine Amputation für den Patienten unbewußt bedeutet: der eine empfindet sie vielleicht als Verlust seiner Männlichkeit, ein anderer als Strafe des Schicksals für sexuelle Ausschweifungen. Besonders bei den schon erwähnten Wochenbettsdepressionen zeigt sich die große Vielfalt der im Einzelfalle möglichen psychodynamischen Zusammenhänge: die Patientin kann es z. B. als einen Verlust empfinden, daß sie jetzt nicht mehr schwanger ist, zumal wenn die Rolle der schwangeren Frau in der familiären und kulturellen Umwelt der Patientin besonders hoch geachtet ist; in einer tieferen Bedeutungsschicht ist die Entbindung vielleicht gleichbedeutend mit dem Verlust eines imaginären Phallus.

Die bei Wochenbett-Depressionen meist leicht erkennbare Aggression kann sich entweder gegen das Kind richten, das nun versorgt werden muß, oder gegen den Ehemann, der die Patientin geschwängert hat, oder schließlich gegen die Mutter, von der die Patientin vielleicht unbewußt für ihre sexuelle Beziehung mit dem Ehemann bestraft zu werden fürchtet. Bei Depressionen während der Schwangerschaft ist besonders zu berücksichtigen, daß das depressive Zustandsbild auch mit den physiologischen Gegebenheiten (d. h. mit den erheblichen endokrinen Veränderungen und gelegentlich wohl auch mit toxischen Faktoren) zusammenhängen kann.

THERAPEUTISCHE MASSNAHMEN

(1) Der erste Schritt in der Psychotherapie depressiver Patienten besteht häufig darin, daß man den Kranken auf sein vermindertes Selbstwertgefühl anspricht, zumal für viele Depressive die bloße Tatsache der Behandlungsbedürftigkeit auch schon wieder eine Kränkung ihrer Selbstachtung impliziert, weil dies für sie bedeutet, daß sie zu schwach sind, um mit ihren Problemen allein fertig zu werden. Man muß solchen Patienten also ausdrücklich sagen, daß es ein Anzeichen von Vernunft und nicht von Schwäche ist, wenn sie in ihrer Situation kompetente Hilfe suchen.

(2) Ermutigung und Stützung, die ganz realistisch an wirklich vorhandenen Begabungen und Ich-Stärken des Patienten anknüpfen kann, trägt ebenfalls viel zur Hebung des beeinträchtigten Selbstwertgefühls bei. Andererseits kann man mit solchen stützenden Interventionen auch die gegen die eigene Person gerichtete (Intra-)Aggression etwas entschärfen, besonders bei solchen Patienten, die sich wegen ihrer heftigen (extra-)aggressiven Impulse gegen andere Menschen immer wieder selbst bestrafen müssen. Ihnen gegenüber sollte man nach Möglichkeit betonen, daß sie doch bisher solche aggressi-

ven Impulse noch nie wirklich in die Tat umgesetzt haben; sie seien also durchaus imstande, solche Gedanken zu haben und sie trotzdem nicht gleich unkontrolliert auszuagieren.

(3) Die Umkehrung der Intra-Aggression, d. h. die Rückwendung der auf das Selbst umgelenkten Aggression nach außen, ist vielleicht überhaupt das wichtigste strategische Ziel in der Psychotherapie der Depression. Dabei könnte sich mancher Therapeut leicht zu einer rein aufdeckenden, kathartischen Technik verlockt fühlen; wir halten jedoch aus Gründen der Vorsicht in solchen Fällen die modifizierte kathartische Methode, wie sie im ersten Teil des Buches beschrieben wurde, für das Vorgehen der Wahl. Der Leser wird sich erinnern, daß man bei diesem Verfahren den Patienten seine Gefühle nicht selbst zum Ausdruck bringen läßt, sondern daß der Therapeut die brisantesten emotionalen Inhalte für den Patienten stellvertretend verbalisiert, wobei er eventuell eine besonders grobe und schroffe Sprache verwenden kann, etwa so: »Ich glaube, Sie wünschen sich von Herzen, daß dieser Scheißkerl nicht mehr am Leben wäre!« Die Technik der »modifizierten« Katharsis hat den Vorteil, daß der Patient für die vom Therapeuten stellvertretend ausgedrückte Aggression nicht selbst die volle Verantwortung zu übernehmen braucht. Zugleich macht die Tatsache, daß der Therapeut als eine respektable Persönlichkeit sich in dieser Weise äußern kann, dem Patienten auch seine eigene Aggressivität annehmbarer und damit ein Stück weit ich-syntoner.

(4) Sofern psychodynamische Zusammenhänge im Interview deutlich werden, sollten diese nach Möglichkeit immer sowohl mit der aktuellen auslösenden Situation als auch mit früheren prototypischen Situationen aus der Kindheit des Patienten verknüpft werden. Allerdings kann sich in der Kurzpsychotherapie meistens gar keine wirkliche Übertragungsneurose entwickeln. Um so wichtiger ist es deshalb für den Therapeuten, daß er imstande sein muß, dem Patienten die wesentlichen Aspekte

der Dynamik auch an Hand seiner gegenwärtigen Beziehungen zu anderen Personen zu verdeutlichen.

(5) Treten Übertragungsmanifestationen auf, so muß man sie sofort aufgreifen und klären. Man sollte besonders Anzeichen einer negativen Übertragung deuten, wenn der Patient sie nicht selbst zum Ausdruck bringt, oder »stellvertretend« verbalisieren, falls der Patient es bei indirekten Andeutungen belassen will. Bei solchen »stellvertretenden« Deutungen versetzt der Therapeut sich in die Lage des Patienten und reagiert aus dieser Position auf den Therapeuten, also auf sich selbst. Ein Beispiel dafür: »Sie haben sicher gedacht, daß es eine Gemeinheit von mir ist, Sie so lange warten zu lassen.«

(6) Für manche Patienten, besonders bei Suicidgefahr und überhaupt bei schweren Depressionen, kann es eine wesentliche Hilfe bedeuten, wenn der Therapeut ihnen ausdrücklich zusagt, daß er *jederzeit* für sie erreichbar sei.

(7) Unter bestimmten Voraussetzungen sind in der Behandlung von Depressionen eventuell auch direkte Anweisungen indiziert; bei Suicidgefahr sind direktive Maßnahmen manchmal unumgänglich. Wenn ein depressiver Patient ganz offensichtlich in einer Lebenssituation steht, die sein Selbstwertgefühl ramponiert, ihm laufend neue Enttäuschungen zufügt und seine Aggressivität immer mehr anwachsen läßt, kann es notwendig sein, ihn aus der pathogenen Situation herauszunehmen oder nach Möglichkeit zumindest die Situation zu verändern. Manchen Patienten erleichtert es die Kanalisierung ihrer aggressiven Impulse, wenn man ihnen aggressive sportliche Betätigungen (wie Phantomboxen, Bowling usw.) empfiehlt. Für einige genügt hierzu bereits eine symbolische Aggressionsabfuhr wie z. B. beim Schachspielen, während andere wiederum konkretere Ausdrucksformen brauchen, beispielsweise Kegeln oder ähnliche Sportarten.

(8) Die Psychopharmakotherapie spielt natürlich in der Behandlung von Depressionen eine große Rolle (vgl. Kap. IV). Früher wurden häufig Amphetamin-Derivate (Psychostimulantien) verordnet. In neuerer Zeit sind Antidepressiva von ganz anderer Wirkungsweise und chemischer Struktur entwikkelt worden, die sogenannten Thymoleptica (vorwiegend stimmungsaufhellend) und Thymerethica (vorwiegend antriebssteigernd wirksam); hierzu gehören u. a. Imipramin (Tofranil), Amitriptylin (Laroxyl, Saroten, Tryptizol) und ferner die Monoaminooxydasehemmer (Nardil, Niamid). Ein Nachteil dieser neueren Medikamente besteht darin, daß ihre Maximalwirkung erst ca. 1–2 Wochen nach Beginn der Medikation zu erwarten ist; bis dahin muß man also den Patienten mit anderen Mitteln ausreichend absichern. Weitere Probleme ergeben sich unter Umständen aus unerwünschten psychischen oder somatischen Nebenwirkungen dieser Medikamente; so können z. B. Thymerethica (MAO-Hemmer und andere) bei schizoaffektiven Störungen schizophrene Zustandsbilder provozieren.

Bei agitierten Depressionen ist eine Kombination von sedierenden und stimulierenden Mitteln, also z. B. von Neuroleptica und Thymoleptica, häufig angezeigt.

(9) Auch die Elektroschock-Therapie hat immer noch ihren umschriebenen Indikationsbereich in der Behandlung akuter schwerer Depressionen, besonders wenn die Suicidgefahr sehr groß ist. Es gibt solche Fälle, wo eine psychotische Depression so schwer und das Selbstmordrisiko so erheblich ist, daß man den Wirkungseintritt einer medikamentösen oder psychotherapeutischen Behandlung nicht abwarten kann. Oft sind dann nur wenige, meist nicht mehr als sieben Elektroschocks erforderlich. Kommt man damit aus, so ist auch die Schädigung der mnestischen und integrativen Ichfunktionen im allgemeinen nicht so ausgeprägt, daß man nicht eine psychotherapeutische Nachbehandlung anschließen könnte, sobald es zu einer ausreichenden Symptombesserung gekommen ist.

Die diagnostische Einschätzung der Suicidgefahr gehört zu den schwierigsten und zugleich wichtigsten Aufgaben bei der Behandlung depressiver Patienten. Sieht man von den ältesten Altersgruppen ab, so ist der Selbstmord die häufigste Todesursache psychiatrischer Patienten. Unter den Todesursachen aller Erwachsener steht der Selbstmord in den USA an zehnter Stelle. In der weißen Bevölkerung Amerikas werden unter den Männern die Todesfälle infolge Selbstmordes mit zunehmendem Alter immer häufiger und erreichen um das 75. Lebensjahr herum einen Gipfel von 60/100 000; bei den weißen Frauen dagegen erreicht die Kurve um das 45. Lebensjahr ihr Maximum von 10/100 000 und fällt danach langsam wieder ab. Für die Suicid*versuche* gilt jedoch eine ganz andere Alters- und Geschlechtsverteilung: Suicidversuche werden doppelt so häufig von Frauen unternommen wie von Männern. Ältere Menschen unternehmen seltener Suicidversuche als jüngere, aber bei den älteren enden sie häufiger tödlich; die Zahl der tödlich ausgehenden Suicidversuche steigt in den USA mit zunehmendem Alter an. Die stärkste Häufung von Suicidversuchen findet sich in der Altersgruppe zwischen 25 und 34 Jahren; an zweiter Stelle stehen die 18–24jährigen, worunter auch die Studenten fallen. Jenseits des 35. Lebensjahres werden Selbstmordversuche wieder seltener (als Quelle der statistischen Angaben vgl. Lit.[98]).

Anhaltspunkte für Suicidtendenzen

Shneidman und Farberow[89] haben über die vorläufigen Ergebnisse einer experimentellen Studie zur Erforschung psychologischer Aspekte des Selbstmordes berichtet. Nach den Untersuchungen dieser Autoren ist es nahezu unmöglich, die eventuelle Suicidgefährdung eines Patienten allein auf Grund anamnestischer Daten zu beurteilen, wie gestört und traumatisch die Vorgeschichte auch erscheinen mag. Sie stellten weiterhin fest, daß den meisten erfolgreichen Selbstmorden

Suicidversuche oder -drohungen vorausgegangen waren. Selbstmordideen dürfen also niemals unterschätzt werden. Besonders wichtig ist folgendes Ergebnis: fast die Hälfte der erfolgreichen Suicide wurden bis zu drei Monate nach dem Überstehen einer psychischen Krisensituation verübt, und zwar zu einem Zeitpunkt, als die Krise bereits überwunden oder zumindest eine Besserung sich anzubahnen schien. Man muß sich also immer vor Augen halten, daß das Ausmaß der Suicidgefährdung nicht notwendig mit der Tiefe der Depression korreliert. Aus einer etwas oberflächlichen Sicht kann man sogar sagen, daß der Depressive erst mit dem Abklingen seiner Symptome, besonders der Antriebshemmung, genügend Energie entwickeln kann, um sich wirklich etwas anzutun. Deshalb müssen depressive Patienten, die sich nach einer Periode der Suicidalität anscheinend auf dem Wege der Besserung befinden, unbedingt noch eine Zeitlang weiter vom Therapeuten und den Angehörigen sorgfältig betreut und beaufsichtigt werden.

Die oben genannten Autoren konnten ferner an Hand psychologischer Testuntersuchungen nachweisen, daß Probanden, die mit Suicid nur gedroht haben, durchschnittlich schwerer gestört sind als solche, die wirklich einen Suicidversuch unternommen haben. Shneidman und Farberow verglichen außerdem Abschiedsbriefe von Menschen, die ernstlich zum Selbstmord entschlossen waren, mit demonstrativen Abschiedsbriefen, denen keine ernstgemeinte Suicidabsicht zugrundelag. Der wirklich suicidgefährdete Briefschreiber ist offenbar imstande, sich seine Abwesenheit tatsächlich vorzustellen; dementsprechend enthalten seine Abschiedsbriefe Anweisungen, Verfügungen und Anliegen, aus denen hervorgeht, daß er zu einem endgültigen Entschluß gelangt ist und sich damit abgefunden hat, bald nicht mehr am Leben zu sein. Soweit in solchen ernstgemeinten Abschiedsbriefen Gefühle zum Ausdruck kommen, handelt es sich typischerweise um Haß- und Rachegefühle, Anklagen und Selbstanschuldigungen von ganz anderer Tiefe und Intensität, als man sie in nur demonstrativ gemeinten Abschiedsbriefen findet.

Anscheinend gibt es also – abgesehen von früheren Suicidversuchen in der Anamnese – keine sicheren Unterscheidungs-
merkmale zwischen Suicidgefährdeten und sonstigen Depressiven. Liegt also das klinische Bild einer Depression vor (mit
Symptomen wie Schlaflosigkeit, Ängstlichkeit, Erschöpfung,
Reizbarkeit, Interessenverlust, Appetitlosigkeit, Gewichtsab-
nahme, Schuldgefühlen und Selbstvorwürfen), so muß der
Therapeut ohne viel Umschweife den Kranken fragen, ob er
schon einmal daran gedacht hat, sich das Leben zu nehmen.
Eine solche direkte Frage macht dem Patienten seine Suicidgedanken eventuell viel früher bewußt und damit bearbeitbar,
als es sonst der Fall gewesen wäre; läßt man jedoch depressive
Patienten mit diesem Problem allein, so sind sie meist lange
Zeit schon insgeheim mit Suicidgedanken beschäftigt, ehe sich
diese zu bewußten Selbstmordabsichten verdichten. Während
dieser ganzen Zeit aber nagt schon die Depression mit Schuld-,
Scham- und Insuffizienzgefühlen am vegetativen Nerven-
system und den zentralen Schaltstellen im Hypothalamus und
Schlafzentrum.

Zur Psychodynamik des Selbstmordes

Die psychodynamischen Zusammenhänge beim Suicid lassen
sich kaum von denen abgrenzen, die unseren bisherigen Kenntnissen nach bei allen Depressionen eine Rolle spielen. Der
Wunsch zu sterben ist meistens Ausdruck einer oralen Sehnsucht nach einem tiefen, sorglosen Schlaf, wie schon Lewin beschrieben hat. Orale Wünsche dieser Art sind überaus verbreitet
und vermutlich auch verantwortlich für die Häufigkeit, mit
der man Suicidgedanken bei allen Menschen, besonders unter
Jugendlichen antrifft. Wenn solche *oralen Wünsche* jedoch mit
einer *starken Aggressivität* zusammentreffen, und das bei einem
Menschen mit geringer Ich-Stärke und strengem Über-Ich, so
hat der Therapeut berechtigten Anlaß zur Sorge. Nun gilt es
den speziellen psychodynamischen Stellenwert des Suicidimpul-
ses zu klären. Unter den vielen möglichen Motiven seien nur
die folgenden genannt: (1) das Bedürfnis nach Buße für eine

wirkliche oder vermeintliche Schuld; (2) ein Rachebedürfnis; (3) die Sehnsucht nach Wiedervereinigung mit einem verlorenen Liebesobjekt, etwa einem gestorbenen Partner; (4) der Wunsch, auf diese Weise die Liebe anderer Menschen zu erzwingen.

Die Motivation, welche schließlich in einen Suicid oder Suicidversuch mündet, kann also ganz verschiedenartig sein, wenn auch das depressive Element kaum jemals fehlen wird.

In jedem Falle aber gilt es zu erkennen, daß die Geste des Selbstmordes, ja schon der Gedanke an Selbstmord und überhaupt die Depression als solche immer ein Hilferuf ist, den der Therapeut verstehen und auf den er adäquat reagieren muß.

Psychotherapeutisches Vorgehen bei Suicidgefahr

Das therapeutische Vorgehen bei selbstmordgefährdeten Patienten ist im wesentlichen das gleiche, wie wir es bereits oben bei der Besprechung der Depressionsbehandlung allgemein umrissen haben. Suicidgefahr impliziert jedoch immer eine besondere Dringlichkeit; deshalb sind einige spezielle Punkte noch einmal hervorzuheben:

(1) Ein Suicidversuch ist nach allgemeiner Auffassung gleichbedeutend mit einem Bedürfnis nach Hilfe. Geht man davon aus, so muß der Therapeut konsequenterweise auch bereit sein, dem Patienten notfalls zu jeder Tages- und Nachtzeit zur Verfügung zu stehen. Ein solches Angebot trägt wesentlich zur Verminderung des Selbstmordrisikos bei.

(2) Ein verständnisvolles – d. i. vorsichtiges, aber zugleich gründliches – Eingehen auf die aggressive Thematik ist gerade bei suicidgefährdeten depressiven Patienten von besonderer Bedeutung. Entscheidend wichtig ist vor allem, daß man jegliche Selbstmordphantasien, die der Patient hegt, ans Licht bringt und klärt, an wen diese Phantasien sich richten, sei es unbewußt oder bewußt. Handelt es sich um eine bewußte Phantasie, so muß sie analysiert werden. Sind keine bewußten

Phantasien faßbar, so ist zumindest zu klären, gegen wen die Aggression des Depressiven eigentlich gerichtet ist, und diese Gefühle müssen dann vom Therapeuten energisch und eindeutig verbalisiert werden. Man muß dem Patienten drastisch klar machen, daß (im Sinne des bekannten Konzepts) »Selbstmordimpulse eigentlich immer jemand anderem gelten«.

(3) Da ein Suicidversuch gewissermaßen auch als Sonderform des Agierens aufgefaßt werden kann, kommt es wie bei allen agierenden Patienten auch hier entscheidend darauf an, Zeit zu gewinnen. Man kann z. B. dem Patienten entgegenhalten, er könne sich ja später eventuell immer noch umbringen, im Moment aber sei die Situation noch derart undurchsichtig und ungeklärt, daß er für seine Entscheidung einfach noch Zeit brauche. Mit diesem Schachzug kann es u. U. gelingen, die Voraussetzungen für ein tieferes Verständnis und damit auch für eine gezielte und wirksamere Psychotherapie zu schaffen.

(4) Eine kurzfristige stationäre Aufnahme ist besonders bei Suicidgefahr immer ernstlich zu erwägen, denn oft sind erst unter dem Schutze einer stationären Pflege und Beaufsichtigung die sichersten Voraussetzungen gegeben, um eine intensive Psychotherapie durchzuführen und/oder den Wirkungseintritt der Psychopharmaka abzuwarten.

(5) Wie schon erwähnt, kommt für die Behandlung schwerer Depressionen mit erheblicher Suicidgefahr unter bestimmten Umständen auch eine Elektroschock-Therapie in Betracht.

ILLUSTRATIVE FALLBEISPIELE

Depression mit Suicidgedanken
Diese Patientin kam insgesamt dreimal zur ambulanten Therapie. Sie ist fast 50 Jahre alt, halbtags berufstätig, hat Volksschulbildung, ist verheiratet und hat fünf Kinder.

Erstinterview. Die Patientin überfällt den Therapeuten gleich bei der Begrüßung im Wartezimmer mit einem lauten Redeschwall, den sie auch auf dem Gang zum Sprechzimmer nicht einmal unterbricht. Sie spricht u. a. von frühem Tod, von Alpträumen, Krankenhausbehandlungen, zwei Ehen und einer wilden Ehe, mehreren Fehlgeburten und einem unehelichen Kind, von dem Halt, den sie an ihrem religiösen Glauben finde, und von der Notwendigkeit, das Positive im Leben zu sehen. Dazu lächelt sie. Kein Zweifel: sie benutzt den Abwehrmechanismus der Verleugnung, und ihr Affekt wirkt krampfhaft und inadäquat.

Nach einer Weile hat sie sich etwas beruhigt und spricht jetzt zusammenhängender. Sie leidet seit einiger Zeit unter Selbstmordgedanken, die sie als ich-fremd empfindet. Hohe Gebäude machen ihr Angst, weil sie sich sogleich vorstellt, sie könnte sich von so einem Hochhaus herabstürzen, worauf sie in panischen Schrecken gerät. Ähnlich geht es ihr zu Hause, wenn sie irgendwo eine Rasierklinge liegen sieht. Andererseits jedoch ist sie bisher noch immer imstande gewesen, sich aus solchen angsterregenden Situationen zurückzuziehen, sobald die Angst zu heftig wurde; sie hat bis jetzt nur Suicidgedanken, aber noch keine wirklichen Suicidabsichten gehabt, und sie benutzt z. B. auch Rasierklingen oft bei bestimmten Arbeiten im Haushalt, ohne daß etwas passiert.

Eine gründliche Anamnese ergibt keinerlei Anhaltspunkte für irgendwelche auslösenden Ereignisse. Man erfährt jedoch, daß sie seit drei Tagen unter einem typischen prämenstruellen Spannungsgefühl leidet und sich anscheinend im Klimakterium befindet. Der Therapeut kommt zu der Vermutung, daß sexuelle Schuldgefühle und der Verlust ihrer sexuellen Attraktivität in der Psychodynamik der Patientin eine zentrale Rolle spielen.

Er gibt ihr also die Versicherung, sie sei zwar von ihren (Suicid-)Gedanken sehr erschrocken, habe aber doch bisher noch immer genügend Kraft und Vernunft besessen, um sich jedesmal noch rechtzeitig zurückzuziehen, bevor etwas Schlimmes passiert sei, und aller Voraussicht nach werde sie sich auf diese ihre Stärke auch weiterhin verlassen können. Man müßte jedoch, fügt er hinzu, einmal gemeinsam untersuchen, wie sie überhaupt auf solche Ideen komme; nur so könne man diese quälenden Gedanken etwas entschärfen. Die Patientin ist daraufhin offensichtlich erleichtert und äußert sich zustimmend gegenüber den Bemühungen des Therapeuten.

Dieser geht nun einen Schritt weiter, indem er ihr sagt, ihre Selbstmordgedanken könnten vielleicht bedeuten, sie verdiene schwer bestraft zu werden. Viele Menschen, sagt er, laufen mit so einem Gefühl herum, sie hätten sich schuldig gemacht, müßten dafür büßen und wollten sich deshalb umbringen. In ihrem Falle sei es so, daß sie sich zwar nicht bewußt für einen schlechten Menschen halte, aber trotzdem habe sie offensichtlich das Gefühl, sie müsse sich selbst für irgend etwas bestrafen, also sich umbringen.

Sie gibt zu, daß sie tatsächlich solche Gefühle von Schuld und Schlechtigkeit immer wieder in sich unterdrücken müsse; sie verstehe durchaus, was der Therapeut meine. Darauf sagt er, sie müßten das Gespräch an diesem Punkt leider abbrechen, aber er schlage vor, beim nächsten Mal genauer ihr bisheriges Leben zu besprechen und einmal zu sehen, was ihr denn solche Schuldgefühle mache. Er verordnet ihr Stelazine und Parnate, also ein Neurolepticum und einen Tranquilizer.

Zweites Interview. Wie die Patientin jetzt berichtet, hat sie vor ca. 25 Jahren zum ersten Male geheiratet. Während dieser Ehe wurde sie von einem anderen Mann schwanger. Sie trennte sich daraufhin von ihrem Ehemann, lebte dann mit einem dritten Mann zusammen, erlitt eine Fehlgeburt und gebar schließlich ein von ihm stammendes Kind, das auch jetzt noch bei ihr lebt. Das Verhältnis zu diesem dritten Mann zerbrach, als dieser zu einer Gefängnisstrafe verurteilt wurde. Danach hatte die Patientin eine Reihe von weiteren Liebesaffären, bis sie schließlich ihren jetzigen Ehemann heiratete. An alle diese Erlebnisse, sagt sie, müsse sie immer wieder denken, und dabei komme sie jedesmal auf Selbstmordgedanken. Der Therapeut greift besonders die Selbstbestrafungstendenzen auf, die sich durch ihr ganzes Leben ziehen und die sie nun auch selbst zu durchschauen vermag.

Dies leitet auf ihre jetzige Ehe über. Ihr Ehemann ist sehr streng und autoritär, ähnlich wie es auch ihr Vater gewesen war. Vor kurzem hat er einen akuten Herzanfall erlitten und seitdem jegliche sexuellen Kontakte mit ihr weitgehend eingeschränkt. Dem Therapeuten kommt an dieser Stelle des Interviews der Gedanke, daß vermutlich dieses Ereignis der wichtigste auslösende Faktor war. Er überlegt weiter: Der Ehemann hatte offenbar bis dahin ihre Neigung zu promiskuösem Agieren durch seine autoritäre Strenge und seine eigene Männlichkeit in Schach halten können. Durch seine Herzattacke wurde aber seine Position sowohl als Überich-Figur wie als männliches Ideal und als Sexualpartner in ihren Augen erheblich geschwächt; daraufhin wandten sich ihre Gedanken früheren Beziehungsformen und anderen Männern zu. Hinzu kam wahrscheinlich noch ein weiterer Faktor, nämlich die Steigerung ihrer sexuellen Bedürfnisse durch das Klimakterium. Außerdem hegte sie wahrscheinlich auch Todeswünsche gegen ihren Ehemann. An diesem Punkt der Überlegungen des Therapeuten äußert die Patientin plötzlich, sie habe sich vor kurzem zum ersten Mal in einem Streit gegen ihren Mann zur Wehr gesetzt; seitdem geschehe es öfters, daß sie ihn beim sexuellen Vorspiel beiße und manchmal den Impuls habe, ihm wirklich wehzutun.

Der Therapeut faßt daraufhin einige seiner Überlegungen zu einer Deutung zusammen, wobei er aber sehr darauf bedacht ist, immer wieder ich-stützende Bemerkungen einzuflechten: »Ihr Ehemann ist also weniger aktiv geworden, so daß es nur natürlich ist, wenn Gedanken an andere Männer in Ihnen aufkamen; diese Gedanken haben Sie in Panik versetzt, weil Sie fürchten, Sie könnten wieder in Ihr früheres Leben verfallen; deshalb haben Sie sich also solche Gewissensbisse gemacht, und Ihre Verbitterung über Ihren Mann hat die Schuldgefühle noch mehr gesteigert. So kamen Sie schließlich auch auf den Gedanken an Selbstmord: um diese Wünsche nach anderen Männern endlich zum Schweigen zu bringen und auch um sich selbst dafür zu strafen. Dabei würden wohl die meisten Frauen, wenn sie in Ihrer Lage wären, genau wie Sie auch an andere Männer denken.«

Die Patientin reagiert auf diese Deutung mit verschiedenen Überlegungen, wie sie sich für ihren Ehemann attraktiver machen könnte; vielleicht würde sie sich ein raffinierteres Negligé kaufen oder dergleichen. Sie ist ausgeglichener geworden und hat das Gefühl, daß der Therapeut ihr geholfen hat.

Drittes Interview. Die Patientin ist offensichtlich in besserer Stimmung. Sie lächelt und berichtet, es gehe ihr inzwischen wesentlich besser, sie könne wieder gut schlafen, ihr Magen sei wieder zur Ruhe gekommen und das Engegefühl in ihrem Hals verschwunden. Sie denke zwar noch gelegentlich an Selbstmord, aber sie gerate vor solchen Gedanken nicht mehr in Panik.

Die Beziehung zu ihrem Ehemann wird noch einmal durchgesprochen, und zwar im gleichen Sinne wie schon im vorigen Interview. Sie hat inzwischen eine ganztägige Arbeitsstelle angenommen und wird deshalb für die nächste Zeit nicht mehr in die Ambulanz kommen können. Der Therapeut sagt ihr, daß sie nun wohl auch allein an ihren Problemen arbeiten könne, so wie sie es bisher zusammen getan hätten, und er wiederholt noch einmal die wichtigsten psychodynamischen Zusammenhänge. Schließlich schärft er ihr noch ein, wenn sie wieder einmal an einen Punkt komme, wo sie das Gefühl habe, sie brauche seine Hilfe, so solle sie nicht zögern und gleich wieder in die Ambulanz kommen.

Kurztherapie bei reaktiver Depression

Die Kurztherapie der Depression kann besonders reizvoll und lohnend werden, wenn man es mit einem Patienten zu tun hat, der für seine Depression zwingende reale Gründe anführen kann, so z. B. den Tod eines nahen Angehörigen.

Eine Frau mittleren Alters verfiel in eine schwere Depression, nachdem ihr Ehemann durch einen Unfall umgekommen war. Es erleichterte das Verständnis erheblich, als sich feststellen ließ, daß sie auch früher schon etliche leichtere depressive Episoden durchgemacht hatte, nämlich als sie ihr Elternhaus verlassen und ein Studium begonnen hatte, und später noch einmal nach dem Abbruch einer Liebesaffäre. Daran anknüpfend ließ sich die jetzige depressive Reaktion auf den Verlust ihres Ehemannes etwas distanzieren, d. h. ein Stück weit ich-fremder machen, indem man der Patientin zeigen konnte, daß sie auch schon auf andere, weniger katastrophale Ereignisse mit Depressionen reagiert hatte und daß sie anscheinend überhaupt dazu neige, bestimmte psychische Belastungen depressiv zu verarbeiten. Sie sah leicht ein, daß es sich in allen diesen Fällen jedesmal um einen schmerzlichen Verlust gehandelt hatte: die Trennung von ihrem Elternhaus, als sie zur Universität ging; der Verlust ihres Freundes bzw. seiner Zuwendung und Liebe, und diesmal als schwerster Verlust der Tod ihres Ehemannes durch den Unfall.

Nun fielen ihr auch noch andere leichtere depressive Episoden wieder ein, die sie in früherer Zeit durchgemacht hatte, so z. B. mit zehn Jahren, als sie zum erstenmal in ein Ferienlager fuhr. Bei der genaueren Schilderung dieser Episode stellte sich heraus, daß sie damals im Grunde sehr wütend auf ihre Eltern gewesen war, die sie ins Ferienlager abgeschoben hatten; daran anknüpfend ließ sich nun auch besprechen, wie sehr sie ihren Freund gehaßt haben mußte, als dieser sie verlassen hatte. Erst an diesem Punkt konnte man sie nun fragen, ob sie sich nicht vielleicht auch über ihre Familie geärgert haben könnte, als sie damals zur Universität ging, und so vielleicht auch jetzt über ihren Ehemann. Daraufhin sagte sie, sie habe ja noch vergeblich versucht, ihn von der Fahrt abzuhalten, die dann zu dem tödlichen Unfall führte. Nach und nach kam sie auch auf andere Gelegenheiten zu sprechen, bei denen sie sich über ihn geärgert hatte, so vor allem in ihrer jetzigen Situation, wo sie sich mit ihren finanziellen Sorgen und mit den Problemen der Versorgung und Erziehung ihrer Kinder allein gelassen fühlte. Es fiel ihr nicht schwer einzusehen, daß derartige Ressentiments natürlich auch enorme Schuldgefühle in ihr wecken mußten.

Der Therapeut versuchte ihr nun zunächst einmal ein gewisses intellektuelles Verständnis für die Dynamik der Depression zu vermitteln, um ihr klar zu machen, daß sie mit ihren Gefühlen keineswegs allein stand. So kam u. a. die Rede auf verschiedene Formen der Trauer in anderen Kulturen. Der jüdisch-orthodoxe Brauch, beim Tode eines nahestehenden Menschen sich die Kleider zu zerreißen, wurde als Ausdruck von Wut und Haßgefühlen gedeutet, die eigentlich dem Verstorbenen, dem verlorenen Liebesobjekt, gelten, aber gegen die eigene Person gerichtet werden. Der Therapeut stellte eine Verbindung her zwischen dem Gefühl des Verlustes, des Im-Stich-gelassen-Werdens, und der frühen Verbitterung der Patientin, als man sie ins Ferienlager geschickt hatte; solche Gefühle seien ja überhaupt sehr häufig bei Kindern zu beobachten, wenn die Eltern allein in Urlaub fahren oder auch nur für einen Abend fortgehen oder sonstwie die Kinder allein lassen, was von diesen ja immer sehr leicht als Liebesverlust oder mangelndes Interesse der Eltern empfunden wird. Nach dieser mehr intellektuellen Diskussion erzählte die Patientin nun ziemlich spontan, wie sehr sie sich damals im Ferienlager wegen ihres Heimwehs und ihrer Traurigkeit geschämt habe. Daran anknüpfend wurde dann besprochen, daß solche Reaktionen auf Verluste und Enttäuschungen immer auch das Selbstwertgefühl beeinträchtigen: man schämt sich darüber, daß man den anderen Menschen so sehr braucht, daß man nicht imstande ist, mit seinen Problemen allein fertig zu werden. Die Patientin gestand, daß auch sie in ihrer gegenwärtigen Situation ihr Selbstvertrauen verloren hatte; sie zweifelte besonders daran, ob sie in der Lage sein werde, allein für sich und die Kinder zu sorgen und die vielen Probleme zu bewältigen, die der Tod ihres Ehemannes aufgeworfen hatte. Sie erkannte aber auch, daß es sich hier um ganz vage empfundene Passivitäts- und Abhängigkeitswünsche handelte, derentwegen sie sich heftige Vorwürfe machte. Damit stand nun fest, daß die Patientin ihre (ursprünglich dem enttäuschenden Liebesobjekt geltenden) Vorwürfe gegen sich selbst wandte und daß dieser Mechanismus auch zu ihrer Depression beitrug.

Nachdem diese dynamischen Zusammenhänge geklärt waren, hob der Therapeut die Tatsache hervor, daß sie ja schon öfters mit schwierigen Situationen gut fertig geworden sei; auch in ihrer jetzigen Lage tue sie ja wirklich ihr Bestes und könne auch in Anbetracht ihrer tatsächlich enormen Schwierigkeiten mit dem, was sie leiste, durchaus zufrieden sein.

Für die nächsten zehn Tage wurde der Patientin 1 Tbl. Dexamyl tgl. verordnet, die sie jeweils morgens einnehmen sollte (was ihr besonders schwer fiel). Im Laufe dieser zehn Tage wurde sie wiederholt zu weiteren Interviews einbestellt.

Die fortlaufende Durcharbeitung der psychodynamischen Zusammenhänge, unterstützt durch die stimmungshebende Wirkung des Medikaments, führte dazu, daß die Patientin ihre reaktive Depression überwinden konnte.

VI. Endogene und exogene*
Panikzustände

In einem Panikzustand hat der Kranke das Gefühl einer drohenden Katastrophe, häufig vor allem Angst vor einem plötzlichen Tod, etwa durch einen Herzinfarkt; bei anderen ist es
eher das Gefühl, verrückt zu werden, irgendein Gewaltverbre-
chen begehen zu können, oder allgemeiner: die Kontrolle und
Orientierung zu verlieren. Nicht selten beobachtet man phobische Reaktionen.

Hinzu kommen die körperlichen Symptome der Angst: Puls-
beschleunigung, Zittern, Übelkeit, Schweißausbrüche, motorische Unruhe, oft auch eine vertiefte und beschleunigte Atmung,
die mit Beklemmungs- und Erstickungsgefühlen einhergehen
kann. Manche leiden unter Durchfällen oder ständigem Harndrang. Viele klagen über ein Gefühl nahender Ohnmacht, Benommenheit, Parästhesien; das Gesicht ist gerötet, und die
Pupillen sind erweitert.

Am stärksten beeindruckt an diesen Patienten das intensive
Gefühl völliger Hilflosigkeit und das verzweifelte Appellieren
um Hilfe.

---

* Die Bezeichnungen »endogen« und »exogen« wurden hier entsprechend
dem amerikanischen Originaltext beibehalten; sie haben aber in der deutschen Psychiatrie üblicherweise eine ganz andere Bedeutung, worauf zu
achten ist, wenn es nicht zu Mißverständnissen kommen soll. Nach der in
Deutschland üblichen Terminologie bezieht sich nämlich *endogen* nur auf
die sogenannten endogenen Psychosen (Schizophrenie, manisch-depressive
Psychosen etc.), während man als *exogen* psychische Störungen hirnorganischen Ursprungs bezeichnet. Die Autoren hingegen verstehen unter den
»endogenen« die *neurotischen und psychotischen,* unter den »exogenen« die
reaktiven Angstzustände. (Anm. d. Übers.).

Freud[42] beschrieb eine »primäre Angst«, die er mit der objektiven Hilflosigkeit des kleinen Kindes in Beziehung setzte, ein Gefühl totaler unlustvoller Spannung, hervorgerufen durch eine Überflutung mit passiv empfundenen inneren und äußeren Reizen. Subjektiv erlebt das Kind diesen Zustand als extrem schmerzlich und aus eigener Kraft nicht behebbar. Inhalt der Angst ist die Gefahr der völligen Überwältigung entweder von innen her durch gefährliche Triebbedürfnisse (endogene Panik) oder von außen her durch eine Reizüberflutung aus der Umwelt (exogene Panik). Primäre Angst wird also nicht vom Ich hervorgebracht; sie ist vielmehr ein Zustand extremer Erregung, der das Individuum sich passiv, hilflos und ohnmächtig ausgeliefert fühlt und die es nicht zu bewältigen vermag.

»Traumatische Angst« wird psychodynamisch in gleicher Weise erlebt wie primäre Angst, nämlich wiederum als eine passive und nicht zu bewältigende Reizüberflutung.

Im Laufe der Entwicklung bildet sich allmählich die Fähigkeit des Ichs heraus, Gefahren in der Vorstellung zu antizipieren und Handlungen vorausschauend zu planen. Das Ich vermag also jetzt zu beurteilen, welche Erfahrungen eventuell traumatisch werden können. Eben dieses Urteil wird vom Ich als Angst erlebt, die damit den Charakter eines Gefahrsignals erhält, welches dem Ich anzeigt, daß die betreffende Situation gemieden werden sollte oder daß gegen die Gefahr des Traumas bestimmte Abwehrmaßnahmen getroffen werden müssen. In diesem Falle wird weder die betreffende Situation noch die Angst nur passiv erfahren; es handelt sich also hierbei gerade nicht mehr um eine Überflutung des Selbst mit Reizen. Zu einem Panikzustand kommt es erst dann, wenn aus verschiedensten Gründen die Abwehr versagt bzw. nicht ausreicht.

Aus dieser Perspektive ist jede Panik sowohl als Symptom wie auch als Signal anzusehen: als Symptom zeigt sie an, daß die betreffende Person unter einer exzessiven Spannung steht; als Signal besagt sie, daß die Person eine Erfahrung fürchtet, die

sie nicht mehr unter Kontrolle halten kann und die eine Desintegration des Selbst zur Folge haben könnte.

Eine sorgfältige Diagnostik ist daher die unumgängliche Voraussetzung für die Behandlung aller Angst- und Panikzustände.
Die auslösende Situation, in der die Panik aufgetreten ist, und
die einzelnen Reize und Belastungsmomente, denen der Patient
dabei ausgesetzt war, müssen bis in alle Einzelheiten geklärt
werden. Weiterhin ist festzustellen, unter welchen Umständen
die Angst wieder auftritt, und schließlich gilt es auch die Art
und die Inhalte der Panikreaktion zu begreifen.

THERAPEUTISCHE MASSNAHMEN BEI ENDOGENER PANIK

(1) Die kathartische Äußerung von Affekten und Vorstellungen, die in irgendeiner Weise mit dem Panikzustand zusammenhängen, ist auf jeden Fall zu unterstützen und anzuregen.
Denn hierbei erscheint der Therapeut dem Patienten als jemand, der an ihm interessiert ist und ihm helfen will; außerdem lassen sich auf diese Weise die dynamischen Zusammenhänge und die Art der Angst besser erfassen, und schließlich
kann der Patient sich dabei auch von seiner übermäßigen Spannung wenigstens so weit entlasten, daß er für weitere therapeutische Interventionen zugänglicher wird.

(2) Weiterhin sind Stützung, Ermutigung und Ichstärkung angebracht. Man wird z. B. dem Patienten versichern, daß er
keineswegs in Gefahr steht, verrückt zu werden, und ihm entgegenhalten, wo seine wirklichen Stärken liegen und wie er sie
nutzen kann. So kann man ihn auch darauf hinweisen, daß er
doch immerhin imstande sei, übermäßig belastenden Situationen aus dem Wege zu gehen und sich notfalls um Hilfe zu bemühen; damit aber brauche er nicht mehr das Gefühl zu haben,
als sei er seinen Panikzuständen völlig hilflos und passiv ausgeliefert. Gleichzeitig sollte der Therapeut auch unterstreichen,
daß er dem Patienten gegebenenfalls zu jeder Tages- und
Nachtzeit zur Verfügung stehe.

(3) Ebenso gilt es auch herauszufinden und entsprechend zu betonen, was der Patient trotz seiner Angst doch immer noch leisten kann. Man wird ihm zeigen, daß er in bestimmten Lebensbereichen anscheinend gut zurechtkommt und planvoll handeln kann, also doch nicht ganz so hilflos ist, wie er es in seinen Angstzuständen empfindet. Besonders wirksam ist manchmal der Hinweis, daß Angst noch lange nicht dasselbe sei wie Feigheit; auch der Tapferste habe in riskanten Situationen Angst, und überhaupt sei Angst eine völlig normale, gesunde und angemessene Reaktion auf Gefahren jeder Art.

(4) Im Mittelpunkt der therapeutischen Strategie steht der Versuch, dem Kranken die angsterregenden Triebimpulse in ihrem Zusammenhang mit prototypischen Angstsituationen aus der Vorgeschichte zu deuten. Dem einen muß man beispielsweise die Einsicht vermitteln, daß hinter seiner manifesten Angst, »umzufallen«, im Grunde die tiefere Angst steht, in bestimmten Situationen einer starken Versuchung nachzugeben. Ein anderer fürchtet, er könnte plötzlich in einer lebensgefährlichen Situation von aller Hilfe abgeschnitten oder außerstande sein, um Hilfe zu rufen; ihm wird man zeigen müssen, wie diese Angst mit einem Kindheitserlebnis zusammenhängt, als nämlich sein Vater ihn einmal zum Spaß auf einen hohen Baumstumpf setzte und er nicht wagte herunterzuspringen. Eine Patientin, in deren Zwangsgrübeleien und Albträumen immer wieder die Angst erscheint, »in den Wellen unterzugehen«, versteht eventuell auf eine entsprechende Deutung hin sofort den Zusammenhang mit ihrer Angst vor dem Orgasmus und überhaupt vor passiver Hingabe beim Coitus. Einem weiteren Patienten, der in panischer Angst aus einem Traum erwacht ist, in dem er »den ganzen Mund voll hatte von so einem ekelhaften Zeug«, wird man vielleicht den Zusammenhang der Angst mit seinen passiv-homosexuellen Wünschen deuten können.

(5) Der Therapeut darf sich auf keinen Fall durch Verdrängung und Verleugnung täuschen lassen und muß eventuell aktiv ein-

greifen, wenn die Abwehr allzu sehr überwiegt; d. h. man sollte in solchen Fällen dem Patienten erklären, daß seine Panikzustände immer dann auftreten, wenn er eine Wahrnehmung oder Erregung unterdrückt, m. a. W. verleugnet oder verdrängt.

(6) In manchen Fällen kann es erforderlich sein, einen Trieb zu unterdrücken, indem man dafür einen anderen verstärkt. Bei einem Patienten, der sich seinen Angstzuständen völlig passiv und hilflos ausgeliefert fühlt, wird man jede Äußerung von Aktivität und aggressiver Selbstbehauptung unterstützen. Andere wiederum, die ihre passiven Tendenzen mit übermäßiger Aggressivität nach außen hin abwehren, müssen dazu gebracht werden, diese Abwehrreaktion aufzugeben, da sie ihrerseits die Angst (nämlich vor Vergeltungsangriffen) noch steigern kann.

BESONDERHEITEN EXOGENER PANIKZUSTÄNDE

Exogene Panikzustände haben ihren Anlaß immer in irgendwelchen äußeren Umständen. Dabei kann es sich u. a. um das Erlebnis einer Katastrophe handeln, wie z. B. die Ermordung Kennedys, die enorme Spannung und Angst während der Kubakrise, der Untergang des Passagierschiffes Andrea Doria[39], ein Autounfall usw. Das auslösende Ereignis mag auch der Tod oder die schwere Erkrankung einer nahestehenden Person sein. Panikzustände treten manchmal auch nach einer Vergewaltigung oder nach einem homosexuellen Verführungsversuch auf. Das entscheidende Ereignis kann auch ein Überfall oder körperlicher Angriff gewesen sein, bei dem der Patient unterlegen war oder verletzt wurde. Ein Panikzustand kann auch nach einem Einbruch in die Wohnung des Patienten auftreten oder nachdem er Zeuge einer Gewalttat oder eines Unfalls wurde.

Kris[66] hat die desintegrierende Wirkung des Gefühls völliger Hilflosigkeit in traumatischen Situationen hervorgehoben. Er erwähnt in diesem Zusammenhang Freuds Unterscheidung zwischen Realangst und neurotischer Angst bzw. zwischen objektiver und imaginärer Gefahr. In einer objektiv realen Gefahrsituation setzt das Angstsignal Schutz- und Sicherheitsmaßnahmen in Gang; in einer imaginären Gefahr dagegen tritt zwar auch das Angstsignal auf, aber es führt nicht zu sinnvollen Schutzmaßnahmen, sondern zu völliger Handlungsunfähigkeit oder auch zu planlosen Aktionen unter dem Einfluß primitiver Abwehrmechanismen wie z. B. der Regression. Das Gefühl totaler Hilflosigkeit ist an sich für die frühe Kindheit charakteristisch, es kann aber auch noch im späteren Leben unter bestimmten äußeren Umständen bzw. infolge der inneren Reaktion auf solche äußeren Umstände wieder auftreten.

Kris führt zwei Beispiele aus dem Zweiten Weltkrieg an, wo man beidemale chaotische Panikreaktionen erwartet hatte, die dann aber doch nicht eintraten. Während der Bombardierung englischer Städte hat sich gezeigt, daß die ständige physische Bedrohung, der diese Menschen ausgesetzt waren, für sich allein genommen noch nicht psychotraumatisch war; Panikzustände traten vielmehr erst dann auf, als infolge der Evakuierung die Familien auseinandergerissen und getrennt wurden. Die Trennung von den Angehörigen wurde also viel traumatischer erlebt als die Angst vor den Bomben. Solange der Familienzusammenhalt noch gewahrt blieb, brauchte der Einzelne sich nicht völlig hilflos zu fühlen.

Auch unter den Überlebenden der Evakuierung von Dünkirchen kam es nicht zum Auftreten regressiver, traumatischer Desintegrationszustände, wie man sie eigentlich erwartet hatte. Bei näherer Untersuchung stellte sich heraus, daß der *geordnete, planvolle* und allen Beteiligten vorher *angekündigte* Rückzug durch Flandern nach Dünkirchen das entscheidende Moment für die Erhaltung der Gruppenmoral gewesen war. Bei allen exogenen Panikzuständen muß also unter psychodynamischen Gesichtspunkten in erster Linie geklärt werden, warum die äußere Situation derart traumatisch erlebt wurde, daß sie bei dem betreffenden Menschen einen Zustand völliger Hilflosigkeit, Passivität und Planlosigkeit ausgelöst hat, oder anders gesagt: welche äußere Konstellation und welche subjektiven Aspekte daran eine Dynamik in Gang gesetzt haben, wie sie eben für (exogene wie endogene) Panikzustände charakteristisch ist.

In unserer eigenen psychotherapeutischen Praxis konnten wir nach der Ermordung Kennedys bei drei Patienten Panikzustände beobachten, wobei jedesmal eine überwältigende Katastrophenangst im Vordergrund des klinischen Bildes stand. Bei dem einen Patienten bestand eine Identifikation mit dem Mörder, und seine Angst bezog sich primär auf die Gefahr eines Durchbruchs seiner eigenen aggressiven Triebimpulse; er hatte sich nach einer längeren Periode sexueller Abstinenz vorgenommen, diese Nacht erstmals wieder mit einer Frau zu verbringen. Beim zweiten Patienten ließ sich als Zentrum der Dynamik folgende Vorstellung aufdecken: »Wenn so ein mächtiger Mann wie Kennedy ermordet werden kann, was hat dann so ein jämmerlicher Wicht wie ich zu erwarten?« Bei der dritten Patientin hatte die Ermordung Kennedys die Erinnerung an den frühen Tod ihrer Mutter wieder wachgerufen; sie fühlte sich jetzt ebenso hilflos, verlassen und schutzlos wie damals als Kind nach dem Verlust ihrer Mutter.

Bei Panikzuständen nach einer Vergewaltigung spielt oft die Aktualisierung sadomasochistischer Phantasien eine Rolle. Ähnliches gilt für die Patienten, bei denen der Angstzustand in dem Moment ausbricht, da sie entdecken, daß in ihrer Wohnung eingebrochen worden ist; bei Frauen rührt ein solches Ereignis oft an tiefe Vergewaltigungsängste, bei Männern an die unbewußte Furcht vor passiv-homosexuellen Triebregungen.

Therapeutische Maßnahmen

Diese sind im Wesentlichen die gleichen, wie wir sie bereits oben für endogene Panikzustände umrissen haben: (1) kathartische Aufdeckung und Entlastung von Affektspannungen, (2) Stützung und Ermutigung des Patienten, (3) Hebung seines Selbstwertgefühls.

(4) Darüber hinaus muß man besonders darauf hinarbeiten, die gestörte Realitätsprüfung des Patienten wiederherzustellen, indem man ihm eindringlich zeigt, daß seine extreme Angst in keinem adäquaten Verhältnis zur auslösenden Situation steht und daß gerade diese Diskrepanz es erforderlich macht, gemeinsam nach der eigentlichen Ursache der Panik zu suchen.

(5) Die relevanten Aspekte der äußeren Auslösersituation sowie die Art und die Inhalte der Angst müssen durch entsprechende Deutungen mit der speziellen inneren Situation des Patienten, seiner Psychodynamik und etwaigen prototypischen Angsterlebnissen aus der Kindheit in Beziehung gesetzt werden. Dem oben erwähnten Patienten z. B., der sich mit dem Mörder Kennedys identifiziert hatte, wurde der Zusammenhang seiner Panik mit einem Kindheitserlebnis aufgezeigt, als er mit vier Jahren einmal miterlebt hatte, wie sein Vater seine Mutter bei einem Streit niederschlug.

(6) Bei Patienten mit ständig rezidivierenden exogenen Angstzuständen empfiehlt es sich, bestimmte Verhaltensmaßregeln für die angstauslösenden Situationen zu geben. Einem eher etwas passiven Angst-Patienten kann man beispielsweise den Rat geben, sich körperlich zu betätigen, sobald er spürt, daß die Angst wieder aufkommt, oder aber man kann ihm auch raten, daß er gleich bei den ersten Anzeichen der Angst, solange er noch imstande ist, planvoll zu überlegen, sich intensiv die Kindheitsszene vorstellen soll, die der Therapeut ihm als Prototyp der jetzigen angstauslösenden Situationen gedeutet hat.

Illustrative Fallbeispiele

Notfalltherapie bei einem Panikzustand
Es handelt sich um einen 25jährigen Mann, der telephonisch dringend um eine Beratung gebeten hatte. Er hielt sich z. Z.

in New York auf, um einen Freund dort im Krankenhaus zu besuchen. Am vorigen Abend war er auf der Rückfahrt zu seinem Hotel in der Untergrundbahn plötzlich von einem Ausbruch heftigster panischer Angst überrascht worden, die er erst dann einigermaßen zu beherrschen vermochte, als er hilfesuchend einen anderen Freund angerufen und mit diesem zusammen etliche Drinks eingenommen hatte; erst dann hatte sich die Angst allmählich wieder gelegt, und er hatte sogar schlafen können. Am nächsten Morgen aber trat die Panik erneut auf, und zwar in dem Moment, als er in die U-Bahn einsteigen wollte; daraufhin rief er den Therapeuten an. Dieser sagte einem anderen Patienten, den er telephonisch erreichen konnte, seine Psychotherapiestunde ab und bestellte für diesen Termin den Panik-Patienten ein.

Die schon erwähnte U-Bahn-Angst wurde zunächst ganz diffus geschildert: er fühle sich dabei irgendwie eingesperrt, wie in einer Falle, völlig alleingelassen und hilflos ausgeliefert, sein Herz rase zum Zerspringen, der ganze Körper sei schweißüberströmt. Allmählich wurden dann die Angstvorstellungen etwas konkreter: er fürchtete, der Zug könnte plötzlich anhalten, und er würde unter der Erde eingeschlossen sein; er hatte sich in den Verbindungsgang zwischen zwei Wagen gestellt, um notfalls sofort auszusteigen und durch den Tunnel nach irgendeinem Ausgang zur Erdoberfläche zu suchen, falls der Zug tatsächlich anhalten sollte. Er wußte, daß die U-Bahnen manchmal auch zwischen den Stationen vor einem Signal anhalten müssen, und er war fest überzeugt, daß dies seinen Tod bedeutet hätte. Bei früheren Besuchen in New York war ihm noch niemals dergleichen passiert.

War nun der Panikzustand völlig unvermittelt aufgetreten, sozusagen wie aus heiterem Himmel, oder waren schon bei anderen Gelegenheiten Vorboten vorausgegangen, irgendein vages Gefühl von Bangigkeit und Angst? Auf diese Frage hin gab der Patient an, daß seine Angst sich tatsächlich in drei aufeinander folgenden Situationen immer mehr gesteigert hatte, bis sie zum Ausmaß der jetzigen Panik angewachsen war. Als erstes war ein Gefühl von Beklommenheit aufgetreten, als er am Abend zuvor seinen Freund im Krankenhaus besucht hatte. Im Anschluß daran hatte er dann noch in eine Bar gehen wollen, war aber weitergegangen, als er bemerkte, daß die ganze Bar voller »schwuler Pärchen« war und sein Herz – aus für ihn ganz unerklärlichen Gründen – heftiger schlug. Schließlich brach dann mit brutaler Heftigkeit die Panik in dem Moment aus, als die U-Bahn gerade die Station hinter sich ließ und in den Tunnel eintauchte, dessen schmutzige Wände sich immer näher heranzudrängen schienen, als drohten sie ihn zu zerquetschen.

Weswegen wurde sein Freund im Krankenhaus behandelt? Er war aus irgendeinem Grunde am Mastdarm operiert worden und mußte deshalb auf dem Bauch liegen. Es war ein heißer Abend, als der Patient ihn besuchte; sein Freund lag nackt auf dem Bett und hatte nur das Gesäß mit einem Stück Verbandstoff bedeckt. In dem Patienten stieg eine vage Angst auf, als er ihn so liegen sah; er konnte den Körper nicht ansehen, vor allem nicht das Gesäß. Er erwartete jeden Moment, daß durch den Verbandmull Blut sickern würde. Seine Beklommenheit steigerte sich noch mehr, als er kurze Zeit später in einer Illustrierten blätterte und dabei auf einige Photos stieß, die den verbrannten Leichnam eines vietnamesischen Mönches zeigten. Daraufhin hatte er den Besuch rasch abgebrochen und war noch ein Stück durch die Straßen gegangen. Er fühlte sich mittlerweile »scharf« und wollte noch in eine Bar gehen, um dort vielleicht eine Frau kennenzulernen. Dabei hatte er aber gleichzeitig Schuldgefühle: er liebte seine Frau, hatte auch ein Kind von ihr, und außerdem hatte er bisher noch nie mit Prostituierten verkehrt. Als er dann bemerkte, daß die Bar hauptsächlich von Homosexuellen frequentiert wurde, wandte er sich angewidert ab und entschloß sich, in sein Hotel zurückzukehren. Mehrmals gingen Männer aus der Bar an ihm vorbei; er bemerkte im Lampenlicht ihre enggeschnittenen Hosen, die die Konturen des Gesäßes erkennen ließen. Er schlug die entgegengesetzte Richtung ein, um auf einem Umweg zum Hotel zu gehen, und spürte sein Herz klopfen. Kurz darauf trat in der U-Bahn der akute Angstanfall auf.

Weitere Daten: Der Patient hatte eine gute Ausbildung genossen und war in seinem Beruf erfolgreich. Seine Ehe bezeichnete er als »ausgezeichnet«; er hatte jede Nacht mit seiner Frau Geschlechtsverkehr, auch während ihrer Periode. Dabei bevorzugte er für sich die Rückenlage, weil er auf diese Weise die Spannung länger halten und seine Frau aktiver sein konnte, was von beiden als Vorteil empfunden wurde. Er war immer kerngesund gewesen, mit Ausnahme seiner zweijährigen Militärdienstzeit, in der er wiederholt an Magenbeschwerden gelitten hatte; die Ärzte hatten damals ein beginnendes Magengeschwür angenommen.

Seine Eltern hatten sich scheiden lassen, als er fünf Jahre alt war; als Scheidungsgrund wurde die ständige Untreue des Vaters angegeben, der dann später wieder geheiratet hatte. Der Patient pflegte seinen Vater und dessen zweite Frau regelmäßig zu besuchen. Die Stiefmutter war eine leichtlebige Person und wesentlich jünger als der Vater. Der Patient hatte auch diesmal seine Hinreise nach New York unterbrochen, um sie zu besuchen. Dabei war folgendes vorgefallen: Als der Vater sich einmal über Mittag schlafen gelegt hatte, lockte die junge Stiefmutter den Patienten unter einem Vorwand in den Keller, wo sie dann in einem leeren Kohlenverschlag stehend miteinander Geschlechtsverkehr hatten. Dem Patienten war das Ereignis entsetzlich peinlich gewesen, und er hatte den Besuch gleich danach abgebrochen. Übrigens hatte seine Mutter nach der Scheidung auch wieder geheiratet und lebte jetzt in New York. Aus irgendeinem Grunde fühlte er sich nicht dazu aufgelegt, sie gerade jetzt zu besuchen, aber da sie wußte, daß er sich in New York aufhielt, wollte er sie doch vor seiner Abreise noch kurz sehen.

Vor der Scheidung war der Vater des Patienten Straßenbahnfahrer gewesen. Der Patient erinnerte sich, welchen Spaß es ihm gemacht hatte, manchmal an der Straßenecke auf die Bahn des Vaters zu warten und mit ihm bis zur Endstation zu fahren. Einmal war die Bahn derart überfüllt, daß er nicht mehr rechtzeitig einsteigen konnte, woraufhin sein Vater unter lautem Klingeln einfach abgefahren war und den Jungen lauthals ausgelacht hatte, während dieser starr vor Angst eine halbe Stunde lang stehenblieb, bis ein Nachbar ihm zu Hilfe kam und ihn nach Hause brachte. Der Vater pflegte ihn auch für geringfügige Vergehen überaus streng und grausam zu bestrafen, wobei er ihn u. a. mit seiner Gürtelschnalle auf das Gesäß geschlagen hatte. Der Vater war passionierter Jäger und besaß mehrere Gewehre und eine Pistole, die der Junge nicht berühren durfte; aber manchmal hatte der Patient sich über das Verbot hinweggesetzt und dafür Prügel bezogen. Seine Mutter war ganz anders, eine sehr weiche, liebevolle Frau. In dem soziokulturellen Milieu, in dem der Patient aufgewachsen war, wurden Söhne den Töchtern gegenüber prinzipiell höhergeschätzt und vorgezogen, und der Patient konnte sich noch daran erinnern, wie seine Mutter und deren Schwestern seinen Penis bewundert und sogar, wie er zu erinnern meinte, gehätschelt und geküßt hatten. Während der Pubertätszeit hatte er sich immer nur dann sicher gefühlt, wenn er sein Taschenmesser bei sich trug; lieber noch hätte er einen Revolver besessen. Er hatte auch versucht, sich mit Hilfe einer Radioantenne eine Spielzeugpistole zu basteln, was ihm aber nicht gelang.

Der Therapeut entschloß sich, die Angst des Patienten vor seinem Vater wegen der sexuellen Episode mit dessen zweiter Frau zum Fokus zu nehmen, also in den Mittelpunkt der Deutungsarbeit zu stellen, wohingegen der andere Aspekt, nämlich die homosexuelle Verführungssituation, nach Möglichkeit zunächst aus dem Spiel bleiben sollte. Er wies also zunächst einmal darauf hin, daß der Patient auch früher schon mehrmals unter starker Angst gelitten hatte: da war z. B. der Panikzustand, als der Vater ihn als Kind einfach stehen ließ und mit der Straßenbahn davonfuhr; dann die Angst der Pubertätsjahre, die er nur durch ein mitgeführtes Messer oder besser noch eine Pistole zu beherrschen vermochte; in der gleichen Linie wurden auch die Magenbeschwerden während der Militärdienstzeit als Angstäquivalent interpretiert. Der Patient akzeptierte diese Deutung und erinnerte sich jetzt auch, wie sehr er sich davor gefürchtet hatte, nach Vietnam geschickt und dort gefangengenommen und gefoltert zu werden, wobei er mit Schaudern wieder an den verkohlten Leichnam des Mönches dachte. Der Therapeut hob nun hervor, daß der Patient doch in allen diesen Situationen stets imstande gewesen sei, seine Angst zu überwinden, alle Gefahren zu meistern, schließlich auch zu heiraten und eine Familie zu gründen (letzteres wurde besonders erwähnt, um die heterosexuelle Seite des Patienten zu bestärken).

Dann brachte der Therapeut die Rede darauf, daß die panische Angst des Patienten offensichtlich etwas mit Schuld und Sühne zu tun habe, mit anderen Worten: er fürchte, sein Vater könne herausbekommen, daß seine Frau ihn mit seinem eigenen Sohn betrogen habe. Der Patient stimmte sofort zu: er mache sich tatsächlich große Sorgen, daß seine Stiefmutter in einem unbedachten Moment dem Vater davon erzählen könnte. – Und wie würde der Vater ihn dafür bestrafen – vielleicht wieder durch Schläge mit der Gürtelschnalle aufs Gesäß?

Der Patient nickte, als hätte er verstanden, dann aber stutzte er plötzlich: »Aber warum hat es dann im Krankenhaus angefangen?« Der Therapeut erinnerte ihn daran, daß sein Freund doch eine Wunde am Gesäß hatte und daß der Patient erwartet hatte, durch den Verband Blut sickern zu sehen. Der Patient griff die Assoziation auf und wollte nun weiter wissen, warum ihn denn die engen Hosen der Homosexuellen so irritiert hätten. Der Therapeut gab die Frage an ihn zurück und wartete ab. Nur unter großen Hemmungen und sehr stockend gelang es dem Patienten schließlich, seinen Gedankengang zu verbalisieren: Er hatte gehört, Homosexuelle betrieben analen Geschlechtsverkehr, und oft gedacht, wie schmerzhaft das sein müßte; seine Frau und er reizten sich manchmal beim Coitus gegenseitig den After mit dem Finger, aber analen Geschlechtsverkehr hatte seine Frau immer abgelehnt, weil das zu schmerzhaft sei.

An diesem Punkte entschloß sich der Therapeut, von seinem vorgefaßten Plan abzuweichen, und deutete dem Patienten dessen Angst vor (wohlgemerkt nicht den Wunsch nach) einer homosexuellen Überwältigung durch seinen Vater: Er müsse die Phantasie gehabt haben, der Vater werde ihn in seiner rasenden Wut nicht nur auf das Gesäß schlagen, sondern ihn von hinten durchbohren, ähnlich wie der Chirurg bei seinem Freund von hinten in den Darm eingedrungen war. – Der Patient nickte wieder und schloß gleich die Frage an, warum das Photo von dem verbrannten Mönch ihn so entsetzt habe. »Wutentbrannt –?« warf der Therapeut wie beiläufig ein; seine Absicht war es, das emotionale Niveau zu halten, auf dem der Patient in dem Moment sein Erleben durcharbeitete. »Ja, mein Vater in seiner Wut«, ergänzte der Patient.

»Und was ist mit der U-Bahn?« fragte er dann. Der Therapeut forderte ihn auf, sich noch einmal den dunklen schmutzigen Tunnel vorzustellen und zu sagen, was ihm dazu einfalle. Der Patient fing an zu schwitzen, blickte über seine Schulter nach hinten zur Tür, dann vage im Raum umher. Der Therapeut drängte ihn, seine Vorstellungen zu verbalisieren. Eine Zeitlang blieb der Patient still, dann senkte er beschämt den Kopf und murmelte kaum hörbar: »Der Kohlenkeller . . .«

Da die begrenzte Zeit allmählich dem Ende zuging, war dem Therapeuten daran gelegen, noch auf die Bedeutung von Wünschen für die neurotische Symptombildung zu kommen. »Wissen Sie«, sagte er, »die meisten Menschen wären wohl an Ihrer Stelle in Versuchung, diese sexuelle Beziehung zu Ihrer Stiefmutter fortzusetzen. Aber je stärker Sie so einen Wunsch in sich werden lassen, desto stärker wird vermutlich auch Ihre Angst wieder anwachsen, nämlich die Angst vor der Rache Ihres Vaters.« Der Patient sah das ein und fügte hinzu, seine Stiefmutter habe bei der Gelegenheit mit ihm auch Fellatio ausgeübt, was seine Frau ihm immer verweigert habe, und hauptsächlich aus diesem Grunde würde er gern noch einmal mit ihr allein sein. Der Therapeut erinnerte ihn daran, daß ja auch die Frauen in seiner Familie seinen Penis so bewundert hatten.

Der Patient wollte noch drei weitere Tage in der Stadt bleiben. Es wurde vereinbart, daß er den Therapeuten noch bis zur Abreise jeden Tag zu einer bestimmten Zeit anrufen solle, und außerdem versprach der Therapeut, ihm notfalls noch ein weiteres Interview einzuräumen. Es wurde ihm auch ein Psychotherapeut in seiner Heimatstadt empfohlen. Ein zweites Interview war nicht mehr erforderlich. Der Patient konnte wieder mit der U-Bahn fahren, zwar immer noch mit einem gewissen Unbehagen, aber ohne panische Angst. Hätte man ihn noch einmal einbestellen müssen, so wäre der Therapeut voraussichtlich auf die Rivalität des Patienten mit seinem Vater und auf seine Sehnsucht nach dessen Liebe und Anerkennung eingegangen und hätte dem Patienten aufgewiesen, wie er mittels sexueller Hingabe an eine Vaterfigur zweierlei erreichen wollte, nämlich die Liebe des Vaters erringen und zugleich seinen Zorn besänftigen.

Kurztherapie einer Patientin mit Angstzuständen

Eine junge Frau von Mitte zwanzig klagte über Zustände frei flottierender panischer Angst, einhergehend mit Beklemmungsgefühlen, Herzklopfen und dem Gefühl einer unmittelbar drohenden Katastrophe; genauere Ursachen ihrer Angstzustände vermochte sie nicht anzugeben. Entfremdungserlebnisse – sie fühlte sich in solchen Zuständen wie »benebelt« – verstärkten noch sekundär ihre Panik.

Zunächst kam es darauf an, den genauen Beginn dieser Panikzustände zu bestimmen, weil schon daraus Anhaltspunkte für das Verständnis der psychodynamischen Hintergründe zu erwarten waren. Dabei stellte sich heraus, daß der Ehemann der Patientin seit langem in der von seiner Familie gegründeten Firma mitgearbeitet, sich aber dann entschlossen hatte, eine neue Stelle anzunehmen. In dieser verdiente er aber jetzt wesentlich weniger als vorher. Trotzdem schien sein Entschluß vernünftig zu sein, da die neue Arbeitsstelle ihm mehr Freiheit und auf längere Zukunft gesehen auch weitaus bessere Aufstiegschancen bot, als er sie in dem Familienbetrieb gehabt hätte. Momentan jedoch brachte diese Situation mit sich, daß die Patientin und ihre Angehörigen den von früher her gewohnten Lebensstandard erheblich hatten einschränken müssen. Infolge dieser Umstände war die Patientin einerseits verbittert, zum anderen in ihrer Existenz verunsichert und ängstlich geworden. Der Ehemann hatte unterdessen an seiner neuen Tätigkeit viel Freude gewonnen, traf sich häufig mit Geschäftsfreunden zum Abendessen und kam auf diese Weise manchmal erst spät nach Hause. So hatte die Patientin jetzt – und durchaus zu Recht – das Gefühl, daß sie sich in allem einschränken mußte, sparen mußte und ans Haus gebunden war, wohingegen ihr Ehemann im gesellschaftlichen und geschäftlichen Leben aufging und es viel leichter hatte als sie. Diese Konsequenzen ihrer momentanen Lebenssituation und besonders ihre Verbitterung wollte sie indessen überhaupt nicht wahrhaben. Es war also erforderlich, der Patientin Stück für Stück und in akzeptabler Weise ihre wirkliche Situation einsichtig zu machen, vornehmlich den Zusammenhang zwischen ihren Panikzuständen und der Verleugnung (teils auch Verdrängung) ihrer aggressiven Affekte.

In der ersten Sitzung versuchte der Therapeut ihr Mut zu machen, indem er ihr sagte, solche Zustände kämen gar nicht selten vor und sprächen im allgemeinen gut und rasch auf eine Behandlung an. Er erklärte ihr den Mechanismus der Verleugnung, und daran anschließend konnte er ihr nun auch ihr Gefühl, »wie benebelt« zu sein, als eine leichte Form von Depersonalisation deuten, nämlich als einen Versuch, die störenden Aspekte ihrer momentanen Lebenslage und die dadurch hervorgerufenen Affekte von Ärger und Verbitterung einfach auszublenden. Sie verstand nun, warum sie sich manchmal »wie benebelt« fühlte: weil sie alles Unangenehme an ihrem Leben vor sich selbst »vernebeln« mußte. Im Anschluß an diese Sitzung wurde ein gemeinsames Interview mit dem Ehemann vereinbart. Dabei stellte sich heraus, daß die Familie in Wirklichkeit gar nicht so sparsam zu leben brauchte, wie es anfangs den Anschein hatte. Vielmehr konnte der Ehemann ziemlich sicher mit einer baldigen Gehaltsaufbesserung rechnen, so daß es eigentlich gar keinen realistischen Grund dafür gab, unter diesen Umständen sich derart einzuschränken und womöglich noch Geld beiseite zu legen. Im Gegenteil: es erschien viel vernünftiger, wenn der Ehemann ein kleines Darlehen aufnehmen würde, um sich für ein paar Stunden in der Woche eine Haushilfe zu leisten und einige dringende Anschaffungen für die Kinder zu erledigen. Außerdem wurde die Patientin auch in diesem gemeinsamen Interview noch einmal darauf hingewiesen, daß das zur Zeit relativ niedrige Einkommen des Ehemannes ja keine wirkliche Bedrohung ihrer Existenz bedeute, sondern vielmehr als eine Art Investition in die Zukunft anzusehen sei; gewiß bringe die neue Arbeitsstelle im Moment weniger ein, aber auf die Dauer gesehen werde der Ehemann voraussichtlich wesentlich mehr verdienen als in seiner früheren Position.

Indem der Therapeut durch stützende Interventionen der Patientin zu verstehen gab, daß ihre Angst verständlich sei; indem er weiterhin ihre Verleugnung als den Versuch einer Ausblendung und Vernebelung unangenehmer Wahrnehmungen und Gefühle deutete und schließlich das gemeinsame Interview mit dem Ehemann arrangierte, um die finanzielle Situation besser zu regeln, war es möglich, die Panikzustände relativ schnell wieder zu beheben.

VII. Depersonalisation

In Depersonalisationszuständen fühlt man sich irgendwie verändert gegenüber früher; man ist zum Beobachter, ja zum Zuschauer seiner selbst geworden. Man empfindet eine Art Verlust oder zumindest Auflockerung des Zusammenhangs der eigenen Persönlichkeit, des eigenen Ichs. Das Identitätsgefühl verschwimmt teilweise oder verwirrt sich völlig. Die Patienten erleben dies so, als hätten sie kein Selbst mehr, kein ichhaftes Bezugssystem für die eigenen Wahrnehmungen, Willensimpulse und Handlungen. Nicht selten werden nur bestimmte Körperteile oder Anteile des Seelenlebens als unvertraut, entfremdet und nicht zum Selbst gehörig erlebt. Im Extremfall hat der Patient das Empfinden, gar keinen Körper zu haben oder überhaupt nicht mehr lebendig zu sein. Solche Erlebnisweisen können auch auf die Wahrnehmung der Außenwelt übergreifen, die dann ebenfalls eigenartig fremd, unvertraut, unwirklich wird, ja für manche Patienten gar nicht mehr real existiert.

Gerade bei Depersonalisationszuständen gilt es aber zu beachten, daß die Patienten häufig ihre Symptome gar nicht so beschreiben, daß man sofort an Depersonalisation denken würde, oder daß sie das Kardinalsymptom der Depersonalisation unerwähnt lassen, nämlich ein Gefühl der Unwirklichkeit, der Entfremdung des eigenen Erlebens. So mag z. B. ein Krankheitsbild auf den ersten Blick wie eine Phobie imponieren, bis sich bei genauerer Untersuchung herausstellt, daß es sich primär um einen Depersonalisationszustand handelt und die phobischen Symptome sekundärer Art sind.

Depersonalisation, Entfremdungserlebnisse, Gefühle von Unwirklichkeit und Identitätsverlust spielen in der modernen
Psychopathologie eine große Rolle. In der existentialistischen
Psychiatrie, die ja zur Zeit in Hochblüte steht, dreht sich alles
fast nur noch um die diversen Varianten solcher Erlebnis-
modalitäten. Erst kürzlich hat Bellak[19] eine Übersicht über die
verschiedenen Theorien der Depersonalisation veröffentlicht.
Schilder[87] versucht Depersonalisationsgefühle mit einem Li-
bido-Rückzug zu erklären, Nunberg[79] bringt sie speziell mit
einem Liebesverlust bzw. dem Verlust eines Liebesobjekts in
Zusammenhang, Bergler und Eidelberg[23] betrachten sie als speziellen Abwehrmodus gegen anal-exhibitionistische Wünsche,
und Oberndorf[80] sieht darin ein Mittel der Angstbindung und
-bewältigung. Auch Reich[85], Fenichel[38] und Hartmann[49] unterstreichen die Abwehrfunktion von Depersonalisations- und
Derealisationsgefühlen. Blank[28] geht einen Schritt weiter mit
seiner Vermutung, daß es sich speziell um eine Abwehr gegen
Wut, Angst und Deprivation handle, wobei er allerdings hin-
zufügt, die Depersonalisation trete erst dann als Abwehrmechanismus in Funktion, wenn die hypomanische Abwehr
versagt habe. Stamm[95] faßt den Begriff der Depersonalisation
weiter und subsumiert darunter auch hypnagoge Zustände,
Halbschlaferlebnisse, ja sogar das Schlafbedürfnis; er vertritt
in Übereinstimmung mit Lewin[70] die Auffassung, daß Depersonalisationserlebnisse am ehesten bei Menschen mit ausgeprägten oralen Tendenzen und passiven Triebzielen vorkommen.
Edith Jacobson[60] faßt den Begriff noch weiter. Unter Hinweis
auf Federns[36] Beiträge zu diesem Thema stellt sie fest, daß
Depersonalisationsgefühle bei gesunden Menschen ebenso wie
bei Neurotikern und Psychotikern vorkommen, und sie führt
eine ganze Reihe von Faktoren an, die solche Erlebnisweisen
bedingen oder jedenfalls begünstigen können. Nach der Auffassung dieser Autorin handelt es sich bei der Depersonalisation um einen Vorgang, bei welchem ein intakter Teil des Ichs

einen anderen, inakzeptablen Ich-Anteil unter Beobachtung hält. Sie unterscheidet zwischen Depersonalisation und Depression; im letzteren Falle handle es sich um einen Konflikt zwischen Über-Ich und Selbst, bei der Depersonalisation hingegen um einen (intrasystemischen) Konflikt zwischen verschiedenen Identifikationen im Ich bzw. zwischen unterschiedlich identifizierten Ich-Anteilen. Jacobson betont zwar, daß Depersonalisationsgefühle auch bei psychisch Gesunden vorkommen, und sie sagt auch, daß sie oft mit analogen Veränderungen in der Wahrnehmung der Außenwelt einhergehen; sie betrachtet die Depersonalisation aber in erster Linie als psychopathologisches Phänomen. Sowohl Jacobson als auch Spiegel[91] untersuchen Depersonalisationsphänomene aber auch unter wahrnehmungspsychologischen Gesichtspunkten.

Bellak[19] geht in seiner Übersicht von der evidenten Annahme aus, daß auch beim Gesunden die Selbstwahrnehmung und die Außenwelt-Wahrnehmung ständigen Veränderungen unterliegen, von denen Depersonalisation und Derealisation nur mehr oder weniger extreme Varianten darstellen. Diese Veränderungen der Wahrnehmung spielen sich hauptsächlich auf vorbewußter Ebene ab; inwieweit sie bewußt werden können, hängt von verschiedenen Faktoren ab, u. a. von der individuell vorhandenen Introspektionsfähigkeit. Nach Bellaks Ansicht sind Veränderungen der Selbstwahrnehmung wahrscheinlich regelmäßig mit solchen der Außenwelt-Wahrnehmung gekoppelt. Betrachtet man Depersonalisation und Derealisation als Sonderfälle des allgemeinen Problems der Wahrnehmung, so vertieft sich das Verständnis dieser Phänomene; man bekommt überhaupt erst aus dieser Perspektive ihre dynamischen und genetischen Beziehungen zu anderen Wahrnehmungsmodalitäten in den Blick und sieht sie nicht nur als isolierte psychopathologische Phänomene, sondern im Kontext einer allgemeinen Persönlichkeitstheorie.

Das Alltagsleben zwingt jedem von uns eine Vielzahl verschiedener Rollen auf, die jeweils mit entsprechenden Umstellungen der Beziehung zwischen Selbst und Umwelt, mit Veränderungen der Selbstwahrnehmung, des Selbstbildes und des Selbstgefühls verbunden sind. Solche ständig wechselnden Rollen sind u. a. die des Gleichgestellten, Untergebenen, Vorgesetzten, die offizielle und die private Rolle, die Elternrolle, die des Verkäufers und des Kunden usf.; tatsächlich vollzieht jeder Mensch unentwegt subtile Rollenwechsel, sobald er mit einem anderen Menschen Kontakt aufnimmt oder in eine neue Situation eintritt. Darüber hinaus gibt es natürlich auch die drastischeren Rollenwechsel von der Gesundheit zur Krankheit, vom Zivilisten zum Soldaten, vom freien Bürger zum Häftling, vom jungen zum alten Menschen.

Schon bei nur leicht gesteigerter Selbstbeobachtung ist eine veränderte Selbstwahrnehmung häufig auch mit einer verzerrten Wahrnehmung der Umwelt und der Reaktionen anderer Menschen verbunden. In solchen Fällen sind stets Depersonalisation, Derealisation und Projektion unauflöslich miteinander verwoben und stellen im Grunde nur verschiedene Aspekte ein und desselben Phänomens dar, nämlich einer allgemein verzerrten Selbst- und Umweltwahrnehmung.

Bellaks Auffassung der Depersonalisation als Variante der Selbstwahrnehmung und als normales Phänomen in der Funktion des Selbst ist in mehrfacher Hinsicht von Nutzen:

(1) Er wendet sich gegen die Tendenz, Depersonalisationsphänomene *nur* als Symptom bestimmter psychiatrischer Krankheitsbilder anzusehen, wiewohl sie auch im Zusammenhang mit mehr oder weniger ausgeprägten psychischen Störungen auftreten *können*. Wenn ein Patient über Depersonalisationsgefühle berichtet, so besagt das jedenfalls zunächst noch gar nichts über die Diagnose. Allerdings gibt es wahrscheinlich eine Beziehung zwischen dem Schweregrad von Depersonalisationszuständen und dem Ausmaß von oralen Triebkonflikten und Störungen der Ichgrenzen; diese wiederum dürften in mehr oder weniger enger Relation zum Schweregrad der vorliegenden Neurose oder Psychose stehen.

(2) Bellak wendet sich auch dagegen, die Depersonalisation allzu eng als spezifischen psychischen Vorgang oder gar als bloße Abwehrhaltung zu definieren. Jede Selbstwahrnehmung in einer ungewohnten Rolle kann schon ein gewisses – wenn auch oft nur angedeutetes – Moment von Depersonalisation enthalten.

(3) Das Bellaksche Konzept macht auch verständlich, daß Depersonalisations- und Derealisationsphänomene auf verschiedenste Weise zustandekommen können. Als Ursachen kommen nicht nur psychische Faktoren, sondern auch eine Vielzahl von Medikamenten sowie bestimmte physiologische Vorgänge in Frage. Bei extrem ängstlichen Menschen kann es infolge einer Verspannung der Nackenmuskulatur zu leichter Benommenheit und Desorientiertheit und damit zu Entfremdungserlebnissen kommen. Auch unter Hyperventilation beobachtet man häufig ein Gefühl von Leichtigkeit im Kopf und von Benommenheit, auch Parästhesien, verbunden mit entsprechenden Veränderungen der propriozeptiven Empfindungen; dadurch können wiederum infolge der veränderten Selbstwahrnehmung Depersonalisationserlebnisse zustandekommen. Diese treten gelegentlich auch auf, wenn die Augen nicht scharf akkomodieren; die verschwommene oder sonstwie veränderte Tiefenwahrnehmung läßt das Wahrgenommene manchmal ganz eigenartig fremd und unwirklich erscheinen.

Aus allen diesen Beobachtungen und Überlegungen zieht Bellak die Schlußfolgerung, daß praktisch jede Veränderung im gewohnten perzeptuellen Bezugssystem der propriozeptiven Sinneswahrnehmungen und des Zeiterlebens zu einer Art Desorientierung führen kann, die bei stärkerer Ausprägung auch Veränderungen der Selbstwahrnehmung bis hin zur Depersonalisation zur Folge hat, und zwar am ehesten bei solchen Individuen, deren Ichgrenzen und deren Selbstidentität nicht allzu stabil sind.

HERAPEUTISCHE

In der klinischen Praxis haben wir es in erster Linie mit z. T.
sehr unangenehmen ichfremden Depersonalisationsgefühlen zu
tun, die im allgemeinen mit Angst verbunden sind, sich sogar
zu regelrechten Panikzuständen steigern können; es geht hier
also nicht um syntone Depersonalisationserlebnisse, die es
natürlich auch gibt. Die Behandlung richtet sich nach der jeweils vorherrschenden Dynamik.

(1) In jedem Falle ist es für solche Patienten schon eine Hilfe,
wenn man ihnen erst einmal ein gewisses intellektuelles Verständnis dieser Phänomene vermittelt und ihnen zugleich versichert, daß es sich hierbei gar nicht um etwas Außergewöhn-
liches und Einmaliges handle, sondern vielmehr um ein häufiges
Phänomen, mit dem der Therapeut wohlvertraut ist, das bei
vielen Kranken vorkommt und das auch unter bestimmten
normalen Umständen zu beobachten ist, so. z. B. beim Erwachen aus dem Tiefschlaf oder aus einer Narkose, bei forcier-
ter Atmung, bei starker Muskelverspannung oder bei bestimmten Wahrnehmungsstörungen.
Wer will, kann dem Patienten den Effekt solcher physiologischer Vorgänge sogar demonstrieren. Man kann ihm etwa erklären, daß es bei Hyperventilation durch übermäßige Ab-
atmung von Kohlensäure zu einer Erhöhung des pH im Blut
kommt, zu einer respiratorischen Alkalose, die wiederum verschiedenartige Symptome hervorbringt, beispielsweise ein
Kribbeln in den Extremitäten (Parästhesien), muskuläre Ver-
spannungen etwa der Interkostalmuskulatur (subjektiv als
Spannungsgefühl in der Brust erlebt und eventuell mit Angst
verbunden), Kopfschmerzen oder auch eine Verspannung der
Nackenmuskeln. Die Nackenmuskulatur spielt ja eine wichtige
Rolle bei der Orientierung im Raum. Durch eine übermäßige
Verspannung dieser Muskelgruppen kommt es leicht zu einer
Art von Benommenheit, die wiederum eine Störung der Selbst-
grenzen und der räumlichen Orientierung mit sich bringt und

auf diese Weise auch Depersonalisationsgefühle hervorrufen kann.

Sind Depersonalisationszustände hauptsächlich durch Hyperventilation bedingt, so kann man den Patienten zu einer besonderen Atemtechnik anleiten: er soll frei einatmen, aber dann den größten Teil der eingeatmeten Luft gegen Widerstand (z. B. durch einen Strohhalm oder durch irgendeine enge Öffnung) ausatmen und erst am Schluß die restliche Luft frei ausatmen. Auf diese Weise wird der Hering-Breuer-Reflex in den Lungen stimuliert und ein automatischer und regelmäßiger Atemrhythmus wiederhergestellt, so daß die respiratorische Alkalose und die dadurch hervorgerufenen Depersonalisationsgefühle wieder beseitigt werden bzw. sich gar nicht erst entwickeln können. Akute Depersonalisationszustände infolge Hyperventilation mit respiratorischer Alkalose lassen sich einfach unterbrechen, nämlich indem man den Patienten in eine Tüte aus- und einatmen oder noch einfacher den Atem anhalten läßt; dabei akkumuliert sich Kohlendioxyd im Blut, so daß die Alkalose rasch aufgehoben wird und damit auch die Depersonalisationsgefühle wieder abklingen.

(2) Ist die Depersonalisation vorwiegend durch irgend welche angsterregenden Erlebnisse bedingt, so kommen zur Dämpfung der akuten Symptome u. a. Psychopharmaka wie z. B. Meprobamat (Miltaun, Cyrpon), Chlordiazepoxid (Librium) oder andere Tranquilizer in Frage.

(3) Liegt hingegen die Ursache des Depersonalisationszustandes hauptsächlich in einer akuten Überflutung des Ichs mit aggressiven Impulsen bei gleichzeitiger massiver Verleugnung solcher Triebimpulse und Emotionen, so besteht die effektivste Therapie in einer Aufhebung der Verleugnung durch gezielte Deutungen, die dann allerdings auch die psychodynamische Konstellation sehr genau treffen müssen. Manchmal hängt der Verlust der Selbstgrenzen primär damit zusammen, daß der Patient in seiner Kindheit keine stabile, klar definierte Identi-

tät ausgebildet hat und deshalb immer auf nahen Kontakt zu einem Liebesobjekt angewiesen ist, an dem er sich orientieren und sich seiner schwankenden Identität vergewissern kann. Klinisch treten derartige Probleme häufig in Form einer phobischen Symptomatik zu Tage, z. B. einer Agoraphobie oder einer Reisephobie. Bei solchen Phobien weist die Angst typischerweise auch Züge von Depersonalisation auf. Man sieht das u. a. daran, daß es dem Patienten z. B. gar nichts ausmacht, kleinere Strecken im nahen Umkreis seiner Heimatstadt zu reisen, oder daß er Schiffsfahrten angstfrei tolerieren kann, solange das Schiff sich in der Nähe des Festlandes hält, oder auch daß die Symptome niemals auftreten, solange er von einem ihm nahestehenden Menschen begleitet wird. Anders gesagt: Depersonalisationsgefühle haben häufig etwas zu tun mit dem Bedürfnis nach einer symbiotischen Beziehung auf tief oralem Niveau.

Orale Konflikte manifestieren sich besonders oft in partiellen Depersonalisationsgefühlen, z. B. einem Taubheitsgefühl in der perioralen Zone, etwa so als gehöre der Mund nicht zu einem selbst, als seien die Lippen und die Zunge wie leblos, wie fremd. In so einem Falle kann eine Deutung helfen, die den Beginn der Depersonalisationsgefühle mit einer oralen Deprivation oder mit einer Trennung vom symbiotischen Partner in Beziehung setzt.

Von *déjà-vu-Erlebnissen* spricht man, wenn einem eine Situation eigenartig vertraut erscheint, so als habe man die gleiche Situation schon einmal erlebt, obwohl dies in Wirklichkeit nicht der Fall sein kann; solche Phänomene sind wahrscheinlich irgendwo in der Mitte zwischen Depersonalisation und Projektion einzuordnen. Die betreffende Situation erscheint irgendwie seltsam, fremdartig, unheimlich und oft derart irritierend, daß auch Depersonalisationsgefühle damit verbunden sein können. Dabei handelt es sich meistens um eine Kontamination der Wahrnehmung durch unbewußte Phantasien oder durch eine Kongruenz mit früheren Erlebnissen; man wird also den Zusammenhang zwischen der aktuellen und der früheren dynamischen Konstellation deuten. Am Beispiel des déjà-vu-Phänomens läßt sich gut verdeutlichen, daß fast jeder Mensch unter bestimmten Umständen so etwas wie Entfremdungserlebnisse haben kann; man braucht z. B. nur an Reisen mit modernen Verkehrsmitteln zu denken, die einen binnen kürzester Zeit in eine ganz andere Umgebung und Kultur versetzen, was ja häufig mit einem Gefühl der Unwirklichkeit verbunden ist.

Eine subjektiv meist sehr unangenehme Sonderform der Depersonalisation, nämlich das Gefühl, als ließen einen die Beine im Stich oder als gehörten sie nicht zum eigenen Körper, wird fast ausschließlich bei Frauen beobachtet und ist häufig als eine Art Konversionssymptom zu deuten, das im Anschluß an eine akute Aktualisierung sexueller Ängste auftritt. Die Aufdeckung der psychodynamischen Situation mittels treffender Deutungen führt meistens unmittelbar zum Erfolg.

ILLUSTRATIVE FALLBEISPIELE

Notfalltherapie bei Depersonalisation

Die Patientin Thelma wurde uns von dem Kardiologen Dr. X. wegen panischer Angstzustände zur Beratung überwiesen. Im Mittelpunkt ihrer Ängste stand die Vorstellung, an einem plötzlichen Herzversagen sterben zu müssen. Über Thelma wollen wir hier eigentlich gar nicht berichten, aber ihre Angst vor einem Herzversagen und die Rolle des überweisenden Arztes sind für den Fall der Patientin, die hier vorgestellt werden soll, von zentraler Bedeutung.

Kurz darauf überwies nämlich derselbe Arzt auch seine Sprechstundenhilfe Susan zur Beratung. Auch sie litt unter heftigster Angst, die sich aber vor allem auf ihre Identität zu beziehen schien: Wer bin ich? Was tue ich? Was soll aus mir werden? Was sie tat, stellte sich im Laufe des Interviews bald heraus: sie hatte nämlich ein Liebesverhältnis mit ihrem Chef, dem überweisenden Kardiologen, der aber keineswegs gedachte, seine Frau und seine Familie zu verlassen, um sie zu heiraten. Er war übrigens zwanzig Jahre älter als sie. Die Vorgeschichte ergab eine heftige Rivalität zwischen vier hübschen Schwestern um die Gunst des blendend aussehenden Vaters, der es anscheinend sehr genoß, Hahn im Korb zu sein. Die Töchter lebten alle noch im Elternhaus, keine war verheiratet, und wie Susan hatten auch zwei ihrer Schwestern ein Verhältnis mit einem älteren verheirateten Mann. Am Schluß des Interviews wurde ihr empfohlen, zu einem anderen Therapeuten zu gehen, was sie sich noch einmal überlegen wollte. Im übrigen schien sie eingesehen zu haben, daß ihre Angst und die Identitätskrise etwas mit dem Verhältnis zu ihrem Chef zu tun hatten. Sie war entschlossen, diese Beziehung abzubrechen und sich eine andere Stelle zu suchen. Danach war zunächst einmal nichts mehr von ihr zu hören.

Zwei Monate später berichtete Thelma dem Therapeuten, sie habe an diesem Morgen Susan wieder getroffen, und diese habe ihr von dem Interview vor zwei Monaten erzählt. Die beiden Frauen – die eine sehr jung, die andere in mittlerem Alter – hatten sich darüber unterhalten, was für ein »toller Mann« der Therapeut sei.

Noch am gleichen Nachmittag kam ein Anruf von Susan. Sie war in einem Panikzustand und fürchtete, sie werde verrückt. Es hatte angefangen mit einem eigenartigen, unheimlichen Gefühl, als sei sie gar nicht sie selbst; das hatte sich dann mehr und mehr gesteigert, bis sie schließlich glaubte, wenn sie nicht bald begreife, was mit ihr los sei, so werde sie »durchdrehen«. Ob nicht der Therapeut sie in Behandlung nehmen könne, und zwar sofort, auf der Stelle, das müsse er tun, unbedingt! Darüber könne man ja gleich noch sprechen, meinte der Therapeut, aber zunächst habe er einige Fragen an sie. Es kam heraus, daß sie immer noch bei demselben Kardiologen arbeitete und auch das Verhältnis nicht abgebrochen hatte; er dachte nach wie vor nicht an Scheidung, sondern hatte ihr vielmehr – wie seinerzeit der Therapeut – geraten, sich eine andere Stelle zu suchen und von ihm wegzugehen. Er hatte ihr sogar eine Stelle bei einem Kollegen, Dr. Y., vermittelt, aber kurz nachdem sie die neue Stelle angetreten hatte, starb Dr. Y. an einem Herzinfarkt, worauf sie wieder zu Dr. X. zurückgekehrt war.

Wann hatte sie denn das unheimliche Gefühl an diesem Tage zum ersten Male verspürt? Was hatte sie in dem Moment gerade getan? – Es war ein ruhiger Morgen gewesen, nur ein einziger Patient war in der Praxis erschienen. Sie hatte bei ihm ein EKG abgeleitet, und da fing es plötzlich an.

Worüber hatte sie in dem Moment gerade nachgedacht? Über gar nichts? War sie nicht gespannt gewesen, was das EKG ergeben würde? War sie nicht vielleicht in Sorge, der Patient könne etwa an einem Herzinfarkt sterben wie Dr. Y.? Vielleicht sogar hier auf derselben Untersuchungsliege, auf der sie manchmal mit Dr. X. zusammen lag? Darauf brach die Patientin in Tränen aus; als sie wieder sprechen konnte, war ihrer Angst bereits die Spitze abgebrochen, die Panik war vorüber.

»Was war denn sonst noch an diesem Morgen vorgefallen?«

»Gar nichts.«

»Hm«, sagte der Therapeut, »mir scheint, Sie haben Thelma getroffen! Haben Sie nicht öfters EKGs bei ihr abgeleitet? Sie wußten doch, daß sie immer diese Angst hatte, ihr Herz könnte plötzlich versagen!?«

Jetzt lachte Susan. Ja, sie hatte tatsächlich an dem Morgen über Thelma nachgedacht. Was war das für eine verrückte Frau: machte sich Sorgen um ihr Herz, dabei war alles in Ordnung; klagte ständig über alle möglichen neurotischen Beschwerden, dabei hatte sie so einen wunderbaren Mann und eine reizende Tochter!

»Geschähe ihr wohl ganz recht, wenn sie auch mal einen richtigen Herzinfarkt bekäme, was?«

Bei dieser Bemerkung des Therapeuten mußte Susan wieder lachen.

»Und wenn wir schon mal dabei sind –«, fuhr er fort, »jede junge Frau würde sich in Ihrer Situation wohl allerhand aufregende Vorstellungen ausmalen, etwa daß die Frau von Dr. X. plötzlich sterben könnte, dann würde er Sie heiraten, Sie wären eine wunderbare Mutter für seine Kinder und würden schließlich auch selber von ihm Kinder bekommen . . .«

»Ja, ja«, gab Susan zu, »und wenn ich manchmal ganz verzweifelt bin über ihn, dann denke ich, es wäre mir nur recht, wenn er plötzlich sterben würde oder wenn er fortginge und mich im Stich ließe.«

»Wobei ja auch zu bedenken ist«, fügte der Therapeut hinzu, »daß Sie schließlich Krankenschwester geworden sind, weil Sie gern Menschen helfen wollen. Da muß es doch entsetzlich für Sie sein zu merken, daß Sie manchen Menschen im Grunde den Tod wünschen. Natürlich sagen Sie sich dann: das bin ich gar nicht selbst, die so etwas denkt, das muß jemand Fremdes sein. Damit versuchen Sie, sich irgendwie von sich selbst zu distanzieren. Jetzt sollten Sie aber wirklich mit einer Behandlung beginnen; ich kann Ihnen einen Psychotherapeuten empfehlen.«

»Könnten Sie mich nicht in Behandlung nehmen, Herr Doktor? Ich finde, Sie verstehen mich so gut.«

»Sie meinen, wenn Thelma wegginge oder sterben würde, dann könnte ich Sie nehmen?«

Susan lachte wieder und war nun mit der Überweisung an einen anderen Psychotherapeuten einverstanden. Wie dieser später berichtete, sind im Verlaufe der anschließenden, übrigens erfolgreichen Behandlung keine weiteren Depersonalisationszustände mehr aufgetreten.

Die Dynamik erscheint in diesem Falle ganz durchsichtig: eine ödipale Konstellation, die im frühen Erwachsenenalter wieder aktualisiert wird und mit heftigsten Todeswünschen verbunden ist, welche die Patientin mit Hilfe der Depersonalisation zu verleugnen versucht, wobei sich dieser ganze Komplex noch einmal in der Übertragung spiegelt. Zur Deutungstechnik ist zu sagen, daß hier ein Mittelding zwischen modifizierter Katharsis und Intellektualisierung angewendet wurde; die Übertragungsaspekte wurden nur zur Klärung der aktuellen, nicht der frühen unbewußten Konflikte aufgegriffen.

Kurzpsychotherapie bei Depersonalisation
Die Patientin kam zur Psychotherapie wegen einer Symptomatik, die auf den ersten Blick wie eine Reisephobie erschien. Im

Interview schilderte sie dann ihre eigentlichen **Beschwerden** genauer: Sobald sie irgendein Verkehrsmittel **benutzte, hatte** sie das Gefühl, als sei sie wie in Watte verpackt, **wie durch** eine dicke Glaswand von den anderen Menschen **getrennt, die** von außen hereinblickten, und als würde sie gegen **ihren Willen** oder zumindest ohne ihr Hinzutun wie eine **Marionette** irgendwohin geführt. In diesen Zuständen war also **das Gefühl** der Ich-Zugehörigkeit gestört, sie fühlte sich verwirrt **und ohne** innere Steuerung; aber alle diese Symptome waren **noch nicht** von psychotischer Intensität. Es stellte sich heraus, **daß das jeweilige** Auftreten der Symptome hauptsächlich mit **einer Trennung** von einer gewohnten Umgebung zusammenhing. **Wenn sie** in eine fremde Umgebung kam und sich fern von **ihrer »heimat-** lichen« vertrauten Umwelt fühlte, dann fehlte **ihr offenbar** so etwas wie ein orientierendes Bezugssystem für **ihre Wahrneh-** mungen. So konnte die Patientin beispielsweise **Schiffsreisen** symptomfrei tolerieren, solange das Schiff sich **nahe am Ufer** hielt; die Vorstellung hingegen, weit aufs Meer **hinauszufah-** ren, versetzte sie in höchste Angst. Die **Intensität der »phobi-** schen« Symptomatik stand in direktem Verhältnis **zur Entfer-** nung von der vertrauten Umgebung; je weiter **sie sich von ihrer** Heimat entfernte, desto mehr wuchs die Panik **an und nahmen** infolgedessen auch die Depersonalisationsgefühle **zu.**

An ähnlichen Panikzuständen hatte die Patientin **schon als** Kind gelitten, sobald die Mutter sich weiter **entfernte als** gerade bis zum nächsten Zimmer. Eine tiefere **Exploration** ergab, daß es sich auch schon damals nicht um **einfache Trennungs-** angst, sondern um Depersonalisationserlebnisse **gehandelt** hatte: eine völlige Ungewißheit, wo die Mutter **geblieben** sein mochte; ein eigenartiges Gefühl, in ihrem Bett **liegend plötz-** lich ganz zusammengeschrumpft zu sein. Die **Patientin hatte** auch häufig perspektivische Träume, in denen alles **ganz weit** entfernt und verkleinert erschien, wie durch **ein umgekehrtes** Fernrohr gesehen. Offensichtlich hingen die **Depersonalisations-** gefühle, die von der Patientin primär als Angst **erlebt wurden,** mit einer tiefen Abhängigkeitsbindung an ihre **Mutter zusam-**

men. Mit jeder Trennung von der Mutter verlor sie zugleich ihr perzeptuelles Bezugssystem, d. h. sie vermochte ihre inneren und äußeren Wahrnehmungen nicht mehr zusammenhängend und ich-zentriert zu ordnen. Später traten derartige Entfremdungs- und Depersonalisationsgefühle immer dann auf, wenn sie den unmittelbaren Kontakt zu einem Mutter-Ersatz – etwa zu ihrer vertrauten Umgebung, zum Festland, zum sichtbaren Ufer – verloren hatte. Der Therapeut versuchte der Patientin zu zeigen, daß in allen Situationen, wo die Symptome auftraten, immer wieder die gleichen Faktoren wirksam waren, und er erklärte ihr, daß ihre Angst vor Reisen sekundär, das Primäre dagegen eine Art von Depersonalisationszuständen sei. Um diese zu beheben, mußte also ihre Trennungsangst durchgearbeitet werden. Ein weiteres wichtiges Thema war ihre völlige Hilflosigkeit, ja sogar das Gefühl, überhaupt nicht mehr wirklich zu existieren, sobald sie in eine Umgebung kam, in der sie gar nichts Vertrautes wiederfinden konnte.

Die Patientin wurde angewiesen, eine Reihe von kleineren Reisen in die nähere Umgebung zu unternehmen. Nach jedem dieser Ausflüge sah der Therapeut sie gleich wieder. Bei diesen Sitzungen wurden jeweils die dynamischen Zusammenhänge erneut durchgearbeitet, und die Patientin erhielt Anweisungen für die nächste Reise. Zunächst konnte sie überhaupt nur reisen, wenn eine ihr nahestehende und vertraute Person sie begleitete; nur wenn diese Bedingung erfüllt war, traten keine Depersonalisationsgefühle auf. Später konnte sie dann auch allein fahren, wenn sie sich für die Zeit der Fahrt eine bestimmte Aufgabe vornahm, z. B. eine Handarbeit oder irgendeine Lektüre. Der Therapeut versuchte ihr auch ein Interesse für die Geographie der Gegenden, durch die sie reiste, nahezubringen; außerdem wies er sie darauf hin, daß sie ja von überall leicht per Telephon ihre Heimatstadt, ihre Freunde und Bekannten erreichen könne. Alle diese Bemühungen trugen sicher dazu bei, daß die quälenden Symptome allmählich abklangen. Übrigens waren die Angstzustände der Patientin auch mit einer ausgeprägten Hyperventilation verbunden. Erst als die Patientin auf ihre forcierte Atmung aufmerksam gemacht worden war, ließ sich durch eine bessere Atemtechnik auch die respiratorische Alkalose verhindern, die durch eine Verspannung der Interkostalmuskulatur zu Oppressionsgefühlen und Angst vor einem Herzanfall geführt hatte – eine weitere Symptomverkettung in diesem komplexen Krankheitsbild.

VIII. Beginnende und akute Psychosen

Beginnende Psychosen können sich klinisch in verschiedenster Weise manifestieren. Manche Patienten klagen darüber, daß sie sich allgemein verstört und verwirrt fühlten; ihre Wahrnehmungen seien nicht mehr so genau, ihr Urteilsvermögen nicht mehr so sicher, ihr Denken nicht mehr so klar und geordnet wie vorher. Auch die Gedächtnisleistungen sind häufig beeinträchtigt: die Patienten vergessen Verabredungen, kommen zu spät oder überhaupt nicht zur Arbeit, fahren irgendwohin und wissen plötzlich nicht mehr, was sie dort eigentlich wollten usf. Oft wird der Verlust der Realitätsprüfung vom Kranken selbst intrapsychisch wahrgenommen. Manchmal beobachtet man auch eine Störung des Körpergefühls und der Ichgrenzen, deren manifeste Symptome von Depersonalisationsgefühlen bis hin zu wahnhaften Zuständen reichen. Fast alle beginnenden Psychosen äußern sich in Angst von einer oft panischen Intensität. Oft wird die Panik durch bestimmte äußere Umstände ausgelöst, die einen inneren Konflikt symbolisch repräsentieren; in anderen Fällen handelt es sich eher um eine diffuse freischwebende Angst ohne konkrete Inhalte. In der Regel hängt diese Panik mit der schweren Ichfunktionsstörung zusammen, die vom Patienten selbst in der Form wahrgenommen wird, daß er das Gefühl hat, »durchzudrehen«, den Verstand zu verlieren, verrückt, geisteskrank zu werden.

Akute floride Psychosen sind dadurch gekennzeichnet, daß der Kranke manifeste psychotische Symptome wie z. B. Halluzinationen, Wahnideen, Selbstmord- und Mordimpulse offen ausagiert. Manchmal werden auch perverse Tendenzen manifest, etwa hemmungsloses Exhibieren, offene Homosexualität oder transvestitisches Verhalten.

Diagnostisch muß man unterscheiden zwischen beginnenden oder auch akuten passageren psychotischen Episoden einerseits (um die es in diesem Kapitel hauptsächlich geht) und andererseits den progredienten und chronischen Psychosen. Typisch für beginnende und akute psychotische Episoden sind die ständigen Schwankungen des Ichfunktionsniveaus: es besteht noch keine dauerhafte Anpassung auf psychotischem Niveau; der Patient ist der Psychose noch nicht erlegen, sondern kämpft unentwegt um eine stabilere Anpassung, vielleicht neurotischer Art; jedenfalls ist er besser integriert und verfügt über entwickeltere Objektbeziehungen als der Psychotiker; man beobachtet wohl häufig paranoide Gefühle und Ansätze zur Wahnbildung, die sich aber noch nicht zu einem Wahnsystem konsolidiert haben; die Realitätsprüfung ist zwar unter bestimmten Umständen erheblich gestört, wird aber doch nie ganz aufgegeben, obschon die Beziehung zur Realität für so einen Patienten, der ja seine Störung mehr oder weniger bewußt selbst wahrnehmen kann, immer wieder zum Problem wird; er wechselt ständig zwischen verschiedenen Abwehrpositionen hin und her, verzweifelt darum bemüht, die psychische Homöostase wiederherzustellen.

PSYCHODYNAMISCHE ERWÄGUNGEN

Bei solchen Zustandsbildern läßt sich fast immer feststellen, daß es aus irgendeinem Grunde zu einer Intensivierung von Triebspannungen gekommen ist, die das Ich zu überwältigen drohen; dadurch ist aber nicht nur die Triebkontrolle gefährdet, sondern zugleich auch die Beziehung zur Realität (Wahrnehmung, Realitätsgefühl, Realitätsprüfung) beeinträchtigt.

Daneben beobachtet man regelmäßig eine Aktualisierung der Kernkonflikte der Persönlichkeit, seien diese nun hetero- oder homosexueller, sado-masochistischer oder auch voyeuristisch-exhibitionistischer Art.

Mitunter wird eine latente depressive Dynamik durch bestimmte Situationen reaktiviert, die vom Patienten als Objektverlust, Enttäuschung oder Selbstwertkränkung erlebt werden und eine Internalisierung aggressiver Impulse zur Folge haben.

Viertens beobachtet man häufig ein Überwiegen von Verleugnungsmechanismen in der Abwehrstruktur, besonders bei hypo-
manischen und manischen Zustandsbildern.

Neben pathologischen Ichfunktionsmustern findet man gewöhnlich auch ein archaisches, extrem punitives und mangelhaft integriertes Über-Ich. Die Beurteilung der Ichfunktionen
ist entscheidend wichtig für das Verständnis der speziellen Psychodynamik des Krankheitsprozesses, für die Formulierung der
therapeutischen Direktiven und für die Einschätzung der prognostisch günstigen Faktoren, besonders der intakten oder jedenfalls relativ ungestörten Ichfunktionsbereiche.

THERAPEUTISCHE MASSNAHMEN

(1) Zunächst besteht schon ein wichtiger therapeutischer Schritt
darin, die Lebensweise des Patienten zu regeln, so daß u. a.
seine physiologische Abwehr gestärkt wird. Man muß sich also
eingehend nach den Eß- und Schlafgewohnheiten des Patienten
erkundigen und dafür sorgen, daß keine übermäßige Ermü-
dung und Erschöpfung eintritt, die die physischen und psychischen Abwehrkräfte schwächt. Mitunter kommt man nicht ohne
die Verschreibung von Schlafmitteln aus, deren Anwendung
aber genau festgesetzt werden muß. Bei manchen Patienten ist
es durchaus angebracht, wenn man ihnen bestimmte Verhaltensweisen vorschreibt oder andere energisch verbietet: hetero-
oder homosexuell agierende Psychotiker sollten zu einer besseren Kontrolle ihres sexuellen Verhaltens angehalten werden,
und umgekehrt wird man einem übermäßig passiven Patienten
bestimmte Betätigungen anraten, in denen er mehr Aktivität
entfalten kann.

(2) Aktives, aber vorsichtiges Deuten der brennendsten Konflikte des Patienten gehört zu den wichtigsten therapeutischen
Maßnahmen. Wie wir schon im Kapitel über die Wahl der
therapeutischen Intervention (Kap. III) ausgeführt haben,

kommt es dabei auf zweierlei an: man muß einerseits das Über-Ich des Patienten entschärfen, andererseits aber zugleich auch sein Ich stärken, indem man den Triebimpuls durch die Deutung ich-syntoner macht und die Triebkontrolle festigt.

(3) Die medikamentöse Therapie mit Psychopharmaka ist gerade bei beginnenden und akuten Psychosen oft von großer Bedeutung. Als Faustregel mag gelten, daß Psychopharmaka mit hoher neuroleptischer Potenz, wie z. B. Haloperidol oder Thorazine, in den Fällen indiziert sind, wo Primärprozesse im manifesten Bild erscheinen. Für weniger kritische Situationen sind die leichteren Psychopharmaka vorzuziehen, bei denen auch die Gefahr von Nebenwirkungen geringer ist. Psychodynamisch gesehen, wird mit der Anwendung von Neuroleptica und Tranquilizern eine Reduktion von Triebspannungen angestrebt. Steht die Aktualisierung einer depressiven Dynamik im Vordergrund, so sind Thymoleptica oder auch Thymerethica indiziert. Die Dosierung muß immer sorgfältig auf die jeweilige Symptomatik abgestimmt werden. In manchen Fällen, z. B. bei agitierten Depressionen, ist eine Kombination von Antidepressiva und Tranquilizern bzw. Neuroleptica angezeigt.

(4) Eine kurzfristige stationäre Aufnahme bietet oft bessere Voraussetzungen für eine aktiv-deutende Konfliktbearbeitung; unter dem Schutz der Klinik kann man mit schärferen und tieferen Deutungen arbeiten, wie man sie in einer ambulanten Behandlung nicht riskieren dürfte. An eine stationäre Aufnahme ist aber auch dann zu denken, wenn der Patient keine Angehörigen oder Freunde hat, die eine eventuelle Selbst- oder Fremdgefährdung unter Kontrolle halten können, oder auch wenn Schlafmittel oder hochdosierte Psychopharmaka angewendet werden müssen.

(5) Stützung und Ermutigung durch ständige Erreichbarkeit des Therapeuten rangiert unter den therapeutischen Maßnahmen

bei solchen Kranken mit an erster Stelle. Es hat sich auch bewährt, die Patienten zwischen den Sitzungen zu vereinbarten Zeiten anrufen und telephonisch berichten zu lassen, wie es ihnen geht. Manche Patienten können überhaupt nur deshalb wieder ruhig einschlafen, weil der Therapeut für sie unmittelbar präsent ist, indem sie wissen, daß sie ihn jederzeit telephonisch erreichen können.

ILLUSTRATIVE FALLBEISPIELE

Notfalltherapie bei einer beginnenden Psychose
Der Student A. B., 27 Jahre alt, wurde uns von der Beratungsstelle der Universität überwiesen. Es handelte sich um eine beginnende Psychose mit typischer Symptomatik: massive Angst, abnorme Vergeßlichkeit, Schlafstörungen, Appetitlosigkeit, zwanghaftes Onanieren, Ausdrücken und Essen von »Mitessern« aus seinem Gesicht, ritualisiertes Naseputzen (wobei er sich jedesmal nur dreimal schneuzen durfte, nicht mehr und nicht weniger), angsterregende Zwangsimpulse, seine Mutter mit einem Küchenmesser zu erstechen, weiterhin Anfälle von besinnungsloser Panik in der U-Bahn, wodurch er regelmäßig zu spät zur Arbeit kam, eine entsetzliche Angst vor schnarchenden Menschen und schließlich – um diese nicht einmal vollzählige Aufzählung der Symptome abzuschließen – eine magische Abhängigkeit von Talisman-ähnlichen Schutzobjekten (z. B. Weintrauben gegen seine Flatulenz, die er als hochgefährlich erachtete, und Aspirin, »um das Feuer im Kopf zu löschen«).
Trotz dieser erheblich störenden und beeinträchtigenden Symptomatik kam der Patient erstaunlicherweise in seinem Studium gut zurecht, war führendes Mitglied mehrerer studentischer Vereinigungen und leistete auch in seinem Beruf gute Arbeit, wenn auch unter großen Schwierigkeiten. Er hatte nämlich neben dem Studium einen full-time job mit nächtlicher Arbeitszeit; in dieser Stelle arbeitete er seit zehn Jahren und war bereits mehrmals befördert worden. Er war zwar scheu,

aber kein Einzelgänger; für Frauen war er durchaus attraktiv und in seinen sexuellen Beziehungen erfolgreich. Auf diesem Gebiet hatte er allerdings sehr mit seiner Angst zu kämpfen: je näher der Zeitpunkt einer Verabredung heranrückte, desto aufgeregter wurde er, vor allem fürchtete er, seine Flatulenz nicht beherrschen zu können, und arrangierte es so, daß er immer seine Schutzobjekte (Weintrauben und Aspirin) bei sich hatte. Nach dem Geschlechtsverkehr ließ seine Angst nach, er wurde hungrig und konnte dann auch ohne Erstickungsangst essen.

Die Vorgeschichte ergab eine Reihe sehr früher Störungen: den frühen Tod eines seiner Geschwister, exzessive Onanie vom 6. Lebensjahr an, Ejaculatio praecox seit dem 8. Lebensjahr, ein frühes zwanghaftes Interesse für weibliche Genitalien und Unterwäsche, starke Angst vor dem Anblick seiner eigenen Genitalien und eine zunehmende perverse, transvestitische Orientierung.

Im Verlaufe der letzten sechs Jahre hatte er insgesamt fünfmal versucht, durch eine psychotherapeutische Behandlung Hilfe zu finden. Jeder dieser Versuche war auf gleiche Weise gescheitert, nämlich indem der Therapeut die Behandlung abbrach, weil der Patient völlig therapieresistent erschien. Jedesmal hieß es, er sei überhaupt nicht einsichtsfähig, könne nicht frei assoziieren, Deutungen würden ihn nur verwirren und an seinen Widerständen scheitern, er wolle vom Therapeuten nur immer konkrete Ratschläge erhalten. So war er natürlich auch in bezug auf die jetzige Behandlung zunächst sehr skeptisch, aber er fürchtete, er »werde verrückt« und müsse sich in eine Klinik aufnehmen lassen, falls ihm jetzt nicht geholfen werden könne.

Diese Befürchtung war während des letzten Monats allmählich in ihm aufgekommen. In dieser Zeit hatte er ein Verhältnis mit einer verheirateten Frau angefangen, mit deren Ehemann er zugleich eng befreundet war. Abends wenn der Mann zur Arbeit fortgegangen war, traf der Patient sich in dessen Auto mit der Frau; gegen Mitternacht besuchten sie ihn dann zusammen an seiner Arbeitsstelle und nahmen zu dritt einen Imbiß ein.

Der Therapeut sah sich vor eine doppelte Aufgabe gestellt: zum einen galt es dem Patienten über seine momentane Krise hinwegzuhelfen, andererseits aber auch die Voraussetzungen für eine langfristige stützende Psychotherapie zu schaffen. Dementsprechend ging er folgendermaßen vor:

(1) Er erklärte dem Patienten zunächst rein verstandesmäßig, seine Schwierigkeiten stünden offenbar im Zusammenhang mit irgendwelchen noch unklaren Ängsten im sexuellen Bereich, und die momentane Krise habe insbesondere etwas mit seinem Liebesverhältnis zu der verheirateten Frau zu tun.

(2) Er verbot dem Patienten, diese sexuelle Beziehung fortzusetzen, und zwar mit der Begründung, daß ein solches Verhältnis mit einer verheirateten Frau vielleicht besonders reizvoll sei, ihn aber auch in besonderem Maße mit Schuldgefühlen belaste; diese Gründe würden sicherlich auch der Frau einleuchten. Er solle aber zugleich seine Freundschaft mit dem Ehepaar weiterhin aufrechterhalten (mit diesem Ratschlag erhoffte sich der Therapeut, daß der Patient anstelle der jetzigen problematischen Beziehung ein desexualisiertes und schuldfreieres Verhältnis zu dem Ehepaar entwickeln könnte).

(3) Er bot dem Patienten an, daß er notfalls zu jeder Tages- und Nachtzeit, auch sonntags, telephonisch erreichbar sei.

(4) Schließlich verschrieb er dem Patienten ein Amphetamin-Präparat gegen seine Müdigkeit und Depression.

Der Patient befolgte diese Anweisungen bis ins Detail genau, wie man ja auch von seinen zwanghaften Zügen her schon erwarten konnte. Seine panische Angst ließ rasch nach; in den folgenden Wochen traten zwar noch einigemale vorübergehende Angstzustände auf, die sich aber telephonisch – der Patient rief von U-Bahn-Stationen aus an – gut beherrschen ließen. Er gewann sogar ein gewisses Maß an Einsicht, als er entdeckt hatte, daß die U-Bahn-Panik ausblieb, wenn er vor der Fahrt zur Arbeit onanierte.

Mittlerweile ist der Patient seit insgesamt zehn Jahren mit Unterbrechungen in stützender Psychotherapie. Er hat inzwischen sein Studium mit Auszeichnung abgeschlossen und ist in seiner Arbeitsstelle zum Abteilungsleiter aufgestiegen. Appetitlosigkeit, U-Bahn-Panik und Angst vor Geisteskrankheit sind nicht wieder aufgetreten. Transvestitische Tendenzen sind zwar noch vorhanden, wurden aber niemals offen ausagiert; mehrmals kam es zu depressiven Episoden, die fast immer, geradezu vorhersagbar, mit den Jahrestagen bestimmter Objektverluste zusammenhingen. In seinen heterosexuellen Beziehungen hat der Patient auch weiterhin Erfolge aufzuweisen; einigemale geriet er allerdings wieder in heftige Angst, und zwar jedesmal dann, wenn eine Frau ihn vom Nutzen der Ehe zu überzeugen versuchte. Wahrscheinlich wird er sein Leben lang immer wieder einmal eine Behandlung brauchen, aber im großen Ganzen kommt er doch zurecht und kann arbeiten.

Kurztherapie bei beginnender Psychose

Im Beginn einer akuten Psychose erlebt der Kranke an sich selbst Veränderungen seiner Wahrnehmung, den drohenden Zusammenbruch der Triebkontrolle und die Insuffizienz der Realitätsprüfung, und das macht ihm natürlich Angst, versetzt ihn in Panik, er fühlt sich auf unheimliche Weise verändert und völlig hilflos dagegen. Für die junge Frau, von der wir hier berichten wollen, war es eine große Hilfe, daß der Therapeut ihr als erstes erklärte, diese ihr so fremdartig und alarmierend erscheinenden Symptome seien ihm durchaus verständlich und aus seiner Praxis vertraut; er führte auch Beispiele von anderen Patienten an und erklärte ihr, wie solche Symptome zustandekommen. Ein solches Vorgehen bedeutet für diese Kranken eine kräftige Unterstützung und gibt ihnen die Hoffnung, ihren Zustand wieder unter Kontrolle zu bekommen.

Im Falle dieser jungen Frau war an der Arbeitsstelle eine Dreieckssituation entstanden, an der sie selbst beteiligt war. Sie hatte nämlich seit kurzem das Gefühl, einer ihrer Mitarbeiter möge sie nicht leiden. Es wurde bald klar, daß es sich hier um eine schlichte Projektion handelte: im Grunde war die Patientin eifersüchtig, weil dieser Mann eine andere Mitarbeiterin ihr vorzog. Die Patientin gab selbst einige Hinweise, auf Grund derer man ihr zeigen konnte, daß sie in Wirklichkeit selbst sehr an dem Mann interessiert und daher eifersüchtig auf seine offensichtliche Vorliebe für ihre Kollegin war; eben dies aber wollte sie nicht wahrhaben, sondern sie empfand es umgekehrt und meinte, er könne sie nicht leiden. Nach und nach dämmerte ihr die Einsicht, daß die Beweise, auf die sie ihre Meinung über die Gefühle des Kollegen stützen wollte, zum Teil wohl doch nicht ganz stichhaltig waren und daß sie diesbezüglich die Realität völlig verzerrt wahrgenommen hatte, was nun bei ihr eine erhebliche Angst auslöste.

Der Therapeut stand also vor der Aufgabe, der Patientin zunächst einmal den Mechanismus der Projektion rein verstandesmäßig zu erklären und ihr darüberhinaus auch ihre wirklichen Gefühle für die beiden Kollegen bewußt zu machen. Die Patientin berichtete nun auch von einer ähnlichen Situation mit einer Tante und einem Onkel von ihr, bei denen sie als Kind etwa ein Jahr lang gelebt hatte; diese frühere Situation ließ sich leicht mit der jetzigen in Beziehung setzen. Da verschiedene Anhaltspunkte auf einen drohenden Durchbruch primärprozeßhafter Inhalte hindeuteten und die Patientin auch über quälende hypnagoge Angstvorstellungen berichtete, die sie am Einschlafen hinderten, wurde ihr ein barbituratfreies Schlafmittel verordnet (Barbiturate können oft – ähnlich wie Alkohol – im Beginn ihrer Wirkung die Sekundärprozesse noch mehr schwächen und damit paradoxerweise die Panik noch verstärken, indem der Durchbruch primärprozeßhafter Inhalte begünstigt wird; erst nach einiger Zeit dann nimmt die erwünschte schlafanstoßende Wirkung überhand).

Als sich herausstellte, daß diese Medikation in Kombination mit 3×10 mg Librium nicht ausreichte, um die primäre Angst und die sekundären Projektionstendenzen in Schach zu halten, und als nun die Patientin auch durch die zunehmenden Spannungen am Arbeitsplatz ihre Stelle zu verlieren drohte, wurde die Medikation abgeändert und stattdessen jetzt eine Kombination von 3x25 mg Thorazin und 2x1 Tbl. Dexedrin tgl. gegeben, und zwar Thorazin wegen seiner neuroleptisch-sedierenden Wirkung und Dexedrin als Antidepressivum.

Der Therapeut hielt es für besonders wichtig, die Patientin arbeitsfähig zu erhalten, da der Verlust ihrer Arbeitsstelle aller Wahrscheinlichkeit nach zu einer sekundären Regression geführt hätte und für die Patientin ein schweres Trauma gewesen wäre. Dieser Punkt ist überhaupt bei allen beginnenden Psychosen zu beachten, nämlich daß solche Zustände so rasch wie möglich unter Kontrolle gebracht werden müssen, damit es nicht zum völligen Zusammenbruch kommt, der dann als erhebliches Trauma erlebt wird, spätere Rezidive begünstigt, für den Patienten eine schmerzliche Selbstwertminderung bedeutet und ihm auf ewig den Schrecken eines totalen Kontrollverlustes hinterläßt. Besonders in solchen Fällen sind deshalb Psychopharmaka dringend indiziert, um die Situation möglichst schnell zu bessern, zumal die Psychotherapie oft einige Zeit braucht, bis sie wirksam wird.

IX. Agieren (Acting-Out)

Der Begriff »Agieren« bezieht sich auf eine Reihe von Verhal-
tensphänomenen unterschiedlicher Komplexität, die im Rahmen verschiedenster klinischer Syndrome auftreten, wie schon
Bellak[17] dargestellt hat. Meistens versteht man darunter relativ kurz dauernde, umschriebene Episoden; so kann man z. B.
sagen, daß ein Fettsüchtiger in übermäßigem Essen seine fru-
strierten Triebbedürfnisse »ausagiere«. Obschon die Psychodynamik der Bulimie (des Vielessens) in Wirklichkeit viel komplexer sein mag, so steht doch im Vordergrund die Tatsache,
daß der Fettsüchtige sich zutiefst unbefriedigt, enttäuscht und
ungeliebt fühlt und diese Gefühle (in der Regel unbewußt) in
die Handlung des Sich-selbst-Versorgens umsetzt; das Essen
stünde also hier symbolisch für den Gedanken: »Niemand liebt
mich und sorgt für mich, also muß ich mich selbst versorgen.«
Entsprechend handelt es sich auch beim Alkoholismus oft um
ein solches averbales Ausdrucksverhalten. In allen diesen Fällen wird als »Agieren« ein Verhalten bezeichnet, das einfach
einen unbewußten Gedanken handelnd zum Ausdruck bringt.
Agierendes Verhalten wird oft als ich-synton erlebt, zumindest
während der Handlung selbst. Es gibt jedoch auch viele agierende Patienten, die sich von ihrem Verhalten mehr oder weniger distanzieren können.
Von »Agieren« wird häufig auch in bezug auf das Verhalten
von Psychotikern gesprochen. So kann man z. B. eine gewalt-
tätige Handlung aus dieser Sicht als ein Ausagieren wahnhaf-
ter und halluzinatorischer Verkennungen betrachten, insofern
das Verhalten in einem sinnvollen und kausalen Zusammenhang mit eben diesen Verkennungen steht, mit der Realität dagegen wenig oder gar nichts zu tun hat. Bei der Behandlung
psychotischer Patienten handelt es sich oft um die Frage, ob
eine Tendenz zum Agieren besteht oder nicht, d. h. es gilt die

Wahrscheinlichkeit abzuschätzen, ob der Patient seine realitätsfremden Wahrnehmungen und Impulse eventuell in Handlung umsetzen wird. Glücklicherweise ist damit nur bei einer geringen Minderheit der Psychotiker zu rechnen. Dennoch ist die entscheidende Frage noch ungeklärt, nämlich warum manche Menschen paranoide Ideen gleichsam in der Schwebe halten können und nie jemandem etwas antun, wohingegen andere durch die gleichen Impulse zu brutalsten Gewalttaten getrieben werden.

Agieren gilt auch als klassisches Merkmal hysterischer Persönlichkeiten. Bei solchen Menschen beobachtet man abnorme Stimmungsschwankungen zwischen Liebe und Haß, Depression und Exaltiertheit, und entsprechend kann auch das Verhalten in kürzester Zeit von einem Extrem ins andere umschlagen.

Psychopathen oder Soziopathen neigen ebenfalls – im Gegensatz zum »autoplastischen« Neurotiker – dazu, ihre Konflikte und Triebimpulse nicht in Symptome, sondern direkt in Handlungen umzusetzen. Drogenabhängigkeit, die ja ihrerseits eine Form des Agierens darstellt, führt zu weiterem Agieren unter dem Einfluß des betreffenden Suchtmittels.

Agierendes Verhalten beobachtet man schließlich auch bei relativ gesunden Menschen mit Charakterstörungen, und zwar als Ausdruck der Tendenz, auf bestimmte Situationen stereotyp zu reagieren. Manche verhalten sich inadäquat, um auf diese Weise unbewußt Aggressionen gegen sich selbst zu provozieren. Andere wiederum agieren selbstdestruktiv, indem sie sich immer wieder zu Menschen hingezogen fühlen, die im Grunde sie nur ausbeuten wollen. Manche Erwachsene agieren in oberflächlicher Promiskuität Konflikte und Versagungen aus ihrer Kindheit aus. Jeder empfindet das Verhalten solcher Menschen als pathologisch, nur sie selbst nicht; reale Lebenserfahrungen ändern nichts an dem Verhalten, da es von unbewußten Phantasien geleitet ist. Solche Menschen sind nicht imstande, die Kausalbeziehung zwischen ihren Handlungen und deren Konsequenzen zu erkennen und daraus zu lernen. Das agierende Verhalten ist ihnen zum persönlichen Lebensstil geworden. Das

ist etwas ganz anderes und wohl zu unterscheiden vom sogenannten »Wiederholungszwang«, der immer nur episodisch in
Erscheinung tritt, während agierendes Verhalten als Lebensstil
ein integraler Bestandteil der Persönlichkeit ist.

PSYCHODYNAMISCHE ERWÄGUNGEN

Freud erwähnt agierendes Verhalten erstmals in der »Psychopathologie des Alltagslebens«[41], wo er verschiedene Symptom-
handlungen und Fehlleistungen beschreibt, die sämtlich noch
im Bereich des Normalen liegen. Im »Bruchstück einer Hysterie-Analyse«[45] versteht er Doras vorzeitigen Abbruch der
Analyse als Ausagieren bestimmter Kindheitserlebnisse und
Phantasien. In einer seiner technischen Schriften[44] bespricht er
das Agieren im Zusammenhang mit Übertragung und Widerstand.
Fenichel[37] zufolge sind agierende Charaktere in ungewöhnlich
starkem Maße durch ein »unbewußtes Mißverstehen der Gegenwart im Sinne der Vergangenheit« geprägt; sie handeln
immer wieder gleich und erleben immer wieder ähnliche Situationen, weil sie unbewußt dem Ziel nachjagen, sich endlich einmal von alten Triebkonflikten zu befreien und verdrängte
Impulse (d. h. unbewußte Triebwünsche oder auch Strafbe-
dürfnisse aus unbewußten Schuldgefühlen) verspätet doch noch
zu realisieren oder zumindest sich von diesen inneren Spannungen etwas zu entlasten. Fenichel beschreibt auch die mangelnde
Frustrations- und Konflikttoleranz dieser Patienten und ihre
Unfähigkeit, den Schritt vom Handeln zum Denken zu voll-
ziehen. Ihr vernünftiges Urteilsvermögen wird immer wieder
überrannt von ihrer Impulsivität. Ihr eigentliches Streben gilt
nach Fenichels Auffassung nicht so sehr dem Erlangen von Lust
als vielmehr der Vermeidung von Unlust, wobei orale Fixierungen und frühe Traumen eine zentrale Rolle spielen. Fenichel
betont den qualitativen Unterschied zwischen Agieren und
sonstigen neurotischen Verhaltensweisen: bei letzteren handle

es sich mehr um eine sporadische oder umschriebene Geste, Bewegung oder indirekte Ausdrucksweise; das Agieren hingegen sei eine relativ komplexe und organisierte Aktivität. Fenichel zufolge ist das Agieren typischerweise ich-synton und stellt eine alloplastische (und nicht so sehr eine autoplastische) Abwehr dar, d. h. der agierende Patient neigt unter Konfliktspannungen eher dazu, seine Umwelt zu verändern, als sich selbst.

Nach Phyllis Greenacre[47] haben agierende Patienten häufig »besondere Schwierigkeiten im Annehmen und Verstehen der gegebenen Realität«, wobei es sich speziell um folgende Schwierigkeiten handle: (1) besondere Probleme aus der gegenwärtigen realen Lebenssituation, (2) persistierende Erinnerungen an frühere traumatische Erlebnisse und/oder (3) ein mangelhaft ausgebildetes Realitätsgefühl. Im Agieren sieht Greenacre ein Bedürfnis wirksam, um jeden Preis die Totalität eines früheren Erlebnisses, einer früheren Szene wiederherstellen zu wollen, statt sich mit einer indirekten, partiellen, symbolischen Wiederbelebung der Vergangenheit zu begnügen. Beim habituellen neurotischen Agieren werden nur bestimmte Bereiche der Realität selektiv verzerrt, wohingegen psychotisches Agieren dadurch gekennzeichnet ist, daß die aktuelle Lebenssituation nur noch unter dem Aspekt früher unbewußter Erinnerungen erlebt wird, wodurch die Realitätswahrnehmung schwer beeinträchtigt und bewußte Einstellungen und Erinnerungen weitgehend außer Kraft gesetzt werden.

Sowohl Greenacre als auch Fenichel sehen die Genese des habituellen Agierens zumindest teilweise begründet in oralen Fixierungen, starken narzißtischen Bedürfnissen, mangelhafter Frustrationstoleranz, konstitutioneller Hyperaktivität sowie schweren frühkindlichen Traumata, die zum Agieren im Sinne eines stereotypen Abreagierens führen, ähnlich wie man es bei traumatischen Neurosen beobachtet. Phyllis Greenacre betont darüber hinaus auch die besondere Bedeutung einer frühen visuellen Sensibilisierung, aus der sich eine Neigung zur Dramatisierung und zum unbewußten Glauben an die Magie des Handelns ergeben soll. Nach der Auffassung dieser Autorin entsteht eine Neigung zum Agieren, wenn die Sprachentwicklung um das zweite Lebensjahr herum gestört ist und dadurch die Kommunikationsfähigkeit vorwiegend an unmittelbares Handeln gebunden bleibt.

Bellak[17] zufolge spielt auch eine Konkurrenz verschiedener Identifikationen bei mangelhafter Synthese der Ichkerne eine Rolle. Er konnte mehrere Patienten beobachten, die wechselnde Rollen ausagierten, wobei das eine Mal die Identifikation mit dem einen, dann wieder die mit dem anderen Elternteil die Oberhand zu gewinnen schien.

Eine abnorm niedrige Frustrationstoleranz wird ebenfalls als typisches Merkmal agierender Patienten angesehen und ist häufig Ausdruck einer Fehlentwicklung, bedingt u. a. durch eine inkonstante und inkonsequente Erziehung, übermäßige Verwöhnung, mangelnde Disziplin oder auch eine allgemein sexuelle und aggressive Überstimulierung. Blos[29] hält das Agieren Jugendlicher für eine phasenspezifische Reaktionsweise. Nach seiner Auffassung ist die Adoleszenzperiode allgemein gekennzeichnet durch eine zunehmende Ablösung der libidinösen Besetzungen von den primären Liebesobjekten, wodurch es vorübergehend zu einem gesteigerten Narzißmus und Autoerotismus kommt, bis dann schließlich die Libido sich an außerfamiliäre heterosexuelle Objekte attachiert. Alle diese Veränderungen sind mit einem tiefen Gefühl des Verlustes und der Isolierung verbunden, also mit einer schweren Ichverarmung, die zur Genüge erklärt, warum der Jugendliche so versessen ist auf äußere Realität, auf sensorische Stimulierung und Aktivität. Handeln bedeutet somit für den Jugendlichen, nicht der Versuchung zur Passivität, zur primitiven Hingabe nachzugeben; »Handeln wird zur magischen Geste, es wendet Böses ab, dient der Verleugnung passiver Tendenzen und bestätigt auf fast wahnhafte Weise das Gefühl, die Realität beherrschen zu können.« Nach Blos ist also das Agieren bei Jugendlichen ein normales Phänomen, denn »die Pubertät ist eben ein Prozeß der Synthese, der Vermittlung der Vergangenheit mit der Gegenwart und der antizipierten Zukunft, ... ein ständiges Bemühen, die Vergangenheit mit dem neuen Erleben der ausgehenden Kindheit, d. h. eben der Pubertät, in Einklang zu bringen«.

Bei den diffuseren Formen des Agierens kommt eine größere Vielfalt ätiologischer Faktoren in Frage. Bei solchen Patienten fällt nicht nur die von Phyllis Greenacre beschriebene visuelle Sensibilisierung auf, sondern überhaupt eine allgemeine Tendenz zur Überstimulierung und eine Sensibilisierung gegenüber Reizen jeglicher Art. Sowohl die afferente als auch die efferente Schwelle sind abnorm erniedrigt. Ein gewisses Maß an sensorischer Stimulierung ist zwar für eine normale kindliche Entwicklung erforderlich; anscheinend kann es aber durch eine Überstimulierung beim Kind zu einer dauernden Überlastung kommen, so daß ein solcher Mensch u. U. sein Leben lang einerseits einen exzessiven Reizhunger, andererseits aber auch eine mangelhafte Impulskontrolle und ein ständiges Bedürfnis nach Spannungsabfuhr behält.

Unter dem Aspekt der Abwehr erscheint agierendes Verhalten als eine Art »Dampfablassen« im Sinne eines kathartischen Abreagierens innerer Spannungen. Selbst gewalttätiges und autoaggressives Agieren ist manchmal im Grunde nur ein verzweifelter Versuch, mit noch stärker angstbesetzten Depersonalisationsgefühlen fertig zu werden. E. Jacobson zufolge stellt das Agieren eine Form von Verleugnung dar, insofern es auf einen Widerstand gegen das Erinnern hinausläuft, und ist auch regelmäßig mit ausgeprägten Verleugnungstendenzen verbunden. Sie sieht den Zweck des Agierens darin, bestimmte Verhaltensweisen mittels Verleugnung und Verdrängung ich-synton zu halten.

Komplexere Formen des Agierens, wie man sie bei Charakterneurosen beobachtet, lassen daran denken, daß hier auch Verdrängung mit im Spiel ist, denn solche Verhaltensweisen sind meistens mehrfach determiniert und spielen sich mehr auf unbewußtem als auf vorbewußtem Niveau ab (wohingegen die Verleugnung eher ein vorbewußter Prozeß ist). So kann es z. B. sein, daß mit Hilfe eines agierenden Verhaltens ein anderes

Verhaltensmuster abgewehrt und in der Verdrängung gehalten wird; dies ist anzunehmen, wenn beispielsweise im Anschluß an Phasen masochistischen und passiv-provozierenden Verhaltens regelmäßig aktive sadistische Reaktionsweisen zu beobachten sind oder umgekehrt.

Bei agierenden Patienten findet man eine Vielzahl von Ichfunktionsschwächen: eine mangelhafte Fusion der einzelnen Ichkerne, Insuffizienz der synthetischen Funktion, defekte Triebkontrolle, geringe Frustrationstoleranz, unzureichende Realitätsprüfung, ein Unvermögen zur Entwicklung und Aufrechterhaltung konstanter Objektbeziehungen und eine sehr geringe Fähigkeit zur Sublimierung und Neutralisierung. Auch die Organisation des Verhaltens auf Sekundärprozeß-Niveau und die Fähigkeit zur »umweghaften«, mittelbaren Befriedigung von Triebbedürfnissen sind bei diesen Patienten gestört.

THERAPEUTISCHE MASSNAHMEN

Nach Phyllis Greenacre kommen für eine langfristige Psychotherapie bei agierenden Patienten grundsätzlich drei therapeutische Techniken in Betracht, nämlich Verbieten, Deuten und Ichstärkung. Für die Kurztherapie des Agierens gelten im Wesentlichen die gleichen Direktiven, wenn auch mit gewissen Modifikationen. Schon auf Grund der Vielfalt und Komplexität agierenden Verhaltens wird sich das therapeutische Vorgehen immer am einzelnen Fall orientieren und von Patient zu Patient stark variieren[17].

(1) Manchmal ist es notwendig und vertretbar, dem Patienten ein bestimmtes Verhalten direkt zu verbieten oder auf dem Abbruch einer Beziehung zu bestehen. Phyllis Greenacre hat allerdings auch auf die Grenzen dieser Methode hingewiesen: Verbote sind oft nicht sehr effektiv und können sich auch schädlich auf die Beziehung zwischen Patient und Therapeut auswirken.

(2) In manchen Fällen ist es angezeigt, den Patienten aus der Situation herauszunehmen, die sein agierendes Verhalten immer wieder provoziert und zu rechtfertigen scheint. Man kann ihm z. B. einen Ortswechsel empfehlen oder auch darauf drängen, daß er aus seinem Elternhause auszieht, daß er nicht mehr bei seinem Schwiegervater arbeitet, sondern sich eine andere Stelle sucht usf. Solche notwendigen Entschlüsse sollten dann aber auch so bald wie möglich realisiert werden, eventuell nach Absprache mit den anderen beteiligten Personen.

(3) Kathartische Deutungen der ausagierten Triebimpulse können gelegentlich von Nutzen sein, aber diese Technik ist mit äußerster Vorsicht zu handhaben. Vor allem muß der Patient spüren, daß die Deutung eines Verhaltens noch lange nicht dessen Billigung impliziert.

(4) Vielleicht am wichtigsten ist der Versuch, das agierende Verhalten ichfremd zu machen, d. h. den Patienten zu einer gewissen Distanzierung von seinem Agieren zu bringen. Zu diesem Zweck muß man dem Patienten den Wiederholungscharakter und den selbstdestruktiven Aspekt seines Verhaltens begreiflich machen und ihm vor allem zeigen, daß er dabei im Grunde seinen unbewußten Fehlwahrnehmungen und Fehlhandlungen zum Opfer fällt. Indem man gerade diese passive Rolle des Patienten gegenüber seinen Triebimpulsen hervorhebt, dämpft man zugleich jenes Gefühl magischer Omnipotenz, das im Agieren so oft mitschwingt.

(5) Manchmal nützt es auch, dem Patienten die Bedeutung seines Verhaltens zunächst einmal in verstandesmäßiger Form zu erklären, weil dies seine Selbstbeobachtung und Selbstkritik schärft. Das setzt natürlich voraus, daß der Therapeut seinerseits die Dynamik schon bald nach Beginn der Behandlung verstanden haben muß.

(6) In engem Zusammenhang mit dem soeben beschriebenen Vorgehen steht die Technik der Vorhersage, wobei der Thera-

peut dem Patienten voraussagt, er werde unter diesen oder jenen gegebenen Umständen wahrscheinlich wieder in der schon bekannten Weise agieren. Der Therapeut kann noch hinzufügen: er hoffe allerdings, daß diese Voraussage sich nicht bestätigen werde.

(7) Zeit zu gewinnen, ist eines der wichtigsten Nahziele bei der Behandlung agierender Patienten, die ja immer meinen, sie müßten sofort hier und jetzt unmittelbar handeln. Wenn ein Patient noch heute heiraten will, sofort die Behandlung abbrechen möchte, sogleich seine Scheidung in die Wege leiten muß, so ist manchmal schon viel gewonnen, wenn man ihn dazu bringen kann, noch einen Tag, eine Woche, einen Monat abzuwarten. Mit dem Aufschub hat man nämlich einen doppelten Vorteil erlangt: die ganze Situation ist nicht mehr so akut und dringlich, und außerdem hat man Zeit für eine sinnvolle Deutungsarbeit gewonnen.

(8) Eine Stärkung des Über-Ichs ist in manchen Fällen sehr wirksam. Man appelliert dabei energisch an das Gewissen des Patienten und hält ihm vor, welche Konsequenzen sein Verhalten mit sich bringt und wie er damit auch andere schädigt. Bei diesem Vorgehen versucht der Therapeut sich mit demjenigen Persönlichkeitsanteil des Patienten zu verbünden, der die Triebkontrolle ausübt bzw. ausüben sollte.

(9) Ein ebenso hilfreiches Mittel bei diesen Patienten besteht darin, daß man ihre Fähigkeit zur Synthese zu bessern versucht, indem man immer wieder an Gedanken und Gefühle anknüpft, die sie in früheren Sitzungen geäußert haben. Denn habituelle Agierer, besonders solche mit hysterischen Zügen, haben eine ausgeprägte Neigung zu »vergessen«, was sie gerade einen Tag vorher noch gesagt oder gefühlt haben oder was ihnen noch in der vorigen Woche als das dringendste Problem erschienen war. Der Therapeut muß seinen Patienten also wieder daran erinnern, wie der Stand der Dinge gestern und in der

vorigen Woche gewesen war, und muß ihm aufzeigen, daß sein jetziges Bedürfnis zu handeln etwas mit bestimmten Erlebnissen zu tun hat, die noch gar nicht lange zurückliegen. Man kann zu diesem Zweck auch den Patienten dazu anhalten, am Anfang jeder Sitzung noch einmal kurz die wichtigsten Punkte aus der vorangegangenen Stunde zu rekapitulieren und anschließend die Zusammenhänge zwischen dem bereits Besprochenen und der gegenwärtigen Situation selbst zu überlegen und zu formulieren.

(10) Psychopharmaka sind in manchen Fällen indiziert, wenn es Rückfälle in agierendes Verhalten zu verhindern gilt. Durch medikamentöse Dämpfung von Angst und Spannung, die zum Agieren prädisponieren, gelingt es oft, etwas mehr Spielraum für sonstige therapeutische Maßnahmen zu schaffen und zugleich auch das Einschleifen pathologischer Verhaltensmuster zu verhindern. Manche Psychopharmaka, besonders die Phenothiazine, beeinflussen agierendes Verhalten, indem sie Trieb- und Affektspannungen herabmindern und damit indirekt die synthetischen Ichfunktionen stärken. Die »Energetica« (Thymerethica und Stimulantien) sollen nach Ostow[81] unmittelbar die synthetische Kapazität des Ichs steigern.

(11) In besonders schwierigen Fällen ist der Therapeut u. U. auf die Hilfe anderer angewiesen, um destruktives Agieren zu unterbinden. Auch kombinierte Beratungen unter Einbeziehung von Familienangehörigen oder Freunden des Patienten können erforderlich werden.

(12) Bei akuter Gefahr des Agierens bedeutet es für den Patienten oft eine große Hilfe und Unterstützung, wenn er weiß, daß er den Therapeuten telephonisch erreichen kann. Man muß dem Patienten die Devise einschärfen: »Nicht überstürzt handeln, sondern erst anrufen!« In einem solchen Telephongespräch sollte man dem Patienten eine Gelegenheit zur kathartischen Abreaktion von Triebspannungen geben und zugleich

sein Über-Ich zu stärken versuchen, indem man ihm die Konsequenzen seines beabsichtigten Handelns aufzeigt.

(13) Felix Deutsch[33b] empfiehlt für manche agierenden Patienten, daß man vor allem ihre *Hemmungen* therapeutisch bearbeiten soll. Das klingt zunächst paradox, aber man kann tatsächlich sehr oft bei agierenden Patienten beobachten, daß sie in bezug auf »Erfolgshandlungen« Hemmungen unterworfen sind, d. h. daß sie es z. B. nicht fertig bringen, ein Examen abzulegen, sich nach einer besseren Arbeitsstelle umzusehen, aus dem Elternhause auszuziehen, eine Zusatzausbildung zu absolvieren usw. Gelingt es, solche Hemmungen zu überwinden, so hat der Patient neue Möglichkeiten zur Verfügung, um seine Energien sinnvoll einzusetzen, statt sie in nutzlosem Agieren zu vergeuden, und darüberhinaus kann ihm das Erfolgserlebnis auch die Distanzierung von seinem früheren agierenden Verhalten erleichtern.

Was die Therapieerfolge bei schwer agierenden Patienten betrifft, so darf man nicht allzu optimistisch sein. Viele Fälle dieser Art sind überhaupt therapieresistent; hinzu kommt die große Zahl jener Patienten, die zwar von sich aus zum Therapeuten kommen, aber dann eine Behandlung ablehnen oder nach kurzer Zeit wieder abbrechen. Für solche Menschen, die ständig in Erregung sind, die schon in früher Kindheit dauernd überstimuliert wurden und nun als Erwachsene auf einem habituell überhöhten Spannungsniveau mit dem ständigen Bedürfnis nach Reizzufuhr und nach ungehemmter Spannungsabfuhr leben – für solche Patienten hat wahrscheinlich eine Psychotherapie wenig Sinn; man müßte für sie völlig neue Behandlungsmethoden entwickeln, vielleicht somatischer Art.

Ein großer Teil der therapeutischen Schwierigkeiten bei agierenden Patienten hängt sicher auch damit zusammen, daß diese Verhaltenspathologie genetisch in präverbalen Erfahrungen verwurzelt ist. Kein Wunder also, daß die therapeutischen Probleme beim Agieren ähnliche sind wie bei anderen psychopathologischen Syndromen präverbalen Ursprungs und daß diese verschiedenen Zustandsbilder oft bei ein und demselben Patienten geradezu austauschbar zu sein scheinen. Das Agieren steht demnach in enger Beziehung zur Hypochondrie, zu psychosomatischen Syndromen und zu hysterischen Phänomenen. Bei allen diesen Zustandsbildern beobachtet man anstelle reifer, sekundärprozeßhafter Kommunikationsweisen eine Fülle von averbalen Ausdrucksformen in der Körpersprache.

Wer es selbst erfahren hat, mit welchen enormen Schwierigkeiten schon die Therapie relativ blander Formen von Agieren bei ansonsten gut integrierten Persönlichkeiten verbunden sein kann, der wird erst recht pessimistisch sein, was eine erfolgreiche Behandlung von schweren und insbesondere asozialen Formen agierenden Verhaltens anbetrifft. Wenn ein Therapeut meint, er könne Suchten und schwere asoziale und antisoziale Formen des Agierens mit dem üblichen therapeutischen Instrumentarium erfolgreich behandeln, so gibt er sich bloßem Wunschdenken hin, abgesehen vielleicht von den relativ seltenen Fällen, bei denen der Schweregrad des Agierens nicht so sehr vom Ausmaß der psychopathologischen Störung abhängt, sondern vielmehr durch soziale und sonstige situative Faktoren bedingt ist. Gewalttätig agierende Soziopathen oder Psychotiker kann man nicht oder jedenfalls nicht nur psychotherapeutisch behandeln. Die Psychotherapie kann auch nicht andere humane Maßnahmen völlig ersetzen, die zumindest einen wirksameren Schutz der Gesellschaft gewährleisten; dies käme allenfalls in Frage, wenn uns eines Tages wesentlich effektivere diagnostische und therapeutische Methoden zur Verfügung stünden und ausgedehntere Erfahrungen mit der Psychotherapie Delinquenter vorlägen.

ILLUSTRATIVE FALLBEISPIELE

Kurzpsychotherapie bei aggressivem Agieren
Eine Frau von Anfang dreißig sucht Hilfe beim Psychotherapeuten, weil ihre Ehe und ihr Familienleben erheblich dadurch

beeinträchtigt sind, daß sie ihr explosives Temperament nicht in Zaum zu halten vermag. Besonders abends um die Zeit des Abendessens ist sie gegen den Ehemann und die Kinder derart aggressiv, daß sie sie anschreit und ihre ganze Wut an ihnen ausläßt. Ihre Familiensituation ist in vieler Hinsicht überaus typisch für Familien unseres Kulturkreises: Der Ehemann kommt abends müde von seiner Arbeit nach Hause und erwartet, daß man sich um ihn kümmert; die Ehefrau hat sich den ganzen Tag im Haushalt und mit den Kindern abgerackert und ist jetzt nicht gerade in der rechten Stimmung, um für ihren Mann zu sorgen; bei den Kindern ist um diese Tageszeit, zumal wenn sie noch klein sind, in puncto Ichstärke allmählich Ebbe eingetreten, und sie werden quengelig und anspruchsvoll. Die zahlreichen Belastungen, von denen die Patientin spricht, sind demnach durchaus real, ja sogar typisch für Mütter mit kleinen Kindern; der Therapeut muß also zunächst einmal klären, warum diese Situation der Patientin größere Schwierigkeiten macht als den meisten anderen Frauen in ihrer Lage.

Die genauere Analyse ihrer Einfälle und vor allem auch eines Traumes ließ bald ein grundlegendes Stück der Dynamik erkennen. In ihrem Traum hatte sie das Gefühl, als huschten Gespenster um sie herum, bedrängten sie und liefen über sie hinweg. Aufgefordert zu sagen, ob ihr etwas dazu einfalle, besonders zu der Stimmung im Traum, äußert die Patientin sofort, ein ganz ähnliches Gefühl wie im Traum habe sie immer abends, wenn die Familie ihr am unerträglichsten sei; dann sei es so, als fielen alle über sie her, bedrängten sie, zerrten an ihr herum und bestürmten sie mit Ansprüchen und Forderungen. Sie fühle sich dabei völlig passiv, hilflos ausgeliefert, mißbraucht, wie vergewaltigt. Gleichzeitig besteht aber auch eine Verbindung zwischen der Vorstellung der Patientin, alle zerrten an ihr herum, und ihrer Angst, von wilden Tieren gebissen und verschlungen zu werden; man erkennt darin eine einfache Symbolisierung der übermäßigen Forderungen, denen sie sich ausgesetzt fühlt. Die genetische Herkunft dieser beiden Vorstellungsreihen konnte nun Stück für Stück durchgearbeitet werden. Die erste Assoziationsreihe führte zurück auf bestimmte Kindheitserinnerungen von der Art der Primärszene, z. B. wie ihr Vater ständig ihre Mutter unterdrückt und überfordert habe – »unterdrückt« war hier ganz wörtlich zu verstehen, nämlich daß der Vater die Mutter physisch überwältigte und sie zu verletzen, ja zu erdrücken drohte. Eine andere Assoziationsreihe führte von den Gespenstern des Traumes auf bestimmte Kindheitsängste, Albträume und Erinnerungen aus Märchen. Das Gefühl, von allen Seiten werde an ihr herumgezerrt, erinnerte sie auch an einen weit zurückliegenden Traum, in welchem sie im Meer schwamm und von Haien angegriffen wurde; die Haie stießen sie an und bissen sie, dann verwandelten sie sich plötzlich in Krokodile, die sie ganz zu verschlingen drohten.

Damit lag nun folgende einfache Deutung nahe: die Patientin erlebte offenbar die Situation des gemeinsamen Abendessens als vielfache Bedrohung, so als werde sie von allen Seiten in die Enge getrieben, überwältigt, erdrückt; die unersättliche Gier und Anspüchlichkeit der Familie weckte zugleich ihre alten Kindheitsängste, von wilden Tieren gebissen und verschlungen zu werden. Die Patientin bestätigte diese Deutung durch eine Assoziation, indem sie sich jetzt wieder daran erinnerte, daß sie beim Stillen eines ihrer Kinder immer eine übermäßige Angst davor gehabt hatte, es könnte sie in die Brustwarze beißen. Weiteres Material aus dem Interview läßt erkennen, daß die Patientin eine ganze Reihe von Situationen nicht ertragen kann, die anscheinend alle für sie auf eine Überforderung hinauslaufen: sie leidet unter jeglichem Lärm, kann nicht unter vielen Menschen sein, sitzt im Theater und Kino möglichst am Rand in der Nähe des Ausgangs, meidet Parties mit vielen Gästen und bekommt in Aufzügen eine fast klaustrophobische Angst. Diese Situationen konnten nun unter dem Aspekt der sexuellen und oralen Ängste der Patientin durchgearbeitet und mit ihren Gefühlen beim gemeinsamen Abendessen der Familie in Verbindung gebracht werden.

Es gab auch Anhaltspunkte dafür, daß die Angst der Patientin, von ihrer Familie unterdrückt und ausgebeutet zu werden, zum Teil mit Problemen aus der frühen Beziehung zu ihrer Mutter zusammenhing. Der Therapeut entschloß sich aber, diese Zusammenhänge nicht aufzugreifen; stattdessen deutete er das aggressive Verhalten der Patientin gegenüber ihren Kindern als eine Abwehr: sie ergreife damit sozusagen die Flucht nach vorn und werde aktiv und aggressiv, um sich nicht passiv, ausgenutzt, bedroht und überwältigt fühlen zu müssen.

Anschließend schlug der Therapeut einen ganz anderen Kurs ein, indem er die Patientin darauf hinwies, welche Befriedigung doch auch mit ihrem Agieren verbunden sei und wie erleichtert sie sich nach solchen aggressiven Ausbrüchen fühle. Die Patientin gab zu, daß sie nach ihren Wutanfällen zwar immer ein schlechtes Gewissen habe, sich aber zugleich auch sehr erleichtert fühle. Ihr üblicher Tagesablauf wird nun eingehender besprochen, wobei sich zeigt, daß sie tatsächlich ständig überlastet ist und keinerlei Möglichkeiten hat, ihre Pflichten einmal hinter sich zu lassen und sich selbst etwas zu gönnen. Als ich-stützende Maßnahme und um ihr Agierbedürfnis zu verringern, wird ihr geraten, sich immer vor dem problematischen Abendessen eine Stunde Zeit für sich persönlich zu reservieren; in dieser Zeit solle sie möglichst das Haus verlassen und irgend etwas unternehmen, was ihr Spaß mache und wobei sie sich erholen könne – beispielsweise spazierengehen, in Ruhe etwas für sich selbst einkaufen, eine Freundin besuchen, in die Bücherei gehen oder dergleichen.

In allen Fällen, wo eine ähnliche Situation vorliegt wie bei dieser Patientin, ist es entscheidend wichtig, daß die realen Umstände verändert werden, d. h. in diesem Falle: daß die Frau wirklich einmal eine Zeitlang das Haus verlassen kann, um den dauernden Anforderungen von seiten der Kinder, des Haushalts, des Telephons und auch des eigenen Über-Ichs wenigstens für eine gewisse Zeit zu entfliehen. Manchmal ist es gar nicht so einfach, ein Arrangement auszuklügeln, mit welchem einer Mutter noch genügend Zeit für sich selbst bleibt, zumal wenn aus sozialen oder ökonomischen Gründen keine Hilfe angestellt werden kann, die sie etwas entlasten könnte. Unter Umständen wird man solchen Frauen zu einer Teilzeitarbeit raten, die es ihnen finanziell ermöglicht, ihre Kinder unterdessen von jemand anderem versorgen zu lassen. Die Arbeit als solche bietet gute Möglichkeiten, um aggressive Spannungen zu entladen. Auch sportliche Betätigungen wie z. B. Bowling kommen als Aggressionsventile in Betracht.

Psychopharmaka zur Dämpfung innerer Spannungen und zur Überwindung von Müdigkeit und Depression können manchmal dazu beitragen, den Circulus vitiosus zu durchbrechen, der so häufig das Agieren aufrechterhält. Ist das stereotype Fehlverhalten erst einmal unterbrochen, so können sich nun auch die Kinder und der Ehemann anders verhalten, so daß auch von ihrer Seite weniger Spannungen erzeugt werden. Dies wiederum macht es auch für die Patientin leichter und lohnender, ihr Agieren aufzugeben. Hat man auf diese Weise erst einmal eine vorläufige Entspannung der Situation erreicht, so ist genügend Zeit gewonnen, um die ganze Dynamik mit der Patientin gründlicher durchzuarbeiten und ein Arrangement zu finden, das sie von ihrer Überforderung entlastet.

Kurztherapie bei sexuellem Agieren

Ein verheirateter Mann von etwa dreißig Jahren berichtete über sein promiskuöses Sexualverhalten, wobei es sich allen Anzeichen nach um ein sexuelles Agieren handelte. Denn sein Verhalten zumindest *nach* solchen Eskapaden stand völlig im Widerspruch zu seiner besseren Einsicht und zu dem, was er eigentlich wollte, da er es offenbar jedesmal so einrichtete, daß seine Frau früher oder später davon erfuhr. Der Patient war an sich durchaus intelligent und tüchtig, aber er fühlte sich seiner attraktiven und lebenslustigen Ehefrau, die ihn wohl auch etwas zu dominieren versuchte, im Grunde unterlegen. Die Anlässe für sein promiskuöses Agieren bestanden jeweils in irgend welchen Vorfällen zu Hause oder an seinem Arbeitsplatz, die für ihn eine Kränkung seines Selbstwertgefühls bedeuteten. Bei solchen Gelegenheiten kam ein unwiderstehliches Bedürfnis nach sexueller Aktivität in ihm auf. Sein promiskuöses Agieren hatte also ganz einfach die Funktion der Selbstbestätigung, der Wiederherstellung seines herabgeminderten Selbstwertgefühls, und soweit seine Eheprobleme mit hineinspielten, war es zugleich ein wirksames Mittel, um sich an seiner Frau zu rächen. Genau deshalb mußte er es auch immer so einrichten, daß sie – wenn auch scheinbar gegen seinen Willen – schließlich doch davon erfuhr. Die damit entstandenen Unannehmlichkeiten befriedigten zugleich sein masochistisches Über-Ich.

Diese Dynamik wurde mit dem Patienten durchgearbeitet und gleichzeitig mit gewissen sadomasochistisch geprägten Onaniephantasien aus seiner Pubertät in Beziehung gebracht. Es handelte sich dabei hauptsächlich um eine Rettungsphantasie, in der er als kühner Ritter seinen Heldenmut bewies; in einer tieferen Bedeutungsschicht war er allerdings selbst der Hilflose, der gerettet werden sollte. Manchmal aber entwickelte sich diese Phantasie zu seiner Bestürzung dergestalt weiter, daß er eine edle Dame errettet hatte, nur um sie in seine Gewalt zu bringen und seine sadistischen Gelüste an ihr zu befriedigen. Die Errettungsphantasie ließ sich unschwer mit den Selbstwertproblemen des Patienten in Verbindung bringen, und die sadistischen Vorstellungen konnten im Zusammenhang mit seiner Beziehung zu seiner Frau gedeutet werden. Als es dann zwei- oder dreimal gelang, dem Patienten richtig vorherzusagen, daß er in bestimmten Situationen wieder versucht sein würde zu agieren, vermochte er schließlich zum ersten Male seinen Impuls zu beherrschen, und als dann noch eine Reihe ähnlicher Anlässe durchgearbeitet worden war, hörte das Agieren ganz auf; jedenfalls war es bis zur Nachuntersuchung sechs Monate nach der Kurztherapie nicht wieder aufgetreten.

X. Schwere körperliche Krankheiten

Die psychischen Auswirkungen körperlicher Krankheiten hängen u. a. von der prämorbiden Persönlichkeit des Kranken ab, wobei zumeist eine positive Korrelation zwischen dem Ausmaß einer etwaigen prämorbiden Persönlichkeitsstörung und dem Schweregrad der psychopathologischen Reaktion auf die Krankheit besteht.

Bellak[9] unterscheidet schematisch fünf verschiedene Reaktionsweisen auf Krankheiten und körperliche Behinderungen:

(1) die »normale« Reaktion, die in einer gewissen Ängstlichkeit und Depression besteht, welche sich aber bald auf ein Maß an emotionaler Beteiligung einpendeln, das einigermaßen adäquat der tatsächlichen Schwere der Krankheit bzw. der Körperbehinderung entspricht;

(2) eine Vermeidungs- oder Verleugnungsreaktion, gekennzeichnet durch ein Nicht-Wahrhaben-Wollen der Krankheit, durch demonstrative Gleichgültigkeit und oft auch durch eine überkompensierende Hyperaktivität und Euphorie. Häufig widersetzen sich solche Patienten allen Anweisungen des Arztes. Diese Verleugnungshaltung kann aber sehr leicht in eine ängstlich-depressive Reaktion umschlagen;

(3) eine reaktive Depression, die u. U. sehr protrahiert verlaufen und in eine hypochondrische Entwicklung einmünden kann;

(4) eine Umfokussierung der schon vorher bestehenden Ängste und Konflikte auf die neu aufgetretene Krankheit. Dieser Reaktionstyp kommt vor allem bei relativ gestörten Patienten vor, die nicht selten beim Auftreten einer körperlichen Erkran-

kung ihre vorherigen diffusen psychopathologischen Symptome verlieren und damit psychisch gesünder und besser behandelbar erscheinen; schließlich

(5) die sogenannte psychische Invalidität, d. h. daß der Patient zwar vom Körperlichen her wieder arbeitsfähig und sozial funktionsfähig wäre, mittlerweile aber psychopathologische Symptome, Ängste und Fehlhaltungen entwickelt hat, die ihn völlig leistungsunfähig machen.

Manche dieser Reaktionstypen beobachtet man auch schon bei Patienten mit relativ harmlosen körperlichen Beschwerden; in voller Ausprägung findet man sie natürlich vor allem bei Schwerkranken und Körperbehinderten, so z. B. bei Krebs, Herzkrankheiten, Tuberkulose oder auch nach Amputationen.

Psychodynamische Erwägungen

Die Psychodynamik bei körperlichen Krankheiten wurde u. a. von Bellak und Haselkorn[10] eingehender untersucht. Diese Autoren stellten fest, daß das Erlebnis einer ernsteren Krankheit oder manchmal auch erst die Mitteilung der Diagnose durch den Arzt für die meisten Menschen ein »initiales Trauma« bedeutet, an das sich dann ein Prozeß anschließt, den man als »Organisation der Krankheit« bezeichnen könnte. Im Verlaufe dieses Prozesses ändert sich nach und nach die Bedeutung der Krankheit für den Patienten, und anstelle der anfänglichen diffusen Ängstlichkeit entwickelt sich nun eine »persönlichere« Krankheitsauffassung, wobei die Art und Ursache der Krankheit und deren Erscheinungsweise im Erleben des Kranken selbst und seiner Umwelt allmählich auf unbewußter, vorbewußter und bewußter Ebene mit ganz bestimmten Vorstellungen und Bedeutungen verknüpft werden. Der Kranke macht sich allmählich mit seinen Symptomen vertraut, und dabei durchläuft seine Einstellung gegenüber der Krankheit in der Regel ganz ähnliche Phasen und Schwankungen, wie man sie auch bei längerwährenden ambivalenten Beziehungen zu Menschen und vertrauten Orten beobachten kann. Er lernt mit seiner Krankheit zu leben und sie in gewissem Maße auch zu akzeptieren. So kommt es mit der Zeit und mit zunehmender emotionaler Distanzierung von der anfänglichen Reaktion schließlich zu einer mehr oder weniger gelungenen Anpassung der gesamten psychischen Ökonomie an die körperliche Krankheit. Bei den meisten Patienten beobachtet man diesen typischen Verlauf, daß mittels der intakten Ichfunktionen ein neues psychisches Gleichgewicht angesteuert und schließlich auch erreicht wird.

Bei anderen dagegen entwickelt sich im Gefolge des Krankheitstraumas und der körperlichen Beeinträchtigung eine zunehmend pathologische Organisation von irrationalen Vorstellungsinhalten, die der Kranke nicht mehr so leicht aufgeben kann. Die emotionale Besetzung der Objektbeziehungen wird zurückgezogen, und alle Interessen des Kranken zentrieren sich auf die eigene Person, das Selbst. Dieser narzißtische Rückzug entspricht einer Regression auf eine frühe Entwicklungsstufe, auf welcher die Gefühle des Kindes noch großenteils nur auf den eigenen Körper gerichtet waren. Waren die Objektbeziehungen des Patienten schon vorher libidinös verarmt, so wird seine narzißtische Fixierung nun durch die Krankheit nur noch verstärkt.

Mit dieser Verstärkung des Narzißmus sind nun bestimmte Veränderungen des Selbstbildes, des Körpererlebens und der psychischen Organrepräsentanzen verbunden.

Ein schmerzendes oder krankhaft verändertes Organ zieht die Aufmerksamkeit des Kranken auf sich. Besonders bei schweren und chronischen Krankheiten beobachtet man häufig, daß der erkrankte Körperteil fast anthropomorph wie eine andere Person behandelt wird. Er wird mit Sorgen bedacht, behütet, gepflegt, kurzum es entwickelt sich eine Einstellung gegenüber dem kranken Organ, die in etwa der einer Mutter ihrem Kind gegenüber entspricht. Die gleiche Haltung von Besorgnis und Rücksichtnahme, die der Kranke mehr oder weniger ausgesprochen von seiner Umwelt erwartet und fordert, bringt er auch sich selbst entgegen. Ein gesunder Mensch ist in der Lage, vielerlei Objekte emotional zu besetzen und im Verlaufe seiner Entwicklung libidinöse Besetzungen neuen Objekten zuzuwenden; beim Neurotiker dagegen sind die Besetzungen zu stark an das eigene Selbst fixiert geblieben. Jeder Mensch entwickelt während einer körperlichen Krankheit eine gesteigerte Selbst-Besetzung als Abwehr und Schutz gegen Unlustgefühle; beim Neurotiker ist diese Überbesetzung des Selbst aber stärker ausgeprägt und wird auch weniger leicht wieder aufgegeben, wenn die Krise überstanden ist. Die Überbesetzung des Selbst bei Körperkrankheiten entspricht einer Steigerung des sekundären Narzißmus.

Die klinische Bedeutung des Körperbildes (body image) wurde erstmals von Paul Schilder[87] beschrieben: »Unter dem Körperbild verstehen wir die Vorstellung vom eigenen Körper, ... d. h. die Art und Weise, wie der eigene Körper im subjektiven Erleben erscheint.« Ein Kind lernt im Verlaufe seiner Entwicklung allmählich, den eigenen Körper von der übrigen erlebten Umwelt zu unterscheiden. Besonders wichtig ist dabei, daß jeder Mensch z. T. ganz eigenartige Vorstellungen von seinem Körper ausbildet, darunter häufig ein übermäßig idealisiertes und/oder ein »minderwertiges« Körperbild. Körperliche Krankheiten führen oft zu einer Deformierung des Körperschemas, indem das betroffene Organ im subjektiven Erleben häufig derart unproportional überbetont wird, daß das ganze Körperbild völlig verändert erscheint, – so ähnlich wie die von einem New Yorker gezeichnete Landkarte der Vereinigten Staaten, auf der New York mehr als zwei Drittel des gesamten nordamerikanischen Kontinents einnimmt. Die klinischen Manifestationen dieses gesteigerten Narzißmus und der dazugehörigen Körperschemaveränderungen sind allgemein bekannt und unschwer zu erkennen: hypochondrische Befürchtungen, Depressivität, multiple körperliche Beschwerden ohne organische Grundlage, gesteigerte Selbstbeobachtung und Ängstlichkeit; in denselben Zusammenhang gehören auch die gesteigerten oralen Bedürfnisse und die Passivität dieser Kranken.

Fehlende oder unzutreffende anatomische Vorstellungen führen häufig zu subjektiven Fehlinterpretationen der Krankheit.
Auf unbewußter Ebene werden solche Fehldeutungen dann in
irrationaler Weise weiter ausgesponnen. Es hängt vor allem
von den symbolischen Konnotationen der Krankheit ab, welchen Stellenwert und welche speziellen Bedeutungen sie im Erleben des Kranken annehmen wird. Je stärker die Angst vor
Passivität ausgeprägt ist, desto eher wird eine körperliche
Krankheit als Bedrohung des Ichs erlebt. Die Psychoanalyse
hat immer wieder gezeigt, welche enormen Diskrepanzen zwischen dem subjektiven Selbstbild und Körperbild und der
objektiven Realität bestehen können. Hält man sich an die
Phantasieinhalte, wie sie in den freien Assoziationen des Patienten zu Tage treten, so wird die Bedeutung mancher Verhaltensweisen klar, die auf den ersten Blick völlig unverständ-
lich erscheinen mögen. So kann es sich z. B. herausstellen, daß
ein kräftiger und sehr männlich wirkender Patient, eine aus-
gesprochene Kämpfernatur, unbewußt eine ganz entgegengesetzte Vorstellung von sich selbst hat, nämlich die eines zarten,
schutzbedürftigen kleinen Mädchens; von daher wird seine
Aggressivität als Abwehr gegen eine tieferliegende Angst vor
körperlicher Überwältigung verständlich. Ein anderes Beispiel
ist die zur Schau getragene Arroganz mancher Menschen, die
damit im Grunde nur eine unbewußte Phantasie ausagieren,
welche sich auf ein übersteigertes Selbstbild gründet, das in
keiner Weise mit der Realität übereinstimmt.
Die irrationalen Einstellungen mancher Patienten gegenüber
ihrer Krankheit werden verständlicher, wenn man erfährt, was
für Vorstellungen sie von ihrer Krankheit und von dem kranken Organ haben. So ekelte sich z. B. eine Patientin entsetzlich
vor ihrem Magengeschwür, das sie sich als »eitriges Loch« vor-
stellte und mit einem offenen Ulcus cruris assoziierte, wie sie es
bei einer Verwandten gesehen hatte, wobei natürlich auch noch
anale und vaginale Vorstellungen mit hineinspielten. Krankheit wird überhaupt oft als etwas Schmutziges und Ekelerre-
gendes erlebt. Es ist auch gar nicht selten, daß Patienten eine

bakterielle Infektion z. B. der Lunge unbewußt mit der Vorstellung einer oralen Schwängerung verbinden.

Häufig wird das erkrankte Organ personalisiert, d. h. es wird nicht als zum Selbst gehörig empfunden, wohl aber so, daß es in einer ganz bestimmten Beziehung zur eigenen Person steht. Das kranke Organ kann z. B. zu einer Art Kontrolleur werden: »Mein Magen erlaubt mir nicht . . .« Viele Patienten haben gegenüber dem kranken Körperteil eine ähnliche Beziehung wie eine Mutter zu ihrem kranken Kind.

Die spezifische subjektive Bedeutung einer Krankheit leitet sich oft von ähnlichen Krankheiten her, die der Patient bei Verwandten oder Bekannten erlebt hat, wobei dieser Zusammenhang manchmal ganz bewußt und trotzdem falsch sein kann. Besteht mit der Person, die (tatsächlich oder vermeintlich) die gleiche Krankheit erlitten hat, eine starke Identifikation, so kann dies dem Patienten erhebliche Angst bereiten, zumal wenn er dieser Person gegenüber aggressive Phantasien gehabt hat; dann empfindet er nämlich unbewußt die eigene Krankheit auf Grund seiner Schuldgefühle als magische Vergeltung und Strafe für seine Aggression. Einem sehr ehrgeizigen Menschen kann eine chronische Krankheit eventuell ganz gelegen kommen, weil sie ihm einen legitimen Rückzug in passive Abhängigkeit gestattet: jetzt kann er endlich einmal zulassen, daß andere sich um ihn kümmern, was ihm früher immer unerträglich war. Bei all dem darf einem Arzt nicht entgehen, welches Maß an zusätzlichem Leid häufig durch bloße Fehlinformationen und falsche Vorstellungen des Patienten über seine Krankheit bedingt ist.

Ein sehr typisches Phänomen sowohl bei psychischen wie bei organischen Leiden ist der sogenannte *sekundäre Krankheitsgewinn*. Daß viele Patienten ihre Krankheit dazu benutzen, um die Aufmerksamkeit anderer auf sich zu lenken, um Verantwortung zu fliehen oder ihre Familie unter Druck zu setzen und zu tyrannisieren, kurzum daß man aus einer Krankheit auch Nutzen ziehen kann, ist jedem Arzt vertraut und läßt sich besonders drastisch bei sogenannten »Rentenneurosen« oder beim »Pensionierungssyndrom« beobachten, wo die Krankheit dem Patienten ganz handgreifliche Vorteile einbringt und dadurch (allerdings nicht immer in bewußter Absicht) die Heilung verzögert wird. Bei der Exploration organisch Kranker kommt es also sowohl darauf an, die vordergründigen Bedeutungen, die die Krankheit für den Patienten hat, zu erkennen, als auch etwas über die tief verdrängten unbewußten Phantasien zu erfahren, die dem psychischen Überbau der Krankheit das besondere Gepräge geben.

Spezielle Probleme bei Herzkranken
Herzkrankheiten haben etwas Besonderes an sich, nämlich daß sie vom Kranken als eine schwere Lebensbedrohung empfunden und mit der Vorstellung eines plötzlichen Todes assoziiert werden. Vielfach resultieren inadäquate Befürchtungen aus einfachen Mißverständnissen hinsichtlich der Diagnose, z. B. wenn der Patient ein rheumatisches Herzleiden mit einer Koronarsklerose verwechselt. Häufiger aber sind intrapsychische Faktoren im Spiel, vor allem verdrängte Angstinhalte von Verlassenheit, Ohnmacht und Kastration, die jetzt durch die Erkrankung wieder aktualisiert wurden und sich zu lähmender Todesangst steigern können.
Während z. B. ein Amputierter kaum jemals Arbeit als etwas Gesundheitsschädigendes ansehen wird, erscheint dem Herzkranken häufig jede Art von Arbeit als ein Risiko. Diese ständige Angst, durch Anstrengungen das Leben zu verkürzen, stellt in der Psychotherapie und besonders in der Rehabilitation solcher Patienten ein besonderes Problem dar. Andererseits gibt es aber auch Herzkranke, die sich aus einer krankheitsverleugnenden Einstellung heraus ausgesprochen selbstdestruktiv verhalten, z. B. Klaviere schleppen und dergleichen.
Herzkrankheiten sind aber auch noch in einer anderen Hinsicht etwas Besonderes, wenn wir an die besondere subjektive Bedeutung des betroffenen Organs denken. Das Herz ist symbolisch der Sitz der tiefsten menschlichen Gefühle und Leiden-

schaften – der Liebe wie auch des Hasses – und hat schon deshalb im subjektiven Erleben eine Sonderstellung unter allen Körperorganen. Das kardiovaskuläre System ist bei allen Affektsyndromen besonders stark beteiligt; Symptome wie Arrhythmie, Tachycardie und Dyspnoe treten als somatische Angstäquivalente auf und sind daher keineswegs immer als Ausdruck einer organischen Herzkrankheit zu bewerten. Psychosomatische Untersuchungen haben erwiesen, daß das kardiovaskuläre System auf Stress-Situation jeder Art mit einem Anstieg der Pulsfrequenz, des systolischen Blutdrucks und des Herzminutenvolumens reagiert. Umgekehrt können aber auch somatogene Veränderungen und Störungen der vegetativen Rhythmik ihrerseits Angst hervorrufen und damit ein Wechselspiel von psychischen und somatischen Kausalfaktoren in Gang setzen, das diagnostisch nur sehr schwer zu entwirren ist. Aber auch wenn gar keine organische Herzkrankheit vorliegt, sondern ein chronischer emotionaler Spannungszustand besteht, der sich über das Vegetativum auf die physiologischen Reaktionen auswirkt, oder Angstäquivalente, die ein Herzleiden nur vortäuschen, so sind doch auch schon die erforderlichen diagnostischen Maßnahmen dazu angetan, den hypochondrischen Befürchtungen des Herzpatienten neue Nahrung zu geben.

Ein weiteres Moment, das vielfach eine inadäquate Schonhaltung bei manchen Herzkranken mitbegünstigt, besteht im sogenannten *iatrogenen Faktor*. Tatsächlich neigen Ärzte bei Herzkranken eher als bei anderen Patienten dazu, übermäßige Schonung anzuraten, womit sie ihrerseits zu deren Invalidisierung beitragen. Dies hängt vermutlich damit zusammen, daß Ärzte im Vergleich zur Gesamtbevölkerung überdurchschnittlich häufig an Herzleiden erkranken und besonders große Angst vor einem Herzinfarkt haben. Sie neigen deshalb besonders leicht dazu, entsprechend ihren eigenen psychischen Bedürfnissen solche Befürchtungen auf ihre Patienten zu projizieren und diesen mehr Schonung zu verordnen, als eigentlich nötig wäre.

Bellak und Haselkorn[10] sahen sich auf Grund ihrer Untersuchungsergebnisse nicht imstande, irgendwelche spezifischen psychischen Faktoren oder Konstellationen anzugeben, die in signifikanter Weise mit der Entwicklung von Koronarerkrankungen korreliert wären. Sie konnten jedoch zeigen, daß Patienten, deren prämorbides Verhalten durch überkompensatorische Tendenzen, Leistungsehrgeiz und Aggressivität (als Abwehr gegen eine tieferliegende übermäßige Passivität) gekennzeichnet ist, durch die Manifestation einer Koronarerkrankung offenbar psychisch stärker bedroht sind als solche mit anderer prämorbider Persönlichkeitsstruktur. Denn diesen Patienten wird durch die Herzkrankheit die Möglichkeit genommen, Angst und innere Spannungen mittels Hyperaktivität abzureagieren, woraus sich dann psychische Konflikte ergeben, die die somatogenen Probleme noch gravierend überlagern.

Spezielle Probleme bei Tuberkulosekranken
Bellak[7] hatte Gelegenheit, 46 tuberkulöse Patienten selbst gründlich zu untersuchen und darüber hinaus 250 weitere Tuberkulosekranke indirekt durch Fallseminare und Behandlungskonferenzen fortlaufend zu beobachten. Nach seiner Erfahrung reagierten die meisten Kranken auf die Mitteilung der Diagnose »Tuberkulose« zunächst mit dem Versuch einer *Verleugnung* der Krankheit: sie konnten es einfach nicht glauben. Diese Verleugnungsphase hielt jedoch nur bei ganz wenigen über längere Zeit an; in der Mehrzahl der Fälle schlug sie bald in eine mehr oder weniger ausgeprägte *Depression* um. Bei manchen kam es auch zu *Katastrophenreaktionen*, teils auf der Grundlage einer primitiven unrealistischen Krankheitsauffassung, teils auch weil die eigene Krankheit genauso erlebt wurde wie die eines ebenfalls tuberkulosekranken Verwandten oder Bekannten. Am tiefsten verstört waren diejenigen Patienten, bei denen die Mitteilung der Diagnose zu einer Identifikation mit einem tuberkulosekranken Angehörigen geführt hatte, wobei

sich vor allem die Identifikation eines männlichen Patienten mit seiner kranken Mutter besonders traumatisch auswirken mußte. Mit zunehmender Realisierung und Akzeptierung der Krankheit kam es häufig zu tiefgreifenden Störungen des Körperbildes, wodurch vor allem phallisch-narzißtische Patienten sehr beunruhigt wurden, deren männlicher Stolz durch die Krankheit schwer in Frage gestellt war. (Dies gilt natürlich, wie überhaupt die meisten der hier angeführten Beobachtungen, nicht nur für Tuberkulosekranke, sondern ebenso auch für andere Patienten mit schweren chronischen Krankheiten.)

Als spezifischere Reaktion auf die Diagnose einer Tuberkulose wurde bei manchen Patienten eine Neigung zu Übelkeit und Erbrechen beobachtet. Besonders ausgeprägt war dieses Symptom bei einem jungen Mann, bei dem die Übelkeit unmittelbar nach der Mitteilung der Diagnose eingesetzt hatte und danach noch jahrelang anhielt. Bei einem anderen Patienten war Kranksein von früher Kindheit her mit der Vorstellung des Erbrechens verbunden; die Mitteilung der Diagnose hatte diese assoziierte Vorstellung wieder aktualisiert. Bei einem dritten Kranken trat neben der Übelkeit eine schwere Anorexie auf, so daß er ins Krankenhaus aufgenommen werden mußte, weil er zu verhungern drohte. Wieder anders manifestierte sich die Tuberkuloseangst bei einer weiteren jungen Patientin, nämlich als Schwangerschaftsfurcht. Während ihrer Kindheit war ihr Vater und später während ihrer Pubertät auch ihre ältere Schwester gestorben, beide an einer Tuberkulose. Die Patientin setzte unbewußt Tuberkelbazillen mit Spermien gleich und verband mit der Tuberkulose eine orale Schwangerschaftsphantasie, auf die sich alle ihre Symptome zurückführen ließen, so z. B. ihre Angst, von innen her zerfressen zu werden und zu verbluten. Auch bei Männern beobachtet man manchmal neurotische Störungen im Zusammenhang mit abgewehrten oral-passiven Wünschen.

Es spricht aber wiederum nichts dafür, daß unter Tuberkulosekranken bestimmte prämorbide Persönlichkeitstypen häufiger wären als in der Gesamtbevölkerung. Nach den bisher vorliegenden Untersuchungen besteht zwar eindeutig ein Zusammenhang zwischen der Primärpersönlichkeit und der jeweiligen Reaktion auf die Krankheit, wobei aber die spezielle Dynamik nicht minder variabel ist als bei anderen Gruppen. Soweit Gemeinsamkeiten bestanden, waren diese offenbar sekundärer Art, d. h. als Reaktion auf die bedrohliche Krankheit und die dadurch erzwungene jahrelange Invalidität zu verstehen.

Bei Tuberkulosekranken wurden besonders zwei Reaktionstypen regelmäßig beobachtet, die aber aller Wahrscheinlichkeit nach nicht spezifisch für die Tuberkulose sind, sondern allgemein bei Schwerkranken und Körperbehinderten auftreten: einerseits eine *Steigerung des sekundären Narzißmus mit Veränderungen des Körpererlebens* und zum anderen eine auffallende *Passivität und Verstärkung oraler Bedürfnisse*.

In der Behandlung und Pflege Tuberkulosekranker wird auf Ruhe und Schonung großer Wert gelegt und nach Möglichkeit für alle Bedürfnisse des Kranken gesorgt. Er wird dazu angehalten, sein ganzes Leben auf die Krankheit einzurichten, sich möglichst passiv zu verhalten, und es fehlt nicht viel, daß man ihn noch mit dem Löffel füttert; auf jeden Fall wird er während seiner Krankheit in die Rolle eines unselbständigen Kindes hineingezwungen (allerdings geht der gegenwärtige Trend eher dahin, die Passivität nicht allzu sehr zu begünstigen, sondern dem Kranken möglichst viel Selbständigkeit zu belassen).

Es ist daher gar nicht verwunderlich, daß ein großer Teil der Kranken diese passive Haltung nach der Entlassung aus dem Sanatorium nur sehr schwer wieder aufgeben kann. Sie haben erlebt, daß andere Patienten Rückfälle erlitten und wieder aufgenommen werden mußten, und sind daher – z. T. auch mit Recht – sehr skeptisch gegenüber den Heilungskriterien des Arztes. Die psychisch relativ Gesunden, die von ihrer prämorbiden Persönlichkeit her über eine stabile Abwehr gegenüber oralen Bedürfnissen und Passivität verfügen, kommen über dieses Stadium ohne allzu große Schwierigkeiten wieder hinweg. Den neurotischen Patienten dagegen, die schon vom Beginn der Krankheit an eine infantilere, meist stark oral geprägte Haltung eingenommen hatten, fällt es sehr viel schwerer, von ihrer regressiven Position wieder loszukommen.

Auch die Probleme, die mit dem *sekundären Krankheitsgewinn* zusammenhängen, sind bei Tuberkulosekranken wiederum am stärksten unter den Neurotikern ausgeprägt: die krankheitsbedingte Invalidität bringt ja auch gewisse Vorteile mit sich – etwa den Anspruch auf ständige Pflege, Rücksichtnahme und Entlastung von Verantwortung –, die häufig von den Kranken bewußt oder unbewußt ausgenutzt werden.

Zusammenfassung der psychodynamischen Überlegungen

In unserer Darstellung psychodynamischer Merkmale bei Herzkranken und Tuberkulosekranken wurde eine ganze Reihe von psychopathologischen Zügen geschildert, die man ganz allgemein bei Schwerkranken und schwer Körperbehinderten beobachten kann. Wir fassen diese Besonderheiten noch einmal zusammen: (1) narzißtisches Trauma, (2) reaktive Depression, (3) Verleugnung der Krankheit, (4) Veränderungen des Körpererlebens und des Selbstbildes, (5) verstärkte Passivität und Abhängigkeit, gesteigerte orale Bedürfnisse und darüber hinaus aggressive Spannungen auf Grund der Frustration solcher Wünsche, schließlich (6) der sekundäre Krankheitsgewinn.

Therapeutische Massnahmen

Jede Psychotherapie muß in solchen Fällen darauf gerichtet sein, an den Reaktionen der Kranken auf ihre objektiv wirklich schwierige Lebenssituation die irrationalen Aspekte herauszuarbeiten, wobei vor allem auch die besonders intensiven Übertragungsprobleme bei diesen Patienten, die sich infolge ihrer Krankheit so hilflos fühlen, zu berücksichtigen sind. Bei psychosomatischen Störungen sind zunächst einmal einfache und überzeugende Erklärungen erforderlich, während tiefer-reichende Deutungen erst in zweiter Linie in Betracht kommen. Depression und massive Krankheitsverleugnung sind Symptome, die vorrangig bearbeitet werden müssen.

(1) Der Therapeut muß in bezug auf die Schwere der Krankheit oder Körperbehinderung dem Patienten gegenüber eine realistische Haltung einnehmen, d. h. er darf berechtigte Ängste und tatsächlich vorhandene körperliche Schäden und Leistungseinschränkungen infolge der Krankheit nicht bagatellisieren. Bei allen therapeutischen Bemühungen geht es zur Hauptsache darum, falsche Vorstellungen des Patienten von seiner Krankheit und Deformierungen seines Körper- und Selbstbildes zu korrigieren und ihn von der Vorstellung abzubringen, daß er dem tödlichen Krankheitsprozeß erliegen müsse. Um diese Ziele zu erreichen, kommen verschiedene therapeutische Maßnahmen in Betracht.

(2) Zunächst einmal gilt es, die unbewußten, vorbewußten und bewußten Vorstellungen des Patienten von seiner Krankheit anhand des Interviewmaterials festzustellen, ggf. auch unter Zuhilfenahme projektiver Verfahren wie z. B. des TAT oder des Menschen-Zeichen-Testes. Sind solche falschen Vorstellungen erst einmal erkannt, so kann man sie durch entsprechende Aufklärung zu korrigieren versuchen. So kann z. B. eine sachliche Information über die anatomischen Heilungsvorgänge beim Herzinfarkt mittels Anastomosen- und Kollateralenbildung (mit einem Vergleich etwa zur Heilung einer Knochenfraktur) manchem Patienten dazu verhelfen, daß er sich eine klarere und weniger angsterregende Vorstellung von seiner Krankheit und seinem Körper machen kann.

(3) Weiterhin kommt es darauf an, die spezielle Bedeutung der Krankheit für den Patienten zu klären und ihm auch hierin zu besserer Einsicht zu verhelfen. Wenn z. B. ein Kranker seine eigene Krankheit mit der seiner Mutter gleichsetzt, so kommt

es dadurch leicht zu abwegigen Befürchtungen und zu einer pathogenen weiblichen Identifikation. Ein tuberkulöser Patient muß vielleicht zu der Einsicht gebracht werden, daß seine Vorstellung von einem blutenden Loch in seiner Lunge in Wirklichkeit etwas mit seinen Kindheitsvorstellungen über Kastration und weibliche Genitalien zu tun hat. Bei Krebskranken beobachtet man manchmal eine Überbetonung oral-aggressiver Persönlichkeitsmerkmale in der Krankheit, indem sie das Karzinom als etwas Fressendes, Aufzehrendes, Zerstörerisches in sich selbst erleben. Andere, bei denen sadomasochistische Züge dominieren, empfinden das Karzinom eher als ein brutales, sadistisches, überwältigendes Introjekt. In ähnlicher Weise muß auch geklärt und durchgearbeitet werden, was der Tod für den Kranken bedeutet.

Es gibt zumindest zwei therapeutische Möglichkeiten, wie man der Gefahr der Resignation und der Todessehnsucht entgegenwirken kann, nämlich einerseits indem man die Objektbeziehungen des Kranken stärkt und zum anderen indem man Verleugnungsmechanismen in einem bestimmten Umfang fördert, ohne aber dabei den Ernst der Krankheit zu bagatellisieren. Beide Strategien machen sich bestimmte narzißtische Positionen zunutze, um dem Kranken das Weiterleben wieder erträglich, akzeptabel und vielleicht sogar wünschenswert zu machen.

(4) Um die Objektbeziehungen des Kranken zu stärken, wird man z. B. vorhandene Ehekonflikte nach Möglichkeit entschärfen, man wird die positiven Aspekte an den Beziehungen des Patienten hervorheben und alle familiären Bindungen und Kontakte unterstützen, und man wird ihm entgegenhalten, daß er in seinen Nachkommen gewissermaßen über seinen Tod hinaus fortlebt. Solche Interventionen sind vor allem dann angezeigt, wenn die Gefahr des Selbstmordes besteht.

(5) Will der Therapeut eine Art von benigner Verleugnung fördern, so kann er z. B. dem Kranken Identifikationen mit prominenten Personen anbieten, die an der gleichen Krankheit

wie er gelitten und sie dennoch überstanden haben. Amerikanische Vorbilder sind u. a. die Präsidenten Eisenhower und Johnson für Herzkranke, General Curtis LeMay und Arthur Godfrey für Krebskranke und Franklin D. Roosevelt für körperbehinderte Patienten.

ILLUSTRATIVE FALLBEISPIELE

Depression und Passivität bei einem Körperbehinderten
Zehn Jahre nach Kriegsende wurde ein etwa 40-jähriger Kriegsbeschädigter einem Psychologen zur Psychotherapie überwiesen. Der Patient hatte schwere verkrüppelnde Kriegsverletzungen an beiden Beinen und konnte sich nur noch mit Hilfe von Krücken und Stützapparaten mühsam fortbewegen. Wiederholte Rehabilitationsmaßnahmen seitens der Veterans Administration waren offenbar allesamt gescheitert, und der Patient war mittlerweile sehr verbittert, feindselig und schwer depressiv. Es wurde eine Kurzpsychotherapie von sechs Sitzungen durchgeführt.

Der Patient hatte ein abgeschlossenes Studium absolviert und war von seiner Primärpersönlichkeit her ein intelligenter, aufgeschlossener und sehr belesener Mann; vor seiner Verwundung war er sehr aktiv, freundlich und umgänglich gewesen. Inzwischen aber hatte er sich ganz zurückgezogen und verbrachte die meiste Zeit in verbittertem dumpfen Grübeln über sein unglückliches Schicksal. Seine alte Mutter versorgte ihn und wachte über ihn, wie sie es auch früher schon getan hatte, wenn er als Kind einmal krank war.

Gleich im ersten Interview äußerte er seine Unzufriedenheit darüber, daß der Therapeut »kein richtiger Arzt« sei. Während der meisten Zeit des Interviews weinte er bitterlich vor Enttäuschung, weil durch die Kriegsverletzung alle seine früheren ehrgeizigen Wünsche und Pläne zunichte geworden seien. Diese beiden Äußerungen verknüpfte der Therapeut nun miteinander und sagte dem Patienten, er habe offenbar immer noch nicht die Hoffnung aufgegeben, ein »richtiger Arzt« könnte ihm seine guten gesunden Beine wiedergeben. Genau dies war nämlich das Kriterium gewesen, an dem er den Erfolg aller früheren Rehabilitationsbemühungen gemessen hatte und das er jetzt offenbar auch an die Psychotherapie anlegen wollte. Nachdem dies erst einmal festgestellt war, war der Patient nun in der Lage, mit Hilfe seiner wachen Intelligenz eine bessere Einsicht zu gewinnen und sich einer aktiven Bearbeitung seiner Probleme zu stellen. Es kam eine Reihe früherer Erlebnisse zur Sprache, die sich alle um das gleiche Thema drehten: Als er einmal sein Fahrrad reparieren wollte und ihm dies nicht gleich gelang, machte er es in seiner Wut ganz kaputt. In der Schule hatte er sich zwei Jahre lang standhaft geweigert, lesen zu lernen, und das nur, weil er damit im ersten Schuljahr auf (im Grunde ganz normale) Schwierigkeiten gestoßen war. Allmählich begann er einzusehen, daß seine Probleme keineswegs nur mit der Kriegsverletzung, sondern mindestens ebenso sehr, wenn nicht hauptsächlich, mit dem Scheitern seiner Omnipotenzphantasien zusammenhingen.

Von da an machte der Patient ständig weitere Fortschritte in seinem Verständnis, seiner realistischen Selbsteinschätzung und schließlich auch in neuen Plänen für seine Zukunft. Kurz nach dem Abschluß der Kurzpsychotherapie kaufte er sich ein Auto mit Spezialausrüstung, wodurch er beweglicher wurde und zugleich seine Kräfte schonen konnte; er absolvierte – und zwar diesmal mit Erfolg – ein berufliches Rehabilitationsprogramm für Fortgeschrittene und fand schließlich in diesem Bereich eine Stelle als Berufsberater.

Kurzpsychotherapie bei einem Herzinfarktkranken mit gefährlicher Abwehrhaltung

Die vitale Bedrohung und die erzwungene Passivität bei schweren Krankheiten wie z. B. einem Herzinfarkt sind für manche Patienten derart unerträglich, daß sie ihre Krankheit affektiv verleugnen und sich in eine selbstschädigende Hyperaktivität stürzen. Der folgende Fall ist ein recht typisches Beispiel für eine solche Fehlhaltung.

Mr. J. war bis zu seinem Herzinfarkt mit 45 Jahren noch voller Energie, Aktivität und sportlichem Ehrgeiz gewesen. Als junger Mann hatte er in mehreren körperlich sehr anstrengenden Berufen gearbeitet und u. a. eine Zeitlang seinen Stolz dareingesetzt, der schnellste Fahrer auf seiner Buslinie zu sein. Später war er dann Fernfahrer geworden, wobei er einen schweren Transporter fuhr, Tag und Nacht unterwegs war, ausgezeichnet verdiente und sich enorm stark fühlte.

Seit seinem erst kürzlich eingetretenen Herzinfarkt litt er nun an einer reaktiven Depression und fand, das Leben habe für ihn »als Krüppel« keinen Wert mehr; am meisten bedrückte ihn offenbar der Verlust seiner Selbstachtung und die Erschütterung seiner »männlichen« Abwehr. Der Patient schilderte u. a., daß er bis zum 17. Lebensjahr mit seinem Vater im selben Bett geschlafen habe; nachts sei er oft aufgewacht und habe wahrgenommen, wie sein Vater zur Mutter hinüberging, mit ihr Geschlechtsverkehr hatte und anschließend wieder zu ihm ins Bett kam. Diese Erlebnisse hatten beträchtliche homosexuelle Ängste in ihm geweckt, die er aber natürlich nicht wahrhaben wollte. Zu seiner älteren Schwester bestand eine konfliktreiche Beziehung, und von seiner chronisch kränkelnden Mutter – sie war angeblich herzleidend – hatte er sich schon seit seiner Kindheit vernachlässigt gefühlt. Der Herzinfarkt bedeutete also für ihn, ein Krüppel zu sein, auf unbewußter Ebene aber auch: kein Mann mehr zu sein, sondern eine Frau wie seine Mutter. Homosexuelle Ängste, die schon früher gelegentlich in Albträumen erschienen waren, wurden nun durch die Krankheit wieder aktualisiert; sie hingen zur Hauptsache mit seiner unbewußten femininen Identifikation zusammen, bedingt durch das Zusammenschlafen mit seinem Vater. Gegen diese Ängste hatte er eine massive überkompensierende Abwehr aufgerichtet, die sich u. a. in einer grob autoritären Einstellung seiner Frau gegenüber und in den riskanten Kraftakten zu erkennen gab, mit deren Hilfe er sich immer wieder seiner Männlichkeit und Stärke zu versichern suchte. Dem Therapeuten wurde bald klar, daß der Herzinfarkt für den Patienten eine Art Kastration bedeutete. Seine Vorstellungen von der Krankheit gingen auch eindeutig in die Richtung, daß bei der Koronarembolie ein phallisches Objekt in einer engen Röhre eingezwängt sei – eine sicher nicht ganz unrealistische Vorstellung, die aber doch auch ihre symbolischen Konnotationen hat. Er klagte tagtäglich darüber, daß er nicht mehr imstande sei, für seine Familie zu sorgen, aber im thematischen Apperzeptions-Test wählte er vorwiegend weibliche Identifikationsfiguren und stellte sich projektiv als Krüppel und Invaliden dar.

Der Herzinfarkt bedeutete also für den Patienten ein schweres psychisches Trauma. Er hatte sogar eine Zeitlang Suicidgedanken geäußert und mit Schlaftabletten, die ihm sein Hausarzt verschrieben hatte, einen halb ernstgemeinten Selbstmordversuch unternommen. In der Zeit der Rekonvaleszenz war er oft deprimiert, fühlte sich zu nichts nutze und versuchte mehrfach mittels körperlicher Kraftakte sein Selbstwertgefühl wiederherzustellen, z. B. indem er einmal fremden Leuten beim Transport eines Klaviers half, ein andermal jemandem zeigte, wie man einen schweren Gegenstand anhebt, oder auch indem er mit der ganzen Wucht seines Körpergewichts eine Tür zerschmetterte, die nicht gleich aufgehen wollte. Nach solchen Taten war er jedesmal hochbefriedigt, aber das hielt nicht lange an. Gelegentlich gab er auch unnötig viel Geld aus, so als müsse er sich selbst beweisen, daß er sich solche Ausgaben noch leisten könne.

Im Zentrum seiner Probleme standen Vorstellungen von Invalidität, deren Bearbeitung sich als sehr lohnend erwies. Diese Vorstellungen orientierten sich am Beispiel seiner Mutter, die offenbar auf Grund einer schweren dekompensierten Herzinsuffizienz mit Ödemen völlig bettlägerig gewesen war. Dem Patienten wurde erklärt, daß bei der Krankheit seiner Mutter sozusagen die Pumpe nicht mehr richtig funktioniert habe; seine Krankheit sei jedoch eine ganz andere und habe mit der seiner Mutter überhaupt nichts zu tun. Der Herzinfarkt wurde dabei keineswegs bagatellisiert, sondern dem Patienten an

Hand einer einfachen Skizze erläutert, daß ein Teil seines Herzmuskels von der Blutversorgung abgeschnitten und daher geschwächt sei; im Verlaufe der Heilung würden allmählich neue Blutgefäße wachsen, die dann die Versorgung übernähmen. Nicht jede Anstrengung sei gefährlich, so wurde ihm erklärt; eine mäßige körperliche Betätigung könne sogar das Wachstum neuer Blutgefäße anregen, Überanstrengungen aber seien gefährlich.

Weiterhin wurde die Abwehrhaltung des Patienten, nämlich seine überkompensatorische »Männlichkeit«, intensiv bearbeitet. Eines Tages berichtete er, jemand habe ihn in der U-Bahn absichtlich angerempelt, und er regte sich fürchterlich darüber auf, daß er ihm das nicht gleich heimzahlen konnte. In der Nacht darauf träumte er, wie ein großer starker Mann einen Seehund erschoß. Dabei war nicht ganz klar, ob der Patient sich mit dem Seehund oder im Sinne der Wunscherfüllung eher mit dem starken Mann identifizierte; auf jeden Fall ließ sich der Traum leicht mit dem Ereignis vom Vortage in Beziehung setzen. Um das Wertsystem des Patienten etwas zu korrigieren, wies der Therapeut ihn darauf hin, daß Schlägereien unter zivilisierten Erwachsenen doch wohl nicht üblich seien.

Gleichzeitig war der Therapeut darum bemüht, zu dem Patienten eine vertraulichere Beziehung »von Mann zu Mann« herzustellen. Der Patient verstand sehr viel von Photographie, und so fiel es dem Therapeuten nicht schwer, ein echtes Interesse hierfür zu zeigen und auch mancherlei von ihm zu lernen, was den Patienten in seinem Selbstwertgefühl erheblich bestärkte. Der Therapeut ging sogar so weit, daß er dem Patienten in dessen typisch männlicher Herablassung gegenüber Frauen teilweise beipflichtete, um ihm die Situation zu erleichtern, daß seine Frau zur Zeit mehr als er zum Unterhalt der Familie beitrug. Andererseits wurden aber die riskanten Kraftakte des Patienten sehr energisch als gefährliche, infantile, überkompensatorische Abwehrmanöver gedeutet, und es wurde eine Änderung seines Wertsystems im Sinne einer »Politik der Vernunft« anstelle seiner »Politik der Stärke« angestrebt.

Nach und nach besserte sich der körperliche Zustand des Patienten durch die Rehabilitationsmaßnahmen, und im gleichen Maße schien auch seine Persönlichkeitsreifung Schritt zu halten, zumal er sich jetzt tatsächlich wieder leistungsfähiger und weniger bedroht fühlen durfte.

XI. Anhang A

Kurzpsychotherapie in einer psychotherapeutischen Ambulanz

Bericht über eine mehrschichtige Forschungsstudie*

Voraussetzungen der Studie

Der enorme Bedarf an psychotherapeutischen Behandlungs-kapazitäten ist sicherlich das Hauptmotiv für die Entwicklung der Kurzpsychotherapie und ähnlicher Behandlungsverfahren. Durch öffentliche Maßnahmen wie z. B. den Community Mental Health Act in den USA werden immerhin allmählich die finanziellen und administrativen Voraussetzungen geschaffen, unter denen erst Kurzpsychotherapie in größerem Umfange betrieben werden kann, aber die Beweislast, ob solche Methoden überhaupt wirksam und erfolgversprechend sind, liegt doch immer noch bei denjenigen, die damit praktisch arbeiten.

Deshalb wurde an unserer »Trouble Shooting Clinic« am City Hospital Center in Elmhurst (New York) neben der sonstigen Arbeit ein Forschungsprogramm zur wissenschaftlichen Aus-

* In diesem Kapitel werden im wesentlichen die Ergebnisse einer vom National Institute of Mental Health (Titel 5–R11 MH–0915) finanzierten Forschungsstudie referiert, die unter Leitung von L. Bellak, E. J. Meyer, M. Prola, S. Rosenberg und M. Zuckerman durchgeführt wurde. Eine eingehendere Darstellung des Projekts wird andernorts publiziert.
Außer den angeführten Kollegen danken wir insbesondere Herrn Dr. David E. Lehine, der uns als Direktor der Mental Hygiene Clinic sehr unterstützt hat, sowie Ruth Cooper (Ph. D.), Tim Dineem (M. A.) und Renata Saffrin (Ph. D.) für ihre vielen hilfreichen Vorschläge.
Unser besonderer Dank gilt auch A. Antonovsky (Ph. D.), M. H. Hurwitz (M. D.), M. Brzostovski (M. D.), M. Malev (M. D.) und H. H. Schlossman (M. D.), die für einen Teil des Projekts Beurteilungen und Vorhersagen erstellten.

wertung der dort betriebenen Kurzpsychotherapie durchgeführt.

Die Trouble Shooting Clinic, eine psychotherapeutische Ambulanz besonderen Stils, war auf Initiative von L. Bellak im November 1958 gegründet worden*, um jederzeit, tagsüber wie auch nachts, eine sofortige Versorgung von Patienten mit psychischen Problemen zu ermöglichen, von der einfachen Beratung bei Liebeskummer bis hin zur Notfalltherapie akuter Psychosen. In der Hauptsache wurden leichtere Störungen behandelt, bei denen der Frühbehandlung nicht nur eine therapeutische, sondern auch eine prophylaktische Funktion zukam. Dabei spielte auch die Vorstellung eine Rolle, daß ein Patient, der einmal ein Problem mit therapeutischer Hilfe bewältigt hat, künftig besser imstande sein müßte, neue Probleme selbständig zu lösen. Einige Aspekte der Arbeit dieser Ambulanz wurden bereits an anderer Stelle kurz dargestellt[13, 18]. Die ganze Konzeption entsprach den Grundsätzen der Gemeindepsychiatrie (Community Psychiatry[14]), besonders in der Kombination von Therapie und Prävention.

Von seiten der Öffentlichkeit wurde die Einrichtung der Trouble Shooting Clinic enthusiastisch aufgenommen. Als der steigende Bedarf an psychotherapeutischen Beratungen mit den relativ dürftigen finanziellen Mitteln des Department of Hospitals nicht mehr ausreichend gedeckt werden konnte, steuerte das National Institute of Mental Health einen großzügigen Zuschuß bei, der eine erhebliche Erweiterung der Behandlungskapazität ermöglichte. Denn damit stand nun täglich von 9 bis 22 Uhr (auch sonntags) ein ganzes Team von Therapeuten im Dienst; vorher war zeitweise nur ein Therapeut für die Ambulanz zuständig. Während der Nachtstunden war ebenfalls anfangs nur ein psychiatrischer Assistent zu sprechen; später standen außerdem auch in der medizinisch-chirurgischen Notfallambulanz ständig ein Psychologe, ein Sozialarbeiter und/

---

* Sie wurde im Juli 1964 wieder geschlossen, und zwar auf Grund administrativer Entscheidungen der Klinikverwaltung, die zu einer Massenkündigung von Personal führten, darunter auch vier der angeführten Kollegen.

oder ein psychiatrischer Facharzt zur Verfügung, die nicht nur in speziellen Fällen zu Rate gezogen wurden, sondern prinzipiell jeden neu eingelieferten Patienten sich ansahen und je nach Erfordernis entweder nur eine Art erster Hilfe durchführten oder auch eine längere psychotherapeutische Behandlung in die Wege leiteten[20]. Auf diese Weise war nicht nur die Psychotherapeutische Ambulanz ständig mit mindestens einem psychiatrischen Assistenzarzt besetzt, sondern darüber hinaus stand nun auch in der medizinisch-chirurgischen Notfallambulanz ein weiterer 24-Stunden-Dienst den Patienten zur Verfügung.

In der Psychotherapeutischen Ambulanz (Trouble Shooting Clinic) wurden sämtliche ambulanten psychiatrischen Patienten untersucht, die in die Klinik kamen, mit Ausnahme von Süchtigen, forensischen Fällen sowie Kindern und Jugendlichen unter 18 Jahren*, für welche die Mental Hygiene Clinic mit speziell eingerichteten Sprechstunden zuständig war. Auf diese Weise hatte also die psychotherapeutische Ambulanz u. a. die Funktion einer allgemeinen psychiatrischen Aufnahmeambulanz der Mental Hygiene Clinic. Für das Erstinterview war keine Anmeldung erforderlich; die Patienten wurden so untersucht, wie sie kamen. Sie wurden auch nicht auf Wartelisten gesetzt oder weiterüberwiesen, sondern erhielten sofort Termine für weitere Interviews (sofern erforderlich), und zwar meist in wöchentlichen Abständen. Es wurde somit allen, die danach verlangten, eine Behandlung angeboten, und nicht nur bestimmten ausgewählten Patienten, die etwa für eine Kurzpsychotherapie besonders geeignet erschienen wären. Als dann aber unsere Ambulanz nicht nur im näheren Umkreis der Klinik, sondern auch in der weiteren Umgebung bekannter wurde, vermochte sie die rasch zunehmende Zahl der Patienten nicht mehr zu bewältigen, so daß ab April 1963 nur noch Patienten mit relativ geringem Einkommen aus dem unmittelbaren Einzugsgebiet der Klinik angenommen werden konnten.

* Letztere schlossen wir nur ungern aus, und zwar auf Grund der Erfahrung, daß Kinder häufig wegen Schulschwierigkeiten gebracht wurden und man nicht viel für sie tun konnte, solange noch keine ausführlicheren Unterlagen und Interviews mit den Angehörigen vorlagen.

Das Erstinterview diente hauptsächlich dazu, dem Patienten den Gang der Untersuchung und Behandlung kurz zu schildern, das aktuelle Problem zu klären, Arbeitshypothesen über die vorliegende Störung zu formulieren und einen entsprechenden Therapieplan aufzustellen. Je nach den therapeutischen Erfordernissen wurden jeweils zwischen drei und fünf psychotherapeutische Sitzungen durchgeführt, in denen versucht wurde, durch eine Art Umstrukturierung des Problems eine Besserung herbeizuführen. Ließ sich das Problem auf diese Weise befriedigend lösen, so war die Behandlung damit abgeschlossen. Erwies sich dagegen die Kurzpsychotherapie als unzureichend, so wurde der betreffende Patient zur weiteren Behandlung mittels anderer Therapieverfahren (langfristige Einzelpsychotherapie, Gruppenpsychotherapie, Tagesklinik, medikamentöse Behandlung) in die Mental Hygiene Clinic oder in andere Abteilungen der Klinik überwiesen.

Der eigentliche Sinn dieser ganzen Einrichtung lag in einer Verbesserung der psychiatrisch-psychotherapeutischen Versorgung der Bevölkerung. Die Therapeuten und auch die Verwaltung waren sich aber darin einig, daß neben dem Versorgungsaspekt noch ein weiteres Erfordernis bestand, nämlich die Effektivität und praktische Brauchbarkeit der hier angewendeten Behandlungsmethode – einer dynamisch orientierten, psychoanalytisch konzipierten Kurzpsychotherapie – unter wissenschaftlichen Kriterien zu prüfen.

Die Organisation des Forschungsprojektes

Das Ziel des Projektes bestand in der Auswertung kurzpsychotherapeutischer Behandlungen, und zwar auf drei Ebenen unterschiedlicher Intensität und Extensität:

1. Projekt I bestand in einer epidemiologischen Untersuchung
   des gesamten Patientengutes unter Verwendung eines Loch-
   karten-Sortiersystems.
2. Projekt II bestand in der Auswertung der Behandlungsergebnisse bei einer Stichprobe von insgesamt 472 Patienten
   mittels fortlaufender Interviews und Einstufungsskalen
   (rating-scales).
3. Projekt III war die intensivste und detaillierteste Untersuchung, bei der aber nur eine kleine Zahl von Patienten erfaßt wurde. Mittels kurzfristiger Voraussagen und Beurteilungen sollte geprüft werden, ob es prinzipiell möglich ist
   (so unsere Arbeitshypothese), mit Hilfe der von uns ver-
   wendeten Kurzmethode zu einer diagnostischen Erfassung
   der Störung, zu einem rationalen Therapieplan und schließlich auch zu brauchbaren Behandlungserfolgen zu gelangen.
   Zu diesem Zweck wurden wörtliche Protokolle der (sämtlich auf Tonband aufgenommenen) Interviews mehreren
   unabhängigen Beurteilern vorgelegt, die nach einer kom-
   plizierten Liste von Variablen Voraussagen und Beurteilungen zu erstellen hatten.

Projekt I: Epidemiologische Aspekte

Die Daten für diese Untersuchung wurden von insgesamt 1414
Patienten im Zeitraum eines Jahres (zwischen dem 1. 2. 1963
und dem 31. 1. 1964) erhoben.
Die Datenerhebung wurde durchgeführt (1) von einer Ambu-
lanzsekretärin vor Beginn der Behandlung und (2) vom jeweiligen Therapeuten zu verschiedenen Zeitpunkten der Be-

handlung. Die erhobenen Daten wurden sodann zur weiteren Verarbeitung auf speziell hierfür entworfenen Royal-McBee-Keysort-Lochkarten abgelocht.

ZUSAMMENFASSUNG DER WICHTIGSTEN ERGEBNISSE

Unter den Patienten der Ambulanz überwogen leicht die Frauen (62,6%) gegenüber den Männern, und 86,8% der Patienten waren Weiße. Nach der Bevölkerungsstatistik von 1960 waren 94% der Einwohner im unmittelbaren Einzugsgebiet der Klinik (Queens) Weiße; demnach hätte also der Prozentsatz der Farbigen unter den Patienten der Ambulanz etwas höher gelegen als in der Gesamtbevölkerung; da aber diese Zahl nicht nach Einkommensstufen aufgeschlüsselt wurde, ist die Differenz möglicherweise unbedeutend.

Etwa die Hälfte der Patienten war katholisch, ein Fünftel protestantisch und ein weiteres Fünftel jüdischer Religion. In den offiziellen Bevölkerungsstatistiken sind zur Vermeidung diskriminierender Fragen keine Angaben über die Religionszugehörigkeit angeführt, so daß ein Vergleich mit der Gesamtbevölkerung nicht möglich ist.

Etwa die Hälfte der Patienten war verheiratet (in erster Ehe), und etwas mehr als ein Fünftel von ihnen war ledig. Zum restlichen Fünftel zählten die wiederverheirateten, geschiedenen, getrenntlebenden oder verwitweten Patienten.

56,6% waren zwischen 20 und 40 Jahre alt. Mehr als ein Drittel war älter als 40 Jahre; diese Altersgruppe ist in anderen vergleichbaren Ambulanzen meistens schwächer vertreten.

Der sozioökonomische Status wurde an Hand des Berufs, des Einkommens und der Ausbildung des »Haushaltungsvorstandes« bestimmt. 27,7% der Patienten verfügten über eine abgeschlossene High-School-Ausbildung (hierunter zählten auch die 19,8% der Gesamtzahl, die darüberhinaus eine weiterführende Ausbildung, z. B. ein Hochschulstudium, absolviert hatten); 39,0% hatten die High-School nicht abgeschlossen.

Von den jeweiligen »Haushaltsvorständen« in den Familien der Patienten zählten 82,8% zur unteren Hälfte der Berufsskala[55]: ein Drittel waren arbeitslos oder ungelernte Arbeiter; ein Viertel waren angelernte manuelle Arbeiter und nur ein Fünftel Angestellte. Wie schon erwähnt, wurden in unserer Ambulanz nur Patienten mit relativ geringem Einkommen angenommen, wobei folgender Schlüssel zugrundegelegt wurde:

Anzahl der Familienmitglieder	maximales wöchentliches Netto-Einkommen
1	75 Dollar
2	90 Dollar
3	100 Dollar
4	110 Dollar
5	120 Dollar

Die beruflichen Daten sind an sich weder überraschend noch signifikant. Es fällt jedoch auf, daß der Prozentsatz an Patienten mit niederen Berufen höher liegt, als man nach den Daten über den Bildungsstand hätte erwarten können. Wie lange ein Patient der jeweiligen ökonomischen Gruppe schon angehörte, die er dann zum Zeitpunkt der Behandlung angab, können wir auf Grund der von uns erhobenen Daten nicht sagen. Man könnte sich immerhin vorstellen, daß die Arbeitsfähigkeit bzw. die Verdienstchancen dieser Patienten durch ihre psychischen Probleme beeinträchtigt waren. Wir wissen zwar nicht, ob diese Leistungsminderung schon länger bestand oder erst kurz vor der Behandlung eingetreten war, aber grundsätzlich ist es sehr wahrscheinlich, daß Kausalzusammenhänge zwischen psychischen Störungen und beruflicher Leistungsfähigkeit bestehen.
Wir weisen darauf hin, daß in Anlehnung an Hollingshead und Redlich sowohl die sozioökonomischen Daten als auch die Angaben über den Bildungsstand immer auf das Familienoberhaupt bezogen sind, also z. B. auf den Ehemann, wenn es sich um eine verheiratete Patientin handelt.

Nimmt man die erwähnte Diskrepanz zwischen Bildungsniveau und sozioökonomischem Status als gültig an, so lassen sich daraus zwei hypothetische Folgerungen ableiten, nämlich (1) daß psychische Störungen bei verheirateten Patienten in hohem Maße mit Störungen auch des Ehepartners korrelieren müßten, und (2) daß psychische Störungen die berufliche Leistungsfähigkeit und damit auch das Einkommen verringern. – Im Gegensatz zu den Angaben anderer Autoren[55] scheinen unserer Erfahrung nach Patienten mit niedrigem sozioökonomischem Status durchaus imstande zu sein, von einer Psychotherapie zu profitieren.

Fast die Hälfte unserer Patienten hatte nach eigenen Angaben kein eigenes Einkommen oder bezog eine Rente, Arbeitslosenversicherung oder dergleichen. 38,1 % gaben ein Jahreseinkommen zwischen 3000 und 6000 Dollar an.

Die Mehrzahl der Patienten kam wegen erst relativ kurz bestehender Probleme zur Behandlung, während chronische Beschwerden seltener waren: zwei Drittel gaben an, ihre derzeitigen Beschwerden bestünden erst »seit einem Jahr oder kürzer«; bei einem Drittel waren die betreffenden Beschwerden »früher noch nie«, sondern jetzt zum erstenmal aufgetreten. Drei Viertel der Patienten waren noch niemals in stationärer psychiatrischer Behandlung, zwei Drittel noch nie in Psychotherapie gewesen.

Die am häufigsten geklagten Beschwerden (viele Patienten boten natürlich mehrere Beschwerden zu gleicher Zeit) waren Depression (53,5 %) und Angst (50,4 %). Daran schlossen sich an: Eheschwierigkeiten (29,7 %), körperliche Beschwerden (26,4 %), verschiedenartige familiäre Probleme (25,2 %) und Arbeitsstörungen (21,4 %).

Nach den Diagnosen der Therapeuten litten 45,5 % der Patienten an psychoneurotischen Störungen, 28,5 % an Charakterstörungen, 21,1 % an Psychosen und 11,6 % an vorübergehenden situativ bedingten Persönlichkeitsstörungen.

Inwieweit das Prinzip der »Soforthilfe« in der »Trouble Shooting Clinic« effektiv angewendet wurde, wird schon

durch die Tatsache belegt, daß 92,2% der Patienten unange-
meldet zur Erstuntersuchung kamen. Trotzdem brauchten nur
6,5% aller Patienten länger als zwei Stunden zu warten; 32,1%
mußten höchstens eine halbe Stunde und 27,5% ½-1 Stunde
lang warten, bis sie von einem Therapeuten angesehen wurden.
Die Patienten wurden nicht auf Wartelisten gesetzt oder weiterüberwiesen, sondern erhielten sofort weitere Interview-Ter-
mine in der Ambulanz, und zwar in der Regel in wöchentlichen
Intervallen. Etwa 27% der Patienten wurden nur einmal zum
Erstinterview gesehen; fast 58% kamen drei- bis fünfmal.
Da unsere Psychotherapeutische Ambulanz auch abends und
an Wochenenden geöffnet war, stand sie auch solchen Patienten zur Verfügung, die zu den üblichen Dienstzeiten der meisten Ambulanzen, nämlich werktags zwischen 9 und 17 Uhr,
nicht kommen konnten. 48,2% der Patienten kamen entweder
abends oder an Wochenenden; diese Möglichkeit entsprach also
einem starken Bedürfnis vieler Patienten.

Projekt II: Auswertung der Behandlungsergeb-
nisse* an Hand von Beurteilungen seitens der
Therapeuten und der Patienten selbst

Die vorrangigste Aufgabe unserer Psychotherapeutischen Ambulanz bestand in der Versorgung der lokalen Bevölkerung mit
psychotherapeutischen Dienstleistungen. Dementsprechend
mußte in gewissem Ausmaße auf Verfahren, wie sie sonst in
der Psychotherapieforschung vielfach üblich sind (genaue Vor-
selektion von Patienten, Zusammenstellung homogener Kon-
trollgruppen usw.), zugunsten dieser vordringlicheren Verpflichtung bewußt verzichtet werden.
Dennoch waren wir bemüht, über eine rein deskriptive Analyse
der Behandlungsergebnisse hinaus noch zwei Anliegen gründ-

---

* Die Auswertung psychotherapeutischer Behandlungsergebnisse ist ein un-
gemein kompliziertes Unternehmen, das von verschiedenen Autoren, darunter auch von Bellak, in Angriff genommen worden ist[11, 16, 96]. Die bisher
umfassendste Literaturübersicht hierzu findet sich bei Strupp[96a].

licher zu bearbeiten, die für die Planung und Durchführung von Mental-Health-Programmen auf kommunaler Ebene von großer Bedeutung sind, nämlich:

(1) die Entwicklung eines vom Patienten auszufüllenden Symptomfragebogens, der einerseits als ein Mittel zur diagnostischen Einordnung der Störung und zur Aufstellung eines rationalen Therapieplans, andererseits aber auch als unabhängige Grundlage für die Bewertung der Behandlungsresultate dienen könnte;

(2) die Feststellung der (prognostisch relevanten) Faktoren, die mit positiven und negativen Behandlungsergebnissen korrelieren.

DIE BEHANDLUNGSERGEBNISSE NACH DEM ÄUSSEREN VERLAUF DER BEHANDLUNG

Von den 1414 Patienten, die in dem angeführten Zeitraum von 12 Monaten in der Ambulanz behandelt wurden, erhielten 70% eine Kurzpsychotherapie; 8,8% mußten in stationäre Behandlung überwiesen werden, und 23,6% kamen aus eigenem Entschluß nicht mehr wieder[5, 69].

Von den fast 1000 kurzpsychotherapeutisch behandelten Patienten mußten 35% zur weiteren Behandlung anderswohin überwiesen werden; bei 45% wurde keine weitere Behandlung mehr für erforderlich gehalten; 13,6% wurden nach Abschluß der Psychotherapie medikamentös weiterbehandelt; 7,6% wurden zur internistischen Behandlung, zur Berufsberatung oder aus sonstigen Gründen an andere Stellen überwiesen, und 8,1% lehnten von sich aus eine weitere Behandlung ab. In manchen Fällen trafen mehrere dieser Möglichkeiten gleichzeitig zu.

Jeder Therapeut sollte seine Patienten nach einer Fünf-Punk-
te-Skala, die von »erheblich gebessert« über »unverändert« bis
»erheblich verschlechtert« reichte, einstufen. Und zwar wurde
diese Einstufung bei *allen* Patienten vorgenommen, ganz gleich
wie oft sie gekommen waren oder auf welche Weise die Behandlung abgeschlossen worden war (vorzeitiger Abbruch der
Behandlung, Überweisung zur medikamentösen Therapie, zur
Gruppenpsychotherapie usw.).

Am wichtigsten für die Bewertung der Behandlungsergebnisse
sind diejenigen Patienten, bei denen eine volle Kurzpsychotherapie von insgesamt fünf Sitzungen durchgeführt wurde; von
diesen wurden *85,3%/o als »gebessert« oder »erheblich gebessert«
beurteilt.* Ein Vergleich der Prozentsätze »gebesserter« Patienten von Sozialarbeitern, Psychiatern und Psychologen als Therapeuten ergab keine signifikanten Unterschiede, woraus man
die Folgerung ziehen kann, daß die drei Gruppen von Therapeuten entweder ihre Patienten gleich gut behandelten oder in
der Bewertung ihrer therapeutischen Leistungen gleichermaßen
voreingenommen waren.

KORRELATION DER BEHANDLUNGSERGEBNISSE
MIT ANDEREN VARIABLEN

Bei dieser Untersuchung wurden drei Gruppen von Variablen
in Betracht gezogen: (1) demographische Merkmale des Patienten, (2) Symptomatik und klinischer Befund, (3) Behand-
lungsvariablen. Die statistische Analyse ergab, daß positive Behandlungsergebnisse besonders eng mit folgenden Variablen
korreliert waren: weiblich, unverheiratet, Alter zwischen 18
und 30 Jahren, relativ hohes berufliches Niveau, Arbeitsstörungen, als »Neurose« diagnostiziert, zusätzliche Behandlung

mit Psychopharmaka neben der Psychotherapie, relativ geringe Chronifizierung der Störung, relativ viele (maximal immer nur fünf) psychotherapeutische Sitzungen. Das Ausmaß der erreichten Besserung stand, wie schon erwähnt, in keinem Zusammenhang mit der beruflichen Identität des Therapeuten. Die Patienten selbst schätzten ihren Zustand mindestens sechs Monate später bei der katamnestischen Untersuchung immer noch als gebessert ein.

AUSWERTUNG DER BEHANDLUNGSERGEBNISSE AN HAND DES SYMPTOMFRAGEBOGENS

Der Symptomfragebogen zeigt, wie der Patient selbst die Änderung seiner Symptome im Verlaufe der Therapie und danach beurteilt, und bietet somit weitere Anhaltspunkte, um abzuschätzen, inwieweit die Behandlung dem Patienten geholfen hat. Selbstbeurteilungen dieser Art sind naturgemäß nur mit Vorbehalt zu verwerten und erhalten hier ihren angemessenen Stellenwert nur im Zusammenhang mit den sonstigen Forschungsansätzen, mit denen wir in dieser Studie die Effektivität unserer Kurzpsychotherapie zu prüfen versucht haben.

Da das Ziel der in unserer Ambulanz durchgeführten Kurzpsychotherapie in einer Besserung oder Aufhebung der Symptome bestand, brauchten wir ein Untersuchungsinstrument, mit dem sich diesbezüglich relevante Daten erheben ließen. Bei der Entwicklung unseres Symptomfragebogens legten wir die Verhaltensfragebögen von Katz und Lyerly[65, 82] zugrunde und änderten die Form S der KAS Behavior Inventories in der Weise ab, daß sich damit die erreichte Symptombesserung erfassen ließ. Die einzelnen Items wurden in Unterskalen zusammengefaßt, die den bereits in Projekt I beschriebenen aktuellen Beschwerden des Patienten entsprechen. Außerdem wurden noch einige weitere Items hinzugefügt, so daß nun der *Symptomfragebogen* in seiner endgültigen Form aus sechzehn Unterskalen besteht: körperliche Beschwerden, Angst, Depression, Aggressivität, Abhängigkeit, Zwangssymptome, psychotische

Symptome, sexuelle Schwierigkeiten, homosexuelle Probleme, Eheschwierigkeiten, familiäre Konflikte, Arbeitsstörungen, Reisephobie, Alkoholabusus, Medikamenten- und Drogenabusus, sonstige Probleme. Dem Patienten wird eine Liste von 97 Aussagen vorgelegt, die sich auf die oben genannten Symptome und Probleme beziehen (z. B. »ich bin oft bedrückter Stimmung«, »ich habe Angst davor, mit dem Bus zu fahren«, usw.); auf einer Vier-Punkte-Skala soll der Patient ankreuzen, in welchem Ausmaß er während der vorangegangenen Woche unter den betreffenden Symptomen gelitten hat.

Dieser Symptomfragebogen wurde den Patienten insgesamt dreimal vorgelegt, und zwar zunächst direkt vor dem Erstinterview, sodann unmittelbar nach dem letzten Interview und schließlich noch einmal sechs Monate nach Abschluß der Behandlung. 300 aufeinanderfolgende Fälle wurden als Standardisierungspopulation benutzt, um die erhobenen Rohpunktwerte in Standardpunktwerte zu transformieren, was einen Vergleich der verschiedenen Unterskalen beim selben Patienten und weitere Analysen ermöglichte.

Auf zweierlei Weise versuchten wir das effektivste Vorgehen zu ermitteln, um für die Katamnese nach einem halben Jahr möglichst viele Fragebögen von den Patienten zurückzuerhalten. Nach dem ersten Modus wurde der Symptomfragebogen allen Patienten per Post zugeschickt; nach dem zweiten Verfahren wurden sie gebeten, noch einmal zu einem persönlichen Interview in die Ambulanz zu kommen, und bei dieser Gelegenheit wurde der Fragebogen vorgelegt.

Es wurden fünfzig Patienten ausgewählt, deren Behandlung zwischen Januar 1962 und März 1963 abgeschlossen worden war und die alle nach Abschluß der Therapie nicht mehr anderswohin weiterüberwiesen worden waren. Die 50 Patienten wurden in zwei Gruppen zu je 25 geteilt, die nach folgenden Merkmalen angeglichen wurden:

(1) Zeitspanne (in Monaten) seit Beendigung der Behandlung,

(2) Anzahl der therapeutischen Interviews in der Psychotherapeutischen Ambulanz,

(3) Diagnose,

(4) vorzeitiger Abbruch der Behandlung seitens des Patienten. Den Patienten der ersten Gruppe wurde der Symptomfragebogen mit einem Begleitschreiben und einem frankierten und adressierten Rückantwortumschlag per Post zugeschickt. War binnen 10 Tagen keine Antwort eingegangen, so wurde eine Mahnung geschickt und nötigenfalls nach weiteren 10 Tagen der Patient noch einmal telephonisch erinnert. Auf diese Weise erhielten wir von 82% der Patienten dieser Gruppe katamnestische Angaben.

Die Patienten der zweiten Gruppe wurden telephonisch zur Nachuntersuchung in die Psychotherapeutische Ambulanz einbestellt, wobei der Symptomfragebogen zunächst nicht erwähnt wurde. Zwei fortgeschrittene Psychologie-Praktikanten führten die Interviews durch, legten den Patienten den Symptomfragebogen vor und formulierten schließlich ihre Beurteilung des derzeitigen Zustandes des Patienten. Sie hatten sich schon vor dem Interview mit dem betreffenden Fall vertraut gemacht, die Krankengeschichte gelesen und ein vorbereitetes Formblatt ausgefüllt. Von den 25 Patienten dieser Gruppe waren nur neun (36%) bereit, zur Nachuntersuchung in die Ambulanz zu kommen.

Unsere Wahl fiel also auf das Briefverfahren, und zwar sollten außer dem Fragebogen noch drei weitere Fragen beantwortet werden:

1. Haben Sie sich nach der Behandlung in unserer Psychotherapeutischen Ambulanz wegen Ihrer persönlichen Probleme noch einmal an andere Stellen um Hilfe gewandt? Wenn ja, beschreiben Sie bitte, auf welche Weise Ihnen geholfen wurde.

2. Was halten Sie von der Arbeit der Psychotherapeutischen Ambulanz, so wie Sie sie erfahren haben?

3. Was ließe sich an der Psychotherapeutischen Ambulanz noch ändern, um Menschen mit persönlichen Problemen noch besser helfen zu können?

War nach zwei Wochen noch keine Antwort eingetroffen, so

wurde eine zweite Anfrage geschickt; kam auch daraufhin keine Antwort, so wurde der betreffende Patient telephonisch erinnert. Auf diese Weise erhielten wir von 55,6% der insgesamt 491 nachuntersuchten Patienten katamnestische Angaben.

Der mittlere Punktwert im Symptomfragebogen betrug bei der ersten Vorlage (unmittelbar vor Behandlungsbeginn) 164, bei der zweiten Vorlage (unmittelbar nach dem letzten Interview) 143; dieser Unterschied ist signifikant auf dem 0,1%-Niveau. Bei der dritten Vorlage (sechs Monate später) betrug der mittlere Punktwert wiederum 143. Diese Ergebnisse sprechen für eine signifikante Symptombesserung im Verlaufe der Psychotherapie und darüber hinaus auch für eine Stabilität dieser Besserung über mindestens sechs Monate.

Die Beurteilung der erreichten Besserung durch die Therapeuten stimmte mit den Selbsteinschätzungen der Patienten weitgehend überein (Korrelation signifikant auf 5%-Niveau).

Projekt III: Intensiv-Auswertung psychoanalytischer Kurzpsychotherapien

Der größte Teil der bisherigen Psychotherapieforschung bezieht sich auf Langzeitbehandlungen. Über Kurzpsychotherapie liegen bislang nur vereinzelte Untersuchungen vor[31, 48, 71, 76, 96], obgleich dieses Gebiet für Forschungszwecke mehrere Vorteile bietet: die kurze Behandlungsdauer, das relativ klar umschriebene Behandlungsziel (wodurch die Beurteilung der Behandlungsergebnisse sehr erleichtert wird, da die Kriterien der Beurteilung besser definierbar sind) und auch die Festlegung auf bestimmte Behandlungstechniken.

Die erste systematische experimentelle Untersuchung psychoanalytischer Sitzungen mittels Beurteilungen und Voraussagen unabhängiger Dritter wurde von Bellak und Smith[11] durchgeführt. In einer späteren Arbeit über Forschungsprobleme in der Psychoanalyse diskutiert Bellak[16] verschiedene Probleme, die auch für das hier besprochene Projekt relevant sind: die Probleme der Quantifizierung, der Aufstellung von Einstufungsskalen (rating scales), mit deren Hilfe man sinnvolle, eindeutige und statistisch verwertbare Daten erheben kann, sowie die Verwendung kurzfristiger Voraussagen zur Prüfung von Arbeitshypothesen und als Validitätskriterium. Da diese Methode der wiederholten kurzfristigen Voraussagen und Einstufungen gerade für die Untersuchung von Kurztherapien besonders geeignet ist, erscheint uns eine kurze Darstellung des Konzepts der gezielten Voraussage (Prediction) gerechtfertigt.

GEZIELTE VORAUSSAGEN (PREDICTIONS) ALS FORSCHUNGSINSTRUMENT IN DER PSYCHOTHERAPIE

Die statistische Berechnung der Validität stellt eine wichtige Methode dar, um die Brauchbarkeit einer Hypothese zu prüfen und die Wahrscheinlichkeit zu bestimmen, mit der zwei verschiedene Ereignisse aufeinanderfolgen. Die Reliabilität, d. h. die Reproduzierbarkeit einer postulierten Ereignisfolge in konkret demonstrierbarer Weise bei wiederholten Untersuchungen, ist ein weiteres Grunderfordernis wissenschaftlicher Aussagen. In beiden Fällen spielen gezielte Voraussagen eine zentrale Rolle. Die planvolle Verwendung von Prediction und Postdiction* mit Hilfe explizit und eindeutig formulierter Hypothesen ist sicherlich eine vielversprechende Forschungsmethode, die jeder Psychoanalytiker anwenden könnte. Die Methode der Prediction müßte im Grunde auf psychoanalytische Hypothesen genau so streng anwendbar sein wie auf sonstige Hypothesen. Es kommt dabei nicht darauf an, die Richtigkeit einer Hypothese zu beweisen, sondern vielmehr die Wahrscheinlich-

---

* Die Postdiction (ein von G. W. Allport geprägter Begriff) besteht in Aussagen darüber, welche früheren Ereignisse anzunehmen sind, um die gegenwärtig beobachtbaren Fakten zu erklären; es handelt sich also um eine Art umgekehrter Voraussage.

keit zu prüfen, mit der ein bestimmtes Ereignis vorhergesagt werden kann. Die häufigere Verifizierung einer Hypothese steigert deren Reliabilität und Validität. »Kausalität« ist nur eine konventionelle Betrachtungsweise für eine besonders häufige zeitliche Aufeinanderfolge zweier Ereignisse; mehr als ein solcher Folgezusammenhang läßt sich genau genommen niemals beweisen. Einige Psychotherapie-Forscher haben sich damit befaßt, die Auswirkungen interkurrenter Ereignisse auf das nachfolgende Verhalten von Patienten vorauszusagen. Hierzu ist jedoch zu bemerken, daß wahrscheinlich die meisten Ereignisse (ausgenommen solche sehr schwerwiegender und einschneidender Art) sich nur geringfügig auf den Verhaltensstil eines Menschen auswirken und daher praktisch vernachlässigt werden können. Es ist eines der zentralen Postulate der psychoanalytischen Theorie, daß die sogenannte Persönlichkeit, der Charakter eines Menschen, eine relativ stabile und dauerhafte Struktur darstellt, die ein hohes Maß an Gleichförmigkeit des individuellen Verhaltens gewährleistet. Ohne eine solche Voraussetzung gäbe es gar keine Psychologie, keine Testdiagnostik, ja überhaupt kein menschliches Zusammenleben. Die psychoanalytische Theorie war von Anfang an auf das Postulat des psychischen Determinismus gegründet und geht auch nach wie vor davon aus, daß das Verhalten eines Menschen mit großer Wahrscheinlichkeit auf eine relativ begrenzte Spielbreite individualtypischer Reaktionsweisen festgelegt ist, in denen Triebregungen, Abwehrmotive gegen diese Triebe oder auch Mischungen und Neutralisierungen dieser beiden Variablen zum Ausdruck kommen. Die ganze tägliche Arbeit des Psychoanalytikers gründet sich auf diese zentrale theoretische Prämisse, und so ist es denn auch (von ganz außergewöhnlichen Ereignissen abgesehen) nur vernünftig, psychoanalytische Hypothesen unter dieser Voraussetzung einer relativen Stabilität der Persönlichkeit zu prüfen.

Es sei zugegeben, daß größere Zeiträume und unvorhersehbare Ereignisse die Voraussage feinerer psychischer Veränderungen u. U. erheblich erschweren. In der Praxis kann sich aber der

Psychotherapieforscher seine Aufgabe erleichtern, indem er entweder relativ pauschale langfristige oder aber ganz kurzfristige Voraussagen macht. Letztere können sich etwa auf das Geschehen innerhalb einer einzigen psychotherapeutischen Sitzung beziehen, so z. B. wenn man an Hand der ersten Hälfte der Sitzung Voraussagen über die zweite Hälfte anstellt, oder auf Grund eines kürzeren Ausschnittes der Stunde über einen anderen Ausschnitt, oder auch daß von einem einzelnen Satz auf den nächsten geschlossen wird (wobei man sowohl aufeinanderfolgende Sätze des Patienten wie auch abwechselnde Äußerungen von Patient und Therapeut zugrundelegen kann). In jedem Falle wird hierbei die Zeitspanne der Voraussagen auf ein Minimum reduziert, genau wie in einer klassischen experimentellen Laborsituation.*

Manche Autoren[35] stellen den Nutzen solcher Voraussagen mit folgendem Argument in Frage: selbst wenn ein Ereignis richtig vorausgesagt wurde, so könnte es doch aus ganz anderen Gründen als denen, auf welche die Voraussage sich gründete, eingetreten sein. Dieser Einwand beruht offensichtlich auf einem Mißverständnis. Denn die Voraussage, auf Ereignis X werde Ereignis Y folgen, ist für sich genommen wertlos. Von wissenschaftlicher Bedeutung ist eine Voraussage erst dann, wenn sie auf einer Reihe von eindeutig und exakt ausformulierten Denkschritten fußt, von denen jeder einzelne unabhängig von den anderen innerhalb einer Ereignisfolge verifizierbar, wiederholbar und verständlich ist. Hierfür ein Beispiel: Ein Pa-

---

* In einem nicht-experimentellen Rahmen hat Bellak eine Methode ausprobiert, die sich auch für Forschungszwecke weiter ausbauen ließe. Er verwendete für die psychotherapeutische Facharztausbildung u. a. einen der Filme von Hans Strupp[97] über ein Erstinterview und die Erstinterview-Schallplatten von Gill, Newman, Redlich und Sommers[46] und stellte nach jedem längeren Satz folgende Fragen: Wie beurteilen Sie die Situation? Welche Hypothesen über den Patienten legen Sie dabei zugrunde? Was können Sie auf Grund Ihrer Hypothesen schon über den nächsten Satz voraussagen?
Wenn man die Hypothesen und Voraussagen systematisch überprüfen würde, so würde man wahrscheinlich finden, daß es für manche Sätze Hypothesen gibt, die richtige Voraussagen ermöglichen, für andere dagegen nicht. Als falsch erwiesene Voraussagen und Hypothesen müßten dann jeweils genauer überprüft werden.

tient bewundert irgendwelche Gegenstände im Zimmer seines Therapeuten. Zu diesem Verhalten paßt u. a. die Hypothese, daß eine positive Übertragung zum Therapeuten besteht, die der Patient aber im Moment nicht bewußt akzeptieren kann, so daß er seine Gefühle auf unbelebte Objekte verschiebt, die mit dem Analytiker in assoziativer Beziehung stehen. Im weiteren Verlauf findet man vielleicht in Träumen und anderem manifestem Material weitere Anhaltspunkte für eine positive Übertragung. Ist dies jedoch nicht der Fall, so muß die Hypothese als unbewiesen gelten, d. h. sie ist entweder falsch oder die betreffenden Gefühle waren zu flüchtig (in diesem Falle wäre es aber immer noch möglich, daß die Hypothese sich an einem anderen Patienten bestätigt); eventuell findet man nachträglich Anhaltspunkte dafür, daß das beobachtete Verhalten – bewundernde Äußerungen über Gegenstände im Behandlungszimmer – bei diesem Patienten hauptsächlich mit ganz anderen Motiven zusammenhängt.

In die Formulierung der oben genannten Hypothese (nämlich daß eine unbewußte positive Übertragung bestehe) geht natürlich eine ganze Reihe weiterer hypothetischer Konstrukte – Verschiebung, Projektion, Übertragung, ein bestimmter Persönlichkeitsbegriff usw. – mit ein; außerdem ist eine Anzahl von intervenierenden Variablen mitzuberücksichtigen. Und trotzdem erfüllt eine solche klinische Hypothese durchaus die Kriterien der Validität, wenn sie von verschiedenen analytischen Untersuchern unabhängig voneinander wiederholt bestätigt worden ist.

Die Methode ist aber nicht narrensicher und führt nicht immer zur Feststellung der Wahrheit. Bei einer Voraussage wird nicht mehr angenommen, als daß Ereignis A mit einer bestimmten Wahrscheinlichkeit mit Ereignis B in Beziehung steht. Die Qualität dieser Hypothese läßt sich in einem Meßwert ausdrücken, z. B. im Korrelationskoeffizienten, der ein Maß der Wahrscheinlichkeit darstellt.

Die Voraussage (Prediction) gewinnt als wissenschaftliche Methode zunehmend an Interesse[21, 35, 68]. Meehl[74] hat hierzu eine gründliche Übersicht zusammengestellt, die durch die glänzende Kritik von Mann[73] noch bereichert worden ist. Wahrscheinlich gibt es gar keine echten prinzipiellen Unterschiede zwischen klinischer und statistischer Vorhersage; soweit Unterschiede zu bestehen scheinen, sind es die zwischen Realität und Abstraktion. Bei klinischen Voraussagen ist eher damit zu rechnen, daß kontaminierende Faktoren mit hineinspielen. Dagegen kann man sich aber am wirksamsten sichern, indem man alle beteiligten Denkschritte so exakt wie möglich ausformuliert.

In der Psychotherapieforschung werden mit Hilfe von Voraussagen zweierlei Ziele verfolgt: erstens kann man mit dieser Methode prüfen, ob überhaupt etwas geschieht, was dem Patienten nützt, und zweitens kann man die beteiligten Vorgänge genauer klären, d. h. Hypothesen validieren oder falsifizieren und logische Sequenzen herausarbeiten (z. B.: liegt der Zustand A vor, so ist Zustand B zu erwarten; wird jedoch die Intervention C vorgenommen, so kommt es stattdessen zu einer Modifikation von Zustand B).

Vier Typen von Voraussagen (Prediction) lassen sich unterscheiden:

1. »Persistency Prediction« (Voraussage der Persistenz): Man sagt voraus, daß eine derzeit bestehende Symptomatik oder Konstellation auch weiterhin bestehen bleiben wird.

2. »Trend Prediction« (Voraussage der Tendenz): Es besteht eine Tendenz in Richtung auf ein bestimmtes Syndrom, und man sagt nun voraus, daß diese Tendenz weiterhin bestehen bleiben (wie in 1.), abnehmen oder stärker zunehmen wird.

3. »Cyclic Prediction«: die Voraussage zyklischer Veränderungen.

4. Die »Logical Prediction« (logische Vorhersage) auf der Grundlage der Wahrscheinlichkeitstheorie von Nagel* folgt dem Schema:

---

* siehe Nagel, »Principles of the Theory of Probability«, in der *International Encyclopedia of Unified Science,* Univ. of Chicago Press, Chicago 1939.

Da A vorliegt, wird wahrscheinlich B folgen; oder:
Da A vorliegt, müssen B, C und D als Begleitvoraussetzungen *(collaterals)* ebenfalls vorliegen.*

EIGENE UNTERSUCHUNGEN

In diesem Teilprojekt (Projekt III) wurde folgende Methode angewendet: Bei der ersten Untersuchungsreihe arbeiteten wir mit mehrfach wiederholten Beurteilungen an Hand einer Serie zunehmend ins Einzelne gehender Variablen; bei einer zweiten Untersuchungsreihe wurden außerdem auch noch Aussagen zu bestimmten offenen Fragen sowie kurzfristige Voraussagen über eine Reihe von weiteren Variablen ausgewertet.

Zu den Beurteilern zählten vier Mitglieder des New Yorker Psychoanalytischen Instituts, weiterhin ein psychoanalytisch orientierter Psychotherapeut und Psychologe mit klassisch-analytischer Ausbildung, dann ein Ausbildungskandidat des New Yorker Psychoanalytischen Instituts im Downstate Medical Center und ein nach W. A. White ausgebildeter, aber klassisch-analytisch orientierter Psychologe und Psychotherapeut.

Im einen Falle war L. Small der Therapeut, im anderen L. Bellak. Beide waren an den sonstigen Forschungsarbeiten nur insoweit beteiligt, als sie den nicht vom Betreffenden selbst behandelten Fall betrafen; auf diese Weise sollte ausgeschlossen werden, daß der Therapeut sein Vorgehen in der Behandlung an den eigenen Voraussagen orientierte.

Beide Therapeuten versuchten nun, ihr praktisches Vorgehen in der Behandlung in folgenden Schritten explizit zu formulieren:

1. Erarbeitung eines allgemeinen Verständnisses der Persönlichkeit des Patienten, seiner Beschwerden und seiner derzeitigen Lebenssituation;

---

* Über die Probleme der Vorhersage hatte unsere Forschungsgruppe eine sehr fruchtbare und anregende Diskussion mit Herrn Prof. Dr. Peter Knap von der Psychiatrischen Universitätsklinik Boston.

2. Auswahl und Abgrenzung der zu bearbeitenden Problembereiche;

3. Formulierung einer psychodynamischen Hypothese, die etwas darüber aussagen soll, wie aus der Konvergenz genetischer, dynamischer und Realitätsfaktoren das aktuelle Problem hervorgegangen ist;

4. Entwurf eines Behandlungsplans mit dem Ziel, das Gleichgewicht dieser Kräfte so zu verändern, daß das Symptom verschwindet oder zumindest abgeschwächt wird. Zu diesem Behandlungsplan gehören auch gezielte Voraussagen nach dem Schema »wenn ... dann ...«.

Um diese Schritte im einzelnen zu quantifizieren, wurde ein System von Variablen definiert, das dann am Behandlungsmaterial von anderen, nicht zur eigentlichen Studie gehörigen Patienten erprobt und noch mehrmals abgeändert werden mußte, bis die endgültige Form feststand. In mehreren Sitzungen wurde das konkrete Vorgehen unter den Beurteilern diskutiert und eingeübt. Anfangs äußerten einige Teilnehmer ihre Skepsis, ob sich mit diesem Verfahren signifikante Daten erheben ließen. Manche, die noch keine eigenen Erfahrungen mit der Arbeit in unserer psychotherapeutischen Ambulanz hatten, bezweifelten sogar, daß eine Kurzpsychotherapie überhaupt von Nutzen sein könnte. Es war in der Tat nicht leicht, qualifizierte Psychoanalytiker für diese Aufgabe zu gewinnen. Wir können aber doch mit einiger Genugtuung berichten, daß ihre anfänglichen Zweifel sich offensichtlich mit dem Fortgang des Forschungsprojekts allmählich zerstreut haben.

Zur Auswahl der Patienten

Zwei Patienten wurden von der Forschungsgruppe ausgewählt, und zwar nach zwei Kriterien, nämlich daß sie erstens für eine dynamische Psychotherapie geeignet sein sollten und zweitens aller Wahrscheinlichkeit nach fünf Sitzungen durchhalten würden. Die Auswahl erfolgte also nicht nach reinen Zufallskriterien. Andererseits war aber beispielsweise die Behandelbarkeit der Patienten für die Auswahl nicht maßgebend. Kein anderer Patient war zunächst in das Forschungsprojekt einbezogen und dann ausgeschieden worden; es wurde auch kein anderer Patient zugunsten dieser beiden Patienten abgewiesen oder wieder ausgeschieden. Will man unserer Forschungsgruppe nicht zutrauen, daß sie etwa mit geradezu hellseherischer Begabung zwei optimal behandelbare Patienten ausgewählt habe, so wird man wohl annehmen müssen, daß diese beiden Patienten eine einigermaßen repräsentative Stichprobe aus dem Kollektiv der überhaupt für eine dynamische Psychotherapie geeigneten Patienten darstellen.

Und selbst wenn diese zwei Patienten aus hunderten ausgewählt worden wären, so änderte dies doch nichts an der Tatsache, daß sie lebendige Menschen sind wie die anderen auch – d. h. wenn ihre Probleme vom Therapeuten und von mehreren unabhängigen Beurteilern unter dynamischen Aspekten grundsätzlich verstanden werden können und wenn alle diese Untersucher dabei zu einer statistisch signifikanten Übereinstimmung gelangen, so darf man und muß man annehmen, daß die der Behandlung zugrundeliegenden Hypothesen echten Gesetzmäßigkeiten entsprechen[3, 8, 10, 15, 25].

Die Patienten waren ausdrücklich damit einverstanden, daß ihre Interviews auf Tonband aufgenommen wurden. Sobald ein Beurteiler ein Interview ausgewertet und eingestuft hatte wurde ihm das nächste vorgelegt. Beim zweiten Fall wurde durch Los bestimmt, wer die Auswertungen und wer die Voraussagen vornehmen sollte.

DIE AUSWERTUNGSMETHODE

Es wurden zwei Auswertungsmethoden angewendet. Bei der *ersten Methode* wurde eine Reihe von Einstufungsskalen (Rating Scales) verwendet, deren Items auf der Grundlage eines psychoanalytischen Persönlichkeitsmodells formuliert waren.

Nach der *zweiten Methode* wurden spezielle Inhalte aus den therapeutischen Sitzungen analysiert, die nach Behandlungsabschluß aus dem gesamten Fallmaterial extrahiert worden waren, und zwar von solchen Mitgliedern der Forschungsgruppe, die nicht selbst an der Therapie, Einstufung oder Voraussage bei dem betreffenden Patienten beteiligt waren.

Erste Methode

Die Einstufungsskalen (Rating Scales)
Es sollten speziell drei Bereiche mit Hilfe der Einstufungsskalen erfaßt werden: die Psychodynamik der Störung, der Behandlungsplan und schließlich der Zustand des Patienten in jeder einzelnen Sitzung.

Psychodynamik der Störung. Unter der Annahme, daß psychische Störungen entstehen durch (a) ein auslösendes Ereignis, das (b) bestimmte Triebimpulse aktiviert, wodurch es (c) zu bestimmten Veränderungen in der Triebsphäre, im Ich und im Über-Ich kommt, die in der Symptomatik des Patienten zum Ausdruck kommen, wurden Einstufungsskalen entwickelt, mit denen diese drei Facetten psychischer Störungen erfaßt werden können. Im einzelnen ermöglichen diese Skalen eine quantitative Einstufung folgender Bereiche:
Primäre Triebimpulse
Triebe als Abwehrmanifestationen
Affektivität und Stimmung
Abwehrformen des Ichs
Überich-Reaktionen
Ichfunktionsstörungen.
Jede Skala besteht aus einer Reihe von relevanten Items; so werden z. B. unter »Abwehrmechanismen des Ichs« sieben der geläufigsten Abwehrmechanismen angeführt. Die Beurteiler sollten nun nach einer Vierpunkteskala die Stärke der Aktivierung primärer Triebimpulse durch das auslösende Ereignis abschätzen und darüber hinaus auch die sekundären, reaktiven

Persönlichkeitsveränderungen in ihren verschiedenen Dimensionen nach einer Skala mit Punktwerten von −3 über 0 bis +3 genau einstufen.

Behandlungsplan. In der Kurzpsychotherapie ist es erforderlich, planvoll vorzugehen und die Behandlungsziele vorher genau festzusetzen. Dementsprechend wurden besondere Skalen entwickelt, um speziell diejenigen Persönlichkeitsbereiche zu erfassen, die es zu ändern galt, um eine klinische Besserung des Patienten zu erreichen. Insbesondere war anzugeben, welche Problembereiche hauptsächlich therapeutisch bearbeitet und welche gemieden oder zurückgestellt werden sollten und weshalb. Diese Einstufungsskalen enthalten sowohl Variablen, welche die vorgesehenen *Methoden* therapeutischer Intervention betreffen, als auch solche, die sich auf die therapeutisch zu bearbeitenden *Bereiche* beziehen (vgl. u. die Skalen selbst). Im Aufbau entsprechen die »Behandlungsplan«-Skalen den Skalen »Psychodynamik der Störung«; sie enthalten im einzelnen folgende Dimensionen:
Triebimpulse
Affektivität und Stimmung
Abwehrmechanismen des Ichs
Überich-Reaktionen
Stärke der Ichfunktionen.
Die Beurteiler hatten jeweils anzugeben, welche Veränderungen in den einzelnen Dimensionen nach ihrer Meinung erforderlich wären, um eine Besserung der Beschwerden des Patienten zu erreichen.

Verhalten des Therapeuten und Patienten im Interview. Zur Erfassung kurzfristiger Veränderungen von einer Sitzung zur anderen wurden besondere Skalen verwendet, die praktisch identisch mit den »Behandlungsplan«-Skalen waren, nur daß zusätzlich noch einige weitere Items angefügt waren, mit denen das Verhalten des Patienten im Interview beschrieben werden sollte.

Einübung im Gebrauch der Skalen

In mehreren Besprechungen wurde die Anwendung der Skalen praktisch erprobt und eingeübt, indem die Teilnehmer der Forschungsgruppe Interviewmaterial von Patienten, die zu der Zeit gerade in unserer Ambulanz behandelt wurden, unabhängig voneinander nach den Skalen einstuften. Daran schlossen sich Diskussionen an, in deren Verlaufe Meinungsunterschiede hinsichtlich einzelner Begriffe abgeklärt, falsche Einstufungen korrigiert und verbindliche Definitionen der einzelnen Variablen ausgearbeitet wurden.

Die Patienten

Für die Untersuchung wurden zwei weibliche Patienten ausgewählt. Die Patientin A, eine Hausfrau, litt unter einer Depression mit Suicidgedanken; die Patientin B, eine unverheiratete Studentin fortgeschrittenen Semesters, war wegen Angst und Unentschiedenheit in sozialen Beziehungen zur Behandlung gekommen. Beide wurden mit einer Kurzpsychotherapie von jeweils fünf Sitzungen behandelt.

Die Anwendung der Skalen

Zunächst wurden sämtliche fünf Interviews der Patientin A nach den Skalen eingestuft. Danach fand eine Besprechung der Mitarbeiter statt, um etwaige Schwierigkeiten zu klären und zu lösen.

Bei der anschließenden Einstufung der Interviews von Patientin B wurde etwas anders vorgegangen: die sechs Mitglieder des Teams wurden in drei »Judges« (Beurteiler) und drei »Predictors« (die Voraussagen formulieren sollten) eingeteilt. Beide Gruppen, also sowohl Judges wie Predictors, stuften die Patientin B an Hand des ersten und zweiten Interviews nach der »Psychodynamik«-Skala und nach der »Behandlungsplan«-Skala ein. Die Skala »Verhalten im Interview« wurde von den Judges für alle fünf Sitzungen ausgefüllt, wobei vom manifesten Verhalten der Patientin in dem jeweiligen Interview auszugehen war. Die Predictors dagegen sollten an Hand des

Interviewmaterials aus jeweils einer Sitzung (d. h. nach Anhören der Tonbandaufzeichnung und Nachlesen des schriftlichen Protokolls) Voraussagen für die nächste Sitzung formulieren, also im voraus das Verhalten und den Zustand der Patientin im nächstfolgenden Interview nach den entsprechenden Skalen einstufen.

Psychodynamik der Störung

Aktivierte primäre Triebimpulse		*Intensität manifester sek. Reaktionen* Triebe als Abwehrmanifestationen	
Passivität	0 1 2 3	Passivität	–3 2 1 0 1 2 3+
Aktivität	0 1 2 3	Aktivität	–3 2 1 0 1 2 3+
Homosexualität	0 1 2 3	Homosexualität	–3 2 1 0 1 2 3+
Heterosexualität	0 1 2 3	Heterosexualität	–3 2 1 0 1 2 3+
Aggressivität	0 1 2 3	Aggressivität	–3 2 1 0 1 2 3+
Sadismus	0 1 2 3	Sadismus	–3 2 1 0 1 2 3+
Masochismus	0 1 2 3	Masochismus	–3 2 1 0 1 2 3+
		_____	–3 2 1 0 1 2 3+
		_____	–3 2 1 0 1 2 3+

Erläuterungen zu den Punkte-skalen

Aktivierte prim. Triebimpulse:
0 nicht aktiviert
1 leicht aktiviert
2 mäßig aktiviert
3 stark aktiviert

Affektivität und Stimmung

Angst/Furcht	–3 2 1 0 1 2 3+
gehobene Stimmung	–3 2 1 0 1 2 3+
Depression	–3 2 1 0 1 2 3+
Selbstwertgefühl	–3 2 1 0 1 2 3+
Schuld-/Schamgefühle	–3 2 1 0 1 2 3+
Wut/Zorn/Ärger	–3 2 1 0 1 2 3+
_____	–3 2 1 0 1 2 3+
_____	–3 2 1 0 1 2 3+

Intensität manif. sek. Reakt.

–3 starke Abnahme
–2 mäßige Abnahme
–1 leichte Abnahme
0 unverändert
+1 leichte Zunahme
+2 mäßige Zunahme
+3 starke Zunahme

Abwehrmechanismen des Ichs

Verdrängung/Verleugnung	–3 2 1 0 1 2 3+
Projektion	–3 2 1 0 1 2 3+
Rationalisierg./Intellektual.	–3 2 1 0 1 2 3+
Verschiebung	–3 2 1 0 1 2 3+
Isolierung	–3 2 1 0 1 2 3+
Reaktionsbildung	–3 2 1 0 1 2 3+
Identifiz. m. Aggressor	–3 2 1 0 1 2 3+
_____	–3 2 1 0 1 2 3+
_____	–3 2 1 0 1 2 3+

Stärke der Ichfunktionen

–3 schwer gestört
–2 mäßig gestört
–1 leicht gestört
0 unverändert
+1 leicht gebessert
+2 mäßig gebessert
+3 erheblich gebessert

Überich-Reaktionen

Intensität	–3 2 1 0 1 2 3+
Konsistenz	–3 2 1 0 1 2 3+
_____	–3 2 1 0 1 2 3+
_____	–3 2 1 0 1 2 3+

Stärke der Ichfunktionen

Realitätsprüfung	–3 2 1 0 1 2 3+
Objektbeziehungen	–3 2 1 0 1 2 3+
Denken	–3 2 1 0 1 2 3+
Triebkontrolle	–3 2 1 0 1 2 3+
synthetische Funktion	–3 2 1 0 1 2 3+
autonome Funktionen	–3 2 1 0 1 2 3+
_____	–3 2 1 0 1 2 3+
_____	–3 2 1 0 1 2 3+

Patient _____Beurteiler _____Datum _____Interview-Nr. _____
Therapeut/Nicht-Therapeut
(Zutreffendes kennzeichnen)

Behandlungsplan: Ziele der Behandlung

Triebimpulse		*zu den Punkteskalen*
Passivität	−3 2 1 0 1 2 3+	−3 starke Abnahme
Aktivität	−3 2 1 0 1 2 3+	−2 mäßige Abnahme
Homosexualität	−3 2 1 0 1 2 3+	−1 leichte Abnahme
Heterosexualität	−3 2 1 0 1 2 3+	0 unverändert
Aggressivität	−3 2 1 0 1 2 3+	+1 leichte Zunahme
Sadismus	−3 2 1 0 1 2 3+	+2 mäßige Zunahme
Masochismus	−3 2 1 0 1 2 3+	+3 starke Zunahme
_____	−3 2 1 0 1 2 3+	
_____	−3 2 1 0 1 2 3+	

Affektivität und Stimmung	
Angst/Furcht	−3 2 1 0 1 2 3+
gehobene Stimmung	−3 2 1 0 1 2 3+
Depression	−3 2 1 0 1 2 3+
Selbstwertgefühl	−3 2 1 0 1 2 3+
Schuld-/Schamgefühle	−3 2 1 0 1 2 3+
Wut/Zorn/Ärger	−3 2 1 0 1 2 3+
_____	−3 2 1 0 1 2 3+
_____	−3 2 1 0 1 2 3+

Abwehrmechanismen des Ichs	
Verdrängung/Verleugnung	−3 2 1 0 1 2 3+
Projektion	−3 2 1 0 1 2 3+
Rationalisierg./Intell.	−3 2 1 0 1 2 3+
Verschiebung	−3 2 1 0 1 2 3+
Isolierung	−3 2 1 0 1 2 3+
Reaktionsbildung	−3 2 1 0 1 2 3+
Identifiz. m. Aggressor	−3 2 1 0 1 2 3+
_____	−3 2 1 0 1 2 3+
_____	−3 2 1 0 1 2 3+

Überich-Reaktionen	
Intensität	−3 2 1 0 1 2 3+
Konsistenz	−3 2 1 0 1 2 3+
_____	−3 2 1 0 1 2 3+
_____	−3 2 1 0 1 2 3+

Stärke der Ichfunktionen	
Realitätsprüfung	−3 2 1 0 1 2 3+
Objektbeziehungen	−3 2 1 0 1 2 3+
Denken	−3 2 1 0 1 2 3+
Triebkontrolle	−3 2 1 0 1 2 3+
synthetische Funktion	−3 2 1 0 1 2 3+
autonome Funktionen	−3 2 1 0 1 2 3+
_____	−3 2 1 0 1 2 3+
_____	−3 2 1 0 1 2 3+

Patient _____ Beurteiler _____ Datum _____ Interview-Nr. _____
Therapeut/Nicht-Therapeut
(Zutreffendes kennzeichnen)

Behandlungsplan: Zielbereiche und Methoden therapeutischer Intervention

Zielbereiche der therap. Intervention	Rang		*Methoden therapeut. Intervention*	Rang
Triebimpulse				
Passivität				
Aktivität			Kathartische Methode	
Homosexualität				
Heterosexualität			Modifiz. kathart. Methode	
Aggressivität				
Sadismus			Verstehen und Deuten	
Masochismus				
			Sensibilisierung	
Affektivität und Stimmung			Triebunterdrückung	
Angst/Furcht				
gehobene Stimmung			Distanzierung vom Ich	
Depression				
Selbstwertgefühl			Stützung u. Ermutigung	
Schuld-/Schamgefühle				
Wut/Zorn/Ärger			Intellektualisierung	
Abwehrmechanismen des Ichs				
Verdrängung/Verleugnung			Beratung	
Projektion				
Rationalisg./Intellekt.			Milieutherapeut. Intervention	
Verschiebung				
Isolierung				
Reaktionsbildung				
Identif. m. Aggressor				
Überich-Reaktionen				
Intensität				
Konsistenz				
Ichfunktionen				
Realitätsprüfung				
Objektbeziehungen				
Denken				
Triebkontrolle				
synthet. Funktion				
autonome Funktionen				

Patient _____ Beurteiler _____ Datum _____ Interview-Nr. _____
Therapeut/Nicht-Therapeut
(Zutreffendes kennzeichnen)

Verhalten des Therapeuten im Interview

Zielbereiche der therap. Intervention		Methoden therapeut. Intervention	
Triebimpulse	Rang		Rang
Passivität			
Aktivität			
Homosexualität		Kathartische Methode	
Heterosexualität			
Aggressivität		Modifiz. kathart. Methode	
Sadismus			
Masochismus		Verstehen und Deuten	
		Sensibilisierung	
Affektivität und Stimmung			
Angst/Furcht		Triebunterdrückung	
gehobene Stimmung			
Depression		Distanzierung vom Ich	
Selbstwertgefühl			
Schuld-/Schamgefühle		Stützung und Ermutigung	
Wut/Zorn/Ärger			
		Intellektualisierung	
Abwehrmechanismen des Ichs			
Verdrängung/Verleugnung		Beratung	
Projektion			
Rationalisg./Intellekt.		Milieutherap. Intervention	
Verschiebung			
Isolierung			
Reaktionsbildung			
Identif. m. Aggressor			
Überich-Reaktionen			
Intensität			
Konsistenz			
Ichfunktionen			
Realitätsprüfung			
Objektbeziehungen			
Denken			
Triebkontrolle			
synthet. Funktion			
autonome Funktionen			

Patient _____ Beurteiler _____ Datum _____ Interview-Nr. _____
Therapeut/Nicht-Therapeut
(Zutreffendes kennzeichnen)

Verhalten des Patienten im Interview

Triebimpulse	Rang
Passivität	
Aktivität	
Homosexualität	
Heterosexualität	
Aggressivität	
Sadismus	
Masochismus	

Affektivität und Stimmung	Rang
Angst/Furcht	
gehobene Stimmung	
Depression	
Selbstwertgefühl	
Schuld-/Schamgefühle	
Wut/Zorn/Ärger	

Abwehrmechanismen des Ichs	Rang
Verdrängung/Verleugnung	
Projektion	
Rationalis./Intellektual	
Verschiebung	
Isolierung	
Reaktionsbildung	
Identif. m. Aggressor	

Überich-Reaktionen	Rang
Intensität	
Konsistenz	

Ichfunktionen	Rang
Realitätsprüfung	
Objektbeziehungen	
Denken	
Triebkontrolle	
synthet. Funktion	
autonome Funktionen	

Beziehung zum Therapeuten	Rang
kooperativ	
unselbständig, passiv	
aktiv problemorientiert	
aggressiv, feindselig	
mißtrauisch	
fordernd	
verführerisch, kokett	
unnahbar	
intellektuell	
aufgeschlossen f. Deutungen	
ängstlich	

Punkteskala
3 stark
2 mäßig
1 leicht
0 trifft nicht zu
X nicht beurteilbar

Patient _____ Beurteiler _____ Datum _____ Interview-Nr. _____

Therapeut/Nicht-Therapeut
(Zutreffendes kennzeichnen)

Niveau der Übereinstimmung

Psychodynamik der Störung. In den Auffassungen
von der Dynamik der vorliegenden Störung bestand sowohl
unter den Judges als auch unter den Predictors eine hochgradige Übereinstimmung. Beim statistischen Vergleich aller vorliegenden Einstufungen nach der »Psychodynamik«-Skala (von
allen Beurteilern für beide Patientinnen) ergab sich ein mittlerer Reliabilitätskoeffizient von 0,80.
Dieser Koeffizient besagt noch nichts über eventuelle Zusammenhänge zwischen Voraussage und Beurteilung, sondern er
zeigt nur, daß sowohl die Predictors als auch die Judges (wobei
hier aber beide Gruppen als Judges, als Beurteiler fungierten)
innerhalb ihrer jeweiligen Gruppe eine weitgehende Übereinstimmung hinsichtlich ihrer Auffassung der psychischen Probleme zweier Patientinnen aufwiesen. Soweit die Reliabilität
(die statistische Verläßlichkeit) als Index für die »Richtigkeit«
der Einstufungen gelten kann, zeigen unsere Ergebnisse auch
an, daß alle Beurteiler die Patientinnen etwa gleich richtig eingestuft hatten (Judges r_{xx} = 0,81; Predictors r_{xx} = 0,78). Aus
diesen Ergebnissen läßt sich folgern, daß erfahrene Psychotherapeuten imstande sind, an Hand eines oder zweier Interviews
die Psychodynamik eines Patienten weitgehend verläßlich einzuschätzen – was ja eine wesentliche Voraussetzung für eine
erfolgreiche Anwendung der Kurzpsychotherapie darstellt. Bemerkenswert ist auch, daß die Reliabilitätskoeffizienten unserer Einstufungen, die ja nach ziemlich abstrakten psychoanalytischen Kategorien vorgenommen wurden, im Vergleich mit
anderen Einstufungen nach Skalen mit konkreteren, mehr deskriptiven Items durchaus günstig abschneiden.
Die Reliabilitätskoeffizienten für die Einstufungen nach den
einzelnen Variablen der »Psychodynamik«-Skala lagen alle
über 0,70. Die Beurteilungen der strukturellen Verhaltensaspekte (Ichfunktion, Abwehrmechanismen, Überich-Reaktio-

nen) waren mit Koeffizienten zwischen 0,85 und 0,91 im allgemeinen verläßlicher als die Einschätzungen der motivierenden Strebungen (Triebimpulse, Affektivität und Stimmung), deren Koeffizienten zwischen 0,71 und 0,78 lagen.

Behandlungsplan. Für die Einstufungen nach der »Behandlungsplan«-Skala, die von den Judges für beide Patientinnen an Hand der ersten beiden Interviews vorgenommen worden waren, ergab sich ein Reliabilitätskoeffizient von 0,77.

Verhalten im Interview. Bezüglich der Einschätzung des derzeitigen psychodynamischen Status beider Patientinnen in allen Interviews betrug der mittlere Reliabilitätskoeffizient 0,78.

Ein Vergleich der Koeffizienten einerseits bei den Judges und andererseits bei den Predictors in bezug auf die Patientin B ergab, daß die Judges besser untereinander übereinstimmten (zwischen 0,80 und 0,94) als die Predictors (zwischen 0,63 und 0,84), was nur besagt, daß Voraussagen weniger verläßlich sind als direkte Beurteilungen des gegenwärtigen Status.

Die Verläßlichkeit (Reliabilität) zeigte übrigens leichte Schwankungen im Verlaufe der fünf Interviews. Bei beiden Patientinnen lag die Verläßlichkeit der Direktbeurteilungen (Judges) für das erste Interview unter dem Mittelwert, stieg dann beim zweiten, dritten und vierten Interview über den Mittelwert an und fiel schließlich beim letzten Interview wieder etwas ab. Die Verläßlichkeit der Voraussagen (Predictors) war für die drei ersten Interviews etwa gleich hoch und stieg dann beim vierten Interview steil an.

Zur »Richtigkeit« der Voraussagen

Wie »richtig« oder wie zutreffend kurzfristige Veränderungen des psychodynamischen Status (von einem Interview zum nächsten) vorausgesagt worden waren, wurde mit Hilfe der Korrelationskoeffizienten zwischen den Beurteilungen der Judges und den Voraussagen der Predictors nach der Skala »Verhalten im Interview« bestimmt, d. h. wir berechneten z. B. die Korrelation zwischen den »*voraussichtlichen*« Punktwerten einzelner Variablen im zweiten Interview, wie sie von den Predictors auf Grund des ersten Interviews vorausgesagt worden waren, und andererseits den »*wirklichen*« Punktwerten, die die Judges dann für das zweite Interview bestimmt hatten. Diese Korrelationskoeffizienten lagen im Mittel für alle vier Interviews bei 0,62; dieser Wert ist signifikant auf dem 1%-Niveau. Im einzelnen ergaben sich etwa gleiche Werte für die vier Interviews, lediglich im vierten Interview fiel die Korrelation zwischen Vorhersage und Beurteilung etwas schwächer aus.

ZWEITE METHODE

Die Einstufungsskalen (Rating Scales)
In diesem Abschnitt des Projekts sollte geprüft werden, inwieweit Kliniker mit entsprechender Ausbildung imstande sind, die Auswirkungen bestimmter psychotherapeutischer Interventionen auf das Verhalten eines Patienten abzusehen und richtig vorauszusagen. Außerdem war uns daran gelegen, nun auch etwas konkreter die aktuelle Problematik und Dynamik des Patienten (bzw. hier: der Patientin) im Behandlungsverlauf zu verfolgen. Das Material, das dieser Untersuchung nach der zweiten Methode zugrundelag, bestand einerseits in konkretem Fallmaterial, zum anderen in einer Reihe von Hypothesen des Therapeuten.
Aus allen fünf Interviews der Patientin B wurden sämtliche Interventionen des Therapeuten herausgesucht, soweit es sich dabei nicht bloß um Fragen oder Umformulierungen von Äußerungen der Patientin handelte. So ergab sich eine lange Liste von Interventionen, darunter Deutungen, Hinweise, Ratschläge und dergleichen. Der Therapeut sollte außerdem seine Absichten bei jeder Intervention schriftlich formulieren, d. h. welchen Effekt auf die Patientin er sich von jeder einzelnen Intervention erwartet hatte.

Aus der ganzen Liste wurden schließlich 19 Interventionen des Therapeuten ausgewählt. Ein Beispiel aus dem ersten Interview:

> Kontext: Die Patientin macht sich Gedanken darüber, ob sie anderen sympathisch ist oder nicht, und möchte sich selbst besser akzeptieren können.
>
> Intervention des Therapeuten: »Sie sind so damit beschäftigt, was die Leute von Ihnen halten, weil Sie selbst so an sich zweifeln.«

Der Therapeut hatte insgesamt 43 verschiedene Auswirkungen genannt, die er mit seinen Interventionen beabsichtigt hatte. Hieraus wurden nun Verhaltensdimensionen konstruiert und ein Fragebogen zusammengestellt, der drei Abschnitte umfaßte:

a) Einsicht-Variablen. Die siebenundzwanzig Items in diesem Abschnitt betrafen Aussagen über den von der Patientin erreichten Grad an Einsicht in bestimmte psychodynamische Zusammenhänge. Die »Predictors« sollten voraussagen, inwieweit die Patientin nach Abschluß der fünf Interviews eine solche bewußte Einsicht in den betreffenden Zusammenhang gewonnen haben würde:

> Beispiele:
> 1. Ihr exhibitionistisches Verhalten ist bedingt durch die Angst, nicht geliebt zu werden.
> 27. Ihr Bedürfnis nach Zärtlichkeit steht im Zusammenhang mit dem Gefühl, ihre Mutter lehne sie ab.

b) Zentrale Probleme. Die 7 Items in dieser Unterskala betrafen die wichtigsten Problembereiche der Patientin. Hier hatten die Predictors vorauszusagen, welche Veränderungen in den betreffenden Variablen voraussichtlich am Schluß der Behandlung erreicht sein würden.

> Beispiele:
> 30. ihre Sorge und Angst vor sexuellem Agieren,
> 34. ihr Grad an weiblicher Identifikation.

c) Verhalten in der Therapie. Die 5 Items in diesem Abschnitt betrafen das Verhalten der Patientin während der therapeutischen Sitzungen.

Beispiele:

35. ihre Bereitwilligkeit, Träume zu bearbeiten,
38. ihre Bereitwilligkeit, ihre exhibitionistischen Probleme zu bearbeiten.

Die Anwendung der Skalen

Die drei *Judges* beurteilten nach einer Fünfpunkteskala (a) den momentanen Grad an Einsicht der Patientin in bestimmte psychodynamische Zusammenhänge (»Einsicht-Variablen«), (b) den momentanen Stand ihrer Schwierigkeiten (»zentrale Probleme«) und (c) die Beziehung der Patientin zum Therapeuten (»Verhalten in der Therapie«), für jedes einzelne Interview.

Die drei *Predictors* hatten eine kompliziertere Aufgabe: Sie hatten die Liste der 19 ausgewählten Interventionen und außerdem die Liste der 43 verschiedenen vom Therapeuten erwarteten Auswirkungen auf die Patientin erhalten und sollten nun danach die Auswirkungen einer jeden Intervention voraussagen (»spezielle Voraussagen«). Darüber hinaus sollten sie auch die Auswirkungen jedes ganzen Interviews voraussagen (»allgemeine Voraussagen«). Auf diese Weise mußten die Predictors 24 Skalen ausfüllen. Sowohl die speziellen wie die allgemeinen Voraussagen bezogen sich auf die Situation der Patientin am Schluß der Behandlung.

Ergebnisse

Niveau der Übereinstimmung

Sowohl unter den Judges als auch unter den Predictors wurde ein befriedigendes Maß an Übereinstimmung erreicht: die mittleren Reliabilitätskoeffizienten lagen zwischen 0,75 und 0,76. Wir fanden keine signifikanten Unterschiede zwischen Predictors und Judges oder zwischen »speziellen« und »allgemeinen« Voraussagen.

Mittels Berechnung der Reliabilitätskoeffizienten wurden die Verläßlichkeit der Beurteilungen, der speziellen und der allgemeinen Voraussagen bestimmt und die Koeffizienten für die verschiedenen Sitzungen und Variablengruppen miteinander verglichen. Vom zweiten Interview an wurde die Übereinstimmung etwas besser. Es zeigte sich, daß die Beurteilungen und Voraussagen der »Einsicht-Variablen« weniger verläßlich waren als die der Variablen »zentrale Probleme« und »Verhalten in der Therapie«. Man könnte vermuten, daß die Beurteilung der vom Patienten gewonnenen Einsicht noch mehr an die unmittelbare Zweiersituation gebunden ist als die Beurteilung anderer Variablen. Vielleicht ließen diese Schwierigkeiten sich umgehen, wenn man außer Tonbandaufnahmen und schriftlichen Protokollen auch Filmaufnahmen von Interviews verwenden würde.

»Richtigkeit« der Voraussagen über Veränderungen

Ob und inwieweit die *vorausgesagten* Veränderungen in den 43 inhaltlichen Variablen zutrafen, wurde durch Vergleiche mit der »*wirklichen*« Veränderungsrichtung dieser Variablen im Verlaufe der fünf Interviews geprüft. Letztere ließ sich feststellen, indem für jede Variable und jedes Interview der mittlere Punktwert, den die drei Judges der betreffenden Variable zugeteilt hatten, mit dem mittleren Punktwert der betreffenden Variable im fünften Interview verglichen wurde; auf diese Weise konnte jede einzelne Variable als zunehmend, abnehmend oder unverändert gekennzeichnet werden.
Das gleiche Verfahren wurde auch auf die Voraussagen angewandt. Es wurde wiederum für jede Variable der mittlere Punktwert der drei Predictors berechnet und auf diese Weise die »voraussichtliche« Veränderungsrichtung aller Variablen bestimmt.
Um nun die Richtigkeit der Voraussagen zu prüfen, wurde für jede der fünf »allgemeinen« und der neunzehn »speziellen« Voraussagen der Prozentsatz an richtigen Voraussagen ermittelt, indem die »voraussichtliche« und die »wirkliche« Ver-

änderung der einzelnen Variablen (zwischen dem Interview, in dem die Voraussage gemacht wurde, und dem fünften Interview) miteinander verglichen wurden.

51% der »allgemeinen« und 46% der »speziellen« Voraussagen waren »richtig«, d. h. sie stimmten mit der »wirklichen« Veränderungsrichtung, wie sie von den Judges beurteilt worden war, überein (auf dem Zufallsniveau wären nur 33% »richtiger« Voraussagen zu erwarten gewesen). Diese Prozentsätze sind signifikant auf dem 5%-Niveau. Die Richtigkeit der Voraussagen variierte im allgemeinen nicht signifikant zwischen den verschiedenen Interviews, nach denen sie erstellt worden waren. Das Verhalten in der Therapie wurde etwas weniger zutreffend vorausgesagt als die anderen Variablen.

Es ist aber offensichtlich schwieriger, die Veränderungsrichtung einer Variablen vorauszusagen, als das Vorhandensein oder Fehlen einer Variablen übereinstimmend zu beurteilen. Der Grund hierfür ist klar: die Voraussage von Tendenzen erfordert komplexere Überlegungen und Hypothesen. Immerhin zeigen unsere Ergebnisse, daß es grundsätzlich möglich ist, die Richtung von Veränderungen unter einer Psychotherapie statistisch signifikant vorauszusagen.

Zusammenfassung

Der Verlauf und der Effekt von (fünfstündigen) Kurzpsychotherapien wurde auf drei Ebenen untersucht.

Als erstes wurde eine epidemiologische Studie über 1414 Patienten durchgeführt, nämlich über alle Patienten, die in einem Zeitraum von 12 Monaten die Psychotherapeutische Ambulanz (Trouble Shooting Clinic) am City Hospital Center in Elmhurst (New York) aufsuchten. Die am häufigsten geklagten Beschwerden waren Angst und Depression. Fast die Hälfte der Patienten kam abends nach 17 Uhr oder an Wochenenden; hieran wird der starke Bedarf an psychotherapeutischen Sprechstunden außerhalb der üblichen Arbeitszeiten deutlich. In unserer psychotherapeutischen Ambulanz brauchten 32%

der Patienten nur eine halbe Stunde oder noch kürzer zu warten, bis sie untersucht wurden; 61% wurden nach spätestens zwei Stunden von einem Therapeuten angesehen; niemand wurde ohne Interview wieder fortgeschickt, und alle Patienten erhielten sofort Termine für weitere Interviews.

Die Behandlungsergebnisse wurden mit Hilfe zweier Methoden ermittelt: zum einen mittels Einstufungsskalen, die von den Therapeuten für jeden Patienten ausgefüllt wurden, und zweitens durch einen vom Patienten selbst auszufüllenden Symptomfragebogen, der allen Patienten unmittelbar vor Beginn der Kurzpsychotherapie, gleich nach Abschluß der Behandlung und schließlich noch einmal sechs Monate nach der Behandlung vorgelegt wurde. Etwa 82% der Patienten wiesen eine deutliche Besserung auf, und dieses Ergebnis wurde gestützt durch die hohe Korrelation zwischen den Selbsteinschätzungen der Patienten und den Beurteilungen der Therapeuten. Die Selbsteinschätzungen sechs Monate nach Abschluß der Behandlung zeigen, daß die erreichte Besserung auch über diesen Zeitraum hinweg stabil geblieben war.

Schließlich wurde noch eine intensive Studie über den therapeutischen Prozeß selbst durchgeführt, wobei sechs ausgebildete klinische Psychotherapeuten Beurteilungen und gezielte Voraussagen über eine Vielzahl verschiedenster klinischer Variablen anzustellen hatten. Dabei zeigte sich, daß Therapeuten mit entsprechender Ausbildung in ihren Urteilen über die Psychodynamik der Störung, die Behandlungsziele und den wirklichen Behandlungsverlauf unabhängig voneinander zu hochsignifikanten Übereinstimmungen gelangen können.

Die Ergebnisse dieser drei Forschungsstudien sprechen insgesamt zugunsten der Richtigkeit unserer Hypothese, nämlich daß gut konzipierte psychoanalytisch orientierte Kurzpsychotherapie nachweislich eine klinisch fundierte und erfolgversprechende Behandlungsmethode darstellt, die erheblich zur Verbesserung der Therapie und Prävention psychischer Störungen beitragen könnte und auch in den diesbezüglichen öffentlichen Planungen entsprechende Berücksichtigung verdient.

XII. Anhang B

Kurzpsychotherapie einer depressiven Patientin mit Suicidneigung in fünf Sitzungen

Ein wortgetreues Behandlungsprotokoll

Im folgenden soll nun in extenso ein ganzer Behandlungsverlauf dargestellt werden, und zwar in Form eines wortgetreuen Behandlungsprotokolls, das die praktische Anwendung kurzpsychotherapeutischer Methoden noch besser veranschaulicht, als das durch zusammenfassende Falldarstellungen möglich wäre. Ausgelassen wurde lediglich solches Material, das entweder relativ unwesentlich oder als bloße Wiederholung von bereits Gesagtem erschien. Anmerkungen des Therapeuten wurden kursiv gesetzt.

Die Patientin ist eine 32-jährige Frau von etwa durchschnittlicher Intelligenz; sie hat die High-School nicht abgeschlossen, und ihre verbale Ausdrucksfähigkeit ist dementsprechend relativ beschränkt. Sie wirkt ziemlich ungepflegt, ihre Kleidung ist voller Flecken, die Haare sind vernachlässigt.

Sie leidet unter erheblicher Angst und Depression, so daß eine sofortige Notfalltherapie erforderlich war. Die Indikation zur Kurzpsychotherapie ergab sich notwendigerweise zum einen aus ihren begrenzten finanziellen Möglichkeiten, zum anderen aus dem in der ersten Sitzung gewonnenen Eindruck des Therapeuten, daß ihre Ichstärke und Einsichtsfähigkeit einen Erfolg erwarten ließen, der die Mühe lohnen würde.

Dieser Fall illustriert vor allem zwei wichtige Aspekte der Kurzpsychotherapie:

(1) Die Brauchbarkeit der kurzpsychotherapeutischen Methode wird am Beispiel einer unkomplizierten Frau von durchschnittlicher Intelligenz und beschränkter Bildung demonstriert. Die Tatsache, daß auch diese Patientin durchaus zu einem kogniti-

ven und emotionalen Verständnis der wichtigsten psychodynamischen Zusammenhänge und zu einer entsprechenden Veränderung ihrer selbst befähigt ist, spricht dafür, daß psychoanalytische Behandlungsprinzipien auch bei solchen und keineswegs nur bei wohlhabenden, gebildeten und intellektuellen Patienten mit gutem Erfolg angewendet werden können.

(2) In seiner schrittweisen Entfaltung des Materials bietet dieser Fallbericht ein sehr gutes Beispiel für eine (gelegentlich zu
beobachtende) Ausnahme von der zuvor aufgestellten Grund-
regel, daß die Dynamik der auslösenden Situation und deren
Zusammenhänge mit der früheren Entwicklung und Erlebnis-
geschichte des Patienten meistens schon im ersten oder zweiten
Interview sichtbar werden. Was die Angst und Depression dieser Patientin betrifft, so wird deren Dynamik zwar schon in
der ersten Sitzung faßbar, aber der wichtigste aktuelle Aus-
lösefaktor läßt sich erst in der fünften und letzten Sitzung
aufdecken. Der Leser wird sehen, daß der Therapeut schon in
der ersten Sitzung einen Hinweis hätte aufgreifen und weiter
verfolgen können, wodurch er vielleicht schon zu diesem Zeitpunkt das betreffende Material ausführlicher zur Darstellung
gebracht hätte. Wenn auch solche Ausnahmen gelegentlich vorkommen, so wollen wir doch an unserem Grundsatz festhalten,
daß eine möglichst frühe Formulierung der dynamischen Kausalzusammenhänge immer anzustreben ist und in der Regel
auch gelingt.
Daß der auslösende Faktor in diesem Falle nicht schon in der
ersten oder zweiten Sitzung deutlich hervortrat, ist, wie schon
gesagt, eine ungewöhnliche Ausnahme. Dennoch haben wir den
Fall zur Demonstration gewählt, weil diese Patientin in Anbetracht ihrer beschränkten Bildung, Intelligenz und Verbali-
sierungsfähigkeit ein ideales Beispiel für einen »nicht-idealen«
Psychotherapie-Fall darstellt.

Erste Sitzung

Therapeut: Was haben Sie denn für Probleme, daß Sie so nervös sind?

Patientin: Tja, eigentlich gar keine – vielleicht sollte ich das Rauchen aufgeben. Doch, ich bin wirklich nervös, ich habe sogar schon daran gedacht – mit dem Leben Schluß zu machen. Dabei habe ich überhaupt keinen Grund dazu – ich meine: ich habe doch einen wunderbaren Mann und drei Kinder, eins davon ist mein Stiefsohn, wissen Sie, und außerdem habe ich meine Mutter, meinen Vater und auch meine Schwestern, die kümmern sich alle um mich.

T. Und dieser Gedanke ist Ihnen so ganz von selbst gekommen, ohne besonderen Grund?

P. Ganz von selbst, eben wenn ich mich aufgeregt habe, zum Beispiel . . .

T. Was denn für Aufregungen?

P. Zum Beispiel mit den Kindern.

T. Sie meinen, wenn die Kinder Ihnen Schwierigkeiten machen?

P. Ja. Meistens ist es der Mittlere, der ist besonders . . .

T. Wie alt ist der?

P. Fünf. Und er quengelt und schreit ziemlich viel, wissen Sie. Sobald ihm etwas nicht paßt, fängt er an zu weinen . . .

T. Und dann merken Sie, wie Sie immer wütender werden . . .

P. Aber dieses Weinen geht einem wirklich auf die Nerven, wissen Sie – schon wenn er morgens aufwacht . . .

T. So ein ständiges Quengeln?

P. Ja.

T. Weint er denn den ganzen Tag?

P. Nicht den ganzen Tag, aber jedenfalls die meiste Zeit.

T. Meinen Sie, er weint ungewöhnlich viel für ein Kind?

P. Hä? Ich weiß nicht. Von anderen habe ich gehört – viele von den Frauen bei uns im Häuserblock, von meinen Freundinnen – die haben gesagt, ihre Kinder hätten auch alle mal so eine Phase durchgemacht, und dann wäre es wieder vorbeigewesen. Das ist eben so eine Phase, die ein Kind durchmachen muß. Sicher ist denen das auch auf die Nerven´ gegangen, aber irgendwie sind sie damit besser fertig geworden als ich, verstehen Sie, vielleicht haben sie einfach nicht so darauf geachtet oder sonst was. Aber ich zum Beispiel, mich regt das auf.

T. Ihnen geht das irgendwie näher als anderen.

P. Das stimmt, mir geht das näher, ja.

Das aktuelle Problem schält sich heraus: Suicidgedanken, die durch Schwierigkeiten mit ihren Kindern geweckt werden. Der Therapeut nimmt sich vor, auf Gefühle von Ärger, Zorn und Wut zu achten, die sie als ichfremd erlebt und daher gegen sich selbst wenden muß.

T. Aber seit wann fühlen Sie sich so?

P. Ich würde sagen, das geht so auf und ab, sagen wir, seit ungefähr einem Monat.

T. So, seit einem Monat . . .

P. . . . geht *diese* Depression jetzt.

T. Ja, diese Depression. Ist denn um diese Zeit irgend etwas Besonderes vorgefallen?

P. Eigentlich nicht.

T. Ich meine, wenn Ihr Kind jetzt fünf Jahre alt ist und so viel weint, dann tut es das doch wahrscheinlich schon seit längerer Zeit. Können Sie sich an sonst irgendwas erinnern, was Sie vielleicht aufgeregt hat, was Sie so nervös gemacht hat?

P. Nein, ich wüßte nicht.

T. Das wäre also etwa vor einem Monat gewesen . . .

P. Ja, ich versuche auch gerade nachzudenken, ob da irgendwas war, worüber ich mich aufgeregt hätte.

T. War irgendetwas in der Familie, zum Beispiel zwischen Ihnen und Ihrem Mann?

P. Nein – das heißt, in jeder Ehe gibt es ja immer mal Auseinandersetzungen, aber das sind, glaube ich, bei uns nur Kleinigkeiten.

T. Ja, aber war sonst irgend etwas Besonderes zu der Zeit gewesen?

P. Ich glaube, nichts von Bedeutung.

T. Sehen wir doch mal: vor ungefähr einem Monat, das wäre also seit Mitte Oktober, daß Sie sich schlechter fühlen.

P. Nein, schon Ende September – Anfang Oktober.

T. Ende September also. Hat diese Zeit für Sie irgendeine besondere Bedeutung? Ist in früheren Jahren um diese Zeit irgendwas Besonderes passiert?

P. Nein. Geheiratet habe ich im November.

T. Sie haben im November geheiratet. An welchem Tag denn?

P. Am sechzehnten.

T. Aber dies hat schon einige Zeit vorher angefangen, vor Ihrem Hochzeitstag?

P. Ja ja. Aber dies ist gar nicht das erstemal, daß ich so eine Depression bekommen habe.

T. Das wollte ich Sie auch noch fragen. Wann haben Sie denn vorher schon mal so eine Depression gehabt?

P. Das erstemal vor drei Jahren.

T. Vor drei Jahren zum erstenmal?

P. Ich war damals gerade schwanger, mit meinem Jüngsten.

T. Und in welchem Monat der Schwangerschaft sind Sie depressiv geworden?

P. Das muß ungefähr – warten Sie – im September ist er geboren, und im Januar hatte ich die Depression. Ich würde sagen, um den dritten Monat, ja, ich glaube, im zweiten oder dritten Monat. Da habe ich nämlich gemerkt, daß ich schwanger war, und ich habe geglaubt, mein Mann würde sich fürchterlich darüber aufregen. Dabei war das ganz blöd von mir; er hat nämlich bloß gesagt: Wieso sollte ich mich über so etwas aufregen?

T. Die Schwangerschaft war also nicht vorgesehen?

P. Nein, das kam ganz ungewollt – Pech gehabt, verstehen Sie? Ich dachte mir halt, weil das andere damals auch noch so klein war, zwei Babies würden mir vielleicht zu viel werden, und wir konnten es uns ja auch wirklich nicht leisten – na ja, was man so denkt.

T. Denken Sie überhaupt leicht, die Leute könnten Ihnen wegen irgendwelcher Dinge Vorwürfe machen?

P. Ja, das stimmt irgendwie. Und ich habe noch eine schreckliche Angewohnheit, nämlich immer wenn ich irgendwas mache, dann muß ich jedesmal erst wissen, was die anderen davon halten, verstehen Sie? Ich kann einfach nicht ... ja, es ist so, als ob mein eigenes Urteil nicht ausreichte.

T. Sie haben kein Vertrauen zu Ihrer eigenen Meinung.

P. Nicht daß ich kein Vertrauen dazu hätte.

T. Aber Ihre Meinung gilt Ihnen nicht viel?

P. Wissen Sie, jedesmal – auch in Kleinigkeiten, zum Beispiel wenn ich mit meinen Freundinnen einkaufen gehe, sagen wir Vorhänge oder so etwas, dann halte ich mich immer am liebsten an deren Meinung, und oft ist es so, wenn sie dann sagen: ja, das hier würde ich nehmen, dann kaufe ich es. Manchmal sind's ja nur solche Kleinigkeiten. Aber als ich damals so depressiv war, da war ich ...

T. In welchem Schwangerschaftsmonat waren Sie damals, im zweiten oder dritten?

P. Ich weiß nicht, im zweiten oder dritten.

T. Also ziemlich am Anfang. Und Sie dachten damals, Ihr Mann ...

P. Das Baby ist im September geboren, da kann man ja zurückrechnen. Das wäre also – September, August ... – etwa im zweiten Monat. Ja, ich glaube, es hatte gerade angefangen, in der Zeit ungefähr muß es gewesen sein.

T. Und wie lange hat die Depression gedauert?

P. Ziemlich lange. Nach zwei Wochen war ich so weit, daß ich überhaupt nicht mehr schlafen konnte, und mein Hausarzt hat mir Schlaftabletten und Beruhigungsmittel verschrieben, die habe ich auch eingenommen, aber schlafen konnte ich immer noch nicht. Und so habe ich mich immer schlechter gefühlt – ich weiß ja, wenn man Schlaftabletten nimmt, dann muß man auch acht Stunden schlafen, sonst geht's einem noch schlechter. Und so bin ich immer tiefer in die Depression reingekommen, vor allem weil ich völlig übermüdet war, und schließlich war es so schlimm, daß ich meinen

Mann an der Arbeitsstelle angerufen habe und habe ihm gesagt, er müßte nach Hause kommen, weil ich das Gefühl hatte, ich könnte mich nicht mehr genügend um die beiden Kinder kümmern – damals hatte ich ja nur zwei. Deshalb habe ich ihn angerufen, bis er dann schließlich nach Hause kam, direkt von der Arbeit. Beinahe wäre er deswegen entlassen worden, aber das war ihm ganz egal, denn schließlich hatte ich ihn ja angerufen, und da hatte er ja gesehen, daß er nach Hause kommen mußte, und deshalb ist er auch gekommen. Ungefähr um diese Zeit war es, da war ich so übermüdet und deprimiert, daß ich auch schon daran dachte, mich umzubringen.

T. Wie denn – wie haben Sie sich das vorgestellt?

P. Mit einem Messer.

T. Und jetzt auch wieder mit dem Messer?

P. Ja. Und damals hat mein Hausarzt schließlich zu meinem Mann gesagt, das beste wäre, mich ins Krankenhaus zu bringen. Mein Mann meinte auch, da würde ich im Bett liegen und wieder zur Ruhe kommen. Aber er wußte überhaupt nicht, als er mich ins Z-Krankenhaus brachte, wohin ich da kommen würde.

T. Sie sind in die psychiatrische Abteilung gekommen.

P. Genau, da haben sie mich hingebracht. Und als ich reinkam und die Tür abgeschlossen wurde und mir meine Brille abgenommen wurde, weil sie dachten, ohne Brille könnte ich mich nicht . . .

T. Da wollten Sie auf keinen Fall bleiben.

P. Auf gar keinen Fall. Ich dachte mir, wenn ich hier nicht bald rauskomme – meine einzige Chance ist, mich zusammenzureißen, denn hier unter diesen . . . Ich sah ja, daß viele noch schlechter dran waren als ich, und da habe ich mir gedacht: Leute, ich muß hier auf jeden Fall wieder raus, und deshalb habe ich mich auch so zusammengenommen. Aber Medikamente habe ich übrigens nie bekommen. Ich war sieben Tage in dem Krankenhaus, dann wurde ich wieder entlassen und kam nach Hause, dann kam auch meine Schwiegermutter noch für eine Woche, weil sie meinte, ich würde mit den drei, den zwei Kindern Hilfe brauchen, bis ich wieder ganz auf den Beinen wäre. Dann fuhr sie wieder ab, und ich kam jetzt auch allein wieder zurecht. Es ging mir wirklich gut. Aber gegen Ende des Jahres, also etwa Weihnachten vor einem Jahr, kriegte ich wieder so eine Depression.

T. Vor einem Jahr?

P. Ja, das ist genau ein Jahr her.

T. Und gerade vor Weihnachten?

P. Ja, vor Weihnachten, da war ich plötzlich wieder so deprimiert und wußte gar nicht warum. Denn es war ja gar nichts Besonderes passiert, was mich bekümmerte. Und wenn ich so ein bißchen deprimiert bin, dann kriege ich gleich Angst, ich müßte wieder in dieses Krankenhaus, und dann rege ich mich so auf, daß ich manchmal weinen muß, verstehen Sie? Mein Mann, der sagt: Da brauchst du doch gar nicht wieder hin, warum glaubst du das denn immer noch?

Während der Therapeut darum bemüht ist, die auslösende Situation deutlicher herauszuarbeiten, berichtet die Patientin unter anderem, daß dies nicht ihre erste depressive Episode ist. In solchen Zeiten wird sie extrem abhängig von ihrem Ehemann. Hat nun diese Abhängigkeit die Funktion, die Kontrolle über ihre Affekte und Impulse zu sichern, oder erreicht die Patientin damit irgendeinen sekundären Krankheitsgewinn? Ihre Reaktion auf die stationäre Aufnahme spricht mehr für die erste Möglichkeit.
Ferner fällt auf, daß die Krise praktisch mit dem Moment der stationären Aufnahme überwunden war. Hieran läßt sich anknüpfen, um die Patientin in ihrem Gefühl der Selbstbeherrschung und Selbstachtung zu bestärken.

T. Ich glaube auch nicht, daß Sie das jemals zu befürchten brauchten, Frau A. Ich meine, wenn Ihnen solche Gedanken kommen, brauchen Sie mich doch bloß anzurufen. Denn sehen Sie, so viel steht doch fest: Sie haben wohl offenbar

eine Neigung zu Depressionen, aber andererseits haben Sie
doch auch die Kraft, jedesmal wieder darüber hinwegzu-
kommen, und ich glaube, wenn so ein Zustand jemals wieder eintreten sollte, so brauchen Sie nur jemanden, mit dem
Sie sprechen können.

*Der Therapeut ermutigt die Patientin hinsichtlich ihrer Fähig-
keit, ihre Impulse selbst zu steuern, und versucht zugleich, ihr
Selbstwertgefühl zu stärken.*

P. Ja, wissen Sie, das war ja so schrecklich in dem Krankenhaus, daß ich es einfach nicht vergessen kann, weil da auch
so fürchterliche Dinge passiert sind, unglaubliche Dinge. Es
war einfach schrecklich dort.

T. Was war denn zum Beispiel passiert?

P. Ach, ich meine, wenn ich zum Beispiel weinen mußte – gar
nicht, weil ich deprimiert war, sondern einfach weil ich mich
dort unglücklich gefühlt habe und wieder zu Hause bei meinem Mann und meinen Kindern sein wollte, da habe ich
immer heimlich für mich geweint, damit die Schwestern
mich nicht dabei sahen. Denn was mit denen passiert, die
weinen, das wußte ich wohl.

T. Was denn?

P. Die wurden in die Zwangsjacke gesteckt und auf die unruhige Station gebracht.

T. Bloß weil sie geweint hatten?

P. Na ja, schon auch mehr als das. Manche haben erst bloß ein
bißchen geweint, und plötzlich haben sie sich dann nicht
mehr ...

T. Nun, und wenn Sie geweint haben, haben Sie dann auch ...

P. Nein nein, ich war einfach nur in Tränen aufgelöst.

T. Sie waren traurig, und deshalb mußten Sie weinen.

P. Natürlich, aber ich dachte, das würde schon ausreichen, um
mich in die Zwangsjacke zu stecken.

T. Davor hatten Sie solche Angst.

P. Ja, so etwas Schreckliches habe ich auch noch nie gesehen,
wissen Sie.

T. Aber ist Ihnen denn nicht aufgefallen, daß nur sehr erregte Patienten auf die unruhige Station verlegt wurden?

P. Doch, das habe ich auch gesehen.

T. Und trotzdem glaubten Sie, wenn Sie weinen würden, nur einfach weinen, dann würde man es mit Ihnen genau so machen.

P. Ja, das habe ich geglaubt.

Der vorige Abschnitt gibt Aufschluß über die Wahrnehmungsfähigkeit und Realitätsprüfung der Patientin. Der Therapeut versucht nun, weitere anamnestische Daten zu eruieren.

T. Ich wollte Sie noch einiges über Ihre Familie fragen.

P. Ich war schon einmal verheiratet.

T. Erzählen Sie mir doch davon.

P. Ja, ich war schon einmal verheiratet, und ich habe auch ein Kind aus der ersten Ehe.

T. Lebt das Kind bei Ihnen?

P. Nein, die Tochter ist bei meinem Mann. In Spanien. Mein Mann – mein erster Mann ist beim Militär.

T. Und seit wann sind Sie mit Ihrem jetzigen Mann verheiratet?

P. Am 16. November sind es acht Jahre.

T. Seit acht Jahren also. Und Sie sind jetzt wie alt?

P. Zweiunddreißig.

T. Und Ihr Mann?

P. Einundvierzig.

T. Erzählen Sie mir doch von Ihrer Ehe – wie verstehen Sie sich mit Ihrem Mann?

P. Nun, das ist gar kein Vergleich zu meiner ersten Ehe. Er ist so gut zu mir, er behandelt mich wirklich, wie ein Mann seine Frau behandeln sollte.

T. Wie meinen Sie das?

P. Ach, wissen Sie, er kauft mir immer mal was, und zum Beispiel an meinem Geburtstag steht immer irgendwas für mich da, oder er denkt auch daran, mir zu sagen, daß er mich noch liebt – nach ja, eben alles, was meiner Meinung nach ein Ehemann normalerweise tun sollte. Mein erster Mann dagegen – vor allem das eine: unsere Ehe ging wegen einer anderen Frau auseinander. Und deshalb finde ich ...

T. Wie lange dauerte Ihre erste Ehe?

P. Ich war sechzehn, als ich heiratete, also sehr jung, und wir wurden geschieden – warten Sie mal – als ich zwanzig oder einundzwanzig war. Aber vorher hatte ich schon dreimal neu anfangen wollen.

T. Mit ihm zusammen?

P. Ja, wir sind mehrmals umgezogen, aber jedesmal hat er sie mitgenommen, verstehen Sie, hat ihr ein anderes Apartment gemietet. Das war in Kalifornien.

T. Haben Sie die ganze Zeit gewußt, daß diese andere Frau mit im Spiel war?

P. Nein, das habe ich nicht gewußt, bis dann eines Tages ...

T. Wie haben Sie es erfahren?

P. Durch einen Brief – sie hatte ihm einen Brief geschrieben, und zwar an unsere Adresse, und da wußte ich es. Und wußte auch, daß sie ein Kind von ihm hatte, weil nämlich ihr erstes Kind genau so alt ist wie meins. So war das. Aber ich habe mich gar nicht groß darüber aufgeregt, ich bin ganz ruhig geblieben.

T. Sind Sie denn nicht in Wut geraten?

P. Nein. Mich hat das überhaupt nicht berührt. Oder jedenfalls habe ich mich nicht so darüber aufgeregt, daß ich zum Beispiel völlig mit den Nerven fertig gewesen wäre oder einen Nervenzusammenbruch gekriegt hätte oder so eine Depression wie jetzt, verstehen Sie. Ich habe ihm nur gesagt: du mußt dich entscheiden, ob du sie willst oder mich, und dann bin ich erst mal weggegangen. Ich bin in die Stadt gezogen und wollte – wissen Sie, ich dachte, er würde sie vielleicht wieder vergessen. Aber als ich dann nach einer Zeit wiederkam, da traf er sich immer noch mit ihr.

T. Wieso wußten Sie das?

P. Nun, was die Leute so erzählten. Und dann war er auch einmal am Heiligabend nicht zu Hause, und als ich wissen

wollte, warum er nicht kommen könnte, da redete er etwas
von Überstunden, aber irgendjemand sagte mir, sein Auto
stünde ganz in der Nähe. Und da habe ich mich entschlossen, mal hinzufahren und selber nachzusehen. Ich habe ein
Taxi angerufen und bin hingefahren, und siehe da, er hatte
ein Appartement oben im Haus, mit dieser Frau zusammen.
Und da habe ich die Hausbesitzerin gefragt, wer da oben
wohnte, da sagte sie: Herr und Frau C. – so hieß ich in
erster Ehe.

T. Da hat er also Ihren Namen benutzt.

P. Ja. Und da habe ich zu ihr gesagt: Das ist nicht Frau C.,
Frau C. bin ich! Und dann sind wir raufgerannt – für sie
war das ja auch sehr peinlich. Ja, so habe ich das herausgekriegt. Aber selbst danach wollte ich es noch mal versuchen,
weil ich wegen meines Kindes die Ehe nicht kaputtgehen
lassen wollte.

T. Aber haben Sie denn nicht allmählich die Wut gekriegt?

P. Eigentlich nicht – jedenfalls nicht so, daß ich richtig depressiv gewesen wäre oder völlig fertig mit den Nerven. Ich war
einfach mehr oder weniger – ich habe halt alles mit ihm besprochen, und das wollte er ja auch bloß, oder jedenfalls
dachte ich das. Aber wenn jemand einen nicht haben will,
dann hat's auch keinen Sinn, ihn zwingen zu wollen, daß er
einen liebt, wenn er eben nicht will.

T. Und was war dann der Anlaß für die Scheidung? Ging sie
von Ihnen aus?

P. Ja. Ich habe schließlich zu ihm gesagt: Wenn es das ist, was
du willst, wenn du dich zu ihr eben mehr hingezogen fühlst,
habe ich gesagt – aber da hat er mich angefleht, ich sollte
das lassen mit der Scheidung, er wollte sie nämlich gar nicht
heiraten. Mit anderen Worten, es sollte alles so bleiben, wie
es war. Aber da habe ich ihm gesagt: Nein, mein Lieber, tut
mir leid, ich bin noch jung, und das kannst du von mir nicht
verlangen. Ich habe ihm gesagt: Wenn du dich von ihr
trennst, einverstanden, aber wenn du das nicht willst, dann
ist jetzt Schluß, meine ich. Nun leben ja meine Eltern ge-

trennt, und deshalb kam dann auch meine Tochter nicht zu mir, und mein Mann wollte sie auch nicht nehmen, sondern sie kam zu meinen Schwiegereltern.

T. Wieso denn?

P. Das hatten wir so vereinbart. Wir dachten, das wäre die beste Lösung. Denn wenn sie zu meinen Eltern gekommen wäre, das wäre wirklich nicht gut gewesen: mein Vater lebt allein, und wer hätte sich da um das Kind gekümmert? Und wenn meine Mutter sie genommen hätte, die hätte sich auch nicht richtig um sie gekümmert, weil sie berufstätig ist. Und deshalb meinten wir, so wäre es die beste Lösung, zumal sein Vater Pfarrer ist. Später hat er sie dann doch zu sich genommen, nachdem er die Frau tatsächlich geheiratet hatte.

T. Sie hatten also alles selber herausgekriegt, oder jedenfalls waren Sie mißtrauisch geworden, als er am Heiligabend nicht nach Hause kam, nachdem auch vorher schon der Brief gekommen war.

P. Ja, das mit dem Brief war ungefähr zwei oder drei Wochen vorher. Danach war ich ja in die Stadt gezogen, damit er sich entscheiden sollte. Und als ich dann gegen Weihnachten zurückkam, dachte ich, jetzt wäre alles wieder in Ordnung – ich dachte eben auch an Weihnachten, verstehen Sie.

T. Wie haben Sie sich denn an diesem Weihnachtsabend gefühlt?

P. Ach, ich war wirklich völlig fertig, bestimmt.

T. Sehen Sie, diese Erinnerung hängt doch auch für Sie mit der Weihnachtszeit zusammen, nicht?

P. Kann gut sein. Es war ja auch schrecklich, der Weihnachtsbaum war nicht geschmückt, keine Geschenke für das Kind.

T. Hatte Ihr Mann gar nichts gekauft?

P. Überhaupt nichts hatte er gekauft. Da stand bloß der Baum, mit einem bißchen Lametta, und das war alles. Meine Tochter kriegte gar nichts.

Was hier auffällt, ist die erstaunliche Nachsicht der Patientin gegenüber dem Verhalten ihres ersten Ehemannes und ihre Ver-

*drängung und Verleugnung der ganzen Wut, die seine ständige
Untreue in ihr geweckt haben muß. Wir bemerken ferner, daß
die Patientin (unbewußt) zum Ausdruck bringt, daß sie den
Zusammenhang zwischen Wut und Depression bereits ahnt, so
daß anzunehmen ist, daß sie für diesbezügliche Deutungen zugänglich sein wird.*

T. Was haben Sie in der Zeit zwischen Ihrer Scheidung und
der zweiten Heirat gemacht?

P. Ich hatte Freunde, mit denen ich ausgehen konnte.

T. Waren Sie damals berufstätig?

P. Ja.

T. Und was war das für eine Arbeit?

P. Nach der Scheidung habe ich zu Hause gewohnt und zuerst
als Kassiererin gearbeitet, aber dann wollte ich mehr verdienen und habe deshalb eine Nachtarbeit angenommen.
Um halb zehn abends ging ich los zur Arbeit. Dann habe ich
ja meinen jetzigen Mann kennengelernt, und der wollte das
nicht, vor allem deshalb nicht, weil ich immer so spät nach
Hause kam. Damals hatte ich allerdings bloß ein Verhältnis
mit ihm, aber trotzdem habe ich dann gekündigt und bin
ins Büro gegangen.

T. Und haben Sie nach Ihrer Heirat noch weitergearbeitet?

P. Ja, noch ein Jahr. Bis dann mein Stiefsohn, den mein Mann
mit in die Ehe gebracht hatte, in die Schule kam. Da dachte
ich mir, jetzt wird's langsam Zeit, daß ich zu Hause bleibe.

T. Ihr zweiter Mann war doch auch schon mal verheiratet gewesen. Was war denn mit seiner ersten Frau?

P. Die lebt nicht mehr.

T. Und wann ist sie gestorben?

P. Als der Junge vierzehn Monate alt war.

*Hier kann man die Ichstärke der Patientin ermessen: Nach der
Scheidung ist sie nicht zusammengebrochen oder regrediert,
sondern war imstande zu arbeiten und soziale Kontakte aufrechtzuerhalten.*

T. Könnten Sie mir vielleicht mal so eine Art Lebenslauf erzählen, am besten von Anfang an.

P. Wie meinen Sie, von Anfang an?

T. Von Ihrer Kindheit an.

P. Also mein ganzes Leben.

T. Ihr ganzes Leben, ja.

P. Tja, ein glückliches Familienleben haben wir nicht gehabt.
Meine Eltern haben dauernd miteinander gestritten, und
mein Vater hat oft meine Mutter geschlagen. Was da so
alles passierte – damals war ich ja noch klein und wußte
vieles nicht, was ich jetzt viel besser verstehen kann, wo ich
älter bin. Aber früher habe ich immer gemeint, mein Vater
wäre an allem schuld – wir haben's ja gesehen, wie er meine
Mutter geschlagen hat, und deshalb habe ich immer gesagt,
mein Vater wäre hieran schuld und daran schuld. Aber
mittlerweile bin ich älter geworden, und da . . .

T. . . . sehen Sie die Dinge etwas anders?

P. Ja, jetzt sehe ich, daß nicht nur mein Vater schuld war,
sondern auch meine Mutter. Und das gibt sogar auch meine
Mutter zu.

T. Inwiefern?

P. Ja so, daß meine Mutter heutzutage zugibt, sie hätte auch
so manches getan, was meinen Vater kränken mußte, und
sie hätte ihn selber dazu gebracht, daß er so gemein zu ihr
war. Na ja – mittlerweile sind wir eben alle älter geworden
und verstehen das alles besser, und ich bin ja auch inzwischen verheiratet und habe selber Kinder. Ich kann jetzt
auch besser verstehen, was mein Vater damals durchgemacht
hat und warum er zum Beispiel so streng mit uns Kindern
war.

T. Wieviele Kinder waren Sie in der Familie?

P. Vier.

T. Und das wievielte Kind waren Sie?

P. Ich war die Zweitjüngste. Ich habe einen älteren Bruder,
eine ältere Schwester und eine jüngere Schwester.

T. Und wie alt sind die?

P. Meine jüngste Schwester ist 24, mein Bruder ist 35 und meine Schwester 36.

T. Und seit wann leben Ihre Eltern getrennt?

P. Ach, schon seit zwanzig Jahren.

T. Sie waren also ungefähr zwölf Jahre alt, als das passierte.

P. Damals lebte meine Großmutter noch bei uns, die Mutter meines Vaters. Sie hat für uns Kinder gesorgt.

T. Und Sie sind dann nach der Trennung der Eltern bei Ihrem Vater geblieben?

P. Ja.

T. Und was hat Ihre Mutter gemacht?

P. Sie zog weg von uns, in die Gegend von Bronx. Wir wohnten ja da oben im Norden, und von Zeit zu Zeit kam sie rauf, um uns mal wiederzusehen, manchmal fuhren wir auch runter und besuchten sie ... na ja, so war's eben. Und wie es jetzt ist, wenn ich heutzutage mit meinem Vater rede oder mit meiner Mutter – die wissen ja auch von meinen Depressionen und wollen natürlich immer wissen, wie's mir geht, und sind sehr besorgt, vor allem mein Vater. Seit ich nämlich wieder verheiratet bin, stehe ich meinem Vater besonders nahe. Warum – ja, ich weiß gar nicht, warum, aber jedenfalls bin ich ihm seitdem viel nähergekommen. Und letzten Monat, als ich so besonders deprimiert war und mich so allein gefühlt habe, da habe ich mich im Grunde gar nicht so sehr nach meinem Mann gesehnt, obwohl er doch so gut zu mir ist, sondern da wollte ich zu meinem Vater – ich weiß auch nicht, warum.

T. Ist Ihr Vater wieder verheiratet?

P. Nein. Er hat wohl ein Verhältnis mit irgendeiner Frau, aber wieder geheiratet hat er nicht.

T. Als Sie so depressiv waren, sind Sie also zu Ihrem Vater gefahren. Und was hat Ihr Mann gemacht – ist er weiter zur Arbeit gegangen oder zu Hause geblieben?

P. Ja – das heißt, er ist weiter zur Arbeit gegangen und der Junge auch zur Schule, aber ...

T. ... die beiden Kleinen hatten Sie mitgenommen?

P. Ja, die hatte ich mitgenommen.

T. Und ging es Ihnen dort besser?

P. Ja, ich war viel entspannter.

T. Aber als Sie dann zurückkamen?

P. Ja, als ich wieder nach Hause kam, fing alles wieder von vorne an. Dann bin ich – ich glaube, ungefähr eine Woche später oder zwei Wochen, da bin ich wieder zu meinem Vater gefahren. Und dann kam schließlich mein Mann da rauf, der war es inzwischen auch leid. Er dachte sogar schon daran – verstehen Sie, seine Frau war erst zweiunddreißig Jahre alt gewesen, als sie starb, und da wünscht er sich natürlich eine normale nette Frau – und ich dagegen!

T. Und Sie dagegen sind genau so alt und werden depressiv.

P. Und manchmal sage ich ja auch Dinge zu ihm, die sie auch immer gesagt hat, und das regt ihn natürlich furchtbar auf, zum Beispiel wenn ich dann sage: Jetzt bin ich zweiunddreißig, aber meinen vierunddreißigsten Geburtstag erlebe ich sicher nicht mehr. Ich weiß auch gar nicht, warum ich so etwas sagen muß, aber sie hat das auch immer gesagt.

Zur Vorgeschichte schildert die Patientin ein zerrüttetes Familienleben mit erbitterten Streitereien zwischen den Eltern, deren Trennung möglicherweise mit der Zeit ihrer Menarche zusammenfiel, und ihre früher verleugnete und erst neuerlich stärker hervorgetretene Bindung an ihren Vater. Was bedeutet es, daß sie während ihrer Depressionen zu ihrem Vater reist? Die masochistische Identifikation der Patientin mit der ersten Frau ihres Mannes läßt auch eine ödipale Rivalität mit ihrer Mutter vermuten, aber an Hand des bisherigen Materials läßt sich diese Hypothese noch nicht genügend belegen.

T. So, dasselbe hat sie auch immer gesagt. Woran ist sie eigentlich gestorben?

P. An einem Hirntumor.

T. An einem Hirntumor – ging es sehr schnell?

P. Nein, das kann man nicht sagen. Sie hat langsam an Ge-

343

wicht abgenommen, bis sie schließlich völlig abgemagert war. Ein schreckliches Schicksal war das, auch für meinen Mann schrecklich, er hat sehr darunter gelitten. Wissen Sie, manchmal – ich weiß gar nicht, wo er doch so gut zu mir ist – manchmal will ich ihn richtig kränken – und weiß gar nicht, warum. Vielleicht hängt es mit meiner ersten Ehe zusammen, daß ich es irgendwie gar nicht glauben kann, daß ich jetzt so glücklich sein soll.

T. Vielleicht haben Sie sich irgendwie über ihn geärgert?

P. Ich verstehe das überhaupt nicht. Denn ich bin doch eigentlich jetzt sehr glücklich, und deshalb kann ich das gar nicht verstehen, wieso ich ihn manchmal kränken will.

T. Was ist denn Ihre früheste Kindheitserinnerung? Das früheste Erlebnis, an das Sie zurückdenken können?

P. Das früheste Erlebnis . . . Ich weiß nicht, wie alt ich damals war, vielleicht sieben oder acht Jahre, so ungefähr.

T. Und woran denken Sie da?

P. Ach wissen Sie, ich habe mich immer mit meinem Bruder sehr gut verstanden.

T. Mit Ihrem Bruder?

P. Ja, mit ihm habe ich mich immer viel besser verstanden als mit meiner Schwester – mit der habe ich mich nur die ganze Zeit gestritten.

T. Sie meinen Ihre ältere Schwester?

P. Ja ja, mit der habe ich mich dauernd gestritten. Aber mit meinem Bruder verstand ich mich viel besser, wir hatten nämlich damals Ponies und sind oft zusammen geritten, und auch wenn er Baseball gespielt hat, dann habe ich immer mitgespielt.

T. Damals waren Sie fast wie ein Junge?

P. Wirklich, wie ein Junge. Deshalb verstand ich mich ja auch besser mit meinem Bruder.

T. Durften Sie denn immer mitspielen?

P. Aber sicher – ich war doch genau so wie ein Junge, und wenn mein Bruder irgendwas machte, dann habe ich auch immer mitgemacht. Wir lebten damals auf dem Land. Und woran ich mich auch noch erinnern kann – aber das sagte ich ja schon, das wissen Sie ja, daß zwischen meinen Eltern ständig Streit war und mein Vater meine Mutter oft geschlagen hat. Mir fällt auch wieder ein, daß ich einmal das ganze Haus voller Freunde hatte – wissen Sie, eine Party – und draußen im Garten haben wir etwas am Feuer gebraten. Ja, als meine Eltern noch zusammenlebten, da gab es auch glückliche Zeiten – aber auch traurige Zeiten, und die haben überwogen.

Wir hören, daß die Patientin offenbar manchmal irritierende Aggressionen gegen ihren Ehemann empfindet, die sie sich nicht erklären kann. Der Therapeut arbeitet darauf hin, der Patientin die Verschiebung von Aggressionen zu deuten, womit er ihr mehr Einsicht in den Mechanismus der Selbstbestrafung für ihre Wut auf die Kinder und den jetzigen Ehemann vermitteln will.
Ihre Kindheitserinnerungen lassen eine männliche Identifizierung vermuten, möglicherweise im Sinne einer Identifikation mit dem Aggressor.

T. War Ihre Familie sehr religiös?
P. Nicht besonders, jedenfalls meine Mutter nicht – wohl aber meine Großmutter, die hat immer darauf gedrängt, daß wir zur Kirche gingen, und das taten wir auch.
T. Die Großmutter – war das die Mutter Ihrer Mutter?
P. Nein, die Mutter meines Vaters. Sie hat die ganze Zeit bei uns gelebt, ja sie wohnte schon mit meinen Eltern zusammen, seit sie geheiratet hatten.
T. Ach so.
P. Heutzutage sagt meine Mutter, das hätte wohl auch mit zum Scheitern ihrer Ehe beigetragen. Mein Vater sagte nämlich immer – oder jedenfalls hat er das manchmal zu meiner Mutter gesagt, er brauchte sie im Grunde gar nicht, seine Mutter könnte genau so gut für die Kinder sorgen. Und das war's, glaube ich, was meine Mutter schließlich so leid war,

daß sie davongelaufen ist. Heutzutage gibt sie ja selber zu, daß sie meinem Vater gegenüber vieles falsch gemacht hat – zum Beispiel mein Vater ist manchmal allein ausgegangen, und dann ist sie eben auch allein ausgegangen. Verstehen Sie, die haben sich sozusagen . . .

T. . . . beide gegenseitig fertiggemacht.

P. Ja, ich meine, so hatte das gar keinen Zweck, wissen Sie.

T. Wie kamen Sie eigentlich in der Schule zurecht?

P. Gut.

T. Wie lange sind Sie zur Schule gegangen?

P. Bis zur ersten High-School-Klasse.

T. So, und wie alt waren Sie da, als Sie . . .

P. Sechzehn.

T. Und dann haben Sie geheiratet.

P. Ja, so war's.

T. Hatten Sie in der Schule irgendwelche Schwierigkeiten?

P. Ich war eben schwanger geworden, und deshalb habe ich geheiratet.

T. Ach so, Sie waren schwanger geworden.

P. Ja, deshalb mußte ich ja damals heiraten, das war der Grund.

T. Waren das damals Ihre ersten sexuellen Beziehungen mit einem Mann?

P. Nein, ich hatte auch vorher schon mal was mit einem Jungen, da war ich ungefähr dreizehn.

T. Ungefähr dreizehn. Aber dann erst wieder . . .

P. . . . erst wieder mit meinem Mann.

T. Ah ja. – Erinnern Sie sich an irgendwelche Träume, die Sie als Kind hatten?

P. Als Kind? Nein – nein.

T. Vielen fällt erst gar nichts ein, wenn man danach fragt, aber wenn man dann weiter darüber spricht, können sie sich wieder daran erinnern.

P. Nein. Aber wissen Sie, manchmal – ich sagte Ihnen ja schon, ich liebe meinen Mann, und er ist ja auch wirklich viel besser, ich meine: er behandelt mich viel besser als mein erster

Mann, aber manchmal – ich weiß auch nicht, warum – manchmal träume ich von *ihm*.

T. Von Ihrem ersten Mann?

P. Ja. Aber wieso ...

T. Sexuelle Träume?

P. Manchmal auch, aber nicht immer. Meistens ist es ja bloß – so als würde ich ihn einfach gern mal wiedersehen, bloß so aus Neugier sozusagen. Einfach mal sehen, was passieren würde. Aber mein jetziger Mann ist natürlich dagegen.

T. Also nichts zu machen.

P. Tja, nichts zu machen. Er wußte zum Beispiel, daß mein Vater an dem einen Sonntag hinfahren würde, und deshalb hat er gesagt: Am Montag kannst du von mir aus zu deinem Vater aufs Land fahren, aber Sonntag fährst du jedenfalls nicht. – Na ja, ich weiß ja auch nicht, ob es richtig wäre, ihn wiederzusehen, das würde wahrscheinlich vieles wieder aufrühren.

T. War es ungefähr zu der Zeit, daß Sie von ihm geträumt haben?

P. Ja, ungefähr um die Zeit herum.

T. Und haben Sie auch in der letzten Zeit wieder von ihm geträumt?

P. Ja.

T. Könnten Sie mir vielleicht ein Beispiel erzählen oder zwei, wie Sie von ihm geträumt haben?

P. Ich sagte ja schon, meistens sexuelle Dinge: daß ich ihn gesehen habe und sofort wieder völlig verknallt war, oder daß ich mit ihm ausgegangen bin und wir haben uns amüsiert – lauter solche Sachen.

T. Daß Sie mit ihm ausgegangen sind?

P. Ja, und daß wir zusammen getanzt haben und so.

T. Fallen Ihnen noch andere Träume ein ...

P. Aber daß das so sexuelle Träume sind, kann ich überhaupt nicht verstehen, denn in sexueller Hinsicht verstehe ich mich mit meinem jetzigen Mann viel besser – gar kein Vergleich.

T. Wissen Sie, das ist doch sehr häufig: man bedauert, daß irgendetwas nicht besser verlaufen ist, und im Traum versucht man's dann besser zu machen, als es in Wirklichkeit war.

P. Aber das ist wirklich überhaupt kein Vergleich.

T. Mit Ihrem jetzigen Mann verstehen Sie sich sexuell sehr gut?

P. Mit meinem jetzigen Mann – ich meine, er ist zwar älter als ich, und genau genommen war mein erster Mann mehr in meinem Alter; als wir heirateten, war ich sechzehn und er zwanzig, insofern ist er mehr in meinem Alter als mein jetziger Mann. Und trotzdem ist das etwas ganz anderes, vielleicht deshalb, weil er eben reifer ist und weil es das ist, was ich brauche – nach dem Leben, das ich vorher geführt habe.

T. Worin lagen denn die Probleme mit Ihrem ersten Mann?

P. Für ihn war das eben alles bloß Nebensache, verstehen Sie, man geht halt zusammen ins Bett, und das ist alles, ja, das war für ihn alles, verstehen Sie.

T. Er war so nüchtern.

P. Ja.

T. Erinnern Sie sich noch an irgendwelche anderen Träume aus der letzten Zeit?

P. Ja, da habe ich was ganz Blödes geträumt.

T. Was ganz Blödes?

P. Ein idiotischer Traum. Mein Sohn, der elfjährige, sieht sich gerne Comic-Strips mit Horrorgeschichten, Monstern usw. an, wissen Sie, und bisher habe ich diese Geschichten immer mit ihm zusammen angesehen, aber in letzter Zeit kann ich das einfach nicht mehr sehen. Ich weiß nicht, anscheinend regt mich das irgendwie auf, und das weiß mein Mann auch, deshalb sagt er immer: guck doch nicht hin. Er kann das nicht leiden, daß ich mir solche Sachen ansehe, weil ich mich doch nur darüber aufrege. Und einmal, da habe ich ausgerechnet von Frankenstein geträumt – das fand ich so blöd. Als ich aufwachte, habe ich gleich meinem Mann von dem Traum erzählt. Daß ich aber auch ausgerechnet von so was träume – stellen Sie sich vor: eine Frau in meinem Alter träumt so etwas!

T. Was ging denn wirklich in dem Traum vor?

P. Ich habe bloß gesehen, wie er daherging, sonst nichts.

T. Bloß wie er daherging?

P. Ja, er ging halt so daher.

T. Und was haben Sie für Gefühle dabei gehabt?

P. Fürchterlich war das, ich war ganz entsetzt.

T. Entsetzt? Ach, entsetzt waren Sie.

P. Aber verstehen Sie – für mich ist das ein richtiger Kindertraum, wirklich, kein Traum, wie ein Erwachsener ihn träumt. Aber danach hatte ich auch nie wieder so einen Traum. (...) Und was mich ja auch so entsetzt hat, das war gar nicht so sehr, daß ich damals mit dem Leben Schluß machen wollte, sondern daß ich schon so weit war, daß ich mein zweites Kind, den Mittleren – daß ich schon daran dachte, ich wollte ihn auch umbringen.

T. Das ist der, der so viel schreit?

P. Genau das hat mich so entsetzt, und deshalb habe ich damals zu meinem Mann gesagt: wenn ich schon so reagiere, wenn er bloß schreit, dann wird's Zeit, daß ich mal zu einem Psychiater gehe, denn das ist doch, glaub' ich, nicht mehr normal. Mein Mann sagte bloß: Wenn du hingehen willst, dann geh doch. Aber ich wußte, daß das fündundzwanzig Dollar kostet, und deshalb meinte ich, das könnten wir uns nicht leisten. Aber mein Mann meinte, die fünfundzwanzig Dollar wäre es schon wert, wenn ich dafür wieder in Ordnung käme, und deshalb sollte ich doch hingehen. Und so kam es, daß ich zu dem Psychiater in die Privatsprechstunde gegangen bin...

T. Sie hatten also Angst, Sie könnten dem Jungen etwas antun. Werden Sie öfter wütend, wenn er schreit?

P. Ja, das werde ich wirklich. Ich lasse mir das einfach zu nahe gehen. Mein Mann sagt, ich sollte einfach nicht darauf achten, aber sehen Sie – mein Mann hört nicht gut, wissen Sie, und vieles, was der Junge so macht, hört er gar nicht. In letzter Zeit allerdings merkt er auch selbst, wie viel der Kleine schreit – ich meine, in den letzten beiden Jahren, seit meine Depressionen angefangen haben, sorgt er auch selbst mal öfter als früher für Ruhe ... Aber wenn sogar er schon sagt, daß der Kleine zu viel schreit, wissen Sie ...

Es tauchen Hinweise auf frühes sexuelles Agieren und im Zusammenhang damit auch neuerliche sexuelle Phantasien auf, die sich auf den ersten Ehemann beziehen. Der Therapeut deutet beiläufig die Rolle der Wunscherfüllung in Träumen. Der Angsttraum der Patientin bietet weitere Anhaltspunkte für ihre Identifikation mit dem Aggressor, d. h. – wie die Patientin andeutet – mit ihrem Ehemann, denn dieser behandelt den Jungen jetzt mit größerer Strenge. Man beachte ihre Bemerkung über die Schwerhörigkeit des Ehemannes, die der Therapeut leider unbeachtet läßt (ein Fehler); in einer späteren Sitzung, wo die Patientin noch einmal darauf zurückkommt, erweist sich diese Schwerhörigkeit als einer der wichtigsten Gründe für Disharmonien mit ihrem Ehemann.

T. Ist der Junge irgendwie krank?

P. Nein. Manchmal glaube ich, daß er auf das Baby eifersüchtig ist, denn zum Beispiel wenn das Baby irgendwas hat und er sieht das, dann will er es gleich selber haben, und wenn ich's ihm dann wegnehme und sage: »Nein, das kriegst du jetzt nicht, Jim hat's zuerst gehabt«, dann geht gleich das Geschrei los. Oder wenn wir beim Abendessen sitzen, und er setzt sich an den Tisch und guckt auf seinen Teller, dann paßt ihm gleich irgendwas am Essen nicht, und wieder fängt er an zu schreien – ohne Grund, verstehen Sie? Aber was Sprechen und so weiter angeht, da bin ich ganz mit ihm zufrieden.

T. Das kann sehr wohl sein, daß er eifersüchtig ist. Wissen Sie, die meisten Kinder sind eifersüchtig auf ihre jüngeren Geschwister, besonders wenn sie in so kurzen Abständen nacheinander geboren sind.

P. Ich glaube auch, das ist Eifersucht, zum Beispiel wenn er manchmal . . .

T. Wahrscheinlich würde er manchmal am liebsten das Kleine umbringen.

P. Vielleicht (lacht).

Der Therapeut gibt eine aufdeckende (kathartische) Deutung, die für die Patientin akzeptabel ist, weil sie davon nicht selbst unmittelbar betroffen ist. Ihr Lachen zeigt aber, daß sie sich entlastet fühlt.

P. Einmal hatte er gerade seinen Teller leergegessen – aber das muß ich überhaupt noch sagen: meine Kinder sind fürchterlich heikel mit dem Essen.

T. Alle?

P. Ja, alle drei. Entsetzlich ist das, ich ärgere mich bei jeder Mahlzeit, jedesmal ärgere ich mich. Sie wollen einfach nicht essen. Das Essen steht da, und sie stochern darin herum und essen kaum etwas davon.

T. Sie nörgeln ständig am Essen herum?

P. Sogar der ältere Junge, der tut auch so, als wäre unser Essen giftig.

T. So als wären Sie keine gute Köchin.

P. Ach wissen Sie, das glaube ich gar nicht mal, daß ich keine gute Köchin wäre . . .

T. Aber Sie fassen es als Kritik auf, wie die Kinder sich verhalten?

P. Nein. Wenn ich ihnen Kuchen oder Plätzchen hinstelle, die verschlingen sie im Nu.

T. Typisch Kinder.

P. Ja ja, typisch Kinder.

T. Dann mögen sie sicher auch Erdnußbutter?

P. Ja.

T. Ach wissen Sie, ärgern Sie sich nicht mehr darüber. Sie sollten's gar nicht erst versuchen, für die Kinder immer nur das Leckerste zu kochen; geben Sie ihnen einfach, was sie am liebsten mögen. Kinder können auch mit Erdnußbutter, Marmeladenbroten und Milch gesund aufwachsen.

P. Hmm. Ich meine, zum Beispiel beim Abendessen: da macht man nun ein schönes Abendessen, man setzt sich zu Tisch, und siehe da, sie mögen es gar nicht – da kann ich mich drüber aufregen.

T. Mein eigenes Kind ist ganz genau so.

P. Mein Mann sagt immer nur: Wenn sie hungrig sind, werden sie schon essen. Und mein Hausarzt sagt genauso: Wenn sie hungrig sind, werden sie schon essen. Also dann ... sie kriegen schon was sie brauchen, ich gebe ihnen nämlich auch Vitamine.

T. Aber sehen Sie doch – Sie haben immer noch so eine Neigung, sich wegen aller möglichen Dinge schuldig zu fühlen, sich als schlechter Mensch vorzukommen, und wenn die Kinder nicht richtig essen wollen, dann regen Sie sich auf, so als wären Sie eine schlechte Mutter. Dabei hat das doch in Wirklichkeit gar nichts damit zu tun, überhaupt nichts.

P. Ja, meinen Sie, deshalb rege ich mich so auf?

T. Zum Teil meine ich wohl, daß das Problem genau darin liegt. Und wenn Ihr Sohn weint, dann regt Sie das offenbar auch so auf, weil Sie denken ...

P. Aber wieso ging das so weit, daß ich ihn schon mal umbringen wollte?

T. Schauen Sie: Es gibt doch überhaupt keinen Vater und keine Mutter, die nicht schon mal den Impuls gehabt hätten, wenn ihr Kind ständig schreit, es kurzerhand zu nehmen und aus dem Fenster zu schmeißen – nicht daß man das wirklich täte, verstehen Sie, ich meine bloß so einen Impuls. Schließlich sind Kinder ja wirklich sehr anspruchsvoll. Mitten in der Nacht steht man für sie auf, wenn's sein muß, auch wenn man müde ist. Aber für die Kinder ist das selbstverständlich, daß die Mama ständig zur Verfügung steht, auf Abruf sozusagen. Ich kenne tatsächlich keine Eltern, die nicht gelegentlich auch mal solche Gefühle hätten ... Aber

Sie meinen gleich, Sie seien ein schlechter Mensch, wenn Sie so was nur denken ...

P. Ja, wissen Sie, was mich damals so erschreckt hat, das war ja ein ganz bestimmter Vorfall.

T. Was war denn passiert?

P. Einmal war der Junge gerade mit seinem Essen fertig geworden, für das er schon eine geschlagene Stunde gebraucht hatte, und als er gerade eben vom Tisch aufgestanden war, da wollte er einen Apfel haben. Ich dachte: mein Gott noch mal, jetzt hat er schon so lange gebraucht, bloß um seinen Teller leerzusessen, wie kann er dann jetzt schon wieder Hunger haben? Jetzt müßte er doch erst mal verdauen, dachte ich, und da habe ich ihm natürlich gesagt: kommt überhaupt nicht in Frage. Und in dem Moment macht er den Kühlschrank auf, greift rein und holt sich den Apfel raus – und wenn mein lieber Sohn einen Apfel essen möchte, dann muß ich ihn natürlich schälen, weil er die Schale nicht mag. Ich hatte also das Messer in der Hand, als er sich zum Kühlschrank herunterbückte und den Apfel herausnahm, und in dem Moment hatte ich plötzlich den Impuls, ihn umzubringen, und ...

T. Da waren Sie zu Tode erschrocken.

P. Ja, ich habe mich sofort ganz schnell abgewandt und das Messer in den Ausguß geworfen und furchtbar geweint und mir Vorwürfe gemacht: Wie konnte das passieren, wie konnte ich nur so etwas denken, was bin ich denn für eine Mutter? Denn das ist mir ja klar, daß ich mir so etwas niemals vorstellen darf.

T. Lassen Sie mich einmal etwas dazu sagen. Wissen Sie, ich habe nämlich den Verdacht, daß diese Wut, die dahinter steckt, sich im Grunde auf etwas ganz anderes bezieht. So etwas gibt es ja, daß man bestimmten Leuten gegenüber seine Wut nicht offen äußern kann, weil man Angst vor ihnen hat. Nehmen wir zum Beispiel an, Sie arbeiten irgendwo und haben eine Mordswut auf Ihren Chef, aber die können Sie nicht äußern, weil er Ihnen sonst kündigen kann – verstehen Sie? Und dann kommen Sie nach Hause und sind immer noch sauer, weil Sie Ihre Wut noch nicht losgeworden sind, und da kommt beispielsweise Ihre Katze daher – nehmen wir an, Sie haben eine – und kratzt Ihnen Ihre Strümpfe kaputt. Da kriegen Sie die Wut und geben der Katze einen Tritt, denn der Katze gegenüber ist es natürlich viel weniger riskant, seine Wut herauszulassen – die kann einem nicht kündigen. Und mit Menschen ist es genau so: da kommt es doch sehr häufig vor, wenn man auf jemanden wütend ist und kann ihm gegenüber seine Wut aus irgendeinem Grunde nicht so äußern, daß man's dann an seinen eigenen Kindern ausläßt, weil das viel leichter geht und nicht so gefährlich ist. Es ist doch immerhin auffallend, daß Sie während Ihrer ganzen ersten Ehe überhaupt nicht wütend auf Ihren Mann waren, der Sie doch ständig betrogen hat.

Die Patientin verbreitet sich über ihren Ärger mit den Kindern. Ihre Angst vor solchen aggressiven Gefühlen kommt typischerweise in einer übermäßigen Sorge um die schlechten Eßgewohnheiten der Kinder zum Ausdruck. Der Therapeut versucht mittels Intellektualisierung und Ich-Anleihe ihre Angst möglichst gering zu halten, damit sie ihre Assoziationen weiter fortführen kann. Im Anschluß an eine modifizierte kathartische Deutung ist sie dann imstande, den aggressiven Impuls, der sie am meisten erschreckt hat, genauer zu schildern. Daraufhin deutet der Therapeut die Verschiebung der Wut, deren Ursprung in Erlebnissen mit dem ersten Ehemann liegt.

P. Wissen Sie, ein paar Leute aus der Nachbarschaft – Sie kennen ja sicher dieses Geschwätz unter Nachbarn –, die haben mir schon gleich gesagt, Tom ginge mit dieser anderen Frau. Aber ich hab bloß gesagt: Mein Tom der tut so was nicht. Ja stellen Sie sich vor: diese beiden, mit denen wir damals so eng befreundet waren und die dann nachher auch geheiratet haben – die Frau wußte sogar auch, daß mein

Mann fremd ging, aber sie hat mir nichts davon gesagt, sicher um mich nicht zu verletzen. Und wenn ihr Freund und mein Mann manchmal zusammen weggingen und uns nicht mitnehmen wollten, da habe ich ihr gesagt: du brauchst keine Angst zu haben, er ist ja mit Tom zusammen, und mein Tom der macht nichts Falsches – dabei wußte sie die ganze Zeit, wie er mich an der Nase herumgeführt hat. Aber sie hat bloß »oh« gesagt und dann plötzlich abgebrochen und nicht mehr weitergesprochen. Erst später habe ich dann erfahren, daß ...

T. Ich wundere mich bloß, daß Ihnen nicht eher die Hutschnur geplatzt ist.

P. Ja, ich hätte schon eher Grund gehabt, nervös zu werden, aber ich hab's nicht begriffen, ich habe immer nur gesagt: das kann gar nicht sein. Mein Mann ging jeden Tag mit einem frischen weißen Hemd und sauberem Anzug zur Arbeit, und ich habe ihm immer seine Hemden gebügelt und manchmal so zum Spaß gesagt: da bügele ich dir ein frisches Hemd, so als wärest du heute abend mit einer Frau verabredet. Und da haben wir beide gelacht – dabei ist er wirklich die ganze Zeit fremd gegangen.

T. Glauben Sie, daß Ihnen wirklich zum Lachen zumute war?

P. Nein – das heißt, ich habe wirklich gelacht, aber nur weil ich das gesagt habe, und er hat auch gelacht und gesagt: Ja, das wäre wirklich ein Witz – oder so ähnlich. Und während der ganzen Zeit hätte ich das nie, aber auch niemals von ihm gedacht, so sehr habe ich ihm vertraut.

Ein Stück Reflexion, Katharsis und Einsicht wird geleistet; die Patientin versteht, daß sie Grund genug gehabt hätte, auf ihren ersten Ehemann wütend zu sein.

T. Ich möchte Sie noch etwas anderes fragen, Frau A. Wie steht es mit Ihrer Gesundheit?

P. Wie meinen Sie das? In bezug auf ...

T. Ganz allgemein. Sind Sie körperlich gesund? Oder haben

Sie irgendwelche Krankheiten? Oder früher welche durchgemacht?

P. Erkältungen.

T. Sind Sie häufig erkältet?

P. Manchmal fast jedes Jahr, zum Beispiel um die Urlaubzeit
herum, im späten Winter oder sonstwann. Ich stecke mich
dann jedesmal mit irgendeinem Virus an.

T. Mit irgendeinem Virus, so. Sind Sie schon einmal operiert
worden?

P. Mit 11 Jahren wurde ich am Blinddarm operiert.

T. War er schon durchgebrochen, war es irgendwie kritisch?

P. Nein. Es war zwar schon fast so weit, aber zum Durchbruch war es noch nicht gekommen.

T. Wie waren denn Ihre Gefühle damals, als der Blinddarm
rausmußte, erinnern Sie sich noch?

P. Ich war damals gerade mit einem Freund weg. Ich habe
mich ja schon sehr früh mit Jungens verabredet.

T. Mit Jungens auch?

P. Ja, mit elf Jahren – ich weiß nicht mehr genau, mit elf
oder zwölf, jedenfalls ungefähr in dieser Zeit, und ich war
damals gerade im Theater und habe mich gekrümmt vor
Schmerzen, verstehen Sie, und auf dem ganzen Weg vom
Theater zum...

T. Sie waren also damals mit einem Jungen zusammen?

P. Ja, mit einem Freund von mir. Und auf dem Weg vom
Theater zum Krankenhaus mußte ich mich immer wieder
übergeben. Und dann konnten sie mich natürlich gar nicht
operieren, bevor sie nicht das schriftliche Einverständnis
von meinem Mann – eh, von meinem Vater zur Operation
hatten.

T. Und dann wurden Sie aber doch operiert. – Haben Sie irgendeine Allergie oder dergleichen?

P. Nein.

T. Ist der Appetit in Ordnung?

P. Meistens ja. Manchmal wenn ich – wissen Sie, ich lebe diät
und habe mich sowieso schon daran gewöhnt, kaum etwas

zu essen. Aber in solchen Zeiten, wo ich so deprimiert bin, muß ich mir das Essen regelrecht reinzwingen, so als steckte es hier im Hals und ich müßte es mir mit Gewalt runterzwingen.

T. Waren Sie denn als Kind sehr wählerisch mit dem Essen?

P. Als Kind ja.

T. So ähnlich wie jetzt Ihre Kinder?

P. Das sagt meine Mutter auch immer: du treibst deine Kinder ständig zum Essen an, dabei warst du selber als Kind genau so. Frag mal deine älteren Schwestern, sagt sie, du warst ganz genau so.

T. Wie hat Ihre Mutter Sie denn behandelt, wenn Sie am Essen herumgemäkelt haben?

P. Sie hat mich eben immer wieder angetrieben...

T. ... und versucht, es Ihnen reinzuzwingen?

P. Genau so war's.

T. Und dann wundern Sie sich noch, warum es Ihnen manchmal genau so ergeht?

P. Ja wissen Sie, jetzt kann ich es mir ja auch vorstellen, was meine Mutter mit mir durchgestanden hat, wo sie doch immer sagt, was für Schwierigkeiten ich mit dem Essen hatte. Und überhaupt was meinen Appetit angeht – wenn ich nicht gerade deprimiert bin oder so, dann kann ich ja auch essen, genau wie jeder andere. Manchmal habe ich sogar einen ganz enormen Appetit, und deshalb nehme ich ja auch zu.

T. Das verstehe ich... Und wie können Sie schlafen?

P. Sehr gut.

T. Haben Sie damit manchmal Schwierigkeiten?

P. Die einzige Zeit, wo ich nicht gut schlafen konnte, war während der Schwangerschaften. Das war aber auch das einzige Mal, ansonsten habe ich sogar voriges Jahr, als ich so depressiv war, keine Schwierigkeiten mit dem Schlafen gehabt, und auch dieses Jahr, zur Zeit, ist das gar kein Problem, ich brauche mich bloß hinzulegen...

T. Wann hatten Sie Ihre erste Menstruation?

P. Was?

T. Wie alt waren Sie, als Sie Ihre erste Periode hatten?

P. Elf.

T. Elf. Und hatten Sie damit irgendwelche Schwierigkeiten?

P. Nein.

T. Waren Sie denn überhaupt darauf vorbereitet?

P. Eh, ich glaube ja – ich hatte eine ältere Schwester, und die hat mir mehr oder weniger alles erzählt. Nicht meine Mutter, sondern meine ältere Schwester.

T. Ihre Mutter nicht, sondern Ihre ältere Schwester. Haben Sie zur Zeit irgendwelche Schwierigkeiten mit der Periode?

P. Nein.

T. Und wie ist es immer in der Zeit kurz vor der Periode, leiden Sie irgendwie darunter?

P. Das könnte ich nicht sagen.

T. Zum Beispiel daß Sie dann nervös werden oder Kopfschmerzen bekommen?

P. Nein.

T. Haben Sie überhaupt mit der Sexualität in Ihrem Leben irgendwelche Schwierigkeiten gehabt?

P. Ich verstehe nicht.

T. Nun, ich meine, was den Orgasmus betrifft, die sexuelle Befriedigung und so weiter?

P. Nun ja, ich bin früher nie wirklich befriedigt gewesen, bis zu meiner jetzigen Ehe.

T. Also damals waren Sie es nicht. Aber seitdem doch? Und wie empfinden Sie es jetzt?

P. Sehr gut ... Wissen Sie, das hat jetzt mit Ihnen gar nichts zu tun, aber als ich neulich an dem Samstag zu diesem Psychiater gegangen bin, da war ich doch einigermaßen schokkiert. Warten Sie, wann war das noch – vor ein oder zwei Wochen, ich weiß das Datum nicht mehr so genau. Jedenfalls bin ich zu ihm hingegangen, und da hat der mir Dinge gesagt, die mich völlig durcheinandergebracht haben, so daß ich dann nach Hause gegangen bin und erst mal alles meinem Mann erzählt habe. Der Psychiater hatte zwar gemeint: alles, was wir hier besprechen, würde ich niemals Ihrem

Mann erzählen, wenn er mich anriefe und danach fragen würde, sondern das bleibt alles unter uns und geht Ihren Mann nichts an. Aber als ich dann nach Hause kam, habe ich es doch meinem Mann erzählt, weil mich das so schokkiert hat...

T. Was hat er Ihnen denn gesagt, was Sie so verwirrt hat?

P. Als erstes hat er gesagt – wissen Sie, ich war nämlich eines Tages am Kartoffelschälen, und da habe ich mir mal das Messer hier auf die Brust gesetzt und mir überlegt: könnte ich das wohl oder nicht? Aber dann habe ich es wieder abgesetzt und mir gesagt: das ist doch Blödsinn – wieso hätte ich's auch tun sollen? Und dann habe ich weiter meine Kartoffeln geschält wie jeder andere Mensch auch. Dies war das einzige Mal, wo ich jemals ganz nahe daran war, mir etwas anzutun. Und das habe ich nun dem Psychiater erzählt, und daraufhin sagte er gleich, für mich sei das Messer dasselbe wie ein Penis – das hat mich völlig verwirrt, weil ich mir überhaupt nicht vorstellen konnte, was das miteinander zu tun haben sollte. Und dann sagte er außerdem, meine Brust sei ja eine Art Hohlraum, also wie eine Scheide, und wenn das Messer ein Penis ist, so hätte ich sozusagen Geschlechtsverkehr mit meiner Brust.

T. Das kam Ihnen wie kompletter Unsinn vor.

P. Ja, und es hat mich so verwirrt, daß ich nach Hause gegangen bin und es sofort meinem Mann erzählt habe, verstehen Sie, so hat mich das aufgeregt. Und dann hat er außerdem gesagt, ich brauchte wahrscheinlich zehn Schockbehandlungen, und wenn ich die nicht kriegen würde, so würde ich verrückt werden. Und dann hat er ein aufgeschlagenes Buch mitten auf den Tisch gelegt und gesagt, links ist geisteskrank, das könnte ich auch sein, und rechts ist normal, aber ich sei so ein Grenzfall und stünde genau dazwischen; die geringste Kleinigkeit könnte mich hierhin bringen oder dorthin, und wenn ich nicht sehr acht gäbe, dann könnte ich nach links abkippen. Darüber habe ich mich so aufgeregt, daß ich dann zu Hause...

T. Das kann ich mir vorstellen, daß Sie sich darüber aufgeregt haben.

P. Den ganzen Samstag habe ich nur geweint.

T. Ich will Ihnen gerne sagen, wie ich darüber denke, weil ich das wichtig finde. Erstens glaube ich keineswegs, daß die Gefahr bestünde, daß Sie verrückt werden könnten. Ich sagte Ihnen ja bereits, und das meine ich . . .

P. Was meinen Sie denn, was das vor zwei Jahren war, doch so eine Art Depression wegen meiner Schlaflosigkeit, oder?

T. Darauf kommen wir sicher noch zurück, und dann werden wir es auch besser verstehen. Zunächst einmal meine ich, die Hauptsache war doch damals, daß Sie Angst hatten, Ihr Mann würde es Ihnen übelnehmen, daß Sie das Kind erwarteten.

P. Ach ja, das Baby. Ja, ich weiß, das stimmt, da haben Sie recht.

T. Und da haben Sie mit Ihrer Depression sozusagen gegen sich selbst gewütet, bevor überhaupt Ihr Mann dazu kam, gegen Sie wütend zu werden. Oder anders gesagt, Sie hatten die Vorstellung, jetzt würde er Ihnen die Hölle heiß machen, und darüber sind Sie so traurig geworden und haben solche Schuldgefühle bekommen.

Der Therapeut vervollständigt die Anamnese. Die Appendektomie fiel in die Zeit der Scheidung ihrer Eltern und steht zugleich auch in zeitlichem Zusammenhang mit der Menarche der Patientin. Daß sie in einem Versprecher ihren Mann mit ihrem Vater assoziiert, wird festgehalten, aber nicht weiter aufgegriffen. Der Therapeut deutet ihre Schwierigkeiten mit dem Essen; die Identifikation mit dem Aggressor ist deutlich zu erkennen.

Sodann kommt sie auf den Psychiater als einen weiteren Aggressor und auf seine brutale und inakzeptable Deutung ihres Wunsches, selbst phallischer Aggressor zu sein. Die Wendung der Aggression gegen die eigene Person wird klar herausgearbeitet und der Patientin gedeutet.

P. Nun ja, so ein Typ ist er ja eigentlich nicht. Als wir dann allerdings – als ich dann das Kind bekam, da war es ein Junge, und da habe ich furchtbar geweint, weil ich wußte, daß er sich ein Mädchen gewünscht hatte.

T. Und was hatten Sie sich gewünscht?

P. Auch ein Mädchen.

T. So, auch ein Mädchen?

P. Und manchmal sagt er auch jetzt noch, wir sollten noch ein Kind haben. Aber ich finde, drei sind schon viel, ich will nicht noch mehr Kinder haben.

T. Das ist auch genug.

P. Manchmal denke ich halt, er hätte gern noch eine Tochter.

T. Was ich Ihnen außerdem noch sagen wollte – zu der Frage, ob Sie verrückt werden könnten – das ist dies: daß Ihnen zwar manchmal solche furchtbaren Gedanken in den Sinn gekommen sind und vielleicht auch immer noch kommen, aber daß Sie doch eigentlich nie die Kontrolle über sich selbst verloren haben. Sie haben sich immer in der Gewalt gehabt, und das ist Ihnen auch niemals schwer gefallen. Mag sein, daß Sie solche Gedanken gehabt haben, und wie ich Ihnen ja schon sagte, haben viele Menschen solche Gefühle, sowohl in bezug auf sich selbst als auch auf ihre Kinder. Aber Sie sind damit noch jedesmal gut fertiggeworden. Und das andere ist, daß Sie doch eine wirklich ausgezeichnete Fähigkeit haben, sich selbst in diesen Dingen zu verstehen, vor allem dann, meine ich, wenn Sie die Möglichkeit haben, mit irgendjemandem darüber zu sprechen – ich meine, mit jemandem außerhalb der Familie.

P. Dabei habe ich immer gemeint, ich wäre so schwach und verstünde überhaupt nicht, was mit mir los ist.

T. Ganz im Gegenteil. Das ist doch klar zu sehen. Sie kamen ins Z-Krankenhaus, und so (schnippt mit den Fingern) haben Sie's denen gezeigt. Und dann sind Sie zu dem Psychiater gegangen, und da war es auch nicht anders.

P. Dieser Psychiater hat mich geradezu hysterisch gemacht.

T. Kann ich mir vorstellen. Der hat Sie völlig umgehauen.

P. Ich habe zwei Tage lang nur geweint, erst den ganzen Samstag, bis mein Mann mich dann am Abend in den Arm genommen und gesagt hat: jetzt hör mal zu, vergiß doch endlich, was der Mann gesagt hat, vergiß es. Aber am Sonntag
habe ich dann wieder angefangen, und da hat mein Vater
gemeint, ich sollte doch mal in die Kirche gehen, vielleicht
könnte mir das helfen. Ich bin also früh aufgestanden und
in die Kirche gegangen. Und als ich dann wieder nach
Hause kam, da kamen mir fast schon wieder die Tränen,
und da habe ich zu meinem Mann gesagt, ich lasse mich tatsächlich davon unterkriegen, es wird nur immer schlimmer.
Dann habe ich mich im Haus betätigt und hier und da etwas
gemacht, und dann haben wir angestrichen und ich habe
meinem Mann beim Anstreichen geholfen. Aber am Abend
kam es schon wieder über mich. Da haben meine Freundinnen angerufen und gefragt, ob ich nicht mit zum Bingospielen gehen wollte, aber ich war ja mit meinem Mann beim
Anstreichen. Aber der meinte, ich sollte ruhig mitgehen, das
würde mir sicher helfen. Aber ich sagte: du bist doch hier
beim Anstreichen. Da sagte er: jetzt geh zum Bingospielen,
tu mir den einen Gefallen und geh. Da bin ich also gegangen, und das hat mich auch wirklich etwas abgelenkt. Und
am Montag rief dann mein Vater an und fragte, wie's denn
ginge, und ob ich wieder zu diesem Psychiater oder zu jemand anders gehen wollte. Er hat mich sehr gedrängt, wieder in die Klinik zu gehen. Aber die einzige Klinik, von der
ich damals wußte, war das Z-Krankenhaus oder Bellevue,
und da wollte ich nicht hin, weil ich im Z-Krankenhaus ja
schon mal gewesen war.

T. Und da hatten Sie ja bereits Ihre Erfahrungen gemacht.

P. Ich hatte schon Angst, wenn ich bloß in die Nähe kam, so
einen Horror hatte ich davor. Und was Bellevue betrifft,
das ist für mich praktisch dasselbe, ich weiß auch nicht warum. Schließlich hat mir eine Freundin von Ihnen erzählt,
und so kam ich dann hierher ...

T. Wir müssen nun gleich Schluß machen, Frau A. Ich würde

vorschlagen, daß wir uns noch mindestens viermal sehen, und wenn dann noch eine weitere Behandlung nötig ist, so wird sich das auch einrichten lassen. Aber ich habe das Gefühl, daß Sie sich schon nach den fünf Gesprächen wesentlich besser und viel stärker fühlen werden. Was ich Sie nun bitten möchte, ist, daß Sie morgen in einer Woche wieder herkommen. Paßt Ihnen das am Donnerstagmorgen?

Im Gedanken an das baldige Ende der Stunde bestärkt der Therapeut die Patientin noch einmal ausdrücklich in Ihrer Fähigkeit zur Kontrolle ihrer Impulse. Er steckt den zeitlichen Rahmen für eine Kurzpsychotherapie ab, läßt aber zugleich die Möglichkeit einer eventuellen weiteren Behandlung offen.

Zweite Sitzung

P. Ich habe schon zu meinem Mann gesagt, daß ich mir geradezu blöd vorkomme, wenn ich schon wieder hier erscheine. Wissen Sie – ich fühle mich so erleichtert.

T. Ich fände es aber trotzdem gut, noch bis zum Ende weiterzumachen.

P. Das finde ich auch. Mein Mann sagt auch, ich soll die Sache richtig abschließen.

T. Ist Ihnen seit unserem letzten Gespräch noch irgendetwas eingefallen, das mir vielleicht helfen könnte, Sie besser zu verstehen? So daß ich ...

P. Nicht daß ich wüßte. Wirklich gar nichts. Manchmal denke ich vielleicht ... an meine Tochter, wo doch jetzt Weihnachtszeit ist. Seit sie letzten Sommer wegfuhr, habe ich nichts mehr von ihr gehört.

T. Auch keinen Brief bekommen?

P. Nein, gar nichts. Ich weiß nicht einmal, ob sie überhaupt nach Hause schreibt. Ich habe nur eines Tages erfahren, daß sie in Spanien ist, und zwar habe ich das durch die Großmutter erfahren, das heißt durch *seine* Eltern, verstehen Sie? Denen habe ich nämlich einen Brief geschrieben: sie wüßten doch, wo sie sich aufhält, und warum sie denn nicht schreiben würde – und daraufhin hieß es bloß, sie sei in Spanien. Ich schrieb ihnen also noch einmal, ob sie mir nicht bitte auch ihre Adresse schicken könnten, weil ich ihr gerne schreiben wollte. Keine Antwort. Ich hatte aber noch *seine* Adresse, nämlich über meinen Vater, denn als er damals wegging, hatte er meinem Vater seine Adresse dagelassen und der hat sie an mich weitergegeben, und auf diese Weise konnte ich ihm dann schreiben, und da habe ich ihn gebeten, er sollte mir die Adresse meiner Tochter geben, weil ich wieder Kontakt mit ihr aufnehmen wollte, aber ich habe nie eine Antwort bekommen.

T. Immer noch nicht?

P. Nein.

T. Wenn Sie so an Ihre Tochter denken, was haben Sie da für Gefühle?

P. Ach wissen Sie, ich würde ihr einfach gerne mal zu Weihnachten eine Karte schicken oder Geld oder irgendwas, weil ich nicht will, daß sie denkt, ich hätte sie völlig vergessen – so sieht's ja jetzt fast aus, aber das stimmt nicht. So wie es jetzt ist – warum, sei dahingestellt – weiß ich überhaupt nicht, was sie noch für eine Beziehung zu mir hat, ich meine . . .

T. Was meinen Sie denn, wer dahinter steckt?

P. Das dürfte wohl die Frau sein.

T. Wer?

P. Seine Frau, glaube ich.

T. Seine jetzige Frau?

P. Meine Tochter erzählte mir nämlich, als sie hier war, daß sie gesagt hat: wir können uns keine Briefmarken für Briefe an deine Mutter leisten.

T. Aha.

P. Verstehen Sie, deshalb meine ich, daß *sie* dahintersteckt.

T. Und wenn Sie sich das so vorstellen, daß diese Frau Ihre Tochter daran hindert, Ihnen zu schreiben – was empfinden Sie dabei?

P. Ich bin sehr verbittert darüber. Hören Sie, was sollte ich auch sonst . . .

T. Natürlich . . . Mir ginge es auch nicht anders.

P. Im umgekehrten Falle hätte ich nie – ich meine, schließlich ist er ja immer noch ihr Vater, und wenn meine Tochter bei mir geblieben wäre, dann hätte ich niemals darauf bestanden, daß sie ihn vergessen müßte, denn immerhin ist er ihr Vater. Dabei hat er meinem Vater ausdrücklich versprochen, er würde das Mädchen zum Schreiben anhalten – aber wer weiß, was da los ist. Vielleicht hat er ihr sogar gesagt, sie sollte mir mal schreiben, und sie selber sträubt sich dagegen, wer weiß. Das ist es eben, was ich nicht weiß. Aber wo doch jetzt bald Weihnachten ist, habe ich zu meinem Mann gesagt, ich würde ihr gern eine Postkarte oder irgendwas, zumindest etwas Geld schicken, damit sie weiß, daß ich an sie denke – aber wie kann ich ihr denn etwas schicken, wenn ich ihre Adresse nicht weiß?

T. Ich kann mir durchaus vorstellen, in was für eine ohnmächtige Wut Sie das versetzt.

P. Ja, das kann einen schon verbittern. Zumal wenn ich Ihnen noch dazu sage, daß meine Tochter vor gar nicht so langer Zeit einen ganzen Monat lang hier war . . .

T. Hier in der Stadt?

P. Ja, sie war voriges Jahr den ganzen Juli über hier, Anfang August fuhr sie wieder ab, und seitdem habe ich nichts mehr gehört, nicht mal eine Postkarte, daß sie gut zu Hause angekommen wäre, gar nichts. Ich sagte Ihnen ja schon: nachdem sie abgefahren war, habe ich mehrere Briefe an sie geschrieben, aber nie eine Antwort bekommen. Dann habe ich eines Tages, nachdem ich von August bis Januar, nein noch länger, immer wieder geschrieben und nie eine Antwort hatte, da habe ich mich eines Tages entschlossen, jetzt schreibe ich mal an die Großmutter – Sie wissen ja, *seine* Eltern –, und von denen kam dann schließlich die Antwort: ja, ob ich das denn überhaupt nicht wüßte, die sind doch alle in Spanien!

T. In Spanien also.

P. Ja, verstehen Sie – die meinen vielleicht, ich könnte Gedanken lesen.

T. Wann kam denn dieser Brief?

P. Im Januar.

T. So, schon im Januar.

P. Ich habe sofort zurückgeschrieben, an die Großmutter, sie soll doch so nett sein und mir die Adresse meiner Tochter in Spanien geben, ich wüßte ja, daß sie dort eine feste Adresse hätten, denn man muß eine haben, wenn man überhaupt rüberwill. Aber wieder keine Antwort. Da dachte ich mir, jetzt warte ich erst mal ein paar Monate ab und lasse ihr noch Zeit zu entscheiden, ob sie mir nun die Adresse mitteilen will oder nicht. Aber als dann immer noch nichts erfolgt ist, habe ich schließlich meinen Vater gebeten, er sollte mir doch die Adresse meines Mannes geben, weil ich nur noch diese Möglichkeit sah.

T. Sie wollten direkt an ihn schreiben, an Ihren früheren Mann?

P. Direkt an ihn, ja, und das habe ich auch getan, aber – wieder keine Antwort. Dabei kriegt er seine Post nur selber, verstehen Sie, nicht seine Frau, weil ich nicht an die Wohnung, sondern an sein Postfach geschrieben habe. Deshalb kann sie also den Brief gar nicht abgefangen haben. Ich kann das einfach nicht verstehen, schließlich muß er meinen Brief doch erhalten haben.

T. Er muß ihn erhalten haben, weil er ja nicht an die Wohnungsadresse gegangen war.

P. Der Brief ist nicht zurückgekommen, und *sie* kann ihn auch nicht abgefangen haben. Ich weiß nicht, was da passiert ist. Es könnte höchstens so sein, daß er nach Hause gekommen ist und sie ihm eine Szene gemacht hat – ich weiß ja nicht, aber sie war jedenfalls immer gegen mich, und sie will auch nicht, daß meine Tochter mit mir in Kontakt bleibt.

T. Überhaupt nicht?

P. Nein, sie war immer gegen mich – und das macht mich einfach fertig. Das sind ja alles solche Sorgen, wissen Sie. Ich kann mir auch nicht vorstellen, daß sie sich gut um das Mädchen kümmert.

T. Erzählen Sie mal mehr darüber und wie Sie das empfinden.

P. Als meine Tochter damals hier war, sagte sie eines Tages: Mami, hast du denn keinen Freund? Und darauf habe ich ihr gesagt: Was soll das heißen: Mami, hast du keinen Freund? Mami hat doch Bert – die Kinder nennen ihn nämlich Bert und nicht Papi –, Mami hat doch Bert, und sonst brauche ich keinen Freund, mehr will ich gar nicht. Und dann hab' ich sie mal gefragt, wie sie überhaupt auf solche Fragen kommt. – Nun, ich sagte Ihnen ja schon, ihr Vater ist viel unterwegs, wissen Sie, manchmal ist er sechs Monate ununterbrochen von Zuhause fort, manchmal auch nur drei Monate, und deshalb kommt das Kind auf so etwas, weil die Frau sich in seiner Abwesenheit mit anderen Männern trifft.

T. Mit anderen Männern?

P. Sie hat auf jeden Fall einen Freund. Ich habe nämlich zu meiner Tochter gesagt – Sie wissen ja, wie Kinder sind; ich dachte, sie würde übertreiben –, ich habe also gesagt, das kann gar nicht stimmen, wie wäre das möglich, wo sie doch schließlich außer meiner Tochter noch zwei eigene Töchter hat, also drei Kinder. Aber meine Tochter sagte: doch, sie hat ja von dem einen Freund einen Persianermantel gekriegt.

T. Einen Persianermantel?

P. Genau, einen Pelzmantel. Da mußte ich aber lachen, denn wenn das so war, dann mußte es ja stimmen – wo hätte das Kind das denn sonst hernehmen sollen?

T. Was meinen Sie wohl, was der – was Ihr erster Mann …

P. Sie sind sowieso ständig am Streiten.

T. … was er wohl zu dem Persianermantel sagt; den kann sie ihm ja nicht verheimlichen.

P. Sie sind ununterbrochen am Streiten.

T. So.

P. Als er nämlich damals rübergekommen war, wissen Sie, und als mein Vater ihm dann meine Tochter gebracht hat, bei der Gelegenheit hat er es meinem Vater gesagt, daß sie ständig Krach miteinander haben; wenn er mal weg ist, fühlt er sich richtig wohl, aber sobald er wieder nach Hause kommt, geht der Krach von neuem los. Sie ist eben so ein Typ von Frau, sie will nur Geld haben, Geld und nochmal Geld, verstehen Sie? Und dann hat er sogar zu meinem Vater gesagt – ich weiß nicht, ob er ihm damit bloß was Nettes sagen wollte, jedenfalls hat er gesagt: damals hatte ich was Besseres und hab's nicht gemerkt. Ich meine, das kann natürlich auch bloß so dahergeredet sein.

Die Wut der Patientin auf die jetzige Frau ihres ersten Mannes kommt langsam heraus. Nach und nach gebraucht sie immer stärkere Ausdrücke für ihre Gefühle dieser Frau gegenüber – »verbittert«, »das macht mich einfach fertig« usw. – und erhebt immer schärfere Vorwürfe gegen sie.

T. Hätten Sie nicht manchmal Lust, ihm das weiterzuerzählen, was Ihre Tochter da gesagt hat?

P. Genau das finde ich auch, ich meine, das habe ich mich auch gefragt, ob er überhaupt davon weiß oder ob sie es noch vor ihm verheimlicht, oder vielleicht sagt sie, sie hätte den Mantel gekauft – was weiß ich, was sie ihm erzählt. Die Sache ist nämlich die, daß meine Tochter ihm nichts davon sagen kann, denn wenn sie das täte, dann hätte sie – dann müßte sie es bitter büßen.

T. Dann kriegte sie Schwierigkeiten mit ihrer Stiefmutter.

P. Auf jeden Fall, und deshalb hält sie lieber gleich ihren Mund, verstehen Sie? Sie hat es, glaube ich, wirklich sehr schwer. Was mich auch noch so erbittert hat, das war, daß meine Tochter mir erzählt hat, sie müßte immer nur spülen und putzen. Und da habe ich mal gefragt: und was macht *sie*? Und da hat meine Tochter gesagt: die macht sich derweil ihr Makeup und pflegt ihre langen Fingernägel. Und die beiden anderen Mädchen, sagt sie, die dürfen draußen spielen. Mit anderen Worten, meine Tochter wird praktisch wie eine Sklavin gehalten, aber der Vater weiß gar nichts davon. Und sie kann es ihm auch gar nicht erzählen, verstehen Sie, denn sobald er dann mal weg wäre, dann würde sie gleich dafür bestraft. So eine Ungerechtigkeit! Das hat er auch meinem Vater gegenüber damals gesagt – verstehen Sie, ich meine, wo sie doch so ein aufgewecktes Kind ist, da können solche Dinge sie für ihr ganzes Leben verderben.

T. Was macht Ihnen denn solche Sorgen?

P. Ach wissen Sie . . .

T. Was meinen Sie, was könnte passieren?

P. Ich meine, dieses Milieu, in dem sie da aufwächst, kann sich doch auf ihr ganzes Leben auswirken. Sie weiß schon so viel – man sollte es kaum glauben, für ein Mädchen in ihrem Alter . . .

T. . . . sollte sie vor solchen Dingen noch bewahrt bleiben?

P. Ich finde, ja. Sie weiß ja schon praktisch alles über Sex und so weiter, und das ist doch nicht normal für ihr Alter.

T. Ein bißchen früh.

P. Ja, zu früh. Aber wissen Sie, da kann ich mich derart drüber aufregen, dieses Milieu – ich finde, das wäre doch seine Pflicht . . .

T. Nun, was meinen Sie, was Sie daran ändern könnten – verstehen Sie, ich meine nicht, daß Sie das nun auch gleich tun sollten, aber was für Gedanken kommen Ihnen dazu?

P. Zum Beispiel daß ich es ihm mal sagen würde.

T. Und was würden Sie – stellen Sie sich vor, Sie würden jetzt in Gedanken einen Brief an ihn verfassen, was würden Sie ihm da schreiben?

P. Ich habe ihm ja mal diesen Brief geschrieben, daß meine Tochter mir endlich schreiben sollte, da war ich ganz schön in Wut, das ist ein sehr netter Brief geworden. Da habe ich ihm nämlich . . .

T. Da waren Sie also tatsächlich wütend.

P. Damals ja.

T. Und trotzdem haben Sie ihm einen sehr netten Brief geschrieben.

P. Nein, ich meine: einen ganz netten wütenden Brief.

T. Einen ganz netten *wütenden* Brief, ausgezeichnet. (Beide lachen)

P. ... da habe ich ihm nämlich geschrieben – ich habe ihn bloß an das erinnert, was er meinem Vater versprochen hat: Als du damals mit meinem Vater gesprochen hast, da hast du ihm doch versprochen, du würdest dafür sorgen, daß das Mädchen mir schreibt. Und ich weiß ja nicht, habe ich ihm geschrieben, ob das nun deine Schuld ist oder ihre, aber diese Frau hätte weiß Gott allen Grund, mir dankbar zu sein, daß ich überhaupt in die Scheidung eingewilligt habe, damit sie jetzt so ein Leben führen kann. Denn wissen Sie, wäre ich jemand anderes, dann hätte ich gar nicht eingewilligt, und dann hätte er seine Scheidung nicht gekriegt, von mir jedenfalls nicht, weil er sich nämlich zuerst auch gar nicht scheiden lassen wollte. Aber dann habe ich mir gedacht, ach wissen Sie, wenn sein Herz dran hängt, und er hat mich ja so angefleht wegen der Scheidung, und deshalb meine ich, sie könnte jetzt auch wesentlich schlechter dran sein, wenn ich zum Beispiel nicht eingewilligt hätte, verstehen Sie, und wenn ich nun nicht damals noch selber hingegangen wäre und die Scheidung eingereicht hätte.

T. Aber von ihr und ihrem Benehmen haben Sie in diesem Brief ja doch nichts erwähnt.

P. Nein, davon habe ich gar nichts geschrieben, weil ich mir dachte, ich wollte ja auch keinen Keil zwischen sie treiben. Das heißt – ich wollte schon, aber dann dachte ich wiederum an das Kind, verstehen Sie.

T. Und wenn nun das Kind nicht da wäre und Sie wüßten, daß ...

P. Wenn das Kind nicht wäre, dann hätte ich auch keine Hemmungen, ihm zu schreiben.

T. Meinen Sie wirklich?

P. Ja, dann brächte ich es fertig. Vielleicht ist das Kind auch nur ein Vorwand von mir gewesen, um ihm zu schreiben, ich weiß nicht. Ich sagte ja schon, manchmal denke ich an ihn und würde ihn gern mal wiedersehen, bloß so aus Neugier – aber dann wiederum, wenn wir uns wirklich wiedersehen würden, hätte ich doch Angst, was daraus werden könnte.

In dem Bemühen, der Patientin die Äußerung ihrer aggressiven Gefühle, ihrer Wut und Verbitterung, zu erleichtern, schlägt der Therapeut ihr vor, eine imaginäre Situation »durchzuspielen«, nämlich einen Brief an ihren ersten Ehemann zu schreiben. Dabei erinnert sie sich wieder an ihre Wut auf ihn, aber zugleich wird auch deutlich, wie sehr sie sexuell noch an ihn gebunden ist.

T. Ja.

P. Das sagte ich ja schon; ich habe es sogar auch meinem Mann gesagt.

T. So, tatsächlich, Ihrem Mann?

P. Ja.

T. Daß Sie Angst haben, aus so einem Treffen könnte mehr werden?

P. Ja, daß ich ...

T. Der muß aber sehr verständnisvoll sein.

P. Das ist er auch, das kann ich Ihnen sagen. Ein anderer hätte mich wohl längst rausgeschmissen.

T. Ja.

P. Bestimmt. Zum Beispiel damals, als ich diese Depression hatte, da bin ich zu meinem Vater gelaufen – das heißt, ich bin zu einem Frauenarzt gegangen, und der hat mich gefragt: Wo ist denn eigentlich Ihr Mann, wenn Sie in so einer Stimmung sind und hierherkommen? Der ist zu Hause, habe ich gesagt. So, hat er gesagt, dann nehmen Sie sich aber jetzt mal zusammen und gehen Sie zu einem Psychiater und sehen Sie zu, daß Sie wieder vernünftig werden, sonst haben Sie nämlich bald keinen Mann mehr zu Hause, denn das macht Ihnen auf die Dauer kein Mann mit.

T. Wieso sind Sie denn zum Frauenarzt gegangen?

P. Weil mir irgendjemand gesagt hat, ich hätte eine Gebärmutterknickung, und davon könnten solche Depressionen kommen.

T. Ach so.

P. Und als ich dann wieder nach Hause kam, fand mein Mann, es wäre doch alles in Ordnung mit mir. Aber dann meinte er auch, ich sollte zu einem Psychiater gehen. Da habe ich ihn gefragt, ob er denn glaubte, ich wäre geisteskrank. Aber so hätte er das gar nicht gemeint, sagte er, wenn das Herz nicht in Ordnung ist, geht man zum Herzspezialisten, und wenn man es an den Nerven hat, dann geht man eben zum Psychiater, ist doch klar, hat er gemeint.

T. Sagen Sie, wann hat das mit den Depressionen eigentlich angefangen?

P. Das sagte ich doch schon: das war vor ungefähr zwei Jahren.

T. Das weiß ich, aber was meinen Sie, was eigentlich dahinter steckt?

P. Ich glaube, da kamen alle möglichen Gründe zusammen. Ich denke halt immer noch zu viel an meine erste Ehe, und das ist nicht gut, ich sollte das alles ganz vergessen. Aber mit dem Kind ist das gar nicht so leicht, davon loszukommen. Wenn meine Tochter nicht wäre, so wäre es leichter möglich, aber so fällt es mir wirklich schwer. Manchmal denke ich so für mich selbst, daß sie doch eines Tages mal heiraten wird, und was dann wohl passieren wird, wenn bei der Hochzeit er da ist mit seiner Frau und ich mit meinem Mann.

T. Ja.

P. Das stelle ich mir oft vor, was dann wohl passieren würde, verstehen Sie, was dann passieren würde.

T. So...

P. ... aber so wie es jetzt ist, haben die ja gar keinen Kontakt mit uns, und da glaube ich auch gar nicht, daß sie überhaupt kommen würden.

T. Sicher sind Sie bis dahin alle etwas älter, und vielleicht hat sich dann auch alles ein bißchen beruhigt. Aber ich wollte noch auf etwas anderes hinaus. Sehen Sie – Sie meinten doch, was sie so deprimiert hat, war der Gedanke, daß Sie Ihrem Kind etwas antun wollten. Sie meinten doch, das würde praktisch bedeuten, daß Sie . . .

P. Meinen Sie jetzt meine Schwangerschaft?

T. Die Schwangerschaft, hm, nein, ich meine danach.

P. Oh.

T. Ja, als Sie dachten – ich meine, vor gar nicht so langer Zeit, als Sie dachten, Sie würden Ihrem Kind etwas antun wollen, und als Sie meinten, mit solchen Gefühlen müßten Sie ja ein entsetzlicher Mensch sein . . .

P. Aber das Kind, dem ich mal etwas antun wollte, ist nicht dasselbe, mit dem ich damals schwanger war.

T. Ich weiß ja. Aber worauf ich hinaus wollte, ist, warum Sie meinten, Sie wollten irgend jemandem etwas antun – das war nämlich deshalb, weil Sie eine solche Wut auf die andere Frau Ihres ersten Mannes hatten. Und weil Sie keinerlei Möglichkeit hatten, diese Wut direkt an ihr auszulassen.

P. Und warum habe ich mir dann gerade den Kleinen ausgesucht?

T. Ja, wissen Sie: ihm gegenüber fiel es Ihnen viel leichter, er ist ja noch ein Kind, und außerdem ist er nicht weit weg.

P. Ich meine: ich habe doch drei Kinder, warum ging es dann gerade gegen den Kleinen?

T. Nun, dafür gibt es auch einen Grund. Fällt Ihnen etwas dazu ein?

P. Hm, ich wüßte nicht – höchstens daß er so viel schreit, ich meine . . .

T. Ja, und damit ist er sozusagen der Auslöser für Ihre Wut, er ist der unmittelbare Anlaß. Aber ich glaube ja gar nicht, daß Sie wirklich Ihr Kind hassen, weil es so viel schreit, sondern ich meine, daß Sie in Wirklichkeit eine Wut auf jemand anderes haben.

P. Und wenn er so schreit und weint, dann kommt diese Wut plötzlich in mir hoch.

T. Dann kommt sie plötzlich raus, ja. In Wirklichkeit, glaube ich, haben Sie das Gefühl, daß Sie von dieser Frau entsetzlich betrogen worden sind.

Die Patientin stellt in ihren Assoziationen eine thematische Verknüpfung her zwischen dem Ärger über ihr Kind und den Enttäuschungen in ihrer ersten Ehe. Der Therapeut deutet ihr diese Verschiebung.

P. Ja wissen Sie, als wir jung verheiratet waren, ging erst alles gut und wir kamen gut miteinander aus, er ging nie abends allein weg, vielleicht weil alles so neu war, weil wir gerade erst geheiratet hatten oder was weiß ich warum. Aber dann war er eines Tages wie verändert. Wie soll ich das erklären – er ist halt Einzelkind gewesen und sehr verwöhnt worden, und wenn er zum Beispiel Schulden macht, dann sind halt seine Eltern so, daß sie einen Scheck ausschreiben, und alles ist erledigt. Und so kam es auch, daß er in seinem Leben nie etwas akzeptiert hat, daß er nie selber die Verantwortung übernommen hat. In vieler Hinsicht ist er noch ein Kind geblieben, jedenfalls war es so, als wir noch verheiratet waren, während er jetzt sagt, er sei mittlerweile viel erwachsener geworden. Wir zogen damals um nach Kalifornien, und damit fingen die ganzen Schwierigkeiten an, da kam ja auch unser Baby.

T. So, damals kam dann das Baby.

P. Ja, ich wurde schwanger.

T. Und damit fingen die Schwierigkeiten an.

P. Eben.

T. Hatte nun Ihre Depression irgendetwas mit dieser Schwangerschaft zu tun?

P. Nein, das sagte ich doch schon. In dieser Zeit damals hatte ich noch keine Depressionen und war auch nicht nervös oder sonstwas.

T. Nein, Sie wurden erst depressiv, als Sie merkten, daß Sie

wieder schwanger waren, nämlich als Sie den Jungen erwarteten.

P. Das war aber erst in meiner zweiten Ehe.

T. Ja, ja. Aber schauen Sie – Ihre Schwierigkeiten haben doch
auf jeden Fall mit der Schwangerschaft angefangen, oder
nicht? Damals, als Sie nach Kalifornien gezogen waren und
das Kind erwarteten.

P. Nein . . .

T. Damals fing das doch mit Ihrem Mann an . . .

P. Nein, das Kind war schon geboren, ich hatte das Baby
schon, als ich das mit meinem Mann erfahren habe. Ich kann
mich nämlich erinnern, wie das Baby damals noch in seinem
Bettchen lag – und wie ich dann erfuhr, daß sie auch eins
hatte, das genau so alt war wie meins. Ich habe das also
nicht während der Schwangerschaft erfahren, sondern erst
als mein Kind schon geboren war.

T. Ich verstehe.

P. Also eine ganze Zeit später.

T. Und war das Kind von ihm?

P. Einen Moment, jetzt muß ich mal nachdenken – das muß
doch noch während der Schwangerschaft gewesen sein – ich
weiß nicht mehr genau, ob mein Kind vielleicht gerade geboren war; ich erinnere mich bloß an den Brief, in dem
stand, sie sei schwanger, so daß ihre Tochter also – ich
glaube, es sind jedenfalls nur wenige Monate dazwischen.

T. Hm.

P. Sie sind nicht ganz genau gleichaltrig. Ich glaube, mein
Kind muß damals gerade geboren sein, als ich das mit ihrer
Schwangerschaft erfuhr.

T. Eins steht jedenfalls fest: Schwangerwerden und Kinder-
bekommen erinnert Sie sozusagen jedesmal wieder an alle
diese früheren Schwierigkeiten und wie Ihr Mann Sie betrogen hat. Schauen Sie, was ich Ihnen hauptsächlich aufzeigen wollte, ist doch, daß Sie meiner Meinung nach immer
dann depressiv werden, wenn Sie auf irgendjemanden wütend sind, aber dabei zugleich das Gefühl haben, Sie dürf-

ten eigentlich nicht wütend werden, Sie wären ein schlechter Mensch, wenn Sie Ihre Wut offen äußern würden. (...) Und wenn Sie so wütend auf das Kind sind, dann glaube ich gar nicht, daß Ihre Wut wirklich dem Kind gilt, sondern eigentlich richtet sie sich gegen jemand anders. Das Kind ist halt nur gerade zur Hand.

P. Sie meinen, in Wirklichkeit ärgere ich mich eigentlich gar nicht über das Kind, sondern mehr über meine ganzen Probleme?

T. Nicht so sehr über Ihre Probleme, sondern mehr noch über die Menschen, die Sie in solche Probleme verwickeln. Das habe ich gemeint. Und wer sind diese Menschen?

P. Meinen Sie meinen ersten Mann?

T. Ihren ersten Mann und auch diese Frau.

P. Meinen Sie, das könnte auch mit meiner Kindheit etwas zu tun haben?

Die Patientin vermag jetzt relativ frei zu assoziieren. Sie kommt spontan auf ihre Kindheit als mögliche Grundlage ihrer jetzigen Probleme zu sprechen.

T. Das könnte gut sein. Was meinen Sie, woran denken Sie da?

P. Als ich nämlich zu diesem ersten Psychiater kam, von dem ich Ihnen schon erzählt habe, da sagte der, es hätte alles mit meiner Kindheit zu tun. Ich habe dann auch mit meinen Eltern darüber gesprochen, und die meinten, bei meiner älteren Schwester könnten sie das ja vielleicht noch verstehen, wenn ihr das von damals noch nachhinge, sie war ja schließlich schon alt genug, um zu verstehen ...

T. ... wie es zwischen Ihren ...

P. ... wie es zwischen meinen Eltern stand – sie war ja auch schon älter.

T. Und wie alt waren Sie damals?

P. Ich bin jetzt zweiunddreißig und sie ist sechsunddreißig, also vier Jahre Unterschied. Damals, das liegt zwanzig Jahre zurück, da war ich also ...

T. ... zwölf Jahre alt.

P. Ungefähr elf oder zwölf.

T. Also doch schon größer.

P. Aber meine Schwester war schon fünfzehn oder sechzehn, jedenfalls älter als ich.

T. Solche Dinge können aber auch Kinder schon vor dem zehnten Lebensjahr sehr belasten.

P. Ja, aber das war ja auch gar nicht erst damals so geworden, sondern schon die ganzen Jahre vorher haben meine Eltern sich dauernd gestritten, und das hat meine Schwester alles mehr oder weniger mitgekriegt.

T. Schauen Sie, das ist vielleicht auch ein Grund, warum Sie solche Angst hatten, mit Ihrem ersten Mann in einen Streit zu geraten.

P. Ja, manchmal denke ich auch so, und meine jüngere Schwester meint das auch und regt sich jedesmal wieder auf, wenn wir darauf zu sprechen kommen – nämlich wenn man sich vorstellt, daß auch schon meine Eltern sich getrennt haben und sich scheiden ließen und daß auch meine erste Ehe mit einer Scheidung endete, dann denke ich oft, meine jetzige Ehe könnte auch so kaputtgehen – ich kann es einfach nicht glauben, daß ich so glücklich bin, mir kommt das einfach unnatürlich vor, irgendwas wird eines Tages doch schiefgehen. Und das sage ich auch meinem jetzigen Mann immer, ich sage ihm: wir sind einfach zu glücklich miteinander, eines Tages passiert doch noch mal was. Und dann sagt er, warum ich denn so reden müßte.

T. Sie meinen, Ihr Leben müßte genau so verlaufen, wie Sie es als Kind bei Ihren Eltern erlebt haben, hmm?

P. Na ja, ich meine ja bloß, so denke ich eben manchmal, und meine jüngere Schwester sagt dasselbe: Papi und Mami haben sich getrennt, und deine erste Ehe ging auch schief; meine ältere Schwester und ihr Mann haben finanzielle Schwierigkeiten und hätten sich deswegen beinahe getrennt; mein Bruder und seine Frau hätten sich auch beinahe scheiden lassen, weil mein Bruder fremdgegangen ist, aber das ist jetzt Gott sei Dank geklärt und erledigt; auch bei meiner Schwester und ihrem Mann hat sich alles wieder beruhigt; aber meine jüngere Schwester denkt natürlich – Sie müssen wissen, sie hat gerade im August geheiratet – jetzt denkt sie natürlich, wie es ihr wohl ergehen mag, verstehen Sie?

T. Hmm.

P. Ich habe ihr gesagt, daß ich das gut verstehen kann, weil ich es genau so empfinde; in meiner jetzigen Ehe meine ich auch immer, das kann nicht gut gehen. Und das sage ich auch immer zu meinem Mann: das kann nicht gut gehen, wir sind einfach zu glücklich. Was soll das heißen? sagt er dann immer. Er meint, daß wir uns auf keinen Fall jemals trennen, weil Fremdgehen und sowas für ihn nicht in Frage käme. Und dann sage ich: dann wird es eben vielleicht was anderes sein. Und woran denke ich dabei – an den Tod.

Die Patientin erzählt von ihrer Angst, das Schicksal ihrer Eltern und deren unglückliche Ehe zu wiederholen: offene Aggression hat womöglich Trennung und Objektverlust zur Folge.

T. An den Tod.

P. Wir hatten auch am Wochenende einen Todesfall in der Familie.

T. Letztes Wochenende?

P. Ja, das ist auch so was. Wir mußten zur Beerdigung. Am Erntedanktag-Morgen war mein Schwager gestorben.

T. Der Bruder Ihres Mannes?

P. Der Mann meiner Schwägerin.

T. Ach so, der Mann Ihrer Schwägerin.

P. Ja.

T. Wie alt war er geworden?

P. Fünfundsechzig. Wir wußten alle, daß er sterben würde, weil er schon seit zwei Jahren krank war, aber – am Montag und am Montagabend sind wir zur Beerdigung gewesen, und am Dienstagabend habe ich ständig nur den Tod gedacht, immer wieder an den Tod, und ich habe zu meinem Mann gesagt: was macht deine Schwester jetzt ohne ihren Mann – verstehen Sie, ich könnte mir vorstellen, wie es mir selbst ginge ohne meinen Mann, ich wüßte einfach nicht weiter. Aber mein Mann meint, ich hätte doch drei kleine Kinder, und wie ich da sagen könnte, ich wüßte nicht weiter? Ich dachte halt, wie es wäre, wenn ich ihn eines Tages verlieren würde, wo er doch so verständnisvoll und gut zu mir ist; ich glaube nicht, daß ich jemals nochmal so einen Mann finden würde wie ihn.

T. Ja wissen Sie, manchmal fürchtet man, daß einem selbst etwas passieren könnte, was man im Grunde jemand anderem wünscht. Sie haben zum Beispiel vom Tod gesprochen, nicht wahr, und daß Sie Angst hätten, Sie müßten sterben. Wenn ich mich in Ihre Lage damals in Ihrer ersten Ehe versetze, da wäre mir wohl auch manchmal der Gedanke gekommen, ihn umzubringen und die Frau dazu.

P. So etwas habe ich aber nie gedacht . . .

T. Ich wette, jede Frau hätte in dieser Situation solche Gefühle gehabt.

P. Ich bin mir aber ziemlich sicher, daß ich nie solche Gefühle hatte. Natürlich war ich wütend, das weiß ich, aber regelrecht getobt habe ich nicht. Ich bin doch damals noch zu ihr gegangen, wissen Sie? Mag sein, daß ich wirklich mal so in Wut geraten könnte, daß ich sie mal so richtig fertigmachen würde, aber so weit geht's nun doch nicht, daß ich sie gleich umbringen wollte, wo käme ich denn da hin? Nur wenn ich halt an meine Tochter denke, verstehen Sie – wie konnte sie so was machen, schließlich geht es doch auch um das Kind.

Es tauchen Todeswünsche auf, die sich offensichtlich gegen ihren jetzigen Ehemann richten; der Therapeut entschließt sich aber, ihn aus dem Fokus herauszuhalten, weil dieses Thema wahrscheinlich zu viel Angst wecken würde. Er deutet stattdessen die Wendung der Aggression nach innen und lenkt die Patientin erneut auf ihre Aggressionen gegenüber ihrem ersten Ehemann und seine jetzige Frau, wobei er seine Deutung etwas abschwächt, indem er generalisiert: auch er wäre an ihrer Stelle so wütend gewesen, daß er ihnen den Tod gewünscht hätte. Solche Gefühle werden von der Patientin teils abgewehrt, teil auch zugegeben.

T. Aber schauen Sie: Sie sagen doch selbst, eine andere Frau hätte ihm an Ihrer Stelle die Hölle heißgemacht.

P. Aber er . . .

T. Aber Sie nicht, oder?

P. Er hat doch gesagt . . .

T. Sie sehen doch, daß Sie sich ganz anders verhalten haben, als die meisten es an Ihrer Stelle getan hätten. Andere hätten sich doch in so einer Situation bis zur Weißglut geärgert.

P. Aber warum hat mich das alles so wenig berührt?

T. Warum? Nun, weil Sie aus irgendeinem Grunde Angst davor haben, einmal richtig wütend zu werden. Und das geht, glaube ich, doch bis in Ihre Kindheit zurück.

P. Sie meinen also, wenn ich mal richtig wütend werde, dann könnte dadurch wie bei meinen Eltern . . .

T. . . . . die Ehe kaputtgehen . . .

P. . . . und das wäre das Gegenteil von dem, was ich wollte; ich wollte doch unsere Ehe wieder kitten. Ich hab's ja auch dreimal versucht, aber es ging nicht.

T. Sie haben es wirklich versucht?

P. Ja. Das erstemal haben wir ausgemacht, daß ich eine Zeitlang weggehen wollte, um mal zu sehen, ob sich unsere Beziehung dadurch bessern würde, aber das änderte überhaupt nichts. Dann habe ich gemeint: vielleicht liegt es an der Wohnung, dann sollten wir umziehen – und dann sind wir in eine andere Stadt gezogen, in eine möblierte Wohnung. Unsere Möbel haben wir gar nicht erst mitgenommen, wir wollten es einfach mal mit einer möblierten Wohnung probieren. Und da saß ich dann in einem Vorort der Stadt, und er besorgte für diese Frau ein Appartement in der Innenstadt, und alles war wieder beim Alten. Ganz gleich, wo wir hinzogen, jedesmal hat er sie mitgeschleppt, verstehen Sie?

T. Und Sie sind das nicht langsam leidgeworden?

P. Doch. Ich war es schließlich so leid, daß ich dann seinen Vater angerufen habe...

T. Jetzt muß ich Sie aber doch mal was fragen. Kommt Ihnen das denn nicht auch etwas komisch vor? Da betrügt Sie Ihr Mann am laufenden Band und gibt eine Menge Geld aus, um diese Frau auszuhalten und ihr eine Wohnung nach der anderen zu verschaffen. Das bringt Sie überhaupt nicht in Wut. Aber wenn ein kleines Kind schreit, das macht Sie wütend.

P. Mit anderen Worten – ist es das, was mich so wütend macht?

T. Ihre Wut auf das Kind bezieht sich eigentlich gar nicht auf das Kind, sondern hat etwas mit Ihrer damaligen Situation zu tun...

P. ...wo ich eigentlich hätte wütend werden sollen.

T. Wo Sie eigentlich hätten wütend werden sollen, genau.

P. Das stimmt, ich bin immer so ein Mensch gewesen, das sagt sogar meine Mutter auch, daß ich meine Gefühle nicht so offen zeige, ich bin ziemlich zurückhaltend.

T. Das ist oft so in Familien, wo es viel Streit gibt zwischen den Eltern. Wenn die Kinder dann erwachsen werden, sagen sie: Um Gottes willen, so will ich selber nie werden.

P. Ich bin wirklich sehr zurückhaltend mit meinen Gefühlen. Meine ältere Schwester zum Beispiel, und auch mein Bruder und sogar meine kleine Schwester, die sagen meiner Mutter immer, wie lieb sie sie haben und so weiter, aber mir fällt das schwer, und oft sagt meine Mutter, ich hätte sie gar nicht lieb, weil ich es nie sagen würde. Ich sage, doch, aber ich bin eben nicht der Typ, so was zu sagen.

T. Vielleicht hatten Sie wirklich einen Groll gegen Ihre Mutter?

P. Nein.

T. Wegen der Streitereien mit Ihrem Vater.

P. Ich hatte ja immer gemeint, es läge an meinem Vater, aber jetzt sehe ich ein, daß es viel mehr an meiner Mutter lag –

sicher zum Teil auch an meinem Vater, aber meine Mutter hat da zum Teil Sachen gemacht, die ich, glaube ich, nie machen würde. Sie hat keinen Grund, es meinem Vater übelzunehmen, daß er sie nicht wieder zu sich nimmt. Ich meine, jetzt wo ich älter geworden bin, da höre ich alle diese Dinge, und sogar von meiner Mutter selber, verstehen Sie, jetzt weiß ich besser bescheid. Aber damals war ich ja noch jünger und habe vieles nicht so verstanden, und da war ich immer gegen meinen Vater eingestellt. Ich dachte immer, *er* hätte die Ehe kaputtgemacht, aber jetzt sehe ich, daß es alles ganz anders war. Ich hatte mit meinem Vater ein sehr langes Gespräch, wie wir es seit Jahren nicht mehr gehabt haben.

T. Und worüber haben Sie gesprochen?

P. Über meine Mutter. Und da hat er mir erzählt, daß meine Mutter manchmal daran denkt, wieder zu ihm zurückzukommen, aber mein Vater sagt: Wie kann ich denn deine Mutter wieder zu mir nehmen, nach allem, was sie mir angetan hat. Wissen Sie, das war mal ein richtiges Gespräch, wie wir es eigentlich noch nie vorher gehabt haben. Er war nämlich so bedrückt, weil ich so deprimiert war, verstehen Sie, er hat nämlich gesagt, daß er damals, als sie sich getrennt hatten, auch zu einem Psychiater gegangen ist.

T. Tatsächlich?

P. Ja, und zwar deshalb, sagt er, weil diese Trennung ihn so aufgeregt hatte. Aber der Psychiater hat gemeint: Sie sind bloß ein bißchen nervös, aber Sie können sich nur selber helfen. Gehen Sie doch mal weg und trinken Sie sich einen, da vergessen Sie Ihre Sorgen und fallen wieder auf die Füße. Und daran hat mein Vater sich gehalten, und seitdem wußte er auch, daß er sich der Kinder wegen – unsretwegen – wieder zusammennehmen mußte.

T. Aber dann hatte also Ihre Mutter die Familie verlassen, oder nicht?

P. Ja, meine Mutter war es gewesen, die . . .

T. Meinen Sie nicht, daß Sie darüber sehr verbittert und wütend waren?

P. Das kann schon sein – *jedes* Kind wäre wohl wütend, wenn es von seiner Mutter verlassen würde.

T. Aber sicher, *jedes* Kind wäre wütend darüber.

Verdrängungen und Verleugnungen werden durchgearbeitet. Die Patientin hatte ihre Gefühle lange Zeit unterdrückt. Die Identifikation mit dem Vater und die Wut auf die Mutter werden herausgearbeitet und von der Patientin akzeptiert.

P. Verstehen Sie – wenn die Familie auseinandergeht... Wir haben sie immer besucht, wenn wir in die Stadt kamen.

T. Wenn Sie mal in die Stadt kamen.

P. Aber das war auch so ungefähr alles. Und wenn Sie mich fragen, warum ich überhaupt so früh geheiratet habe – manchmal denke ich, das war wahrscheinlich nur wegen meiner Mutter. Meine Schwester ist nämlich auch von meiner Mutter weggelaufen, als sie alt genug war, und als mein Bruder so alt war, da ging er gleich zum Militärdienst; ich war damals allerdings noch zu jung, und deshalb mußte ich erst noch bei meiner Mutter bleiben. Aber irgendwann haben wir dann Krach gekriegt, und da habe ich geheiratet, bloß um aus dem ganzen Schlamassel rauszukommen.

T. Bloß um aus dem ganzen Schlamassel rauszukommen.

P. Aber damit war ich praktisch vom Regen in die Traufe geraten. Dabei habe ich wirklich alles getan, was ich konnte, ich meine, ich habe ihn wirklich geliebt.

T. Sicher müssen Sie ihn sehr geliebt haben.

P. Ja, und ich bin gar nicht sicher, ob er mich auch so geliebt hat, aber ich habe ihn jedenfalls geliebt.

T. Ja, und schauen Sie: je mehr sie einen Menschen so lieben, um so größer muß doch Ihre Wut sein, meine ich, wenn er sie dann so behandelt. So würde doch jeder empfinden.

P. Aber ich war doch gar nicht...

T. Sie haben die Wut gegen sich selbst gekehrt. Schauen Sie, das ist ja doch die Depression, daß man sozusagen gegen sich selber wütet. Würden Sie...

P. Da hatte ich letzte Nacht einen Traum – ich weiß nicht, ob *er* es war, von dem ich geträumt habe, ich kann's nicht genau sagen, wer es war, aber jedenfalls nicht mein jetziger Mann, vielleicht war es doch mein früherer Mann, ich meine schon, aber ich bin nicht sicher. Jedenfalls habe ich ihn im Traum getroffen, und wir haben so ein bißchen geschmust oder so, wissen Sie. Und dann ist er weggegangen, und ich habe noch auf seinen Anruf gewartet – so ein verrückter Traum, dabei kann ich mich gar nicht mehr entsinnen, ob er es wirklich war, ich glaube ja, aber ich weiß nicht mehr genau. Mein jetziger Mann war es jedenfalls nicht.

T. Damit sagen Sie ja doch: statt immer noch auf ihn wütend zu sein, würden sie ihn viel lieber wieder richtig lieben können.

P. Ich weiß nicht. Wie kann man denn zwei Menschen zu gleicher Zeit lieben?

T. Geht es nicht vielmehr darum, wie man seine Wut überwinden kann? Schauen Sie: Sie versuchen doch, ihm nicht mehr böse zu sein. (. . .) Für Sie ist Zorn und Wut etwas ganz Gefährliches, was Ihre Familie, Ihr Zuhause zerstört hat, was Ihr Leben zerstören kann, so wie Sie es als Kind erfahren haben.

P. Aber wenn es wirklich dazu käme, daß ich ihn wieder lieben würde, dann würde das meine *jetzige* Ehe zerstören.

T. Tja.

P. Und das will ich auf keinen Fall.

T. Aber darum geht es im Moment ja doch gar nicht. Sondern Sie sind immer noch daran, wie Sie dieses alte Problem lösen können.

P. Weil ich es damals gar nicht wirklich gelöst habe?

T. Ja, weil Sie es damals eben noch nicht lösen konnten.

P. Das war überhaupt merkwürdig, wie wir uns getrennt haben. Ich sagte ja schon: wir wurden geschieden, und unsere Tochter kam zu seinen Eltern, und er hat mir eine gewisse Menge Geld gegeben, damit ich fürs erste genug hatte, um nach Hause zu fahren. Und an dem Tag, als ich abreisen wollte, bin ich in den Kosmetiksalon gegangen, habe mir eine neue Frisur machen lassen, ein neues Kleid gekauft und so weiter, und dann haben wir zusammen zu Abend gegessen. So sind wir auseinandergegangen – ich meine, so gehen doch normalerweise geschiedene Leute nicht auseinander. Und er saß mir gegenüber und sagte, er könnte das alles nie vergessen, und dann fragte er mich, warum ich mich denn nie so schick angezogen hätte, solange wir noch zusammen waren. Und da habe ich gesagt: weil du mir nie dafür Geld gegeben hast. Und dann haben wir schweigend unser Abendessen gegessen, und danach hat er mich noch an den Zug gebracht. Und das war's, seitdem habe ich ihn nie mehr wiedergesehen.

T. Hmm. Und was meinen Sie, warum Sie sich damals so schick gemacht haben?

P. Vielleicht um ihn mal zu reizen. Denn *sie* ist genau der Typ, der in Kosmetiksalons geht, sie war eben berufstätig und ging jede Woche hin. Genauer gesagt: sie arbeitet in einem Büro, und da mußte sie natürlich gut aussehen, verstehen Sie? Ich dagegen war so ein richtiges Aschenputtel und hatte kein Geld, um mir Kleider zu kaufen, und das könnte schon auch ein Grund gewesen sein, warum sie ihn mehr angezogen hat, ich weiß ja nicht. Und das ist, glaube ich, auch der Grund, warum ich ihn jetzt gern noch mal wiedersehen würde, bloß aus Neugier – jetzt habe ich nämlich auch was Schickes anzuziehen. Mein jetziger Mann steht nämlich drauf, daß ich mich schick anziehe, da steht er drauf.

T. Ja, das sieht man.

P. Der sollte mich mal wiedersehen, so wie ich jetzt aussehe.

T. Da könnten Sie es ihm zeigen, was?

P. Genau das meine ich.

T. Da sähe er mal, was er an Ihnen verloren hat.

P. Ja, genau. Ich würde mich gern mal so richtig schick anziehen, und dann sollte er mich mal sehen. Da wäre ich neugierig.

T. Ja, und sehen Sie, Sie haben mir ja neulich erzählt, daß Sie

auch heute noch mitunter auf die Idee kommen, Ihren jetzigen Mann kränken zu wollen – ohne sichtlichen Grund, und
deshalb waren Sie darüber ja auch so erschrocken.

P. Ich wüßte gar nicht, warum ich . . .

T. Nein, nein, es geht ja gar nicht um Ihren jetzigen Mann. So
haben Sie es nur empfunden. In Wirklichkeit geht es um
Ihren ersten Mann.

P. Hört es sich für Sie so an, als würde ich meinen jetzigen
Mann im Grunde gar nicht lieben?

T. So hört es sich überhaupt nicht an.

P. . . . dabei hänge ich so an ihm, daß ich manchmal geradezu
erschrocken bin. Er ist eben genau der Typ, bei dem ich weiß,
daß ich mich auf ihn verlassen kann und daß er mich immer
unterstützt, während der andere . . .

T. Einer, der Sie wirklich respektiert . . .

P. Genau.

T. . . . und anständig behandelt . . .

P. Genau.

T. . . . und außerdem auch ein guter Liebhaber ist, wie Sie
schon erwähnt haben . . .

P. Ja. Und deshalb sage ich ja, wenn ich das täte, hätte ich
immer Angst. Sicher würde ich gerne mal meinen ersten
Mann wiedersehen – bloß mal sehen, was passieren würde
– aber gleichzeitig hätte ich Angst, wenn ich ihn wirklich
wiedersähe, daß meine jetzige Ehe kaputtgehen könnte, und
das will ich ja auf gar keinen Fall. Denn der reicht doch
nicht im Entferntesten an meinen jetzigen Mann heran.

T. Ich glaube gar nicht, daß das Ihr Problem ist, daß Sie Ihren
Mann, Ihren jetzigen Mann nicht lieben würden, sondern
ich meine, es geht vielmehr um ein viel älteres Problem bei
Ihnen: um die Wut. Sie haben ja solche Angst, einmal wütend zu werden. Wut und Ärger waren es doch, was Ihnen
in Ihrer Kindheit alles zerstört hat . . . Verstehen Sie, was
ich meine? (. . .)

P. Weil ich erlebt habe, wie meine Eltern immer gestritten
haben und so?

T. Und was passierte letzten Endes, nachdem sie ständig gestritten hatten? Dann war ihre Ehe zerrüttet.

P. Ja, dann war ihre Ehe zerrüttet. Mein Vater hat meine Mutter sogar geschlagen.

T. Ja.

P. Aber wissen Sie, wie oft sage ich zu meinem jetzigen Mann, daß ich doch meinen ersten Mann bloß mal wiedersehen möchte. Aber der ist dagegen. Ein paarmal habe ich mit ihm am Telephon gesprochen, als wir damals den Besuch meiner Tochter geplant haben; wir wollten uns nämlich mit seinen Eltern auf halber Strecke mit dem Auto treffen, das heißt, sie brachten meine Tochter mit, und wir kamen ihnen die Hälfte der Strecke entgegen. Und um das alles zu besprechen, habe ich ihn das erstemal nach langer Zeit wieder angerufen, und wie ich so am Telephon stand, da wurde mir richtig bang ums Herz, so hat es geklopft. Das können Sie sich ja vorstellen – ich weiß nicht, wie ich das erklären soll, er war eben meine erste Liebe, ja, genau genommen war er meine erste große Liebe.

T. Ihre erste Liebe ...

P. Und wie mein Herz geklopft hat, als ich mit ihm sprach. Er redete, als wäre gar nichts: Oh, das ist ja unheimlich nett, daß man deine Stimme wieder mal zu hören kriegt. Zweimal haben wir miteinander telephoniert; das zweitemal ging es um sachliche Fragen, wie wir das Kind hier rüberkriegen und so. Aber das erstemal war es so, wie sich zwei alte Freunde wieder mal anrufen. Mein Mann weiß auch von diesen beiden Anrufen, ich habe ihm natürlich davon erzählt ... Und dann kam der Zeitpunkt, wo er herkommen wollte, um das Mädchen vor seiner Abreise noch mal zu sehen. Bei der Gelegenheit wollte ich ihn gern wiedersehen, ich wollte auch dabei sein, aber mein Mann war dagegen: Kommt nicht in Frage, sagte er. Und als er später, im Juli, selber herkommen und unsere Tochter bringen wollte, sagte mein Mann auch wieder: kommt nicht in Frage.

T. Der ist ja ganz schön stur?

P. Ja, er wollte um keinen Preis, daß ich ihn noch mal wiedersehe. Ich habe gemeint, was denn daran schlecht wäre, wenn ich ihn bloß mal kurz sehe. Aber mein Mann meint: Du mußt ihn ja nicht unbedingt sehen, wozu denn? Vielleicht hat er das Gefühl, er könnte mich verlieren, ich weiß nicht, was er für ein Gefühl dabei hat, vielleicht daß er mich verlieren könnte, wenn ich den Mann noch mal wiedersehe, und das will er natürlich auf gar keinen Fall riskieren. Aber ich glaube, davor braucht er gar keine Angst zu haben, weil ...

T. Es klingt ja so, als hätten Sie mit ihm noch irgendeine alte Sache zu bereinigen, oder?

P. Ja, so ungefähr, ich weiß auch nicht, was. Ich sagte ja schon, ich würde ihn halt gern mal kurz wiedersehen. Und an dem Tag, als er hier war, das war an einem Sonntag, da ging mein Vater dann los, und ich hatte schon das Kleid herausgesucht, das ich dazu anziehen wollte.

T. Sie wollten ihm also wirklich mal zeigen ...

P. Genau das wollte ich, ja. Ich sagte ja schon, er hätte mich bloß noch einmal sehen sollen, und dann hätte ich mich herumgedreht und Schluß ...

T. ... und gesagt, jetzt kannst du abhauen.

P. Aber mein Mann sagt nur: kommt nicht in Frage, da gehst du nicht hin.

T. Jetzt sehen Sie also, worauf das hinausläuft: Sie wollen mit ihm quitt werden.

P. Als ich noch mit ihm zusammen war, da sah ich richtig ärmlich aus ... Wissen Sie, der ist eben so ein Typ von Mann, der hat nie was davon gehalten, einem Geld für Kleider und so weiter zu geben – während mein jetziger Mann gar nichts dagegen hat, im Gegenteil, der würde heute am Tag losgehen und mir ein flottes Kleid kaufen, so ein tief ausgeschnittenes, weil er so was gern mag. Er hat es eben gern, wenn ich mich etwas schick mache.

Die Patientin spricht von einer narzißtischen Kränkung, wobei es um Wertgefühle in bezug auf ihren Körper geht. In ihrem

Bemühen, die Kränkung endlich zu überwinden, kommt sie in der Phantasie immer wieder auf die traumatische Situation zurück.

T. Hmm. Könnten Sie sich sonst noch einen Grund vorstellen, warum Sie solche Angst davor haben, Ihre Wut offen zu zeigen oder auch überhaupt nur zu empfinden?

P. Nein, ich wüßte nicht ... Gerade eben habe ich das Gefühl, daß mein Kopf so schwer geworden ist, als wäre viel zu viel darin.

T. Woran denken Sie?

P. An gar nichts Spezielles, es sind halt so viele wirre Gedanken, wissen Sie ...

T. Ja. Versuchen Sie doch mal, darüber zu sprechen.

P. Manchmal denke ich, ich möchte ihn so gern – ich weiß ja, daß ich brieflich keinen Kontakt mit ihm kriege, aber zum Beispiel als er in Kalifornien war, das war ja wirklich nicht allzu weit entfernt, da hätte ich selbst das Auto nehmen können – ich kann nämlich fahren – das Auto nehmen und zu ihm hinfahren und ihn wiedersehen. Aber mittlerweile ist er ja in Spanien – ach, ich will es vergessen, es hat ja doch keinen Zweck, das ist ja viel zu weit.

T. Sie wollen so gern diese alte Last mal loswerden, und deshalb wollen Sie ihn wiedersehen ...

P. Ich möchte ihn halt bloß mal wiedersehen und mit ihm sprechen.

T. Versuchen Sie doch mal zu formulieren, was Sie mit ihm besprechen wollen.

P. Wahrscheinlich würde ich mit ihm über seine Frau sprechen, oder ich würde versuchen, das mit meiner Tochter mit ihm zu regeln, wissen Sie? Oder – ja, worüber würde ich eigentlich sprechen wollen? Ach wissen Sie, so oft – zum Beispiel in dem Brief, wo ich ihn um die Adresse meiner Tochter gebeten habe, weil ich ihr schreiben wollte – wie soll ich sagen, was ich da geschrieben habe, das hörte sich ein bißchen so an, eh, ich weiß nicht – zum Beispiel daß ich geschrieben habe, sie könnte dem Himmel dafür dankbar sein, daß ich damals in die Scheidung eingewilligt habe – das hört sich so an, als würde ich das bereuen, so als wäre ich meine jetzige Ehe leid und als wollte ich eigentlich wieder mit ihm zusammensein, verstehen Sie? Natürlich will ich auf keinen Fall, daß er das von mir denkt, und deshalb habe ich noch daruntergeschrieben: mein Mann ist sehr gut zu mir und so weiter, damit er ganz klar weiß, daß ich mit meinem jetzigen Mann glücklich bin, verstehen Sie, das habe ich also geschrieben. (. . .) Manchmal denke ich, daß ich so durcheinander bin, muß darin liegen, daß er mein erster Mann gewesen ist. Mir wird der Kopf ganz schwer, wenn ich an diesen ganzen Mist denke.

T. Sehen Sie, Ihr Kopf wird so schwer, wenn Sie etwas empfinden, aber Angst davor haben, es herauszubringen. Stattdessen behalten Sie Ihre Gefühle für sich, halten alles zurück, bis schließlich eine solche Spannung in Ihnen ist, als würden Sie gleich explodieren.

P. So habe ich es eigentlich nie erlebt. Mir wird nur der Kopf so schwer . . . Ich sage oft zu meiner Mutter – mit ihr spreche ich ja viel über diese Sache mit meinem ersten Mann – ich sage oft, eh, ich meine, *die* Frau hat jetzt was vom Leben, die kann herumreisen und alles. Und da sage ich manchmal zu meinem Mann, (korrigiert sich:) zu meiner Mutter: wenn *ich* mit ihm zusammenleben würde, dann könnte ich jetzt auch reisen und etwas von der Welt sehen.

T. Sie haben das Gefühl, Sie sind um das beste betrogen worden, nicht?

P. Ja, denn schauen Sie mal: als ich noch mit ihm verheiratet war, da haben wir gerade mal so ein durchschnittliches Leben gelebt, wir hatten eine eigene Wohnung, aber das war's auch schon. Sie dagegen . . .

T. Reisen, nach Spanien fahren und so was gab's damals nicht.

P. Nein. *Sie* dagegen ist in Kanada gewesen, in Spanien gewesen, überall ist sie gewesen.

T. Was würden Sie am liebsten mit ihr machen?

P. Jetzt gerade? (Lacht)

T. Ja, gerade in diesem Moment.

P. Na, ich würde sie, glaube ich, nicht gerade umbringen wollen, aber vielleicht mal ganz schön verprügeln ...

T. Ganz schön verprügeln – das kann ich mir gut vorstellen.

P. ... falls sie mir jemals unter die Augen kommen sollte ...

T. ... und ihr die Augen auskratzen, was?

Der Widerstand der Patientin nimmt wieder zu. Sie klagt über ein Schweregefühl im Kopf. Wieder kommt sie auf ihren ersten Mann zu sprechen: er soll etwas wieder gutmachen. Der Therapeut deutet wiederum ihre aggressiven Gefühle, aber diesmal ist es nicht nötig, daß er sie stellvertretend für die Patientin verbalisiert, weil sie inzwischen selbst dazu fähig ist.

P. Aber, eh, ...

T. Ich sehe Sie also nächsten Mittwoch wieder ...

P. ... wie denken *Sie* eigentlich über mich, ich meine, was ist Ihre persönliche Meinung?

T. Inwiefern?

P. Nun, in bezug auf mich – was halten Sie von mir als Mensch? Ich meine ...

T. Also ich glaube, Ihr einziges Problem ist im Grunde genommen, daß Sie zu viel Angst haben, Ihren Zorn und Ärger zu äußern, besonders wenn jemand Sie schlecht behandelt hat. Darin liegt meiner Meinung nach die Wurzel aller Ihrer Probleme.

P. Sie meinen, deshalb bin ich so depressiv geworden.

T. Ja, genau, Sie wenden alles gegen sich selbst. Wenn Sie sich ärgern, dann müssen Sie mit solchen Gefühlen ja irgendwas anfangen ... irgendwie ... und dann werden Sie depressiv.

P. Kann ich Ihnen eines noch erzählen – ich weiß, daß die Zeit um ist ...

T. Aber sicher, sagen Sie nur ...

P. Mein ältester Junge, das sagte ich ja schon, ist nicht wirklich mein Sohn, sondern aus der ersten Ehe meines Mannes, und, eh, manchmal kritisiere ich ständig an ihm herum, obwohl ich ja weiß, daß das nicht gut ist. Oft sage ich zu meinem Mann: ich verstehe überhaupt nicht, warum ich dauernd was an ihm auszusetzen habe, als könnte er es mir überhaupt nicht recht machen. Aber manchmal, wenn ich wieder mal so deprimiert war und dauernd weinen mußte, da bin ich zu ihm hingegangen und habe ihn in die Arme genommen und ihm einen Kuß gegeben, was ich sonst eigentlich nie tue, denn sonst ist es immer wie eine Mauer zwischen uns, ich weiß auch nicht warum. Zum Beispiel wenn ich mit ihm spazieren gehe, dann sagen die Leute: was für ein hübscher Junge der Bobby geworden ist – er ist tatsächlich ein hübsches Kind mit seinen schönen Augen, wissen Sie. Ich sage ja selber: sehen Sie doch bloß mal, was er für Augen hat – und trotzdem kann ich diesem Kind gegenüber meine Liebe irgendwie nicht so zeigen, ich weiß nicht warum.

T. Fällt es Ihnen denn den anderen Kindern gegenüber leichter?

P. Den anderen beiden gegenüber ja, aber ihm gegenüber fällt es mir schwer.

T. Aha.

P. Vielleicht auch deshalb, weil ich eben meine Tochter nicht bei mir habe. Das könnte der Grund sein, glaube ich.

T. So als ob Sie es ihm übelnähmen, daß er nur Ihr Stiefkind ist, wo Sie doch lieber Ihr eigenes Kind bemuttern möchten.

P. Daß ich mein eigenes Kind bemuttern möchte – daran könnte es liegen. Denn manchmal habe ich ja auch das Gefühl, daß ich am liebsten mal zu ihm hingehen und ihn an mich drücken möchte, aber er ist eben nicht so ein Typ...

T. Stößt er Sie von sich weg?

P. Das nicht gerade, aber er ist so zurückhaltend, wissen Sie, ganz wie sein Vater – ich meine, auch der ist zu ihm nicht so zärtlich wie zu den anderen. Er ist eben anders. Dagegen wenn zum Beispiel meine Mutter zu Besuch kommt, dann kriegt sie natürlich einen Kuß, oder wenn ich meinen Vater treffe, dann umarmen wir uns auch und küssen uns, und meine beiden Kleinen tun es genau so, aber mit dem Großen ist es irgendwie anders, da muß ich mich regelrecht zwingen, er ist eben nicht so ein zärtlicher Typ. Aber manchmal habe ich auch wirklich ständig was an ihm auszusetzen. Ich sage schon zu meinem – sogar mein Mann sagt dann zu mir: weshalb schimpfst du denn dauernd mit ihm? Dann kann ich nur sagen: das stimmt wirklich, aber im Grunde will ich es gar nicht.

T. Ich glaube, es ist dasselbe wie mit Ihrem eigenen Sohn, dem Mittleren, nämlich daß Sie sozusagen an dem Kind Gefühle auslassen, die eigentlich gegen jemand anders gerichtet sind.

P. Ich weiß nicht, was der Grund ist, auf jeden Fall schimpfe ich furchtbar oft mit ihm. Mit den beiden Kleinen übrigens auch.

T. So, mit denen auch.

P. Aber die sind eben noch sehr klein und machen viele Dummheiten, aber er dagegen, ich weiß nicht, das ist... Da stellt er zum Beispiel seine Schuhe nicht dorthin, wo sie hingehören, und schon bin ich wieder am Schimpfen und springe ihm fast an die Kehle, verstehen Sie? Oder er ist bei einem Zahnarzt in Behandlung und muß solche Klammern an den Zähnen tragen, und die trägt er natürlich nicht, darum bin ich dauernd hinter ihm her: warum tust du nicht endlich das Ding in den Mund? Verstehen Sie, was ich meine: ich hacke ständig auf ihm herum, ganz gleich, was er macht.

T. Erinnern Sie sich, was ich Ihnen gesagt habe: es fällt einem immer leichter, Kindern gegenüber solche Gefühle herauszulassen, als Gleichaltrigen oder Älteren gegenüber.

P. Das stimmt. Und trotzdem, obwohl ich es ihm so schwer mache, kommt er doch immer noch eher zu mir als zu seinem Vater.

T. Also hängt er doch an Ihnen. Sie müssen ihm irgendwie doch gezeigt haben, daß Sie ihn auch lieb haben.

P. Ja, er kommt tatsächlich zu mir. Mit seinen Schularbeiten und so weiter wendet er sich immer an mich und nicht an meinen Mann. Wenn er irgendwelche Probleme hat, kommt er gleich zu mir gelaufen.

Die Patientin verlangt nach Unterstützung und Bestätigung, die sie vom Therapeuten auch bekommt, aber nicht direkt, sondern mittelbar über Deutungen des Zusammenhangs zwischen Aggression und Depression. Sie bringt eine weitere Verschiebung ins Spiel, nämlich die übertragene Aggressivität gegen ihren Stiefsohn. Daneben aber sind auch Äußerungen ihres Selbstwertgefühls zu bemerken.

Dritte Sitzung

P. Ja wissen Sie, übers Wochenende bin ich wieder ein bißchen nervös geworden, aber ich glaube, das war, weil wir zur Zeit beim Anstreichen sind und bis zum Urlaub noch fertig werden wollen.

T. Wenn Sie sagen »nervös«, was meinen Sie eigentlich damit? Meinen Sie so etwas wie Angst?

P. Mir ist zum Beispiel heute so was Komisches passiert. Ich weiß gar nicht, ob es was zu bedeuten hat, oder überhaupt, erst wollte ich es gar nicht erzählen, aber dann dachte ich mir: warum soll ich es nicht sagen? Wissen Sie, wir haben zwei Regale im Badezimmer, die wollte ich neu mit Papier auslegen, und um das Papier zurechtzuschneiden, habe ich eine Rasierklinge genommen – und da kamen mir plötzlich so ähnliche Gedanken wie damals mit dem Messer. Wissen Sie, als ich im Krankenhaus war, da war ein Mädchen . . .

T. . . . das hatte sich die Pulsadern aufgeschnitten?

P. Ja, die Pulsadern aufgeschnitten, und wie ich die Rasierklinge sah, da fiel mir das wieder ein. Nicht daß ich das tun wollte, ich mußte bloß . . .

T. . . . wieder daran denken.

P. . . . bloß daran denken. Dann habe ich die Rasierklinge weggelegt, habe den Pinsel genommen und mich daran gemacht, die Wände zu streichen – das hatte ich sowieso nach den Regalen machen wollen. Es war halt bloß so ein flüchtiger Gedanke gewesen.

T. Waren Sie sehr entsetzt?

P. Nein.

T. Sie haben sich gar nicht darüber erschrocken?

P. Nein, nicht wirklich erschrocken, sondern . . .

T. Sehen Sie, man kann über vieles nachdenken, ohne daß es einen gleich erschrecken muß.

P. Ja, es war auch nur so ein flüchtiger Gedanke.

T. Das ist wichtig festzuhalten.

P. Aber wieso denke ich überhaupt an so etwas?

T. Nun, weil Sie es selber erlebt haben. Sie waren doch im Krankenhaus und haben da das Mädchen gesehen, das sich die Pulsadern aufgeschnitten hatte.

P. Und deshalb dachte ich jetzt wieder daran?

T. Ja, deshalb fiel Ihnen das jetzt wieder ein. Wissen Sie, das sollten wir festhalten: daß man an alles Mögliche denken kann, heißt noch lange nicht, daß man es auch gleich tun wird. Man braucht doch nicht immer zu meinen, wenn man an etwas denkt, so wäre man auch schon drauf und dran, es in die Tat umzusetzen.

P. In die Tat umzusetzen?

T. Gewiß. Schauen Sie, ich kann zum Beispiel von jemandem denken: was ist das für ein Schweinehund – aber deshalb brauche ich ihm das doch nicht gleich zu sagen.

P. Klar.

T. Na also.

Die Patientin fühlt sich jetzt offenbar besser imstande, ihre Impulse unter Kontrolle zu halten; sie kann eine Rasierklinge ansehen und damit arbeiten, ohne damit gleich autoaggressive Absichten zu verbinden. Der Therapeut nutzt die Situation, um wiederum ein Stück ihrer Aggressivität in stark verdünnter Form zu verbalisieren, wobei er vor allem die Absicht verfolgt,

*die Toleranz der Patientin gegenüber ihren eigenen feindseli-
gen Gefühlen zu stärken und ihr die Gewißheit zu vermitteln,
daß solche Gefühle und Vorstellungen nicht im manifesten Verhalten ausagiert zu werden brauchen.*

P. Ich habe so einen Minderwertigkeitskomplex, wissen Sie, ich
meine, alle denken über mich, eh, zum Beispiel wie ich angezogen bin – manchmal meine ich, die Leute dächten, ich wäre
nicht richtig gekleidet oder so.

T. Können Sie sich vorstellen, wo das herkommt?

P. Keine Ahnung, ich weiß wirklich nicht . . .

T. Ich glaube, in Ihrer ersten Ehe ist unter anderem eines passiert, nämlich daß Sie tief in Ihrem Stolz gekränkt worden
sind. Das muß man sich doch mal vorstellen: Sie waren eine
junge Frau, mit diesem Mann verheiratet, und da läuft er
weg und geht mit anderen Frauen aus. Was muß das für Sie
bedeutet haben? Daß er Sie gar nicht mehr attraktiv findet.

P. Ehrlich gesagt, wenn ich jetzt daran zurückdenke, da muß
ich sagen, daß ich ihm das auch gar nicht übelnehmen kann.
Denn ich weiß noch gut, wie wenig ich damals aus mir gemacht habe. Aber andererseits, natürlich, wenn ich an diese
Frau denke, mit der er damals gegangen ist, nun ja, die war
berufstätig und hatte genügend Geld für schicke Kleider und
konnte in Kosmetiksalons gehen und so weiter, was ich alles
nicht getan habe.

T. Weil Sie kein Geld dafür hatten.

P. Ich hatte kein Geld, hatte keine Kleider und hatte vieles
nicht, verstehen Sie, ich meine, wenn man nichts Richtiges
anzuziehen hat . . .

T. Eben.

P. Ich meine, wie kann man dann noch adrett aussehen, das
ist einfach nicht möglich. Und vor allem fehlte mir ja auch
das Geld dazu. Und, eh . . .

T. Meinen Sie nicht, daß Sie das in Ihrem persönlichen Stolz
gekränkt hat, daß Sie das in Ihrer Selbstachtung verletzt
hat?

P. Das glaube ich sicher, denn wenn ich mir vorstelle, wie ich damals ausgesehen habe – ich glaube, ich war für ihn nicht sehr attraktiv.

T. Und jetzt, wo nun alles so anders geworden ist, verstehen Sie sicher besser, wieso Sie so oft daran denken, daß Sie ihn wiedersehen wollen?

P. Was meinen Sie? Ich verstehe Sie nicht.

T. Also . . .

P. Ach so, Sie meinen sozusagen: damals sah ich nicht so gut aus, und deshalb will ich's ihm jetzt mal zeigen?

T. Können Sie sich denn sonst noch irgendeinen Grund vorstellen, warum Sie sich selbst nicht so hoch schätzen, warum Sie sich nicht so respektieren können? (. . .) Sehen Sie, hier haben Sie doch einen Grund dafür, nämlich daß Sie damals so in Ihrem Stolz verletzt worden sind. Aber Sie sagten ja auch schon, daß Sie Ihr eigenes Urteil oft nicht sehr hoch einschätzen, daß Sie zum Beispiel Angst haben, sich ein Kleid zu kaufen, wenn nicht eine Freundin von Ihnen dabei ist.

P. Angst nicht gerade, aber das stimmt, daß ich immer gern die Meinung von jemand anderem dazu hören will, weil ich mir meiner eigenen Meinung so unsicher bin.

T. Das habe ich ja gemeint, es kommt doch auf dasselbe hinaus.

P. Es kommt halt darauf hinaus, daß ich zu ängstlich und unsicher bin, und das denke ich ja auch oft. Zum Beispiel die Sache mit unserer Küche – wir haben gerade die Küche neu gestrichen, und über dem Ausguß habe ich einen Spiegel hängen. Und da kommt meine Freundin – die mit dem Auto – mit ihren Kindern vorbei und meint: hängen wir doch besser dieses Bild hier über den Ausguß. Aber da habe ich nein gesagt, weil ich den Spiegel lieber mag. Da sagt sie: aber ich finde, das Bild würde doch viel schöner aussehen, und da habe ich ihr gesagt: also tut mir leid, mein Mann und ich, wir finden eben den Spiegel schöner. (Lacht) Das war tatsächlich das erstemal, daß ich mich so durchgesetzt habe.

T. Das haben Sie wirklich gesagt?

P. Ja, und ich habe gesagt: das finde ich nett von dir, daß du mir dieses Bild schenken willst, aber ich, wir mögen eben den Spiegel lieber. Da hat sie gemeint, Spiegel wären doch so altmodisch. Aber ich habe gesagt: tut mir leid, aber wir finden den Spiegel schön. Für uns ist es sozusagen wie ein Fenster über dem Ausguß, verstehen Sie, und deshalb finden wir eben den Spiegel schön an der Stelle.

T. Da sind Sie also mal für Ihre eigene Meinung eingetreten.

P. Ich habe zu ihr gesagt: tut mir leid, das Bild finde ich zwar auch schön. Wissen Sie, es war weiß und blau, in den gleichen Farben wie die Küche, und deshalb dachte sie, das würde gut reinpassen. Aber ich sagte: nein, das finde ich überhaupt nicht. (...) Wenn ich mal einen Badeanzug anhabe, dann meine ich immer, ich wäre so dick und häßlich und was nicht sonst noch, verstehen Sie, und dann sagen meine Nichten immer, sie verstünden überhaupt nicht, warum ich immer so was behaupten würde, und ich sage dann: weil es stimmt. Aber gleichzeitig denke ich mir auch, daß ich vielleicht nur deshalb so rede, damit mir jemand widerspricht. Denn, verstehen Sie, wieso sollte ich denn sonst immer so was sagen? Wenn ich in den Spiegel gucke, finde ich mich eigentlich ganz gut so, aber sobald ich mal zum Baden an den Strand rauskomme, behaupte ich glatt das Gegenteil – wahrscheinlich bloß, weil ich von den anderen Komplimente kriegen will.

T. Dann neigen Sie vielleicht auch ein bißchen zum Konkurrieren?

P. Wie meinen Sie das?

T. Mit anderen Frauen?

P. Was meinen Sie mit Konkurrieren?

T. Also daß Sie sich immer mit anderen vergleichen und...

P. ... daß ich mich immer den anderen unterlegen fühle? Ja, das denke ich oft. Mein Mann zum Beispiel, der hält was von vollbusigen Frauen, wissen Sie, und da habe ich ihm schon oft gesagt: ich wollte, ich hätte auch etwas mehr Busen – denn ich sehe ja doch, wie er manchen anderen Frauen nachschaut, und ich könnte wetten, daß er sich wünscht, ich sollte genau so aussehen. Aber wenn ich so was auch nur andeute, dann sagt er gleich: habe ich das jemals gesagt? Ich gucke doch bloß, sagt er, und du bist schon gut so, wie du bist.

T. Ihr Mann macht Ihnen gern Komplimente.

P. Oh ja, wenn ich mich zum Beispiel mal schick anziehe, wenn wir ausgehen wollen, dann sagt er immer, wie gut ich aussehe. (...) Nein, was ihn betrifft, da kann ich mich wirklich nicht beklagen. Er tut so viel für mich, so viele kleine Dinge, zum Beispiel um meine Küche noch zu verschönern, daß ich es gar nicht im Einzelnen aufzählen kann. Ich weiß auch gar nicht, wie ich ihm das in Worten ausdrücken soll, ich sage bloß: Mensch, du bist einfach toll, oder so was, aber – so richtig danken kann ich ihm das eigentlich gar nicht.

T. Sie empfinden eine solche Dankbarkeit ihm gegenüber, daß Sie es gar nicht in Worte fassen können, hmm?

P. Ach, was hat er nicht alles für meine Küche gemacht. Ihm geht es nur darum, wie er mich glücklich machen kann, während ich mir immer wieder vorhalte, was er mit mir doch für eine Last hat. Statt so viel für mich zu tun, hätte er mich besser mal verprügeln sollen.

T. So.

P. Obwohl ich auch glaube, daß er jetzt zufriedener ist, wo er doch sieht, daß es mir wieder besser geht, da fühlt er sich auch wohler.

T. Sie meinen aber, er sollte Sie mal verprügeln?

Die Patientin ist dabei, einen bestimmten Aspekt ihrer Aggressionsproblematik durchzuarbeiten. Wie man sieht, ist sie durchaus imstande, sich durchzusetzen, sie kann auch ihren Stolz dareinsetzen, ihre eigenen Wertbegriffe gegenüber anderen zu behaupten; ihr Selbstwertgefühl ist also nicht in sämtlichen Bereichen vermindert. Erst als sie darauf zu sprechen kommt, wie sie ihren eigenen Körper empfindet, da tritt offenbar wie-

der eine Herabminderung ihres Selbstwertgefühls ein, und es kommen Gedanken wie: ihr Ehemann sei viel zu gut zu ihr, eigentlich sollte er sie schlagen.

P. Das denke ich wirklich. Ich sage ihm oft, er sollte mich doch mal richtig verprügeln, aber dann sagt er, er wüßte gar nicht weswegen. Aber jetzt kann er ja sehen, daß es mir wieder besser geht und daß ich wieder anstreichen und alles machen kann. Und wenn ich von Ihnen zurückkomme, dann fragt er mich abends immer: was hat denn dein Doktor gesagt? Und dann weiß ich immer nicht, was ich sagen soll, weil ich ihn ja nicht mit diesen ganzen Problemen aus meiner ersten Ehe belasten will, verstehen Sie?

T. Ja, ich bin froh, daß Sie von sich aus darauf kommen, denn ich fände es auch gut, diese Dinge nicht zu sehr wieder aufzurühren. Ich meine, Sie brauchen ja nicht alles mit ihm zu besprechen, sondern Sie sollten lieber versuchen, besser zu verstehen, warum Sie eigentlich so oft daran denken, Ihren ersten Mann mal wiederzusehen – aber verstehen muß ja nicht heißen, daß sie mit ihm darüber sprechen sollen, denn schließlich sind Sie ja mit ihm verheiratet ...

P. Sehen Sie, ich bin ja noch eifersüchtig auf seine erste Frau, obwohl das doch längst vorbei ist. Ich habe das auch meinem Mann schon oft gesagt, daß ich eifersüchtig auf sie bin. Ja ja, sagt er dann, aber das ist doch längst vorbei, um mich brauchst du dir keine Sorgen zu machen, daß ich sie jemals wiedersehen will, aber *dein* erster Mann steht immer noch zwischen uns. Und was ich wohl meinte, wie *er* das empfindet – er glaubt nämlich, wenn ich meinen ersten Mann wiedersehen würde, dann würde ich meine Familie verlassen und zu ihm zurückgehen. So denkt er, und das hat er mir auch oft gesagt. Ich sage dann: nein, wieso denn, wie könnte ich das jemals tun? Aber er meint, man kann nie wissen, wie stark solche Gefühle sind.

T. Sie wollen wohl Ihren Mann provozieren?

P. Nein, wieso, ich wüßte nicht, nein, das glaube ich nicht.

Warum sollte ich ihn denn provozieren wollen, wo er doch so gut zu mir ist.

T. Nun, Sie sagen ihm doch dauernd, er sollte Sie mal verprügeln.

P. Vielleicht will ich – ach so, das meinen Sie ... Ja wissen Sie, das meine ich nur, weil ich ihm mit meinen Depressionen so zur Last falle. Irgendwann muß doch seine Geduld mal am Ende sein.

T. Aber sehen Sie doch: wenn Sie ihm ständig von Ihrem ersten Mann erzählen und ihn damit eifersüchtig machen ...

P. Ich glaube, wenn seine erste Frau noch lebte, dann wäre es mir auch nicht recht, wenn er sie besuchen wollte ...

T. Das wäre Ihnen bestimmt nicht recht.

P. (Lacht) Nein, das würde ich auch nicht wollen. Und was dem einen recht ist, das ist dem andern billig ...

Der Therapeut gibt hier einmal einen direkten Ratschlag, indem er der Patientin nahelegt, mit ihrem jetzigen Ehemann besser nicht zu besprechen, daß sie ihren früheren Ehemann gern wiedersehen möchte. Im Anschluß daran wird ihr provokatives Verhalten dem Ehemann gegenüber durchgearbeitet, und die Patientin gibt zu, daß sie selbst nicht gern so behandelt werden möchte, wie sie ihn behandelt.

P. Was ich überhaupt nicht verstehen kann, das ist das Plötzliche daran – das ganze Jahr lang geht es mir gut, und dann kommt plötzlich wieder so eine Depression, immer um die gleiche Zeit. Ich weiß auch nicht, was das ist, aber es scheint jedesmal um die gleiche Zeit herum aufzutreten. So ist es nun mal, dann werde ich so nervös und depressiv, und mein Mann sagt dann immer gleich: geh doch zum Bingospielen, oder geh mit deinen Freundinnen ins Kino, oder tu dies, tu das. Er denkt halt, wenn ich was unternehme, käme ich leichter davon los und dann wäre alles wieder in Ordnung.

T. Inzwischen verstehen Sie ja besser damit umzugehen, nicht wahr?

P. Was meinen Sie jetzt?

T. Wenn Sie so nervös und depressiv werden, meine ich. Ich glaube, Sie haben doch inzwischen ein bißchen besser verstanden, was die Ursachen für diese Depressionen sind.

P. Glauben Sie immer noch, daß es ...

T. Daß es mit Ihrer Wut zusammenhängt, ja. Mit Ihrer Wut und außerdem auch damit, daß Sie von Ihrem ersten Mann und von dieser Frau so tief in Ihrem Stolz gekränkt worden sind.

P. Als ich meinen Mann, meinen jetzigen Mann, kennengelernt hatte, da hat er mich oft gefragt, ob ich ihn nicht heiraten wollte, aber ich brachte es einfach nicht fertig, ihm zu trauen, nach allem, was ich vorher durchgemacht hatte. Und deshalb habe ich ihm immer wieder gesagt: weißt du, es tut mir leid, ich habe dich gern, aber lieben kann ich dich nicht, ich kann keinem Mann mehr vertrauen. Und er hat mich die ganze Zeit immer wieder gefragt, aber ich habe immer nur dasselbe geantwortet. Bis er es schließlich leid war und gesagt hat: jetzt hör mal zu ...

T. ... warum hörst du nicht endlich auf damit, hmm?

P. Ich stelle dir dauernd diese Frage, hat er gesagt, und du sagst immer bloß nein und daß du Angst vor Männern hättest; jetzt will ich dir mal was sagen – entweder entschließt du dich oder du läßt es bleiben. Und wenn du willst, hat er gesagt, dann kann ich ja mal eine Weile wegbleiben. Tatsächlich ist er dann eine Woche lang gar nicht mehr gekommen. Und das hat es ausgemacht, ich habe ihn schließlich angerufen.

T. Sehen Sie, Ihre Reaktion auf die erste Ehe kam tatsächlich mit einer gewissen Verspätung. Solange Sie noch drinsteckten und Ihr Mann dauernd mit einer anderen Frau ...

P. Ich war, glaube ich, damals noch zu jung, als daß ich gemerkt hätte, was los war. Ehrlich, ich war wie bekloppt.

T. Ich glaube aber doch, daß Sie gemerkt haben, was los war. Nur daß Sie halt Angst haben, mal wütend zu werden, verstehen Sie, weil Sie gleich an Ihre Eltern und deren Auseinandersetzungen denken müssen, unter denen doch Ihre ganze

Familie so gelitten hat. Aber während Ihrer ganzen ersten Ehe haben Sie nie wahrhaben wollen, daß Sie bitter enttäuscht und wütend waren.

P. Könnte es so sein, daß ich den Gedanken einfach nicht ertragen konnte, daß ich meine Ehe kaputtmachen würde, genau wie meine Eltern?

T. Bestimmt. Natürlich war es so. Niemand sieht gern zu, wie eine Ehe kaputtgeht.

P. Ich glaube, das war's gewesen, weil das nämlich wirklich ein Schock für mich gewesen ist. Aber wissen Sie, genau genommen habe ich es zwar nicht offen gezeigt, aber ich meine ...

T. Sie haben es weder offen ausgesprochen, noch haben Sie es auch nur vor sich selbst wahrhaben wollen, war's nicht so?

P. Nun ja, ehrlich gesagt, als ich geheiratet habe, da hätte ich doch nie gedacht, daß es mit einer Scheidung enden würde.

T. Tja.

P. Nie im Leben.

T. Und auch das hat sie tief in Ihrem Stolz getroffen, nicht?

P. Ja, das glaube ich auch.

T. Haben Sie nach der Scheidung irgendwie das Gefühl gehabt, die Leute könnten denken, Sie wären schuld daran, Ihretwegen wäre es zur Scheidung gekommen oder so?

P. Ich habe immer gemeint, daß die Leute so denken würden, vor allem als ich dann zu meinen Eltern kam und mir klar wurde, daß wir ja beide einer Scheidung zugestimmt hatten. Ich hätte auch niemals zustimmen dürfen, daß ich auf meine Tochter verzichtete. Denn wissen Sie, wir haben ja in der ersten Zeit unserer Ehe sogar der Familie meines Mannes, meines jetzigen Mannes, nie erzählt, daß ich schon eine Tochter habe. Erst vorigen Sommer habe ich dann die eine Schwester und eine Schwägerin meines Mannes angerufen und es ihnen erzählt, um sozusagen die Neuigkeit schon mal anzukündigen; ich wollte es aber noch nicht allen sagen – mein Mann hat nämlich eine sehr große Familie. Ich wollte ja meine Tochter den Sommer über zu uns in den Bungalow mitnehmen, und deshalb wollte ich, daß alle schon mal darauf vorbereitet wären. Aber wie habe ich damals geweint, ich war überzeugt, die würden nie mehr mit mir sprechen.

T. Wer, die Familie Ihres Mannes?

P. Ja. Die haben mich oft gefragt, warum wir das überhaupt so machen wollten. Aber das habe ich ihnen erklärt: weil meine Tochter eben nicht bei mir lebt, und ich habe ihnen auch erklärt, warum sie bei meinem ersten Mann ist. Ich wollte natürlich nicht, daß sie von mir denken, ich hätte meine Tochter im Stich gelassen.

T. Sie haben geglaubt, man könnte Sie für eine schlechte Mutter halten?

P. Ja, man könnte mir das übelnehmen, verstehen Sie, das habe ich geglaubt.

T. Als hätten Sie auf Ihr eigenes Kind verzichtet?

P. Nicht nur, daß ich auf meine Tochter verzichtet hätte, sondern auch daß man glauben könne, *ich* wäre fremdgegangen und deshalb hätte mein Mann sie mir weggenommen. So sieht's aus, verstehen Sie. Aber ich hatte ja damals auch noch diesen Brief in der Schublade, und ich habe zu meinem Mann gesagt, wenn sie wollen, kann ich ihnen den Brief zeigen, der ist der Beweis dafür, daß nicht ich fremdgegangen bin, sondern er. Aber mein Mann hat gemeint: du brauchst ihnen überhaupt nichts zu beweisen, du erzählst ihnen einfach bloß, wie die Situation ist.

T. Nach diesem Gespräch waren Sie sicher sehr erleichtert.

P. Und wie erleichtert ich war!

T. Da ist Ihnen ein Stein vom Herzen gefallen.

Das Thema Eifersucht – oder allgemeiner: Fehlverhalten – erinnert die Patientin wieder an ihre Neigung zu Depressionen. Der Therapeut fokussiert das Gespräch wieder auf die Aggressionsproblematik. Die Patientin teilt daraufhin einige Gründe mit, um derentwillen sie Schuldgefühle empfindet: Sie hat das Gefühl, sie habe ihr Kind im Stich gelassen; die Leute könnten denken, sie sei für die Scheidung verantwortlich.

P. Ich weiß auch gar nicht, wieso ich mich damals dazu entscheiden konnte, meine Tochter zu seinen Eltern zu geben;
ich weiß wirklich nicht, wie ich dazu kam. Aber so haben
wir es eben gemacht.

T. Um darauf zurückzukommen: was meinen Sie, was dabei
ausschlaggebend war?

P. Also ich glaube, der erste Grund war der, wie ich schon
sagte, daß meine Mutter damals berufstätig war und ich
dachte, wenn ich hierherkomme, dann muß ich auch arbeiten,
denn wie hätte ich sonst das Kind ernähren können? Natürlich mußte er mir Unterhalt zahlen, aber ob das so viel
wäre? Außerdem war da ja noch mein Vater, aber mit dem
habe ich damals kein Wort mehr gesprochen, weil ich mit
dem verkracht war.

T. Sie mit Ihrem Vater?

P. Ja. Und weil wir nicht mehr miteinander gesprochen haben,
kam das auch gar nicht erst in Frage, aber wenn ich damals
mit meinem Vater hätte sprechen können, dann wäre sicher
alles ganz anders gekommen. Das weiß ich jetzt, denn als
ich dann nach Hause kam, habe ich mich schließlich auch
wieder mit ihm vertragen, und da hat er gesagt, wenn ich
ihn damals angerufen hätte, ganz gleich ob wir nun miteinander verkracht waren oder nicht, dann hätte er doch den
ganzen Streit vergessen und wäre sofort gekommen. Aber
ich mit meinem Stolz wollte ihn halt nicht anrufen und
wollte überhaupt nicht mit ihm sprechen. Er hat gesagt, er
wäre sofort gekommen, und dann hätte ich auch meine
Tochter zu mir genommen, dann hätte ich sie gehabt. Ich
wäre mit ihr irgendwohin aufs Land gezogen, da hätten
wir zusammen leben können.

T. Glauben Sie, das hätte Ihnen gefallen?

P. Hmm, ich glaube schon, daß es mir gefallen hätte. Allerdings habe ich die Stadt lieber. Auf dem Land finde ich es
im Sommer schön. Als Kind hat es mir auf dem Land sehr
gefallen. Aber wenn man erwachsen ist, findet man's doch
ein bißchen zu still, nicht?

T. Hätten Sie denn dort überhaupt eine Arbeit finden können? Oder . . .

P. Sicher nicht so leicht wie in der Stadt, denn wenn man da
kein Auto hat, das ist es eben, dann kriegt man auch keine
Stelle.

T. Ja, weil man nicht beweglich genug ist.

P. Weil auch die Verkehrsverbindungen so viel schlechter sind
als in der Stadt – alle ein bis zwei Stunden mal ein Bus oder
ein Zug, darauf ist man dann angewiesen. Man muß halt
ein Auto haben. Und deshalb war ich mir ja auch darüber
klar, daß es auf dem Land für mich praktisch keine Möglichkeit gab, um mich und meine Tochter durchzubringen,
und für meinen Mann stand es genau so fest, daß er sich
nicht um sie kümmern konnte, weil er nach unserer Scheidung noch studieren wollte.

T. Dann hatten Sie also eine Menge guter Gründe für die Entscheidung, die Sie dann getroffen haben.

P. Sein Vater ist Pfarrer, und deshalb dachten wir, das wäre
sicher die beste Umgebung für unser Kind. Das heißt, ich
wollte ja auch nicht, daß sie in unsere zerrüttete Familie
käme, wo doch meine Eltern getrennt lebten.

T. Haben Sie dann gleich nach Ihrer Scheidung zu arbeiten
angefangen?

P. Einen Monat oder ein paar Wochen später, so ungefähr.

T. Und hat die Arbeit Ihnen Spaß gemacht?

P. Ja, ich habe gern gearbeitet. Jetzt konnte ich endlich regelmäßig zum Schönheitssalon gehen, mir die Haare machen
lassen, schöne Kleider kaufen und mich schick anziehen. Ich
war im Grunde sehr erleichtert, das wollte ich erst selber
nicht glauben, aber mir war wirklich ein Stein vom Herzen
gefallen, wahrscheinlich deshalb, weil ich vorher so viel mitgemacht hatte. Ich hatte doch immer wieder versucht, meine
Ehe wieder zu kitten, dreimal. Und am Schluß war ich es
einfach leid, und mir war alles egal, ob er jetzt wieder zu
mir gekommen wäre oder nicht. Und als dann alles vorüber
war, da war ich nur froh. Aber das hat mich doch gefreut,

daß er mich am letzten Tag noch einmal gesehen hat, das hatte ich ja bloß gewollt.

T. Als Sie sich so schick gemacht hatten?

P. Genau das, und ich sagte Ihnen ja schon, damals war ich ganz schlank, ich wog bloß noch ungefähr hundertzehn Pfund.

T. Hatten Sie nicht mehr richtig gegessen?

P. Ja wissen Sie, ich habe zwar normal gegessen, aber – wie soll ich das sagen – ich hatte mich überhaupt nie so sehr um mich selber gekümmert oder überhaupt irgendwelche eigenen Interessen gehabt, mir ging es immer nur um mein Kind, mein Zuhause, meinen Mann, und so habe ich mich selbst ziemlich vernachlässigt. Dabei hat meine Mutter immer gesagt, das dürfte man nie machen, sich selbst vernachlässigen. Darin kann ich sie jetzt auch verstehen, ja jetzt ... aber ansonsten kann ich mich an diese Zeit gar nicht mehr richtig erinnern. Wahrscheinlich deshalb, weil ich, bevor ich zu Ihnen kam, ständig solche Angst hatte, diese Depressionen könnten wieder auftreten. Und auch jetzt will ich am liebsten gar nicht mehr daran denken, wenn mir das alles wieder einfällt, weil ich auf keinen Fall wieder in so einen Zustand geraten will.

T. Die Hauptsache ist doch, daß wir zusammen darüber nachdenken, was Sie so depressiv gemacht hat, und daß wir versuchen, die Ursachen zu verstehen.

P. Und wenn ich das tue, meinen Sie, dann werde ich nie mehr so nervös?

T. Nun, das vielleicht nicht gerade, aber dann können Sie jedenfalls selber damit fertig werden.

P. Jedenfalls schneller.

T. Ja, schneller.

P. (...) Wie konnte ich bloß jemals mich umbringen wollen – oder jedenfalls denken, ich wollte es – wo ich doch so vieles habe, wofür ich weiterleben will.

T. Sie wollten doch in Wirklichkeit jemand anders umbringen, das dürfen Sie nicht vergessen. (...) Versuchen Sie doch mal, sich an alle die Gefühle zu erinnern, die Sie sich damals nicht erlaubt haben, als das alles passierte.

P. Sie meinen, daß ich das alles sozusagen noch mal erleben soll? (...) Ich weiß gar nicht, ob mein Mann mir wirklich damit hilft, wenn er so gut zu mir ist, oder ...

T. Was meinen Sie denn, was er tun sollte – soll er Sie schlagen?

P. Ich weiß nicht. Ich kann nur sagen, der ist einfach toll. Ehrlich gesagt, ich kann's irgendwie gar nicht recht glauben, wo ich doch vorher so ein mieses Leben gehabt habe, weiß Gott, und jetzt ...

T. Ja, aber wieso denken Sie, Sie hätten nicht auch mal was Besseres verdient?

P. Vielleicht ist es das, ja, ich meine halt, ich hätte es nicht verdient.

T. Und wieso nicht?

P. Ich weiß nicht, wieso – nun, ich will's mal so sagen: als ich noch jünger war, da war ich nicht gerade ein Engel. Ich habe ja meinem Mann vieles gar nicht so erzählt, aber ein Engel war ich jedenfalls nicht. Wissen Sie, ich habe mich halt amüsiert, habe viel unternommen und bin viel mit Männern ausgegangen – aber mein Mann hat, glaube ich, auch viele Freundinnen gehabt, bevor er mich kennenlernte.

T. Sie meinen, das macht Ihnen Schuldgefühle?

P. Ja, und ich habe halt auch sexuelle Beziehungen gehabt.

T. Ja.

P. Eben, und das habe ich meinem Mann nie so erzählt, und das würde ich auch nie tun, weil ich damit bestimmt ...

T. Schauen Sie, das war damals, aber es ist doch inzwischen lange her.

P. Aber – das wollte ich Ihnen eigentlich gar nicht erzählen – als ich noch ein junges Mädchen war, zwölf oder dreizehn, ungefähr in dem Alter, da mußte ich immer den Laden putzen – mein Vater hat nämlich ein Kolonialwarengeschäft – und dafür habe ich regelmäßig mein Taschengeld gekriegt. Und einmal war ich wieder gerade beim Putzen, da kam mein Bruder rein, der strich so herum und war scharf auf ein Mädchen. Und da habe ich es getan, mit meinem Bruder. Ich weiß nicht, ob ich deswegen jetzt noch Schuldgefühle habe oder was, aber es war jedenfalls nur das eine Mal, und außerdem war ich ja auch noch so jung, verstehen Sie? Es wurde auch später nie mehr erwähnt, mein Bruder hat nie davon gesprochen oder auch nur irgendwas angedeutet, nie. Aber glauben Sie, daß ich deswegen vielleicht doch noch Schuldgefühle habe?

Die Patientin ist auch weiterhin dabei, die Gefühle und Impulse, aus denen ihre depressiven Verstimmungen hervorgehen, durchzuarbeiten. Sie gesteht dem Therapeuten eine inzestuöse Episode mit ihrem Bruder, ein Ereignis, das sie seit vielen Jahren sehr belastet hat. Daß sie es schon in der dritten Sitzung mitteilen kann, ist sicherlich ein Indiz sowohl für ihren guten Rapport zum Therapeuten als auch für die Effektivität der bisher geleisteten Konfliktbearbeitung.

T. Was meinen Sie denn selbst dazu?
P. Ich glaube, daß es mich doch irgendwie sehr belastet, es war entsetzlich, und ich war doch noch so jung.
T. Sie waren noch ein Kind.
P. Ein Kind war ich, ja, und ich konnte das noch gar nicht richtig begreifen. Ich weiß nicht, es war wohl einfach etwas ganz Neues für mich, etwas Erregendes, und da habe ich mich mitten hineingestürzt, verstehen Sie?

Der Therapeut versucht die Patientin zu unterstützen und zu entlasten, indem er betont, sie sei damals noch ein Kind gewesen.

T. War das denn Ihr erster Geschlechtsverkehr?
P. Nein, es war das zweitemal. Ich war damals mit diesem...
T. Jungen...
P. ...mit diesem Jungen befreundet, den ich von der Grundschule her kannte; eine Freundin von mir war auch dabei.

T. Sehen Sie, es könnte gut sein, daß Sie sich für das, was damals passiert ist, immer wieder bestrafen müssen – daß dieses Erlebnis in Ihnen so ein Gefühl hinterlassen hat, als wären Sie ...

P. Besonders weil es ja mein Bruder war, mit dem ...

T. Ja, sicher.

P. Ja, das war vor allem das Schlimme daran, glaube ich, es war doch mein eigenes Fleisch und Blut.

T. Aber Sie waren ja noch ein Kind, wissen Sie.

P. Nicht wahr, ich war noch ein Kind. Und ich hätte wirklich gedacht, daß mein Bruder ein bißchen vernünftiger gewesen wäre als ich damals, er war ja immerhin schon – warten Sie mal, ich bin jetzt zweiunddreißig und er sechsunddreißig, und damals war ich zwölf und er ungefähr sechzehn – sechzehn, da war er ja auch in einem Alter, wo man allmählich andere Interessen hat. Und daß es überhaupt dazu kam – wenn ich damals eine Mutter gehabt hätte, dann wäre das wahrscheinlich nicht passiert, verstehen Sie? (Pause, das Telephon klingelt.)

T. Sie sagten eben, daß Sie das Gefühl haben, wenn Sie damals eine Mutter gehabt hätten, dann wäre das nicht passiert.

P. Ich glaube nicht – weil ich denke, wenn meine Mutter da gewesen wäre, dann hätte ich ihr vielleicht sagen können, was mein Bruder von mir gewollt hat. Aber ich hatte eben keine Mutter, und zu meinem Vater wäre ich mit so einem Problem bestimmt nicht hingegangen, schon deshalb weil ich zu dem nicht so ein Vertrauen hatte.

T. Sicher, für ein Mädchen ist es nicht leicht, mit dem Vater über sexuelle Dinge zu sprechen.

P. Ja, wissen Sie, mein Vater ist nämlich so ein Mensch, der keine Gefühle zeigen kann. Und ich bin genau so, ich zeige auch nie offen meine Gefühle. Wie oft sage ich zum Beispiel meinem Mann, daß ich ihn liebe, und er sagt immer: aber du zeigst es gar nicht. Aber das tue ich doch, sage ich dann, du weißt gar nicht, wie dankbar ich dir bin. Aber er sagt nur: du zeigst es nicht, warum kannst du es nicht zeigen? Mein

Mann kann seine Liebe viel mehr zeigen als ich. Ich bin ziemlich kühl zu allen, ich weiß auch nicht, warum, aber so bin ich wirklich.

T. Empfinden Sie innerlich anders, als Sie sich nach außen hin verhalten?

P. Ja, innerlich habe ich manchmal so ein Gefühl, wenn ich ihn je verlieren würde, dann verlöre ich auch – dann könnte ich mich auch gleich selber aufgeben. Das habe ich ihm sogar schon oft gesagt: wenn dir mal irgendwas passiert, was weiß ich, irgendein Unfall zum Beispiel, oder Schwierigkeiten mit dem Geschäft, oder daß etwas mit dem Auto passiert oder was, dann wüßte ich, glaube ich, nicht mehr weiter. Aber er meint: wieso, du hast doch die drei Kinder. Sicher, sage ich, aber du bedeutest mir so viel, daß es wirklich ein schwerer Schlag für mich wäre, so jemanden zu verlieren. Mein Mann ist wirklich das beste, was mir je im Leben begegnet ist.

T. Und das sagen Sie ihm? Wieso meinen Sie dann, daß Sie es ihm nicht so zeigen können?

P. Ich zeige es ihm ja auch, aber ich meine eben, nicht so wie er, verstehen Sie?

T. Wie denn?

P. Ja wissen Sie, er sagt mir eigentlich dauernd, daß er mich liebt. Aber wenn ich ihm so was sage, wenn ich ihm sagen will, daß ich ihn liebe, dann bringe ich es irgendwie nicht so richtig heraus.

T. Sie finden nicht die richtigen Worte.

P. Nicht mal das, sondern ich finde es einfach blöd, ihm so was zu sagen.

T. Es erscheint Ihnen so albern, hmm?

P. Ja, so ungefähr. Ich kann es ihm einfach nicht so sagen. Aber ihm macht das überhaupt nichts aus, sagt er, und so ist es auch – wenn er von der Arbeit nach Hause kommt, da ist es ihm ganz gleich, ob ich Besuch habe, ob meine Freundinnen dabei sind oder was sonst, er gibt mir einen Kuß und nimmt mich in den Arm.

T. Sie hätten es tatsächlich leichter, wenn Sie Ihre Gefühle gegenüber Ihrem Mann mehr äußern könnten. Denn schauen Sie, einer der Gründe, warum Sie solche Schwierigkeiten mit Ihrer Wut haben, ist ja doch, daß Sie Ihre Gefühle nicht so äußern können, zum Beispiel in Ihrer ersten Ehe, als Sie so gemein betrogen worden sind.

P. Ich glaube gar nicht, daß ich meinen ersten Mann wirklich geliebt habe; den jetzigen liebe ich viel mehr.

T. So?

P. Ja, das glaube ich wirklich nicht. Ich meine, ich bin halt auf ihn reingefallen, wirklich, wenn ich mal ehrlich sein soll, ich sagte es ja schon. Ich dachte, damit käme ich endlich raus aus dem ganzen Schlamassel, und das war mehr oder weniger der Grund, warum ich überhaupt mit ihm angefangen habe, verstehen Sie? Ich meine, wenn ich mir diese Zeit als Kind bei meinem Vater zu Hause vorstelle, da war ich von Anfang an unglücklich und wollte weg, und nur deshalb habe ich ihn überhaupt geheiratet, glaube ich.

T. Damit sind Sie aber vom Regen in die Traufe gekommen.

Die Patientin gibt indirekt zu verstehen, daß ihr früheres Sexualverhalten einschließlich der Episode mit ihrem Bruder eigentlich einer Sehnsucht nach Liebe entsprang. Ihre Mutter war nicht da, und zu ihrem Vater fand sie keinen Zugang. Ihre eigene Fähigkeit, Liebe zu äußern, ist durch Hemmungen blockiert. Der Therapeut ermutigt sie, ihrem Ehemann mehr von ihrer Liebe mitzuteilen.

T. Na sehen Sie, jetzt haben Sie doch alle Voraussetzungen, um erwachsen zu sein, – Sie sind verheiratet, Sie haben Kinder, Sie . . .

Vierte Sitzung

P. Ich glaube, ich habe zur Zeit mehr Probleme als am Anfang der Behandlung bei Ihnen.

T. Inwiefern?

P. Oh – ich meine, sexuelle Probleme.

T. Erzählen Sie mir doch davon.

P. Ich weiß gar nicht, was mit mir los ist. Ich, eh – das hat am Neujahrstag angefangen, daß ich dauernd Wasser lassen mußte und – tatsächlich, das lief mir einfach so raus, verstehen Sie, und . . .

T. Es lief einfach so raus – und dann konnten Sie es nicht mehr halten?

P. Sobald ich mal einen Moment still gestanden bin, ist es gleich so rausgelaufen, verstehen Sie, das hat mich ganz nervös gemacht, ich nehme mir ja alles so zu Herzen, ganz gleich was. (. . .) Ich dachte daran – eine Freundin von mir, deren Schwiegermutter ist in der Woche davor gestorben, und meine Freundin hat mal erwähnt, daß man das Wasser nicht halten kann, kurz bevor man stirbt, und wissen Sie, das war's, woran ich wieder denken mußte. Und als mein Mann dann aus dem Bett aufgestanden ist, weil ich so geweint habe, da habe ich es ihm erzählt. Dann habe ich eine Binde genommen, wissen Sie, wie wenn man seine Tage hat . . .

T. Hmm.

P. Das war das einzige, was . . . es war einfach lächerlich. Ich kam mir wie ein kleines Kind vor.

T. Hmm.

P. Dann hat's wieder aufgehört. Der Arzt hat gesagt, ich sollte eine Wärmflasche auf die Blase tun und mich eine Zeitlang hinlegen, weil ich auch erst so spät nach Hause gekommen war und kaum geschlafen hatte, vielleicht war's das. Und er meinte, es könnte auch vom Trinken am Silvesterabend kommen. Jedenfalls hat's dann aufgehört, aber Freitag fing es wieder an, Freitag und Samstag hatte ich es wieder, und dann hat's wieder aufgehört und war vorbei. Ich bin noch zur Urinuntersuchung gegangen, weil der Arzt gesagt hatte, ich müßte den Urin untersuchen lassen, und danach bin ich gestern wieder beim Arzt gewesen. Und der meinte, da wäre wohl etwas Schleim und eine leichte Blasenentzündung, aber es könnte auch von den Nerven kommen, so eine nervöse Reaktion. Er meinte, ich hätte eine Cystitis oder so ähnlich.

T. Hmm.

P. Ich kenne das Wort nicht. Ich habe ihm jedenfalls auch erzählt, daß ich mit meinem Mann nicht mehr zusammen war, seit das mit dem Wasserlassen angefangen hatte, weil wir nicht wußten, was es war. Aber vorige Nacht haben wir doch wieder Verkehr gehabt, und als der Höhepunkt kommen sollte, da hatte ich so ein Gefühl, als hätte ich noch nicht genug. So ein Gefühl habe ich im ganzen Leben noch nicht gehabt.

T. Hmm.

P. Auch heute habe ich den ganzen Tag so ein Gefühl, als wäre ich kurz davor, und das quält mich so, das ist wirklich ein quälendes Gefühl, ich weiß nicht, was das ist.

T. Hmm. Zunächst einmal muß ich sagen, was Ihre Freundin Ihnen da erzählt hat, wissen Sie . . .

P. Da habe ich doch gar nichts mit zu tun.

T. Nein.

P. Sondern ich . . .

T. Nein, das weiß ich doch, aber worüber Sie sich so erschrocken haben, ich meine . . .

P. Sie hat es mir auch gar nicht so mit Absicht gesagt.

T. Es geschieht nicht, *bevor* jemand stirbt, sondern es *kann* passieren, *nachdem* der Tod eingetreten ist, weil mit dem Tod die Kontrolle über alle Muskeln verloren geht . . .

P. Oh.

T. Und oft . . .

P. Oh, das hatte ich mir nicht klargemacht.

T. . . . entspannt sich dann auch der Blasenschließmuskel, mit dem man den Urin hält, und dann geht etwas Urin ab.

P. Ach so, das . . .

T. Aber erzählen Sie mir doch mal von der Silvesterfeier. Was war denn da passiert?

Da kein Anhalt für eine organische Ursache des Harndranges besteht (der Hausarzt hatte keine Medikamente verschrieben), versucht der Therapeut zunächst, die Angst der Patientin etwas zu lindern (wobei er für sich den Selbstbestrafungsaspekt ihrer Angst festhält), um dann anschließend wieder auf die auslösende Situation zurückzukommen. Das Symptom des Harndranges läßt bei einer so jungen Frau an mehrere mögliche Determinanten denken: starke Angst, voyeuristische und/oder exhibitionistische Triebregungen oder auch phallische Erregung und Rivalität.

P. Gar nichts.

T. War es nett gewesen? Wer war denn da?

P. Nun, es war so eine Familienfeier, bei meiner Schwägerin, mit der Familie meines Mannes. Na ja, und ihr Sohn geht jetzt nach Indien, und deshalb war es eine Art Silvesterfeier und gleichzeitig Abschiedsfeier für ihren Sohn, er ist beim Militär. Seine Frau war auch da und seine Freunde, es war sehr nett. Ich bin am nächsten Morgen erst um halb sieben nach Hause gekommen, und das könnte es auch sein, daß ich nämlich an dem Tag kaum geschlafen habe. Aber ich weiß trotzdem nicht, woher das kam. Vielleicht war's auch das – meine Füße taten mir so weh, meine Fersen, und da habe ich die Schuhe ausgezogen, und die haben da so eine Bar im Keller, und hinter der Bar ist ein Betonfußboden, da habe ich barfuß auf dem Betonboden gestanden.

T. Hmm.

P. Mein Mann hat die Leute mit Getränken versorgt, und ich habe auch mit hinter der Bar gestanden, und dabei habe ich mich vielleicht ein bißchen erkältet, ich weiß nicht.

T. Wieviel haben Sie getrunken?

P. Oh, ich habe vielleicht drei Gläser Orangen-Mix getrunken und danach nur noch Soda, das war ja auch ziemlich kalt.

T. Haben Sie auch getanzt?

P. Ja, getanzt habe ich auch.

T. Und war's nett?

P. Ja, das war es. Und danach, als wir dann nach Hause kamen, da war ich noch mit meinem Mann zusammen, und dann ist er schlafen gegangen, da war es ungefähr sieben oder halb acht, und ich konnte überhaupt nicht schlafen, weil ich dauernd aufs Klo mußte, aber ich wollte ihn auch nicht aufwecken, weil er ja auch erst so spät ins Bett gekommen war, und da wollte ich ihn nicht stören. Als er dann schließlich um zehn Uhr aufgestanden war, da kam er rein, und ich war am Rauchen. Ich rauche sonst überhaupt nicht, aber wenn ich nervös bin, dann rauche ich. Und da hat er die Zigaretten gesehen und gesagt: Was ist los? Mehr brauchte er gar nicht zu sagen, nur: Was ist los?, da fing ich schon an zu weinen. Und dann habe ich ihm erzählt, was los war, und er meinte, ich sollte den Arzt anrufen. Und das habe ich auch gemacht, und der hat gesagt, es käme wahrscheinlich vom Trinken, und ich sollte eine Wärmflasche drauflegen, und wenn es nicht besser würde, sollte ich den Urin untersuchen lassen. Und das habe ich dann auch gemacht, und dann kam das Ergebnis heraus, Sie wissen ja, nur Schleim. Aber dann habe ich ihm auch erzählt, was die Nacht davor passiert war, nicht letzte Nacht, wissen Sie, sondern vorletzte Nacht, daß ich da keinen Orgasmus hatte, oder jedenfalls noch nicht genug.

T. Sie waren nicht befriedigt gewesen.

P. Ja, wissen Sie, und meinem Mann hat das so leid getan, und er hat zu mir gesagt: sag mal, was ist das, habe ich nicht ... Das ist ja was sehr Persönliches, aber es bedrückt mich doch sehr. Und mein Mann hat gesagt ... wissen Sie, er kam sich vor wie – ich weiß nicht, wie ich das erklären soll, aber es kommt ihm so vor, als ob er mir nicht raushelfen würde. Er wollte mir da raushelfen, verstehen Sie. Aber ich habe ihm gesagt: Ich hatte doch einen Orgasmus, ich weiß auch nicht, vielleicht hat es was mit dieser Blasenentzündung zu tun.

T. Hmm.

P. Ja, ich meine, ich laufe herum und habe ständig das Gefühl, als müßte ich Wasser lassen, und dann gehe ich aufs Klo,

aber es kommen nur ein paar Tropfen, und danach habe ich
dann so ein Gefühl, als wollte ich ins Bett (lacht), das ist
doch wirklich lächerlich.

T. Hmm.

P. Quälend ist das. Gerade eben war ich auf der Toilette, und
jetzt fühle ich mich schon wieder so kribbelig, weil . . .

T. Hmm.

P. . . . weil schon wieder dieses Gefühl da ist.

T. Hmm.

P. Ich verstehe das überhaupt nicht, ich werde da einfach nicht
mit fertig, das sage ich Ihnen.

T. Was meinen Sie, wenn Sie sagen, Sie werden nicht damit
fertig?

P. Das macht mich nervös, das macht mich völlig fertig.

T. Tja, wissen Sie, das gibt es manchmal, daß Leute furchtbar
oft Wasser lassen müssen, wenn sie sich über irgendwas aufregen, und oft wissen sie gar nicht, worüber.

P. Hmm, nein, ich meine, jetzt gerade habe ich gar nicht das
Gefühl, als müßte ich Wasser lassen.

T. Ist auf der Feier irgendwas gewesen? Ist irgendein Gefühl
in Ihnen aufgekommen, oder haben Sie an irgendwas gedacht?

P. Nein.

T. Vielleicht irgendwas Sexuelles?

P. Nein.

T. Haben Sie mit irgendjemand ein bißchen geflirtet?

P. Nein. Das waren alles nur meine Verwandten.

T. Ich weiß. Aber Sie wissen ja, das könnte doch sein.

P. Ich habe halt getanzt und so, und mein Mann hat so ein
bißchen geflaxt, weil er mir schon vorher gesagt hatte, ich
sollte für die Feier ein tief ausgeschnittenes Kleid anziehen,
wissen Sie, und da hat er die ganze Zeit mit seinen Brüdern
herumgeflaxt, und die haben zu ihm gesagt: Halt bloß die
Augen offen – Sie verstehen, was ich meine?

T. Klar.

P. Aber das war natürlich nur Spaß, da war nichts dran. Ich

wüßte auch wirklich nicht, ich war doch praktisch den ganzen Abend mit meinem Mann zusammen.

T. Nun...

P. Ich meine, wenn ich nicht gerade getanzt habe.

T. Wenn man zu so einer Party geht und...

P. Aber er stand doch direkt hinter der Bar, und da habe ich auch getanzt, und da...

T. Hmm.

P. ... mußte er mich doch die ganze Zeit sehen können. Verstehen Sie, aber ich wüßte gar nicht, ich habe nie an so was gedacht. Mein Mann tanzt ja selber nicht, und er weiß schon, wenn wir zu einer Party gehen, daß ich dann immer mit allen tanze.

T. Sie tanzen mit allen anderen.

P. Ja. Aber er tanzt nicht, höchstens mal langsame Tänze, aber sonst nicht. Und er weiß, daß ich auf diesen ganzen modernen Sachen stehe, die da so rausgekommen sind, und deshalb ist es ihm auch egal, wenn ich mit anderen tanze.

T. Bossa Nova, Twist?

P. Ich tanze nämlich so gern, wissen Sie, und er kann es nicht so gut, es interessiert ihn auch gar nicht, abgesehen von den langsamen Tänzen. Die langsamen Tänze tanze ich mit ihm und die anderen mit jemand anders.

T. Aber finden Sie nicht, daß Tanzen in gewisser Weise auch sexuell erregend ist?

P. Sicher, das glaube ich schon.

T. Wenn man zum Beispiel als Teenager tanzen gegangen ist, da war das doch zum Teil auch eine Möglichkeit, sich ein bißchen abzureagieren, oder nicht?

P. Sicher, ich denke schon.

T. Und?

P. Aber ich habe doch nur mit meinen Neffen getanzt und mit den Brüdern meines Mannes und...

T. Das ist doch genau dasselbe. Es könnte doch sein, daß Sie dabei ein bißchen sexuell erregt waren und daß Sie darüber erschrocken sind.

P. Hmm.

T. Ich denke gerade an noch etwas im Zusammenhang mit dieser Feier. Wer war's noch mal, der nach Indien abreisen sollte?

P. Mein Neffe.

T. Genau. Der ist doch beim Militär. Nun, woran erinnert Sie das?

P. Ach so, ja.

T. Nun?

P. (Lacht) Ich weiß schon! Ich dachte auch schon daran.

T. So, Sie dachten auch schon daran?

P. Ja, ja.

T. Und was haben Sie gedacht?

P. Nein, ich dachte bloß so nach, wissen Sie, wie es ihm wohl ergehen würde, und ich hatte – wir haben halt miteinander gesprochen, als ich das Baby zu Bett gebracht habe. Wir hatten nämlich alle unsere Kinder mitgebracht.

T. Ah ja.

P. Bis zwölf haben wir sie noch aufbleiben lassen, und dann haben wir sie schlafen gelegt. Und so war ich gerade dabei, das Baby in den Wagen zu legen, da hat er mit mir gesprochen, und da habe ich ihn gefragt, wann er seine Frau wiedersehen würde, und als er dann sagte, in zwei bis sechs Monaten, da habe ich zu ihm gesagt: ja ja, so ist das, als meine Tochter im Sommer hier war, da sagte ihr Vater auch, sie müßte eine Zeitlang warten, bis sie dann nachkommen könnte. So haben wir halt teils davon und teils auch von ihm gesprochen. (...) Aber was mir ständig im Kopf herumgeht, ist, daß ich dieses Gefühl einfach nicht loswerde.

T. Dieses Unbefriedigtsein.

P. Ja; ach, das ist ein schreckliches Gefühl, wissen Sie, so ist mir's noch nie gegangen. Ich verstehe das auch gar nicht. Vielleicht hat es mit meinen Nerven zu tun, ich weiß nicht, es ist jedenfalls schrecklich.

T. Aber sehen Sie doch mal ...

P. Ich kann doch nicht mein Leben im Bett verbringen, das geht doch einfach nicht.

T. Nein, das wäre ein bißchen viel verlangt. Aber sehen Sie, da ist also Ihr Neffe, nicht wahr?

P. Ja.

T. Der geht nach Indien, zum Militär, und woran erinnert er Sie sehr? An Ihren ersten Mann.

P. Stimmt.

T. Und an all' die Probleme, die Sie mit ihm hatten. Und auch daran, daß Sie mit Ihrem Mann, mit Ihrem ersten Mann, eigentlich nie eine richtige sexuelle Befriedigung erlebt haben.

P. Stimmt.

T. Und nicht nur das. Wie haben Sie sich Ihrem ersten Mann gegenüber gefühlt – als Frau, meine ich.

P. Wie, wie meinen Sie das?

T. Ich meine, wie haben Sie sich so als Frau Ihrem ersten Mann gegenüber gefühlt?

P. Als Frau – ich habe mich nicht gerade wohlgefühlt, glaube ich.

T. Nicht gerade wohlgefühlt, sehen Sie. Und ich habe Ihnen doch schon erklärt, ich glaube bei unserem letzten Gespräch, daß ein starker Trieb in Ihnen darauf aus ist, ihm mal zu *zeigen,* daß Sie auch eine attraktive Frau sind, daß die Männer Sie sexuell begehren. Denn das hat doch damals Ihren Stolz so tief gekränkt.

P. Ja ja, ich glaube, darin hat er mich sehr gekränkt.

T. Und ich könnte mir vorstellen, daß dieses gesteigerte sexuelle Bedürfnis bei Ihnen hauptsächlich etwas mit dem Wunsch zu tun hat, ihm das mal zu *zeigen.*

P. Ja, aber es ist doch erst danach schlimmer geworden.

T. Ja, aber versuchen Sie das doch zunächst einmal im Kopf zu behalten.

P. Sie glauben also nicht, daß es etwas zu tun hat mit dieser Infektion oder Erkältung oder was ich da haben soll?

T. Daran habe ich große Zweifel. So etwas kann zwar auch

mal so einen leichten Harndrang machen – verstehen Sie,
daß man das Gefühl hat, man müßte Wasser lassen –, aber
ich glaube eher, daß diese andere Geschichte dafür verantwortlich ist.

P. Und dann wollte ich Ihnen noch was erzählen: ich hatte
nämlich einen schlimmen Traum.

T. Und was war das für ein Traum?

P. Ja, der hatte eigentlich überhaupt nichts mit mir zu tun,
aber – warten Sie mal, in welcher Nacht war das jetzt? (...)
Montag, glaube ich ... Ich hatte jedenfalls an dem Tag mit
meinen Freundinnen gesprochen – worum es eigentlich ging,
weiß ich gar nicht mehr; wir hatten uns jedenfalls mit den
Frauen unterhalten und waren dabei irgendwie auf diese
armen Leute zu sprechen gekommen, die – wie soll ich sagen? – nicht Fisch und nicht Fleisch sind, wie Christine Jor-
gen und so weiter, verstehen Sie, was ich meine?

T. Oh ja.

P. Und eine von meinen Freundinnen sagte, ihr Freund hätte
noch mehr von dieser Frau gehört, sie hätte nämlich einen
Sohn, aber sie würde auch dauernd Männer zu sich einladen
oder so, wissen Sie, und sie hätte sogar mal ihren Sohn gezwungen, mit einem Mann zu schlafen, eh, und sogar von
hinten. Darüber hatten wir uns unterhalten, und dann habe
ich es wieder vergessen, bin weggegangen, habe zu Abend
gegessen, habe mich an meine Arbeit gemacht, und die ganze
Zeit habe ich überhaupt nicht mehr an diese Unterhaltung
gedacht. Und dann bin ich zu Bett gegangen, und wovon
habe ich geträumt – von meinem Baby. Ich habe geträumt,
ich wäre zu einem Photographen gegangen, und der hätte
meinen Kleinen ganz ausgezogen und ihn ...

T. ... photographiert?

P. Ja, photographiert, aber außerdem hat er mit ihm das gemacht, was dieser Mann mit dem Sohn von der Frau gemacht hat.

T. Das hat er mit dem Baby gemacht.

P. Ja, mit dem Baby. Und ich weiß noch, wie ich aus dem

Photoatelier kam, ich hielt das Baby im Arm, und an meiner Hand war Blut, und ich weiß nicht mehr, wer da zusammen mit meinem Mann oder mit meinem Vater die Treppe rauf- kam, ich weiß es nicht mehr, ich habe nur geweint und bin in meinem Bett aufgesprungen und habe dagestanden und gezittert und geweint, mein Gott, was war das für ein ent- setzlicher Traum.

Der Therapeut bearbeitet schrittweise zunächst die Angst, dann die sexuelle Erregung und schließlich das Bedürfnis der Patien- tin nach einer Kompensation der narzißtischen Kränkung, die ihr erster Ehemann ihr angetan hatte. Der Traum bestätigt die Vermutungen des Therapeuten insofern, als er sowohl voyeuri- stisch-exhibitionistische Elemente als auch Anzeichen phalli- schen Rivalisierens enthält.

T. Hmm.

P. Und dabei denke ich dauernd, wenn ich solche Dinge höre, wie zum Beispiel meine Freundin gesagt hat, daß diese Mut- ter ihren Sohn gezwungen hat, mit einem Mann ins Bett zu gehen, dann denke ich dauernd, ob *ich* auch so was je- mals tun könnte. (Lacht)

T. Hmm.

P. Warum muß ich bloß dauernd über solche Dinge nach- denken?

T. Ja wissen Sie, alle Menschen sind neugierig...

P. Vielleicht.

T. ...was es mit der Sexualität auf sich hat...

P. Kann sein, daß es einfach Neugier ist, ich weiß nicht, aber...

T. ...und mit verschiedenen Äußerungsformen der Sexualität. Es erregt immer...

P. Wenn ich die Leute über so was sprechen höre, dann schießt mir der Gedanke durch den Kopf, nicht *daß* ich so was auch tun würde, sondern *ob* ich es je tun könnte, und da bin ich immer ganz erschrocken, weil...

T. Sehen Sie, das ist doch eines von Ihren Hauptproblemen, nicht wahr? Ich meine, wenn Sie an etwas denken, daß Sie dann gleich Angst haben, Sie wären schon drauf und dran, es zu tun.

P. Es zu tun?

T. Ja. Sobald Ihnen so ein Gedanke kommt, meinen Sie auch schon, Sie könnten ihn in die Tat umsetzen. Aber wissen Sie, das habe ich Ihnen doch schon erklärt, daß Sie ausgezeichnet imstande sind, Ihr Verhalten unter Kontrolle zu halten.

T. Ich bin mir aber nicht so ganz sicher.

T. Wovor Sie solche Angst haben, das ist doch, daß, wenn Sie an etwas denken, daß Sie dann gleich meinen, Sie würden auch danach handeln. So auch, wenn Sie über sexuelle Dinge nachdenken. Ich glaube nämlich, was Ihnen im Moment solche Angst macht, das ist, daß Sie an was Sexuelles denken.

P. Wissen Sie, was mir im Moment am meisten Angst macht?

T. Daß Sie mit einem anderen Mann ein Verhältnis anfangen könnten.

P. Das stimmt. Ich habe solche *Angst* davor, daß ich meinen Mann betrügen könnte, und – ach, ich weiß gar nicht, was ich mir antun würde, wenn ich das je täte. Ehrlich, daran denke ich ständig. Gestern abend war ich wieder mal bei diesen Freunden von uns drüben, wir haben da vor dem Haus gesessen, und ein Bekannter von ihnen war auch dabei, ein Farbiger – das heißt, richtig farbig ist er nicht, eher wie ein Mulatte, wissen Sie.

T. Ja.

P. Der kam jedenfalls auch dazu, und wir haben uns unterhalten. Und können Sie das verstehen – da ist mir doch tatsächlich der Gedanke gekommen, daß ich mal mit ihm ins Bett gehen wollte. Meinem Mann habe ich nichts davon erzählt, aber der Gedanke kam mir so.

T. Wissen Sie, ich könnte wetten, daß neunundneunzig von hundert weißen Frauen auch schon mal den Gedanken gehabt haben, eine sexuelle Beziehung mit einem Farbigen zu haben. Und wissen Sie auch warum?

P. Oh mein Gott! Wie könnte ich ... Du meine Güte!

T. Nein, aber wissen Sie warum? Die meisten Frauen denken daran, aber würden es niemals tun.

P. Aber ich habe wirklich daran gedacht, das zu tun, tatsächlich ...

T. Aber natürlich, das ist doch völlig menschlich. Und wissen Sie auch, wieso Sie auf so einen Gedanken gekommen sind? Weil es immer heißt, Neger seien mehr sexy als alle anderen Männer, sie seien die potentesten, die besten, die erregendsten Liebhaber, die es gibt – immer wenn wir von irgendetwas hören, das andere tun oder das andere haben, dann meinen wir gleich, es sei viel aufregender und interessanter als das, was wir selbst haben oder selbst machen.

P. Ich habe ja schon oft mit meinem Mann so herumgeflaxt, wissen Sie, da ging's auch darum, ich meine, um diesen Typ, und mein Mann hat so gesagt – ich glaube, er wollte mal vorfühlen, ich weiß es nicht, ich höre nie richtig zu, wenn mein Mann so herumflaxt, jedenfalls hat er so zum Spaß gesagt: Wer weiß, vielleicht will er mit dir schlafen. Na hör mal, habe ich zu ihm gesagt, wie kannst du so was sagen? Da sagt er doch tatsächlich zu mir: Wenn du einmal mit ihm ins Bett gehst, dann willst du sicher von mir nichts mehr wissen. (Lacht)

T. So hat also auch Ihr Mann ...

P. Und als ich dann zu ihm gesagt habe: Hör mal, wie kannst du nur, wie kannst du so was sagen?!, da sagt er: Ich weiß bescheid, ich war mit denen bei der Marine zusammen. Da habe ich ihn gefragt: Was soll das heißen – du weißt bescheid? Und da hat er gesagt: Na ich weiß doch, wie sie gebaut sind und wie unsereins gebaut ist. – Also, ich verstehe überhaupt nichts mehr.

T. Es heißt immer, sie hätten größere Penisse.

P. Was weiß ich, was er gemeint hat; ich glaube, er wollte mich bloß auf den Arm nehmen, bestimmt. Aber wissen Sie, das macht mir doch wirklich Angst, ich denke dauernd, ob ich je ... Oh, ich weiß gar nicht, ich würde, glaube ich, noch eher mit meinen Depressionen fertig als mit so einem Problem.

T. Sie brauchen gar nicht solche Angst zu haben, wenn Ihnen mal so ein Gedanke kommt, denn ich sagte Ihnen doch schon, es besteht überhaupt keine besondere Gefahr, daß Sie auch danach handeln würden. Sie müssen auch einfach verstehen, daß alle Menschen solche Gedanken haben, ob sie das nun zugeben oder nicht; viele würden es vielleicht Ihnen gegenüber nicht zugeben, und trotzdem ist es so.

P. Ich weiß ja, daß Sie eine Menge wissen, Sie hören ja auch viel. Ich glaube, es gibt viele Frauen, die sind ganz unschuldig, wenn Sie mit denen sprechen.

T. Aber sicher.

P. Die haben . . .

T. Richtige unschuldige Engel.

P. Aber ich dagegen, was bin ich für ein Mensch? Ich frage mich: Bin ich pervers, daß ich solche Gedanken habe, die doch andere nicht haben.

T. Aber sehen Sie, es gibt doch noch ganz andere sexuelle Gedanken, mit denen sehr viele Menschen beschäftigt sind, ohne daß Sie es vielleicht offen zugeben würden. Da hören Sie zum Beispiel von irgendeiner Frau, die mit einem Farbigen ins Bett geht, und sofort ist Ihre Vorstellung: das muß ja viel aufregender sein als mit einem Weißen; oder Sie hören von Leuten, die andere sexuelle Praktiken ausüben, wie dieser Junge, der mit einem Mann analen Geschlechtsverkehr ausgeübt hat. Wir sind eben nicht nur neugierig, sondern – wenn Sie an Ihre Kindheit zurückdenken – wir experimentieren auch gern, wir probieren gern etwas Neues . . .

P. Das stimmt.

T. Und zu den Dingen, die alle Menschen immer wieder besonders beschäftigen, gehört auch die Vorstellung, wie es wohl wäre, dem anderen Geschlecht anzugehören. Schauen Sie – Sie sind eine Frau, aber Sie möchten sicher gern wissen, wie es ist, ein Mann zu sein. Und genau so sind auch Männer neugierig, wie es ist, eine Frau zu sein.

P. Eine Frau zu sein?

T. Da Sie ja nun eine Frau sind, sollten wir vor allem darüber sprechen, was Frauen so denken. Und dazu gehört zum Beispiel auch der Gedanke, wie das eigentlich ist, wenn man eine Erektion hat. Sie wissen ja, so etwas können Sie an sich selbst gar nicht so erfahren wie ein Mann. Natürlich wissen Sie, was eine Erektion ist, aber wirklich *kennen* können Sie's eigentlich doch nicht, weil Sie's nie selber so erlebt haben. Das ist so ähnlich, wie wenn Sie noch nie eine Zigarette geraucht haben: Sie sehen zwar andere Leuten rauchen und wissen, wie man's macht, aber wie das wirklich *ist*, wenn man raucht, das wissen Sie erst, wenn Sie es selbst mal erlebt haben. Aber eine Erektion zum Beispiel ist etwas, das Sie nicht selbst erleben können, und das macht Sie natürlich neugierig, vielleicht sogar manchmal *neidisch*.

P. Ich glaube, ich habe noch nicht ganz verstanden, was eine Erektion ist.

T. Wenn man einen stehen hat.

P. Oh.

T. Wenn der Penis steif wird.

P. Ja.

T. Und noch etwas, was Frauen nie selber so erleben können, das ist die Ejakulation, wenn ein Mann seinen Orgasmus hat. Verstehen Sie, eine Frau hat natürlich auch ihren Orgasmus, und wie das ist, das weiß sie, aber das ist doch ganz anders als bei einem Mann, der einen Samenerguß hat.

P. Ja.

T. Nicht wahr? Und das kann auch manche Frauen neidisch machen. Warum ich Ihnen das sage – wir sprachen doch über Ihre Kindheit, erinnern Sie sich? Sie waren damals wie ein Junge.

P. Ja, ich . . .

T. So eine Phase machen ja die meisten Mädchen durch. Darin drückt sich im Grunde eine ganz natürliche Neugier aus: Wie das wohl ist, ein Junge zu sein, ja vielleicht möchte ich viel lieber ein Junge sein.

P. Ich glaube schon, daß ich mehr oder weniger wie ein Junge war, ich war ja auch immer mit meinem Bruder zusammen, dem habe ich viel näher gestanden, wir hatten unsere Ponies zusammen, wissen Sie? Während meine Schwester viel mädchenhafter war, ich dagegen...

T. Ja.

P. Und darum bin ich wie ein Junge geworden. Aber was diese – ich glaube, als Kind habe ich nie an solche Dinge gedacht, ich meine, an diese sexuellen...

T. Sicher, als Kind haben Sie darüber nicht so nachgedacht, sondern wahrscheinlich erst in der Pubertätszeit und als Sie dann erwachsen wurden... Und wissen Sie, vielleicht hat ja auch dieses angestrengte Wasserlassen mit so einem Gedanken bei Ihnen zu tun. Denn schließlich kommt dabei doch auch etwas aus Ihnen heraus...

P. Tatsächlich.

T. ... so wie beim Mann, nicht wahr? Es läuft gerade so heraus wie ein Samenerguß beim Mann.

Der Therapeut bringt die Neugier ins Spiel, die ja nach der psychoanalytischen Theorie aus voyeuristischen Triebregungen sich herleitet, und versucht wieder die Angst der Patientin zu lindern, indem er sie in ihrer Fähigkeit zur Triebkontrolle bestärkt. Es gelingt ihm, die Patientin davon zu überzeugen, daß sexuelle Gedanken, wie sie sie hat, gar nicht so bizarr und abwegig sind, wie sie prüden Menschen vielleicht erscheinen mögen, und schließlich bringt er auch noch den Begriff des phallischen Neides mit herein.

P. Aber so war es eigentlich nur in den ersten paar Tagen, daß es gerade so herauslief. Aber jetzt ist es nicht mehr so, jetzt kommt gar nichts mehr, sondern ich habe nur noch dauernd dieses eigenartige Gefühl.

T. Hmm.

P. Ein fürchterliches Gefühl ist das. Ich kann nicht mal eine Minute still sitzen. Ich muß ständig herumlaufen, sonst werde ich einfach verrückt. Und dann setze ich mich hin und unterhalte mich mit meinem Mann – nicht darüber, das habe ich ihm noch nicht erzählt.

T. Tja...

P. Ich verstehe das nicht; entweder ist es ein sexuelles Gefühl, oder hat es vielleicht doch etwas mit dieser Blasenentzündung zu tun – das ist es ja, was ich nicht verstehe. Als ich vorhin mit dem Auto hierherkam, da bin ich so erregt gewesen, wissen Sie, daß ich dachte, ich müßte jeden Moment anhalten. Und dann mußte ich natürlich als erstes auf die Toilette rennen.

T. Hmm.

P. Und als ich gerade wieder herausgekommen war, da war dieses Gefühl schon wieder da. Es ist wirklich sehr quälend – zumal ich das auch an mir überhaupt nicht kenne; ich habe das sonst noch nie gehabt. Ich weiß nicht, ich habe auch schon zu meinem Mann gesagt: vielleicht sind es die Wechseljahre oder so was, ich weiß ja nicht.

T. Es ist wohl eher so, daß Sie da etwas wiedererleben, was Sie früher einmal erlebt, aber gar nicht so wahrgenommen haben...

P. Am zehnten werde ich dreiunddreißig, und deshalb habe ich gemeint, es könnten die Wechseljahre sein, wo ich doch bald Mitte dreißig bin. Weiß der Teufel, was das ist. Es ist halt dauernd diese Vorstellung – ich meine (lacht): Wie kämen Sie sich denn vor, wenn Sie die ganze Zeit herumliefen und hätten ständig das Gefühl, Sie wollten ins Bett? Das ist doch ekelhaft – nicht ekelhaft, aber ich meine, alles zu seiner Zeit. Man kann doch nicht die ganze Zeit nur an so etwas denken.

T. Aber das ist doch ein Gefühl, wie es Jugendliche sehr oft haben, und deshalb habe ich gesagt, daß Sie da wohl eher etwas wiedererleben, was Sie früher einmal gar nicht so bewußt wahrgenommen haben. Und als Jugendliche waren wir doch alle enorm neugierig und scharf auf Sex und sind auf alles gleich angesprungen. Jugendliche sind eben in einer bestimmten Lebensphase ganz besonders mit ihrer Sexualität beschäftigt. Aber Sie haben in dieser Zeit nicht wagen können, an solche Dinge zu denken. Sie haben ja überhaupt an *vieles* aus Angst gar nicht denken können. Sie haben zum Beispiel auch nicht wütend werden dürfen ...

P. Ach, das habe ich doch schon gesagt, daß ich auch früher schon nervös war, was weiß ich, warum. Aber ich finde, Sie wollen jetzt ... Kann ja sein, daß es mit meiner ersten Ehe angefangen hat, daß ich dadurch so nervös geworden bin, aber das ist doch jetzt ein völlig anderes Problem, das hat doch damit gar nichts zu tun. So was habe ich überhaupt noch nie vorher gehabt, verstehen Sie.

T. Ich meine doch, daß es mit den Problemen aus Ihrer ersten Ehe zusammenhängt.

P. Aber wenn mein Mann mich doch befriedigt, wieso habe ich dann die ganze Zeit dieses Gefühl?

T. Nun, ich glaube deshalb, weil Sie sich niemals erlaubt haben, bewußt über solche Dinge nachzudenken, wie wir sie gerade besprochen haben, zum Beispiel: Wie wär's, einmal andere sexuelle Praktiken auszuprobieren? Wie wär's, mal mit einem anderen Mann zu schlafen? Wie wär's, wenn Sie selber ein Mann wären?

P. Nein, diesen Gedanken habe ich, glaube ich, noch nie gehabt, wie es wäre, selber ein Mann zu sein. Aber wissen Sie, ein anderer Gedanke belastet mich so, nämlich ...

T. ... mit einem anderen Mann ein Verhältnis anzufangen.

P. Das meine ich. Verstehen Sie, ich würde das natürlich nie, nie tun, das könnte ich mir, glaube ich, nie verzeihen, bestimmt nicht. Denn ich habe doch Kinder, ich habe einen Mann, der gut zu mir ist, und wieso sollte ich dann so einen Blödsinn machen? (...) Ich meine, ich komme mir damit so blöd vor, daß ich nicht einmal meinem Mann etwas davon erzählt habe, so blöd komme ich mir vor, und wenn ich es tatsächlich machen würde, dann würde ich ihm bestimmt nichts davon sagen.

T. Ganz sicher nicht.

P. Verstehen Sie, an sich möchte ich ja, daß er mir hilft, daß ich mit meinen Problemen besser fertig werde. Deshalb denke ich manchmal, vielleicht sollte ich es ihm doch sagen, dann könnte er mir helfen. (...) Aber ich weiß nicht, ob er dann nicht doch mißtrauisch werden würde, dann würde er mich dauernd beobachten.

Hier beginnt eine wichtige Linie, die sich auch in der nächsten Sitzung noch fortsetzen wird: die Aggression der Patientin gegen den jetzigen Ehemann, der angeblich »so gut zu ihr ist«, und die Ursache dieser Aggression. Man erinnere sich daran, daß die Patientin schon in der ersten Sitzung die Schwerhörigkeit ihres Mannes erwähnt hat. Der Therapeut beginnt allmählich zu verstehen, daß das geradezu zwanghafte Bedürfnis der Patientin, ihrem Ehemann von ihren ebenso zwanghaften sexuellen Wünschen und Phantasien zu erzählen, dem Impuls entspringt, ihn zu kränken.

T. Haben Sie sich in letzter Zeit aus irgendeinem Grund über Ihren Mann geärgert?

P. Nun ja, wir hatten neulich einen ... Streit kann man eigentlich nicht sagen. Mein Mann war Montag beim Arzt, weil er sich nicht wohl fühlte. Da war er also beim Arzt, und jedenfalls als er dann nach Hause kam, da habe ich ihn gefragt, was der Arzt denn gesagt hätte, und da hat er – na er war halt so ein bißchen daneben und wollte es mir nicht sagen. Bis gestern hat er's mir nicht sagen wollen. Gestern? Ja.

T. Um was ging's denn, worum haben Sie sich denn gestritten?

P. Ich habe ihn gefragt, was der Arzt denn gesagt hätte, und da sagt er: Gar nichts. Wissen Sie, ich glaube, er war ziemlich wütend auf den Arzt, weil der ihm jedesmal dasselbe sagt, während mein Mann immer etwas anderes hören will, verstehen Sie, und ...

T. Was hat er denn für Beschwerden gehabt?

P. Ach wissen Sie, er hat solche Schmerzen im Rücken und in der Brust, und dann hat er hier an dieser Stelle zwei kleine Knoten, das sind an sich nur geschwollene Drüsen, aber er hat Angst, verstehen Sie, weil er meint, es wäre etwas anderes.

T. Und wie lange hat er das schon?

P. Och, schon seit ein paar Wochen.

T. Seit ein paar Wochen?

P. Aber vorher hat er das auch schon mal gehabt, und damals sind auch Röntgenaufnahmen gemacht worden, Thorax, Magen-Darm-Passage und so weiter.

T. Und wann war das?

P. Ich weiß nicht mehr, vielleicht letztes Jahr? Oder vor zwei Jahren? Ich glaube, diese ganzen Röntgenaufnahmen wurden vor zwei Jahren gemacht, und dabei wurde gar nichts gefunden, ich glaube, so war's. Aber er ist so nervös – genau wie ich, aber mehr innerlich. Ich kann das nicht vertragen und er genau so wenig, wenn er so nervös ist. Aber er sagt, er wäre gar nicht nervös.

T. Wie ging's ihm denn auf der Silvesterfeier?

P. Gut.

T. Da hat er sich nicht krank gefühlt?

P. Nein.

T. Und auch nicht über diese Schmerzen im Rücken oder in der Brust geklagt?

P. Nun ja, hin und wieder hat er sie mal, aber im großen Ganzen . . .

T. Und machen Sie sich Sorgen um ihn?

P. Natürlich mache ich mir Sorgen um ihn. Letzthin hat er gesagt . . .

T. Und weshalb machen Sie sich Sorgen?

P. Weil er gesagt hat – ja, was hat er denn eigentlich gesagt? . . . Jetzt weiß ich aber überhaupt nichts mehr . . . Ach ja, ich glaube, es ging um irgendeinen Termin oder was, und da hat er gesagt: Ja, falls ich dann überhaupt noch da bin – oder so ähnlich.

T. So. Dann ist also Ihre Sorge im Grunde die, daß Ihr Mann sterben könnte. Hmm?

P. Ja.

T. Sie...

P. Alle um uns herum sterben weg, seit ein paar Wochen höre ich immer wieder: tot... tot... Sehen Sie, wie meine Hände zittern.

T. Seit gerade eben? Seit wir davon gesprochen haben, daß Ihr Mann krank ist?

P. Nein, schon die ganze Zeit, seit ich hier reingekommen bin.

T. Oh... Sagen Sie...

P. Ich glaube, es geht mir zur Zeit schlechter als damals, als ich zum erstenmal herkam. Mein Gott!

Dieser plötzliche Angstparoxysmus an einer bedeutsamen Stelle der Sitzung ist recht typisch für diese Patientin. Der Therapeut hatte überhaupt den Eindruck, daß er bei ihr häufig solche akuten Angstausbrüche abfangen mußte, um sie im therapeutischen Prozeß auf der Spur zu halten; andererseits war aber ihre prompte Reaktion auf solche therapeutischen Bemühungen wiederum als günstig zu werten.

T. Sehen Sie irgendeinen Zusammenhang zwischen Ihrer Angst, daß Ihr Mann ernstlich krank werden und sterben könnte, und andererseits diesen sexuellen Gedanken?

P. Was meinen Sie damit? (...) Ja, ich denke immer, wenn mein Mann einmal sterben würde, ob ich dann wohl jemand anders fände.

T. Einen anderen Mann?

P. Nicht bloß einen anderen Mann, sondern jemanden, der so ist wie er, bei dem ich mich wirklich als Frau fühlen kann, verstehen Sie? Ich meine, ich weiß nicht, ob es davon so viele gibt... Ich glaube, ich brauche jemanden, an dem ich einen Halt habe, und so einer ist er, und deshalb habe ich ja auch solche Angst – wenn ich ihn nicht hätte, was würde ich dann machen?

T. Was sagt denn der Arzt dazu?

P. Och, der sagt, es ist nur eine Erkältung.

T. Und die Rückenschmerzen?

P. Die kämen von der Erkältung und die Schmerzen in der Brust auch von der Erkältung, und diese beiden Knoten wären geschwollene Drüsen, weil mein Mann vereiterte Mandeln hätte.

T. Hmm.

P. Und ich hätte auch vereiterte Mandeln, meint der Arzt, am besten sollten wir beide gleich zusammen in die Klinik gehen und sie uns rausnehmen lassen.

P. Die Mandeln rausnehmen lassen?

P. Ja. Aber mein Mann meint, diese Knoten wären irgendwas anderes, was weiß ich was. Sie wissen ja, daß seine Frau an einem Tumor gestorben ist.

T. Davor hat er also Angst.

P. Ja, und deshalb meint er ... Aber wissen Sie, solche sexuellen Probleme habe ich eigentlich nie gehabt, Sie wissen ja, mit diesen ... Ich denke gerade, mein Mann hat mal von einem Freund solche Porno-Heftchen gekriegt ...

T. Ja ...

P. Wissen Sie, was ich meine? Mit solchen Abbildungen und so weiter. Und neulich abend haben wir uns mal ein paar davon angeguckt (lacht) ... und da war so eine Geschichte, was manche Frauen machen, wenn sie keinen Mann kriegen können – ich meine nicht, was sie zusammen machen, sondern mit irgendwelchen Gegenständen, zum Beispiel mit einer Kerze, mit einer Bürste oder sonstwie. Und da habe ich mit meinem Mann so darüber gelacht und zu ihm gesagt: Ob ich so was wohl je machen würde, nein so was Verrücktes! Sie wissen ja, immer wenn ich was höre, dann frage ich mich gleich, ob ich das wohl auch tun würde.

Die beiden »Knoten«, die der Ehemann sich nicht herausnehmen lassen will, und die Frauen mit den phallischen Hilfsmitteln bieten weitere Anhaltspunkte zugunsten der bereits angeführ-

ten Hypothese des Therapeuten, daß es sich bei der Patientin
im Moment um phallische Rivalität handelt.

T. Solche Vorstellungen haben nicht nur Sie, sondern alle Menschen.

P. Aber das ist ... ein entsetzliches Gefühl. Ich habe schon zu meinem Mann gesagt, wenn ich jemals so weit käme, habe ich gesagt, da müßte ich ja schon verrückt sein, ehe ich das täte.

T. Sehen Sie, Sie fürchten ...

P. Da hat er zu mir gesagt ...

T. ... Sie wären geil, Sie wären mannstoll ...

P. Ja, das ist es!

T. Aber hören Sie mal, das denkt doch jedes Kind. Sie haben halt zweiunddreißig Jahre gebraucht, bis Ihnen das jetzt zum Problem wird, weil Sie es sich vorher nicht haben eingestehen können.

P. Ja, mein Mann hat auch gesagt: Hör mal zu – und dann hat er sich erstmal hingesetzt und mit mir gesprochen, denn der kennt das ja schon, daß ich mich immer so aufrege, wenn ich so was höre, und daß ich gleich meine, ich könnte das auch tun, – und da hat er also gesagt: Hör mal, wenn ein Mann gerade keine Frau oder was kriegen kann, was tut er da? Onanieren. Und wenn Frauen dasselbe tun, was soll da der Unterschied sein? Was der Unterschied sein soll? habe ich ihn gefragt, – mein Gott, du wirst mir doch nicht erzählen, daß es tatsächlich Frauen gibt, die so ein Ding benutzen! Und da sagt er zu mir: Wie sollen sie denn sonst zur Ruhe kommen? – Er hat es mir erklären wollen.

T. Hmm.

P. Wenn ein Mann gerade keine Frau kriegen kann, hat er gesagt, dann muß er eben onanieren, was soll er denn sonst machen? Und bei einer Frau ist es genau dasselbe, meint er.

T. Erstaunt Sie das denn?

P. Aber für mich hört sich das irgendwie nicht normal an. Das ist auch nicht normal, was?

434

T. Erstaunt Sie das, daß Frauen auch onanieren?

P. Das hat mein Mann mir ja zu erklären versucht.

T. Und trotzdem hat es Sie erstaunt?

P. Nein, erstaunt bin ich eigentlich nicht, aber – daß man dabei so einen anderen Gegenstand benutzen soll. Bei einem Mann ist das was anderes, verstehen Sie, insofern sind die Männer besser dran (lacht) – die brauchen nicht so ein Ding zu benutzen, weil sie ja selber eins da haben.

T. Schauen Sie, einer der Gründe, warum wir jetzt darauf zu sprechen gekommen sind – sicherlich gibt es viele Gründe dafür, aber wir wollen mal mit dem Hauptgrund anfangen. Sie sind doch wegen dieser Depression hierhergekommen. Dann haben wir die ganze Geschichte zurückverfolgt und sind auf Ihre erste Ehe gekommen, auf Ihre Wut, auch auf Ihren Wunsch, Ihrem ersten Mann mal zu zeigen, daß Sie auch eine attraktive Frau sind. Und dann sind Sie mehrmals hierhergekommen und haben mit mir gesprochen, ja wahrscheinlich haben Sie überhaupt noch nie in Ihrem Leben mit irgendeinem Menschen so offen über Ihre Gefühle und Ihre Gedanken sprechen können.

P. Nein, das stimmt.

T. Ja, und schauen Sie – allein diese Tatsache, daß man überhaupt mit jemandem so sprechen kann, genügt ja schon, um solche Gedanken wieder in einem aufsteigen zu lassen, die vielleicht seit langer, langer Zeit ganz vergessen waren.

P. Ja, ich muß gestehen, daß ich gestern schon zu meiner Freundin gesagt habe: Jetzt kommt noch diese Sitzung und dann wohl noch eine, aber dann ist es vorbei. Und das macht mir schon Sorgen, denn was soll ich machen, wenn ich wieder so ein Problem habe?

Der Therapeut erkennt jetzt eine weitere mögliche Ursache für die stärker gewordene Angst der Patientin, nämlich daß es sich auch um einen Appell an den Therapeuten handeln könnte, um mit ihm in Kontakt zu bleiben. Er entschließt sich, im Moment nur stützend zu intervenieren, aber in der nächsten Sitzung

der Patientin nach Möglichkeit zu der Einsicht zu verhelfen,
daß die neurotische Symptombildung auch sekundären Zielen
dienen kann, z. B. um Abhängigkeitsbedürfnisse zu befriedigen
oder um die Beziehung zu einem anderen Menschen, den man
liebt, aufrechtzuerhalten.

T. Darum brauchen Sie sich aber jetzt keine Sorgen zu machen,
   denn wenn Sie wirklich einmal eine weitere Behandlung
   brauchen, so wird sich das schon irgendwie einrichten lassen. (. . .)

P. Ich glaube, solange ich nur mit jemandem sprechen kann,
   geht es mir gut, aber wenn jetzt nur noch eine Sitzung . . .

T. Ja ja. Ich glaube, was Sie vor allem für sich selbst noch
   schaffen müßten, das wäre, daß Sie allmählich lernen, sich
   als Mensch mehr zu akzeptieren. Da haben Sie zum Beispiel
   solche Gedanken und meinen gleich: Oh Gott, was ist das
   schrecklich, was muß ich für ein furchtbarer Mensch sein!
   Dabei müßten Sie sich nur klar machen, daß *alle* Menschen
   solche Gedanken haben . . .

P. Aber das ist gar nicht so leicht. Mir kommt's so vor, als
   wäre ich der einzige Mensch, der so was denkt.

T. Das weiß ich wohl. Sie meinen, Sie wären der einzige
   Mensch . . .

P. Mit diesen Depressionen ist es genau dasselbe.

T. Da sind Sie auch der einzige Mensch, der . . .

P. Ja ja, genau so. Mir kam es oft so vor, als wäre ich der
   einzige Mensch, der solche Depressionen hat und so nervös
   ist – während ich inzwischen erkannt habe, daß eine Menge
   Leute mindestens genau so nervös sind wie ich. Tatsächlich,
   eine Menge Leute sind genau so nervös wie ich, das habe ich
   jetzt erkannt.

T. Das ist ja überhaupt eines der größten volksgesundheitli-
   chen Probleme, daß so viele Menschen an Schwierigkeiten
   dieser Art leiden. (. . .) Schauen Sie, wir müssen jetzt Schluß
   machen, weil wir heute ein bißchen spät angefangen haben.
   Und wie gesagt, falls noch eine weitere Behandlung erfor-

derlich ist, werden wir für Sie schon irgendwas arrangieren; Sie sollen ja nicht mit Ihren Problemen abgeschoben werden, verstehen Sie. Ich möchte Sie aber bitten, daß Sie über eine Sache noch mal genauer nachdenken ...

P. Ich wollte noch sagen: als ich so nervös war, da haben Sie mir doch gesagt, ich sollte mal nachdenken, ob meine ganze Wut nicht hauptsächlich von meiner ersten Ehe herkäme; wissen Sie, das kann ich jetzt akzeptieren, und jedesmal, wenn ich mich über etwas ärgere, dann denke ich wieder daran.

T. Aber sehen Sie, das ist es doch ganz genau, Sie erlauben es sich ...

P. Aber das ist doch was anderes.

T. Sie erlauben es sich jetzt, auch mal wütend und ärgerlich zu werden, und daß Sie das jetzt können, hat es Ihnen wiederum möglich gemacht, auch andere Dinge zu denken und zu fühlen, die Sie in Wirklichkeit schon seit langer Zeit gedacht und gefühlt haben, ohne daß Sie sich's eingestehen konnten.

P. Aber mein jetziges Problem verstehe ich noch gar nicht. Wie werde ich damit bloß fertig?

T. Sie werden es sicher auch bald besser verstehen, genau wie Sie ja auch Ihre Wut verstanden haben. Und ich kenne Sie doch und verstehe Sie, und meiner Meinung nach besteht wirklich keinerlei Gefahr, daß Sie so einen Gedanken auch in die Tat umsetzen würden. Deshalb brauchen Sie über solche Gedanken auch gar nicht so zu erschrecken.

P. Meinen Sie, ich sollte meinem Mann davon erzählen?

T. Machen Sie sich doch nicht solche Sorgen wegen dieser Gedanken. Ich finde, das ist etwas, das vielleicht im Moment erst mal unter uns bleiben sollte. Später können Sie ihm ja immer noch davon erzählen, verstehen Sie, daß Sie so was mal durchgemacht haben und so weiter, aber im Moment würde er sich nur unnötig darüber aufregen.

P. Ich glaube auch, er würde sich Sorgen machen und ständig auf mich aufpassen.

T. Und dann wäre es für Sie noch schlimmer, nicht? (...)
Also dann bis nächste Woche.

*In den letzten Minuten wiederholt der Therapeut noch einmal
seine stützenden Interventionen und versucht außerdem, die
ziemlich brutale Offenheit der Patientin ihrem Ehemann gegenüber ein Stück weit ichfremder zu machen.*

Fünfte Sitzung

T. Was ist denn inzwischen aus diesem Problem mit dem Wasserlassen geworden?
P. Ja, das ist wieder weggegangen ... Wissen Sie, ich habe einfach – ich weiß ja nicht, aber ich glaube, das kam hauptsächlich auch von den Nerven, und da habe ich mir gedacht,
davon lasse ich mich doch nicht unterkriegen.
T. Und was ist mit dieser Sache, worüber wir doch auch das
letzte Mal gesprochen haben, wissen Sie, daß Sie solche
Angst hatten, mit irgendwelchen Gegenständen zu onanieren?
P. Nein, das ist auch vorbei.
T. Vorbei?
P. (Hustet) Davor habe ich an sich keine Angst mehr, sondern
da ist bloß noch diese Sache mit dem einen Mann, aber ich
finde, davor muß ich mich dann eben hüten.
T. Welchen Mann meinen Sie?
P. Ach diesen, eh, diesen Mulatten.
T. Ach ja, das ist doch der, den Sie bei Ihren Freunden kennen-
gelernt haben.
P. Ich habe halt so ein Gefühl – wie soll ich sagen? – als könnte
ich für nichts garantieren, wenn ich bloß mal mit ihm aus-
gehen würde oder so.
T. Hmm.
P. Aber das schiebe ich jedesmal beiseite; ich weiß ja, daß das
nicht geht. Und darum versuche ich es zu vergessen.

T. Ja. Wissen Sie, ich wollte überhaupt Verschiedenes noch einmal mit Ihnen durchgehen, weil wir manches vielleicht noch besser klären könnten. Sie erinnern sich doch noch, wie ich Ihnen beim letzten Mal gesagt habe, daß viele Frauen gerne wüßten, was Männer empfinden, vor allem sexuell, und daß viele Frauen zum Beispiel auch gerne wüßten, wie das eigentlich ist, wenn man eine Erektion hat oder eine Ejakulation. Ja, und im Zusammenhang damit ist ja auch bekannt, daß es viele Frauen gibt, die sich als Mädchen nicht so recht damit abfinden konnten, daß sie kein Junge sind. Sie haben das Gefühl, Jungen sind in allem besser als Mädchen, Jungen sind viel besser dran, Jungen sind freier als Mädchen, und sie können sich auch mehr leisten als Mädchen.

Der Therapeut geht rasch auf ein neues Thema über, das er zunächst in intellektualisierender Form einführt, nämlich das Thema der Aggressivität auf Grund phallischen Neides. Bei der nachträglichen Durchsicht der vorangegangenen Sitzung war er zu dem Schluß gekommen, daß im Zentrum der Dynamik die Aggression gegen den Ehemann stand und daß er in dieser Sitzung, möglicherweise der letzten, seine Bemühungen hauptsächlich darauf richten müsse, diese Zusammenhänge mit der Patientin durchzuarbeiten. Das Risiko, daß die Intellektualisierung zum Widerstand werden könnte, erschien bei dieser Patientin nicht allzu groß. Denn sie hat schon in den vergangenen Sitzungen eine gute Fähigkeit erkennen lassen, intellektuelle Formulierungen sogleich in konkrete, persönliche und affektgetragene Vorstellungen zu übersetzen.

P. Das stimmt.
T. Und in dem Zusammenhang taucht dann auch oft der Gedanke auf, daß die Eltern vielleicht Jungen viel lieber haben als Mädchen. (...) Haben Sie als Kind auch so ein Gefühl gehabt?
P. Nein, nein, ich wüßte nicht.

T. Sie sagten doch letzthin so etwas wie: Jungen beziehungsweise Männer seien in vieler Hinsicht besser dran.

P. Das sind sie ja auch.

T. Inwiefern?

P. Das kann ich Ihnen sagen. Wenn zum Beispiel ein Mann als Junggeselle ein ziemlich wüstes Leben geführt hat und würde das jetzt einer Frau erzählen, die er heiraten will oder mit der er von mir aus auch schon verheiratet ist, dann braucht er das doch nicht zu verschweigen. Mein Mann zum Beispiel, der hat mir schon öfters erzählt, daß er bei der Marine war, also das weiß ich und auch, daß er da so manches gemacht hat. Er war auch in Hawaii und sonst wo, und ich weiß genau, daß er da nicht bloß unter den Palmen herumgesessen hat; er hat mir zwar nicht in allen Einzelheiten erzählt, was er alles erlebt hat, aber so ungefähr weiß ich es doch, und ich finde das auch ganz in Ordnung so, denn schließlich ist er ja ein Mann . . .

T. Einem Mann billigt man das zu, einer Frau nicht . . .

P. Aber wenn ich ihm mal erzählen würde, was ich früher so gemacht habe, dann könnte ich was erleben. Das ist eben das Vorrecht der Männer. Was ich sagen will – wenn ein Mann mal was macht, dann findet keiner was dabei, aber wenn eine Frau das tut, dann ist sie bei einem Mann unten durch, oder es wird ihr jedenfalls immer wieder vorgehalten. Und deshalb sollte man als Frau besser den Mund halten.

T. Hmm. Nun gibt's ja wirklich Männer, die sich wer weiß was einbilden.

P. Was für einen Typ meinen Sie denn?

T. So einen Wichtigtuer, der immer meint, er wäre der Größte.

P. Oh ja, mit solchen Typen war ich früher zum Teil befreundet.

T. Nun, wie finden Sie solche Männer?

P. Ehrlich gesagt, die finde ich reichlich eingebildet.

T. Sehen Sie, ich komme nämlich deshalb darauf, weil ich meine, eh – Sie haben doch gesagt, Männer seien in vielem besser dran als Frauen, und das finden ja überhaupt viele Frauen, und auch viele Mädchen haben schon das Gefühl, daß die Jungen es besser haben als sie, vor allem wenn sie von der Mutter vieles verboten bekommen, was die Jungen dürfen.

P. Ja.

T. Und da kommen sie sich benachteiligt vor. Und aus so einem Gefühl heraus kriegt man natürlich auch leicht die Wut auf die, die es besser haben. Deshalb können zum Beispiel auch Frauen sehr empfindlich gegen Männer reagieren, bloß weil sie Männer sind, oder gegen Jungen, bloß weil sie Jungen sind.

P. Ich habe aber, glaube ich, keinen Haß gegen Männer, verstehen Sie; ich weiß natürlich, daß Männer sich alles mögliche leisten können, was Frauen nicht können, aber deshalb habe ich doch keine Vorurteile gegen sie.

T. Lassen Sie mich mal erklären, wieso ich meine, daß so ein Gefühl doch leicht aufkommen kann.

P. Es gibt doch dieses alte Sprichwort: Man kommt nicht mit ihnen aus, aber ohne sie auch nicht. Verstehen Sie, das habe ich gemeint, aber deshalb hasse ich sie doch auch nicht.

T. Hassen nicht, aber eine gewisse Empfindlichkeit, ein gewisser Groll könnte ja doch manchmal aufkommen. Überlegen Sie doch mal, ich meine, daß Sie gerade mit solchen Gefühlen manchmal Schwierigkeiten haben. Erinnern Sie sich? Sie haben mir doch erzählt, daß Ihr Mann wirklich toll ist, daß er alles für Sie tut, daß er Sie sehr verehrt, und deshalb können Sie gar nicht verstehen, warum Ihnen manchmal danach zumute ist, ihm weh zu tun. Können Sie sich erinnern, wie Sie mir das erzählt haben?

P. Ja, ich weiß wieder.

T. Ich glaube nämlich, das kommt genau aus so einem Gefühl heraus – es wurmt Sie, daß er ein Mann ist und Sie nicht. Er hat etwas, das Sie nicht haben, er hat oder zumindest hatte er doch gewisse Freiheiten, die Sie nicht haben.

P. Sicher, er ist zum Beispiel viel herumgekommen und so, was ich eben nicht bin, aber er war ja schließlich auch beim Militär. Da ist er viel herumgekommen, viel gereist und hat eine Menge erlebt, aber das habe ich ja schließlich auch. Ich bin zwar nicht viel gereist, aber ich habe doch auch viel erlebt . . .

T. Hmm hmm.

P. Natürlich ist das was anderes. Es tut mir eigentlich immer noch leid, daß ich so früh geheiratet habe und nie in der Welt herumgekommen bin. Ich würde so gerne mal eine größere Reise machen, das habe ich noch nie getan. Bis heute wünsche ich mir immer noch, ich könnte mal eine größere Reise machen (lacht).

T. Vielleicht können Sie es ja wirklich mal tun, später, wenn die Kinder etwas älter sind.

P. Ach nein, aber ich sage mir halt, daß ich dafür wiederum was anderes habe. Heutzutage reisen ja schon die jungen Mädchen auf die Bermudas oder was weiß ich sonst wohin. Das habe ich nie gekonnt.

T. Sehen Sie, dieser Wunsch könnte doch auch in der Silvesternacht wieder aufgekommen sein.

P. Wie meinen Sie?

T. Ich meine Ihren Wunsch zu reisen.

P. Ja, das ist wirklich mein Wunsch, reisen wollte ich schon immer.

T. Dieses Gefühl, wissen Sie, endlich mal frei zu sein – Ihr Neffe fährt doch nach Indien.

P. Richtig.

T. Und seine Frau fährt auch mit, oder nicht? Ja. Na sehen Sie, waren Sie da nicht doch ein bißchen neidisch, und haben Sie sich nicht vielleicht auch gewünscht, daß Sie selber stattdessen mitfahren könnten?

P. Nun ja, ich sagte ja schon, wenn ich an meinen ersten Mann denke und seine jetzige Frau, dann finde ich, die hat es besser als ich, die hat etwas, worum *ich* im Grunde betrogen worden bin. Ehrlich gesagt, es ist auch noch was anderes. Gewiß denke ich, wie es wäre, wenn ich jetzt diese ganzen

Reisen machen könnte, ich reise doch so gern. Aber ich meine auch noch was anderes. Nicht daß ich es hier leid wäre – nach einer gewissen Zeit wird man es ja doch ein bißchen leid immer am selben Ort, da will man mal verreisen. Aber das tun wir ja auch, wir verreisen jeden Sommer, aber immer mit den Kindern. Nie mein Mann und ich alleine, sondern immer sind die Kinder dabei. Und dann fahren wir natürlich dahin, wo Kinder gern hinfahren. Zum Beispiel dies Jahr wollen wir, wenn alles klappt, bis zum Nordpol rauffahren. Tja, so ist es eben, die Kinder sollen ja etwas zu sehen kriegen. Aber ich würde ja im Grunde viel lieber bloß eine Woche mal mit meinem Mann alleine irgendwo hinfahren, zusammen was unternehmen, verstehen Sie? Aber . . .

T. Läßt sich das denn gar nicht mal einrichten?

P. Nein.

T. Gibt es keine Möglichkeit, daß jemand anders sich derweil um die . . .

P. Das Komische daran ist ja, daß wir letztes Jahr, mein Mann und ich, tatsächlich drei Tage allein in Urlaub gefahren sind. Es war ziemlich teuer, aber mein Mann hatte bei einer Verlosung Anrechte auf einen Fischteich gewonnen, und da hat er gesagt: Hör mal, wir sind doch die ganze Zeit am Sparen und Herumknapsen und können uns nie mal einen Wunsch erfüllen, sollen wir denn nicht den Fischteich abgeben und stattdessen mit dem Geld mal irgendwohin verreisen? Meine Mutter hat drei Tage die Kinder übernommen, und wir sind nach New York gefahren. Da haben wir im Hotel Plaza gewohnt, wo es ganz schön teuer war . . .

T. Bestimmt.

P. Aber die drei Tage waren . . .

T. . . . ein ziemlicher Reinfall.

P. Genau das wollte ich sagen. Das lag an mir, aber trotzdem – ich habe jede Nacht geweint, und als wir am dritten Tag mit dem Zug wieder nach Hause fuhren, da war ich so nervös, weil ich endlich die Kinder wieder haben wollte. Ich habe nur noch geweint und gesagt, ich vermisse die Kinder so sehr. Und mein Mann hat gesagt: Erst willst du wegfahren, und dann willst du sofort nach Hause zurück, was willst du denn nun eigentlich, entschließ dich doch mal. Und am ersten Abend sind wir ... Ich verreise ja so gern, aber damals wollte ich bloß wieder nach Hause. Und am ersten Abend habe ich so gegen halb zwölf meine Mutter angerufen, weil ich so verzweifelt war. Und meine Mutter hat zu mir gesagt: Wieso rufst du mich denn an? Du sollst mich doch jetzt mal drei Tage lang nicht anrufen, damit du in Ruhe deinen Urlaub genießen kannst.

T. Hatten Sie Angst, den Kindern würde was passieren?

P. Ich weiß nicht, ja, das stimmt. Als wir abfuhren, habe ich noch zu meiner Mutter gesagt: Bitte, paß auf den Kleinen auf, der hat die Angewohnheit, daß er immer ans Fenster will – das war nämlich im Sommer, und da hatten wir nur Fliegengitter vor den Fenstern – und deshalb habe ich zu meiner Mutter gesagt: Paß auf, wenn er ans Fenster geht. Vielleicht war's das, woran ich die ganze Zeit denken mußte, und deshalb habe ich sie dann am Abend angerufen und gefragt, wie es den Kindern ginge. Die schlafen friedlich, hat meine Mutter gesagt, was regst du dich denn so auf? Geht doch mal raus und unternehmt was. Wir hatten nämlich im Hotelzimmer so eine Art Kühlschrank für Eiswürfel und Getränke, aber die Getränke haben wir uns nicht von unten geholt, sondern wir hatten eine eigene Flasche und Sodawasser mitgebracht und wollten eigentlich im Zimmer sitzen und uns selber etwas mixen. Aber als mein Mann schließlich sah, daß ich völlig down war, da hat er gesagt: Komm, gehen wir weg hier, irgendwohin, wo Musik ist, da können wir was trinken und uns ein bißchen amüsieren. Und das haben wir dann gemacht, weil es praktisch das einzige war, was mich noch ein bißchen aufmuntern konnte. Ach wissen Sie, ich dachte so: jetzt sind wir mal drei Tage in Urlaub gefahren, eigentlich konnten wir es uns überhaupt nicht leisten, aber nun hatte mein Mann ja den Fischteich gewonnen und gemeint, wir sollten das Geld besser so ausgeben, und das war nun der Erfolg.

Die Patientin geht auf das Angebot ein und assoziiert weiter. Sie beneidet Männer um ihre sexuelle Freiheit, die sie auch für sich haben möchte. Sie sehnt sich danach, wenigstens zeitweise einmal unbeschwert und ohne Pflichten und Sorgen sein zu können. Aber die Kinder schränken ihre Freiheit ein, so daß sie nicht einmal die kurzen Sommerurlaube in Ruhe mit ihrem Ehemann genießen kann. Ihre Stimme nimmt immer deutlicher einen vorwurfsvollen Ton an. Die Patientin wird von Angstvorstellungen gequält, daß den Kindern ein Unheil geschehen könnte. Handelt es sich möglicherweise um verschobene Aggressionen, die ursprünglich dem Ehemann gelten?

T. Der ganze Urlaub war verpatzt, weil Sie Angst hatten, daß den Kindern etwas passiert wäre.

P. Ja, ich war einfach nicht in der Stimmung.

T. Schauen Sie, jetzt wollen wir das doch mal im Zusammenhang sehen. Erinnern Sie sich, wie Sie zum ersten Mal herkamen?

P. Und auf dem Rückweg – aber jetzt habe ich Sie unterbrochen.

T. Schon gut.

P. Auf der Rückfahrt war nämlich mein Mann ganz traurig. Ich weiß ja, hat er gesagt, warum es für dich nicht schön war; vielleicht wäre es ja ganz schön geworden, aber du hast halt dauernd an Zuhause denken müssen, weil du eben nur mit mir allein warst. Und da habe ich ihn gefragt: Wieso? Und da hat er gesagt, *weil er nicht richtig hört.* Wissen Sie, er hat gemeint, das wäre vielleicht der Grund, warum ich so deprimiert war, weil ich ja sonst die ganze Zeit mit Leuten zusammen bin, mit denen ich mich unterhalten kann, während ich da nur mit meinem Mann zusammen war, und der ist halt ziemlich still, wissen Sie, er ist nicht so ein Typ, der . . .

T. Ist Ihr Mann schwerhörig?
P. Ja, aber ich dachte, das hätte ich Ihnen schon erzählt.
T. Nicht daß ich wüßte.
P. Ich meine aber doch.
T. Tatsächlich?

Hier erscheint nun das zentrale Problem. Der Leser wird sich erinnern, daß die Patientin wirklich schon in der ersten Sitzung die Schwerhörigkeit ihres Ehemannes erwähnt hat. Hätte der Therapeut diesen Hinweis besser beachtet, so hätte er sicher schon damals genauer untersuchen können, wie sich diese Hörbehinderung auf die Beziehung auswirkte und welche Gefühle die Patientin damit verband.

P. Ja, er ist schwerhörig, und deshalb muß man mit ihm ziemlich laut sprechen.
T. Trägt er ein Hörgerät?
P. Jetzt endlich. Vorige Woche habe ich ihn endlich nach sechs Jahren Ehe dazu gekriegt, daß er sich eins gekauft hat. So lange hat es gedauert, bis er schließlich eingesehen hat, daß er ein Hörgerät tragen muß. Letztes Wochenende sind wir mit Leuten weggefahren, einfach mal raus. Nun wollten die alle Skilaufen, ich laufe auch gern Ski, aber mein Mann nicht, der ist nicht so – das heißt, sportlich ist er schon, zum Beispiel was Angeln betrifft, aber er läuft nicht gern Ski, er tanzt auch nicht gern, was ich wiederum immer sehr gern gemacht habe, mein Leben lang habe ich immer gern getanzt. Wie wir also am Wochenende losgefahren sind, da habe ich zu ihm gesagt: Du brauchst das ja alles nicht mitzumachen, aber dann trag wenigstens dein Hörgerät – verstehen Sie, damit ich nicht immer das Gefühl haben muß, wenn alle reden, daß er irgendwie ausgeschlossen bleibt und daß er dann nur da sitzt, und ich weiß ja, daß er uns alle nicht hören kann. Wie sollte er's denn auch können? Er kann's eben nicht, aber wenn er das Hörgerät an hat, dann

kann er's. Ich kann mich auch gar nicht richtig mit unterhalten, wenn ich weiß, daß er doch nicht hören kann, und das macht mich ganz fertig. Aber das kann er wiederum gar nicht verstehen, weil er ja nicht richtig hören kann. Und deshalb habe ich ihm das erklärt – verstehen Sie, ich liebe ihn doch, und ich finde das entsetzlich, wenn er so ausgeschlossen ist.

T. Dann können Sie auch nicht richtig unbeschwert sein.

P. Ja, weil ich ja weiß, daß er es auch nicht ist. Verstehen Sie, ich will ja nicht – das ist es nämlich auch, wenn wir dann nach Hause kommen, dann sagt er zu mir: Du gehst ja immer weg und redest mit den anderen, und mich läßt du allein sitzen. Und dann sage ich zu ihm: Ich unterhalte mich eben mit den anderen Frauen, aber die Männer reden doch auch zusammen, und wenn du dein Hörgerät an hättest, dann könntest du dich auch mit den anderen Männern unterhalten. Aber sehen Sie, das macht er nicht, er sitzt nur alleine da und zieht sich in sein Schneckenhaus zurück, wenn wir mal unter Leuten sind. Aber sonst ist er ja ein prima Kerl, ich kann mich wirklich nicht beklagen. Es ist halt nur diese eine Sache. Und mein Vater, der ist ja kein Psychiater, aber der meint, das wäre überhaupt das entscheidende Problem zwischen uns.

T. Zwischen Ihnen und Ihrem Mann?

P. Ja. Ich hab halt was gegen ihn, verstehen Sie, bloß weil er nicht richtig hören kann. Ich wußte das ja auch schon, als wir geheiratet haben, aber nun ja, damals war ich so verliebt und hätte nie gedacht, daß das so ein Problem würde, aber jetzt glaube ich doch, das es das ist.

T. Ich kann mir gut vorstellen, wie das zu Spannungen führt; Sie fühlen sich doch unfrei und können sich gar nicht richtig amüsieren, weil Ihr Mann nicht daran teilnehmen kann, und wenn Sie trotzdem mal ein bißchen ausgelassener sind, dann ist er hinterher eifersüchtig.

P. Wenn wir zum Beispiel zu einer Hochzeit eingeladen sind, dann sitzt er da und trinkt ein bißchen und denkt nicht mehr an seine Schwerhörigkeit. Die Leute kennen ihn gar nicht, und ich werde gefragt: Ist das Ihr Mann?

T. Erscheint er so ein bißchen als Sonderling?

P. Ja, irgendwie ist er das ja auch, weil es ihm selber schon gar nicht mehr auffällt. Es ist ihm ganz egal, ob ihn jemand versteht oder ob er jemanden nicht verstehen kann oder was immer, er sitzt bloß stumm da, und keiner weiß warum. Ist das Ihr Mann? werde ich gefragt. Dabei weiß ich, daß er an sich auch sehr lustig sein kann, ich meine, daß er durchaus aus sich herausgehen kann. Aber wenn wir unter Leuten sind, wie zum Beispiel bei der Hochzeit neulich, dann zieht er sich ganz in sich selber zurück, weil er eben nicht anders kann, verstehen Sie, er kommt ja mit niemandem ins Gespräch, und was soll er da sonst machen als sich zurückziehen? Dabei finde ich, wissen Sie, er könnte doch so viel Spaß haben.

T. Meinen Sie, daß es das auch war, was Ihnen den Urlaub in New York so verdorben hat?

P. Mein Mann meint das, aber ich frage mich auch, ob er damit nicht vielleicht recht hat.

T. Wie meinen Sie?

P. Ich finde, das könnte schon mehr oder weniger ein Grund sein, denn sehen Sie, wenn mein Mann besser hören könnte, dann hätten wir auch andere Ehepaare kennen lernen können und mit denen zusammen was unternehmen können. Verstehen Sie, in so einem Hotel trifft man doch immer verschiedene Leute. Wir haben ja auch mehrere junge Ehepaare flüchtig kennen gelernt, aber es war halt nicht mehr als ›guten Tag‹ und ›auf Wiedersehen‹; näher kennen lernen konnten wir niemand, weil mein Mann sich irgendwie deplaciert vorkommen würde, und deshalb ging das nicht, eben weil er sich dann deplaciert fühlt. Darum nehme ich eben Rücksicht auf ihn, aber dann geht mir's bald auch so wie ihm.

T. Auf diese Weise ist Ihnen das ganze Vergnügen durch seine Schwerhörigkeit sehr beeinträchtigt worden.

P. Ja.

T. Und sehen Sie, wie ärgerlich Sie darüber waren.

P. Aber das will ich ja gar nicht sein, ich werde es aber trotzdem. Mein Mann sagt zu mir: Ständig bist du hinter mir her wegen dieses Hörgeräts, aber als wir geheiratet haben, da hieß es doch, im Guten wie im Schlechten ... Natürlich, sage ich, aber wenn es so wäre, daß er auch mit einem Hörgerät nicht besser hören könnte, dann müßte ich mich eben mit dem Problem abfinden, dann wüßte ich, daß nichts daran zu machen ist. Aber ich weiß doch, daß er mit so einem Gerät gut hören kann, und warum soll er dann keins tragen?

T. Hört er denn besser, seit er jetzt dieses Gerät hat?

P. Ja, jetzt hat er endlich eins gekriegt. Das war gar nicht so einfach, weil das, was er brauchte, 250 Dollar kostete. Und wo sollten wir das Geld hernehmen?

T. Hat er eine genaue Untersuchung und Hörprüfung machen lassen?

P. Ja ja, das hat der Militärarzt gemacht, weil mein Mann sich die Schwerhörigkeit bei der Marine zugezogen hat. Aber er hatte es nie angegeben, damals war er ja auch noch so jung, und als er jetzt damit hingekommen ist, da haben die gesagt: kommt nicht in Frage, er bekäme gar nichts, kein Hörgerät und auch kein Geld dafür. Aber ich verstehe überhaupt nicht, wieso sie das abgelehnt haben, und das habe ich auch zu meinem Mann gesagt, er hat doch hinter der Kanone gestanden – wissen Sie, diese schweren Schiffskanonen.

T. Ja.

P. Da hat er gestanden, und dieses ständige Donnern und Vibrieren ...

T. ... hat sein Gehör geschädigt ...

P. ... sein Gehör geschädigt, genau, und als das herauskam, daß er nicht richtig hören konnte, weil er nämlich derjenige war, der immer die Befehle entgegennehmen und an die Kameraden weitergeben mußte, da haben sie ihn von

449

den Kanonen wegversetzt, eben weil er nicht richtig hören konnte. Müßte das nicht auch in den Akten stehen?

T. Das müßte es eigentlich.

P. Das ist auch meine Meinung. Und deshalb wären die auch zuständig gewesen. Aber wir haben alles Mögliche versucht und sind auch beim Gericht gewesen, aber die haben entschieden, er bekäme kein Hörgerät und auch kein Geld dafür. Bisher hat ihn nur dieser eine Arzt richtig untersucht. Aber wir wollen ihn jetzt über meinen Vater mal zu einem Spezialisten in New York bringen.

T. So.

P. Und der soll entscheiden, ob eine Operation in Frage kommt. Wenn nicht, dann muß er eben das Hörgerät tragen, aber wenn ja, dann braucht er vielleicht gar keins mehr. Ein Bekannter von uns hat nämlich früher auch ein Hörgerät getragen, und trotzdem mußte man laut schreien, damit er einen überhaupt verstanden hat, und heute trägt er gar nichts mehr und hört genau so gut wie Sie und ich.

T. So gut hat die Operation geholfen?

P. So gut, ja. Und deshalb hat mein Vater meinen Mann beredet, daß er zu dem Spezialisten gehen soll. Mittlerweile hat er auch über meinen Schwager sein Hörgerät bekommen. Aber es hat noch einen Nachteil, die Form muß nämlich noch etwas abgeändert werden . . .

T. . . . damit es ihm besser paßt? Das ist aber doch nicht mehr so teuer, nicht?

P. Ich weiß nicht, wie teuer es ist, aber wir müssen es jedenfalls noch machen lassen, das meine ich.

T. Ja.

P. Aber es ist halt wirklich ein Problem, zum Beispiel neulich wollte er ins Kino, und ich wollte mit. Ich gehe ja gerne mit, aber ich habe überhaupt keinen Spaß an dem Film, weil ich weiß, er hört ja doch nichts. Sicher, wenn auf der Leinwand viel los ist und gekämpft wird, das kann er natürlich sehen.

T. Hmm hmm.

P. Aber er versteht oft gar nicht, worum es geht. Wie oft sind wir zum Beispiel in Lustfilmen gewesen, und mein Mann ist mitgegangen, weil er weiß, daß ich so was gerne sehe.

T. Und alle lachen, nur er nicht.

P. Alle lachen, nur er nicht, weil er die Witze gar nicht versteht. Und, und mich bedrückt das, aber er versteht gar nicht, warum. Ich möchte auch gerne mal ins Theater gehen, ich bin nämlich praktisch noch nie im Theater gewesen und deshalb möchte ich es so gern, mein Mann würde ja auch mitgehen. Er sagt dauernd, komm, jetzt gehen wir mal ins Theater, aber mit ihm will ich nicht hingehen, weil ich weiß, daß er doch nichts hören würde. Das ist doch auf der Bühne, wie kann er das verstehen? Und deshalb meint mein Vater, auch wenn er kein Psychiater ist, darin läge doch mein hauptsächliches Problem. Bei uns ist dauernd ein fürchterlicher Krach. Der Fernseher ist voll aufgedreht, damit mein Mann was hört, die Kinder müssen laut schreien, weil er sie sonst nicht verstehen kann.

T. Und Sie haben das Gefühl, alle brüllen . . .

P. So höre ich es den ganzen Tag, verstehen Sie?

T. Ja.

P. Kein Wunder, daß ich ein nervöses Wrack bin. Deshalb gehe ich manchmal mit den Mädchen zum Bingospielen oder sonst irgendwo hin, bloß um mal raus zu kommen aus diesem Krach. Und manchmal kommt auch meine Freundin gerade, wenn der Fernseher aufgedreht ist und die Kinder schreien, und die sagt auch, schon eine Stunde bei uns strengt sie so an, daß sie sich gut vorstellen kann, wie mir das den ganzen Tag auf die Nerven gehen muß.

T. Ich kann mir auch vorstellen, wie sehr Sie sich wünschen, wenigstens zeitweise mal rauszukommen und von all dem frei zu sein.

Die Patientin entfaltet nun ihr eigentliches Problem; sie spricht von den Einschränkungen und von der sozialen Isolierung, die der Ehemann ihr und sich selbst auferlegt, indem er sich trotz

seiner Schwerhörigkeit weigert, ein Hörgerät zu tragen; sie er-
zählt von dem aufreibenden Lärm in ihrem Haus, und im
Unterton vermittelt sie ein Gefühl großer Einsamkeit. Sowohl
sie selbst als auch ihr Vater haben gewußt, daß dieser Konflikt
im Zentrum ihrer jetzigen Depression steht. Es ist aber wichtig
zu sehen, daß die Psychodynamik in den vorangegangenen
vier Sitzungen durchaus richtig erkannt und bearbeitet wurde,
obwohl der relevanteste Inhalt übersehen wurde; man denke
an die Wendung der Aggression gegen die eigene Person, die
Angst der Patientin vor einem Versagen ihrer Triebkontrolle,
die Verschiebung von Aggressionen im Dienste der Abwehr
und schließlich das übermäßig strenge Über-Ich der Patien-
tin.

P. Vielleicht.

T. Vielleicht haben Sie auch manchmal das Gefühl, Sie würden sich am liebsten ganz davon frei machen.

P. Das denke ich tatsächlich manchmal. Ich erzählte Ihnen ja
schon, daß wir neulich am Wochenende weggefahren sind,
und als wir dann Sonntagabend wiederkamen, da haben
wir uns fürchterlich gestritten. Mein Mann ist nämlich sehr
eifersüchtig; das habe ich aber, glaube ich, schon mal erwähnt.

T. Ja.

P. Sehr eifersüchtig ist er. Und ich darf nichts tun, was auch
nur den Anschein hätte ... Da macht er sofort eine Riesen-
angelegenheit draus, verstehen Sie? Meine jüngere Schwester zum Beispiel hat im August geheiratet, und ihr Mann
ist gerade mal dreiundzwanzig, der ist noch so ein richtiger
Junge und flaxt halt so rum, zum Beispiel legt er einem den
Arm um den Hals und sagt: Na, meine liebe Schwägerin –
oder irgend so was. Bei mir würde er so was ja niemals
wagen, weil er meinen Mann kennt, aber bei meiner anderen Schwägerin oder bei meiner anderen Schwester macht
er's halt so. Aber manchmal ist man eben zufällig im gleichen Zimmer zusammen, so wie wir hier zusammensitzen.

Und einen Abend, da waren wir bei denen auf dem Land und haben zu Abend gegessen, und er hat da gesessen und ich hier, und mein Mann mußte sich gegenüber auf die andere Seite setzen. Und da hat er zu mir gesagt: Du richtest es aber auch jedesmal so ein, daß du neben ihm sitzen kannst. Verstehen Sie, er hat jedenfalls eine Riesensache daraus gemacht. Weil er nämlich wirklich eifersüchtig ist. Und deshalb habe ich zu ihm gesagt: Hör mal, habe ich gesagt, wenn ich wirklich was mit einem andern Mann anfangen wollte, dann würde ich mir sicher nicht gerade meinen Schwager aussuchen und meine Schwester kränken, und genau so wenig würde ich mir einen von deinen Brüdern oder sonst jemanden aus der Familie aussuchen, wo du sofort davon erfahren würdest. Sondern wenn ich tatsächlich darauf aus wäre, dann würde ich mir anderswo einen Mann suchen. Ist doch wahr, wieso sollte ich mich denn gerade an jemanden aus der Familie heranmachen? Da hat mein Mann gesagt: Ich weiß ja, hat er gesagt, es war auch nicht so gemeint, aber du kennst mich ja, ich bin eben eifersüchtig. Und dann kam das wieder: Weil ich so viel älter bin als du. Er hat solche Angst, ich könnte ihn verlassen und mir einen jüngeren Mann suchen.

T. Hmm hmm.

P. Das geht von ihm aus, verstehen Sie, ich wollte sagen, ich will das überhaupt nicht, aber er meint es immer.

T. Er meint das . . .

P. Deshalb habe ich zu ihm gesagt: Was das betrifft, daß ich mir einen jüngeren Mann suchen würde, das würde ich doch niemals machen, sondern das einzige Problem zwischen uns ist diese Schwerhörigkeit, und er sollte doch endlich mal dieses verdammte Hörgerät tragen, wenigstens wenn wir mit anderen Leuten zusammen sind; wenn er es im Haus nicht trägt, dann soll mir's ja noch egal sein, obwohl ich wünschte, er würde es auch zu Hause tragen. Aber vor allem, wenn wir mit anderen Leuten zusammen sind, zum Beispiel wenn meine Freundin und ihr Mann am Wochenende zu Besuch kommen. Dann kann er sich eben nicht richtig dazusetzen und vernünftig unterhalten, weil er nichts versteht. Ich glaube wirklich, es liegt alles an seiner Schwerhörigkeit. Wenn er das Hörgerät tragen würde, dann wäre ich bestimmt nicht so nervös. Das war ich doch mein ganzes Leben lang nicht gewesen, sondern das hat erst mit meiner letzten Schwangerschaft angefangen; ich weiß nicht ob's vielleicht auch damit was zu tun hat. Aber eigentlich bin ich erst in den letzten zwei Jahren derart nervös geworden.

T. Dann sind Sie also die ganze Zeit im Innersten viel ärgerlicher gewesen, als Sie sich jemals eingestehen konnten. Denn dieses Problem mit der Schwerhörigkeit war doch jeden Tag von Neuem wieder da.

P. Das stimmt, jeden Tag, immer wieder. Und mein Mann findet ja auch, wenn ich mal rauf aufs Land fahre, daß ich dann ein ganz anderer Mensch bin. Manchmal fahre ich nämlich allein für eine Woche oder ein paar Tage weg, und da fühle ich mich wirklich wie ein anderer Mensch, eben weil ich nicht zu schreien brauche, weil ich dann normal sprechen kann. Natürlich, wenn ich allein losfahre, dann denkt er gleich, ich würde wer weiß was unternehmen. Ich unternehme ja auch viel, aber mit den Kindern, mit denen gehe ich Rollschuhlaufen, die nehme ich überall hin mit. Ich bin eben so unternehmungslustig, das macht mir einfach Spaß, verstehen Sie, und dazu brauche ich, glaube ich, auch gar keinen anderen Mann, sondern ich gehe mit meinen Kindern los und bringe ihnen bei, wie man das alles so macht. Und das macht mir solchen Spaß, den Kindern das alles zu zeigen, weil ich, ja weil ich überhaupt gern Sport treibe. Mein Mann nicht. Aber dem macht es Spaß, mir zuzugucken, wenn wir auf Parties gehen, wenn er mich tanzen sieht, aber dann paßt er immer wie ein Habicht auf mich auf – er hat zwar nichts dagegen, daß ich tanze, aber er paßt immer auf.

T. Daß Sie nicht zu eng tanzen, hmm?

P. Genau das ist es, daß ich nicht zu eng tanze. Aber daß ich überhaupt mit anderen tanze, da hat er nichts dagegen. Ich darf bloß nicht mal flirten oder was, sonst ist hinterher was los, du meine Güte, das kann ich Ihnen aber sagen. Aber das tue ich ja auch gar nicht, ich tanze bloß; er weiß ja, daß ich gerne tanze. Und im Sommer habe ich meinen großen Jungen zum Reiten mitgenommen, ich reite nämlich auch gern, mein Mann nicht. Deshalb fahre ich eben mit meinem Sohn.

T. Und wo fahren Sie da hin, aufs Land?

P. Ja, aufs Land rauf; wir fahren zu irgendeinem Hof und leihen uns Pferde aus; mein Sohn ist ja schon elf, der ist alt genug. Da fahren wir einfach los, und das macht mir solchen Spaß, verstehen Sie, da kann ich mich richtig erholen. Ich wünschte immer, mein Mann würde auch mitfahren, aber der ist nicht dafür zu haben.

T. Sie sprachen doch davon, daß Frauen nicht so frei sind wie Männer.

P. Ich finde, in einem gewissen Sinne sind Männer doch auch nicht frei.

T. Nein, ich meine nur die Vorstellung, daß man frei ist, daß man tun kann, was einem Spaß macht.

P. Ich habe gemeint, daß Männer freier sind, was Sex betrifft, aber ansonsten eigentlich nicht.

T. Aber schauen Sie, Sie haben doch das Gefühl, daß Sie jedenfalls auf diesem Gebiet nicht so frei sind, und auf anderen Gebieten – zum Beispiel Sport treiben, mal ausgehen, sich mit Freunden unterhalten – da haben Sie auch das Gefühl, daß Sie nicht so frei sind, wie Sie's eigentlich sein könnten. Und es könnte doch sein, daß Sie immer verbitterter werden, weil Sie in Ihrer Freiheit so eingeschränkt sind.

P. Durch seine Schwerhörigkeit?

T. Ja, durch seine Schwerhörigkeit.

P. Das habe ich mir schon oft überlegt, schon bevor ich hierher kam, daß die Schwerhörigkeit meines Mannes eigentlich mein ganzes Problem ist.

T. Hmm hmm.

P. Und im Grunde ist es nur die eine Sache, dieses Hörgerät, wenn er das trägt, dann ist mein ganzes Problem gelöst. Denn ich bin doch früher nie nervös gewesen. Als meine Eltern davon hörten, daß ich solche Depressionen hätte und mich umbringen wollte und so weiter, da wurden die überhaupt nicht mit fertig. Ich bin nämlich eigentlich so ein Mensch, der, eh, – meine Familie hat sich immer über mich gewundert. Als ich ein Auto haben wollte, habe ich gesagt: Dann gehe ich eben arbeiten und kaufe mir eins. Als ich hierher ziehen wollte, habe ich auf Wiedersehen gesagt und bin losgefahren. Überhaupt, wenn ich mir was in den Kopf gesetzt habe, dann habe ich es auch gemacht. Und die haben immer nur gesagt: Menschenskind, wenn du dir was vornimmst, dann schaffst du es. Ich bin eben so ein Mensch. Wenn ich etwas haben will, dann strenge ich mich eben an und kriege es auch.

T. Schauen Sie, Sie müssen sich aber doch klar machen, daß es nicht nur an dem Hörgerät liegt. Sondern die Sache ist doch die, daß Sie durch diese ganzen Probleme mit der Schwerhörigkeit immer wieder so in Wut geraten, ohne das nach außen hin zeigen zu können, und diese Wut ist es, was Sie so nervös macht, wovor Sie solche Angst haben, und daher kommen auch Ihre Depressionen.

P. Aber Sie meinen doch, daß die Wut etwas mit dem Hörgerät zu tun hat.

T. Sicher könnte das *eine* Ursache sein.

P. Meinen Sie also, daß ich vielleicht auch deshalb wütend werde, weil mein Mann nicht wie ich gern Sport treibt und so?

T. Nun, es könnte doch sein, daß Sie das Gefühl haben, indem *er* an so etwas kein Interesse hat, können Sie's auch nicht so genießen, sind Sie auch nicht richtig frei.

P. Na ja, was das betrifft, finde ich, daß ich mir davon eigentlich nicht so viel annehmen sollte, denn . . .

T. Ich meine, Sie sollten sich mal klar machen, daß es Sie doch wütend macht. Denn wenn Sie das verstanden haben, daß Ihr eigentliches Problem diese Wut ist, dann sind Sie auch besser imstande, damit fertig zu werden. Denn Sie wissen doch, das haben Sie ja selber gesagt, Sie hätten das Gefühl, daß die Wut auch damals Ihr ganzes Familienleben kaputt gemacht hat.

P. ... Ich ... ich finde nicht, daß die Wut mein Familienleben kaputt gemacht hat.

T. Ich meine diese Streitereien zwischen Ihren Eltern.

P. Ach so, ja das weiß ich. Aber ich weiß gar nicht, das habe ich doch gesagt, ich liebe ja doch meinen Mann, das ist halt nur bei solchen Gelegenheiten, zum Beispiel als wir zu meinem Schwager gefahren sind, der den Bungalow hat. Das war letzten Sommer. Da sind alle Männer mit ihren Frauen zum Schwimmen an den Strand gegangen, aber mein Mann geht nicht mit mir ins Wasser. Er geht vielleicht manchmal mit zum Strand runter und setzt sich da hin, oder er spielt wohl auch mal mit den Kindern ein bißchen im Wasser, aber so richtig reingehen und mit mir schwimmen, das macht er nicht. Nicht daß er es nicht könnte, verstehen Sie, er war schließlich bei der Marine und kann doch schwimmen, aber er macht sich halt nichts daraus.

T. Hmm.

P. Das ist es eben, er macht sich nichts draus. Er geht zwar mit den Kindern ins Wasser und so weiter, aber es macht ihm keinen Spaß.

T. Nun, weckt das nicht manchmal in Ihnen die Vorstellung, daß Sie lieber mit jemand anders verheiratet wären?

P. Manchmal ja.

T. Aber sicher.

P. Aber ich glaube ...

T. Jeder Mensch würde doch so denken.

P. Das denke ich ja auch, daß ich mir manchmal wünsche, ich hätte einen anderen Mann, aber ich finde, es gibt trotzdem keinen besseren, keinen, der mich so behandelt wie er.

T. Das verstehe ich.

P. Ich finde, das muß ich eben in Kauf nehmen. Ich hätte ja
auch einen Mann haben können, der sportlicher ist, aber
mich gemein behandelt...

T. Aber wissen Sie...

P. So einen hatte ich ja vorher. Der war gemein zu mir, aber
sportlich.

T. Man will halt immer alles auf einmal haben.

P. Das ist es eben.

T. Aber man kann eben...

P. & T. ... nicht alles haben.

*Die durch den Konflikt erzeugte Wut wird noch einmal aus-
drücklich unterstrichen. Dem Therapeuten kommt es darauf
an, der Patientin klar zu machen, daß ihre Depression aus
einem starken Affekt und aus der Abwehr dagegen hervorgegangen ist und nicht nur aus einer vorhandenen oder fehlenden äußeren Gegebenheit.*

P. Übrigens, dieser andere, mein erster Mann...

T. Ja?

P. Der hat immer alles mit mir zusammen gemacht. Und wir
haben ja viel zusammen unternommen.

T. Hat er alles mit Ihnen zusammen gemacht, oder hat er's
auch mit jemand anders zusammen gemacht?

P. Aber das habe ich ja gerade sagen wollen. Ich meine eben,
er hat tatsächlich alles mit mir zusammen gemacht, und wir
hatten überhaupt vieles gemeinsam, aber er war eben ein
Lump. Irgendwas muß man immer in Kauf nehmen, es
fragt sich nur, was. Mein jetziger Mann ist so, der tut alles
für mich. Letzten Donnerstag hatte ich Geburtstag, da hat
er mir eine Hose und einen Pullover geschenkt, und außerdem hat er mir noch ein Radio geschenkt. Was will ich
mehr? Und deshalb finde ich...

T. Was Sie sich noch wünschen, ist doch ein bißchen mehr
Freiheit, um das Leben zu genießen. Vor allem sollte auch

Ihr Mann ein bißchen freier sein und mehr mit Ihnen zusammen unternehmen ...

P. Aber das sehe ich eigentlich nicht so, ich habe doch meine
Freiheit (hustet). Mein Mann hat doch nichts dagegen,
wenn ich mit anderen zusammen was unternehme – natürlich nicht mit anderen Männern.

T. Ja.

P. Aber mit meinen Freundinnen und so weiter, dagegen hat
er überhaupt nichts.

T. Aber Sie sagten doch, daß Sie unter Leuten nie so aus sich
herausgehen können, weil Sie fürchten, daß er hinterher
eifersüchtig ist ...

P. Ja, das wünsche ich mir wirklich, daß mein Mann etwas
umgänglicher wäre und sich anderen Leuten mehr anschlie
ßen würde.

T. Eben, das habe ich mit ›Freiheit‹ gemeint.

P. Ja, das hätte ich viel lieber. Für mich ist das eben – ich
meine, es wäre schön, wenn mein Mann und ich mehr mit
anderen Ehepaaren zusammen sein würden. Zum Beispiel
meine Schwester und ihr Mann, die gehen öfter mal aus.
Und auch meine Mutter und dieser Mann da, mit dem sie
zusammenlebt, die gehen zum Beispiel in so eine Art Club.
Und jedesmal fragen sie uns, ob wir nicht mitgehen wollen.
Aber ich weiß, daß das meinem Mann keinen Spaß machen
würde, er sagt es zwar nicht so, aber Sie können sich ja vorstellen, wie das ist, wenn alle sich unterhalten und Witze
machen, und er kann nichts hören. Und deshalb habe ich
auch keine Lust, mitzugehen. Eben weil ich ja weiß, daß er
doch nichts versteht, was die Leute sagen, und in so einem
Club kann man ja auch nicht so laut schreien, daß er es verstehen würde. Aber wer weiß, vielleicht wird es jetzt anders, wo er doch sein Hörgerät bekommen hat.

T. Ja, ich denke sicher.

P. Ich hoffe es jedenfalls.

T. Es muß nur noch angepaßt werden und ...

P. Er hat schon gesagt: Jetzt brauchen wir noch so einen anderen Halter, aber wo nehmen wir dafür das Geld her? Und da habe ich gesagt: Das weiß ich auch nicht, aber irgendwo her wirst du's schon kriegen. Und wenn ich zehn Dollar vom Haushaltsgeld abknapsen muß, habe ich gesagt, du kriegst auf jeden Fall diesen Halter und du kriegst dein Hörgerät.

T. Hmm hmm.

P. Sehen Sie doch mal, das geht ja sogar schon dem Kleinen auf die Nerven, wenn der Fernseher an ist, und er spielt und will mit meinem Mann sprechen. Dann sagt er: Vati, dreh doch mal das Fernsehen leiser, ich kann dich nicht verstehen. Das muß das Kind ja nervös machen.

T. Wissen Sie, an was dieses laute Schreien, das laute Fernsehen, das laute Radio Sie wahrscheinlich erinnert?

P. Wenn Sie zum Beispiel in so einem Haus wohnen würden, könnten Sie das denn aushalten?

T. Ich fände das auch sehr anstrengend. Aber was meinen Sie, woran erinnert Sie das? Dieser Krach, dieses Schreien?

P. An Zank und Streit.

T. Genau, an Zank und Streit.

P. ... und sehen Sie, mein großer Junge, der elfjährige, der ist schon mehr daran gewöhnt als die anderen beiden. Ist ja auch klar, wenn man bedenkt, wie lange der das schon mitgemacht hat. Er war vier Jahre alt, als mein Mann und ich geheiratet haben.

T. Ja.

P. Und als er anfing zu sprechen, da hat er praktisch von Anfang an gemerkt, daß er schreien muß, so daß er jetzt schon normalerweise sehr laut spricht.

T. Hmm hmm.

P. Und wenn er manchmal mit mir spricht, dann spricht er so laut, daß ich dann sage: Wenn du mit mir sprichst, dann sprich doch bitte leiser, du mußt deine Stimme besser unter Kontrolle halten. Wenn er mit seinem Bruder spricht, dann schreit er ja genau so. Ich weiß ja, daß er das nicht mit Absicht macht, sondern er will sich halt verständlich machen, und deshalb redet er so laut, weil er weiß, daß er mit meinem Mann auch immer so laut reden muß. Aber daß alle dauernd so laut reden, das geht einem wirklich auf die Nerven. Aber sonst, was meine Freiheit betrifft, daran fehlt's nicht, ich kann ja überall hin, wo ich will. Gerade gestern abend hat mein Mann noch zu mir gesagt: Willst du nicht ein paar Tage aufs Land fahren? Da habe ich gesagt: Aber der Junge muß doch in die Schule gehen. Da hat er gemeint: Das können wir schon irgendwie einrichten.

T. Wie würden Sie's machen, würden Sie das Baby mitnehmen?

P. Ja, den Jungen ... den nehme ich ja immer mit, wenn ich aufs Land rauffahre, da kann ich mich erholen. Was ich sagen will – es ist nicht so, daß mein Mann mich zurückhielte, sondern was das betrifft, ich kann überall hinfahren, wohin ich will. Der hält mich nicht zurück.

T. Ja. Aber sehen Sie mal, Sie ...

P. Aber das ist es ja gar nicht, was ich möchte. Ich möchte viel lieber unter Leuten sein, mit anderen zusammen was unternehmen.

T. Sie wollen mit Erwachsenen zusammen sein.

P. Und mit meinem Mann.

T. Ja, und sehen Sie, deshalb hat sich ja auch der Gedanke an diesen Mann, diesen Mulatten, so in Ihnen festgesetzt. Das ist doch in Wirklichkeit der Grund dafür: daß Sie sich danach sehnen, mal unter Erwachsenen frei zu sein.

P. Mit diesem Mann, meinen Sie, oder mit sonst jemandem?

T. Nun, wenn Ihr Mann nicht dafür zu haben ist, dann wenden sich Ihre Gedanken jemand anderem zu.

P. Ja, wenn wir manchmal ausgehen, da sieht man immer die anderen Ehepaare zusammen. Wissen Sie, das würde mir Spaß machen, ich finde ...

T. Hmm hmm.

P. Ich treibe ja zum Beispiel auch gern Sport und so weiter, aber selbst dabei sieht man immer eine Menge junger Ehepaare zusammen. Und was mir ja auch jedesmal wieder einen Stich versetzt, das ist meine jüngere Schwester. Die hat doch gerade erst im August geheiratet, das sagte ich ja schon, und sie und ihr Mann ziehen jetzt dauernd mit diesen anderen beiden Ehepaaren los ...

T. Die haben was vom Leben.

P. Ja, die haben was vom Leben, wirklich wahr. Und ich bin ja auch verheiratet und könnte es genau so haben, aber wir kommen halt nicht raus, weil ...

T. Sie haben also das Gefühl, es fehlt Ihnen was.

P. Das stimmt. Die sind zum Beispiel auf die Poconos gefahren, die fahren zusammen hierhin und dahin, und hinterher erzählt mir meine Schwester davon – nicht daß sie mich neidisch machen wollte, aber ...

T. Vielleicht wünschen Sie sich auch manchmal, daß Sie keine Kinder hätten, oder nicht?

P. Nein, nein, so denke ich nicht.

T. Dann hätten Sie mehr Geld, mehr ...

P. Manchmal kommt mir tatsächlich so ein Wunsch, daß ich keine Kinder hätte, aber der geht schnell wieder vorbei, weil dann sofort der andere Gedanke kommt, daß ich doch sehr an meinen Kindern hänge. Ich habe das ja auch nur so gesagt ...

T. Ich meine ja bloß, am liebsten will man halt immer alles haben.

P. Hmm hmm.

T. Man will Kinder haben und man will zugleich frei sein ...

P. Wissen Sie was?

T. Man will verheiratet sein und doch frei ...

P. Aber ich sagte Ihnen ja schon, daß ich gern unter Leuten sein würde, ja. Das wünsche ich mir ... wirklich. Aber dann wiederum denke ich auch manchmal, und das habe ich auch schon zu meinem Mann gesagt, daß ich mich schon freue, wenn meine Jungens größer werden, dann kann ich ja auch mit denen was unternehmen.

T. Hmm hmm.

P. Nicht?

T. Hmm hmm.

P. Zum Beispiel Rollschuhlaufen und so – ich will jedenfalls nicht so bald alt werden.

T. Das kann ich mir vorstellen.

P. Bestimmt, das habe ich nicht vor. Ich habe Freude am Leben, und ich will . . .

T. Aktiv bleiben.

P. . . . noch so lange wie möglich jung bleiben. Jetzt bin ich gerade dreiunddreißig geworden, ein schrecklicher Gedanke, daß man immer älter wird. Aber ich habe schon zu meinem Mann gesagt: Wenn die Jungens mal größer sind, das könnte schön werden, mit denen was zu unternehmen, nicht?

T. Hmm.

P. Und das wird auch sicher nett, wenn sie dann ihre Freundinnen haben, dann könnten mein Mann und ich mit ihnen zusammen losziehen. Da freue ich mich schon drauf.

T. Hmm.

P. Und, eh, aber dieses Problem mit der Schwerhörigkeit macht einem praktisch alles kaputt. Aber wir werden ja sehen, wie es jetzt wird, jetzt haben wir ja das Hörgerät. Er hat es nur noch nicht tragen wollen. Es liegt da, aber er trägt es nicht.

T. Ja ja. Man trägt so was ja auch nicht gern. Weil man sich damit wie ein Krüppel vorkommt, verstehen Sie. Dauernd so ein Ding im Ohr zu haben und . . .

P. Aber das habe ich ihm ja gesagt. Wie heißt denn noch mal dieser Tänzer, der im Fernsehen auftritt? Der ist doch immer in der Perry Como Show mit dabei.

T. Ein Tänzer?

P. Ja. . . . Wie heißt der noch? Der war doch in der Perry Como Show . . .

T. Also ich weiß wirklich nicht . . .

P. Er ist, glaube ich, . . . der Vortänzer. Na, ist ja egal, jedenfalls trägt der auch ein Hörgerät, und einmal stand auch im Fernsehprogramm so eine Geschichte über ihn, die habe ich auch meinem Mann gezeigt. Der ist nämlich noch ziemlich jung, ungefähr achtundzwanzig oder so, und er hat gesagt, ohne sein Hörgerät wäre er niemals so ein berühmter Tänzer geworden, wie er's heute ist. Und da habe ich zu meinem Mann gesagt: Sieh doch mal an, dieser Junge. Verstehen Sie, ich habe meinem Mann davon erzählt. Der ist jünger als du, habe ich gesagt, und so einer trägt ein Hörgerät. Ich wäre doch ohne meine Brille auch aufgeschmissen.

T. Da könnten Sie gar nichts erkennen.

P. Na ja, erkennen schon, aber jedenfalls lange nicht so gut wie mit der Brille, und das habe ich ihm auch gesagt. Ohne die Brille könnte ich auch gar nicht Auto fahren, das ist ja auch in meinem Führerschein eingetragen, daß ich ohne Brille nicht fahren darf. Und deshalb habe ich auch zu meinem Mann gesagt: Was wäre denn, wenn ich meine Brille nicht tragen wollte? Dann könnte ich lange nicht so gut sehen, wie ich es jetzt kann. Aber mein Mann meint, das wäre doch was anderes. Ich finde, nein, das ist es überhaupt nicht, das ist doch genau dasselbe, ich sehe nicht gut und du hörst nicht gut, habe ich gesagt. Aber er sagt, dieses Hörgerät ist wie so ein Mikrophon, die Stimme klingt gar nicht normal, sondern kommt so verzerrt raus, und viel lauter. Ich habe gesagt: Das kann ich schon verstehen, aber was ist denn besser, überhaupt nichts zu hören oder sich an so ein Ding zu gewöhnen?

T. Hmm.

P. Ich verstehe das schon. Natürlich fände ich es noch besser, wenn er zum Arzt ginge und der würde sagen, Ihr Mann müßte operiert werden, dann kann er wieder besser hören – das wäre mir auch lieber, aber ich finde, jetzt soll er doch erst mal nicht mehr so kindisch sein und sich mal aufraffen und endlich was dagegen tun. Das ist es, was ich ihm dauernd sage.

T. Ja, nur, mir scheint ...

P. Er ist doch ein erwachsener Mensch, ich meine, muß ich ihm denn dauernd sagen, was er machen soll? Das muß er doch selber merken. Ich glaube ... er merkt es ja auch selbst, aber er kommt sich, glaube ich, irgendwie komisch vor mit dem Hörgerät. Er meint, die Leute guckten nach ihm, aber ich sage ihm, daß das gar nicht stimmt. Ich meine, die ... die sind doch alle gern mit ihm zusammen. (...) Wenn wir zum Beispiel meine Familie besuchen, denen ist das auch irgendwie unangenehm, nicht daß sie ihn nicht mögen, sie haben ihn wirklich alle gern, aber sie haben halt das Gefühl, genau wie ich, daß er am Gespräch nicht teilnimmt.

T. Ja.

P. Und wenn ich einen Witz erzähle, dann muß ich ihn immer noch mal erzählen.

T. Hmm hmm.

P. Und wenn jemand von meiner Familie anruft, kann er am Telephon auch nicht richtig verstehen, dann muß ich ihn immer anstoßen und sagen, wer gerade am Apparat ist. Sehen Sie, für alles bin immer ich zuständig.

T. Ja.

P. Mit den Kindern ist es dasselbe, da bin ich auch für alles zuständig. Die kommen mit allem immer zu mir, zum Beispiel mein Sohn, der muß jetzt für eine Prüfung lernen. Aber mit meinem Mann will er nicht lernen. Ich habe ihm gesagt: Komm, jetzt lernst du das eine Fach mit Vati und das andere mit mir. Aber mit Vati muß man immer so laut schreien, Mami, kannst du das nicht machen?

T. Hmm hmm.

P. Sehen Sie, für alles bin immer ich zuständig.

T. Erkennen Sie jetzt, wie wütend Sie das alles macht?

P. Ja, das macht mich wütend, und ich glaube, irgendwie ist das überhaupt mein Problem.

Die Patientin setzt sich weiterhin auseinander mit ihrer Wut, ihrem Gefühl der Einsamkeit, ihrem Bedürfnis nach Aktivität und Fröhlichkeit und mit der Frustration solcher Bedürfnisse.

T. Ich meine, das sollten Sie sich wirklich merken, denn diese Wut ist es ja, was Ihnen so schwer fällt. Dabei habe ich Ihnen ja schon gesagt, Sie brauchen vor solchen Gefühlen gar keine Angst zu haben, denn Sie haben sich doch eigentlich immer beherrschen können.

P. Meinen Sie, ich könnte eines Tages mal losgehen und meinen Mann betrügen, was meinen Sie? Aber ich glaube, das können Sie mir auch nicht beantworten.

T. Natürlich ist das schwer zu sagen. Aber ich meine, Sie sollten sich vor allem merken, warum Sie überhaupt auf solche Gedanken kommen, und der Hauptgrund . . . das heißt, es gibt sicher mehrere Gründe dafür. Der eine ist der, daß es Ihnen schwer fällt, wie es überhaupt vielen Frauen schwer fällt, daß Männer in sexuellen Dingen freier sind als Frauen. Der andere Grund, warum Sie auf solche Gedanken kommen, ist Ihre Wut auf Ihren Mann, weil Sie das Gefühl haben, daß er Sie – jedenfalls in bestimmter Hinsicht – in Ihren Freiheiten einschränkt. Sie können sich nicht an andere Ehepaare anschließen, Sie können nicht mal was unternehmen, Ihr Mann nimmt an Ihrer sportlichen Aktivität nicht so sehr teil und so weiter. Dies sind eigentlich die beiden Hauptgründe dafür, daß Sie an so eine Möglichkeit denken. Und beides macht Sie wütend, und dabei kommt Ihnen auch manchmal der Gedanke, Ihrem Mann weh zu tun, aber dann denken Sie sofort: Um Gottes willen, wie komme ich denn darauf? Aber wenn Ihnen wieder so ein Gedanke kommt, Ihrem Mann weh zu tun, dann, meine ich, sollten Sie an diese beiden Gründe denken. Denn das ist es doch: wenn Ihnen so ein Gedanke kommt, Ihrem Mann etwas anzutun oder jemand anderem, dann kriegen Sie es mit der Angst zu tun und werden nervös und depressiv.

P. Und dann komme ich auch auf so eine Idee wie damals?

T. Ja.

P. Ich meine, mir das Leben zu nehmen, weil ich es nicht mehr aushalten konnte.

T. Ja, genau. Dann haben Sie das Gefühl: Ach, ich bin so ein schlechter Mensch, so ein schlechter Mensch. Bevor ich ihm so etwas antue, sollte ich es mir eher selbst antun.

P. Aber wie ist das mit meinem Jungen, den ich doch . . .

T. Sie erinnern sich doch, daß ich Ihnen erklärt habe, wenn man auf jemanden wütend ist, daß man's dann leichter findet, seine Wut an einem Kind auszulassen. Und ein anderer Grund ist der, daß Ihr Kind ja ein Junge ist, das dürfen Sie nicht vergessen. Das ist vielleicht auch nicht so einfach für Sie.

P. Gut, das überzeugt mich. Und der große Junge, nun, der ist ja ziemlich zurückhaltend, das ist es eben, ich meine, der ist so ein Typ, an den kommt man nie so richtig heran. Und der Kleine, der . . . schreit eben so viel, ich meine, wegen jeder Kleinigkeit.

T. Der ist ein lautes Kind.

P. Ach ja . . .

T. Und Lärm macht Sie doch auch wütend, oder nicht?

P. Das kann man wohl sagen!

Die Depression wird noch einmal durchgearbeitet, wobei vor allem wieder auf die Verschiebungstendenzen eingegangen wird. Der Therapeut nähert sich nun der Aufgabe, die Behandlung abzuschließen.

T. Schauen Sie, wir müssen jetzt langsam Schluß machen. Haben Sie das Gefühl, daß es Ihnen geholfen hat?

P. Tja, ich denke doch. Ich sagte ja schon, als ich das zweite Mal herkam, da dachte ich schon, es ginge mir wieder gut, aber dann während der Ferien – das heißt, ich weiß nicht, ob es die Ferien waren oder diese Blasenerkältung, was mich so zurückgeworfen hatte . . .

T. Das war ein Rückfall.

P. Als ich an dem Tag nach Hause kam, das war ein schrecklicher Tag, ich habe den ganzen Tag nur geweint.

T. Ich wollte Ihnen noch sagen, daß ich gern wissen möchte,

wie Sie weiterhin zurechtkommen. Und deshalb wollte ich Sie bitten, daß Sie mich, sagen wir, Ende Juni noch einmal anrufen, ja? Und wenn Sie das Gefühl haben, daß Ihnen alles über den Kopf wächst, dann rufen Sie doch bitte auch vorher schon an, und wir werden Ihnen einen Termin einrichten.

P. Ich glaube doch, daß es mir wieder gut geht, was das betrifft... wo doch jetzt das Hörgerät bald kommt – oder sogar schon da ist, und den Halter dafür werden wir auch noch kriegen –, da glaube ich, daß sich alles mehr oder weniger ... von selber regeln wird.

T. Eines sollten Sie auch noch bedenken. Sie haben es ja schon gesagt, daß, eh, daß Sie einfach jemanden brauchen, mit dem Sie sprechen können. Jemanden, der Ihnen hilft und ...

P. Was ich mit meinem Mann nicht so kann.

T. Ich wollte sagen, manchmal ist es einem danach zumute, einfach mal mit jemandem zu sprechen, und da kann's einem passieren, daß man sogar ein Problem erfindet, bloß um ... Na, Sie wissen ja, was ich meine.

P. Ich glaube aber nicht, daß ich ...

T. Aber haben Sie sich denn noch nie irgendeinen Vorwand überlegt, um jemanden zu besuchen, einfach um Leute mal wiederzusehen, mit ihnen zu sprechen und ...

P. Oh ja.

T. Und genau so kann man auch manchmal ... Der beste Grund, um zu einem Arzt zu gehen, ist doch, wenn man ein Problem hat, oder nicht?

P. Das stimmt. Zumal ich mich schon darauf freue, Sie mal wiederzusehen.

T. Ja.

P. Ich habe schon die ganze Zeit zu meinem Mann gesagt: Oh je, das ist jetzt mein letzter Termin bei dem Arzt. Und da sagt er: Ist doch prima, dann geht's dir also wieder gut. Ja, schon, habe ich gesagt, aber vorher wußte ich doch wenigstens, daß immer noch ein Termin bevorstand.

T. Denken Sie also daran, nicht, ... eben weil's halt manchmal so ganz nett ist, einfach mal reinzuschauen und mal wieder mit jemandem so sprechen zu können, wie man es sonst mit keinem Menschen kann, und dann kommt einem so der Gedanke – es braucht einem ja gar nicht mal so bewußt zu sein, aber vielleicht sagen Sie sich: Ich glaube, ich bin krank, ich muß zum Arzt. Sie verstehen, was ich meine?

P. Ja.

T. Denken Sie also daran.

P. Na, ich hoffe ja, daß es so weit nicht kommen wird, daß ich noch krank werde, bloß um wieder herzukommen.

T. Ich meine ja nur, daß Sie gegebenenfalls daran denken sollen. Und denken Sie auch an das andere, was wir besprochen haben. Aber wenn Sie wirklich Hilfe brauchen, dann rufen Sie mich an. Und noch etwas ... Wenn's Ihnen prima geht, um so besser, aber rufen Sie mich trotzdem auf jeden Fall Ende Juni an.

P. Ja.

Die Patientin erhält die Gewißheit, daß der Therapeut auch weiterhin für sie erreichbar bleibt, indem vereinbart wird, daß sie ihn zu einem festgesetzten Termin oder erforderlichenfalls auch schon eher wieder anrufen soll. Prophylaktisch weist der Therapeut sie darauf hin, daß neurotische Symptome u. U. auch ein Mittel sein können, um sekundäre Krankheitsgewinne zu erreichen.

Erste Nachuntersuchung

Vier Monate später ruft die Patientin an und klagt über Nervosität und Angst vor Geisteskrankheit, die dadurch ausgelöst worden war, daß eine Nachbarin »übergeschnappt« war und »den Verstand verloren« hatte. Sie macht sich schwere Selbstvorwürfe, weil sie ihren z. Zt. an Masern erkrankten Kindern kein Gammaglobulin hat spritzen lassen. Es wird noch innerhalb der gleichen Woche ein Termin mit ihr vereinbart.

Die Patientin berichtet, daß sie sich in der Zwischenzeit auf einen kurzen Flirt mit einem früheren Freund, in den sie mit dreizehn Jahren sehr verliebt gewesen war, eingelassen hatte; sie hat das Ganze ihrem Ehemann gestanden, der sich verständlicherweise sehr darüber aufgeregt hat. In letzter Zeit hat der Ehemann ihre sozialen Aktivitäten – mehr unter Leuten zu sein, mit anderen gemeinsam etwas zu unternehmen – wieder stärker eingeschränkt. Er ist zwar bereit, gelegentlich mit ihr allein auszugehen, aber er lehnt es völlig ab, sich an andere Gruppen anzuschließen. Die Patientin hatte zeitweise inzestuöse Phantasien in bezug auf ihre Kinder, wenn sie einmal erwachsen wären. Sie hat auch mit einem Bürstengriff onaniert.

Der Therapeut beruhigt sie hinsichtlich ihrer Phantasien und erinnert sie daran, daß im Verlaufe der Psychotherapie doch viele Dinge an die Oberfläche getreten seien, an die sie vorher nie zu denken gewagt habe. Die Patientin stimmt zu und erinnert sich wieder an die inzestuöse Episode mit ihrem Bruder, von der sie dem Therapeuten schon erzählt hatte. Der Therapeut deutet an, daß sie vielleicht auch ihm gegenüber sexuelle Phantasien gehabt habe. Das gibt die Patientin auch zu; solche Phantasien seien gegen Ende der Behandlung aufgetreten, und zwar zu der Zeit, als sie unter dem imperativen Harndrang litt; sie habe sie auch immer noch, und möglicherweise liege darin auch ein Grund für ihr Bedürfnis, wieder herzukommen und den Therapeuten wiederzusehen. Der Therapeut weist sie darauf hin, daß sie offenbar deshalb das Bedürfnis habe, ihrem Ehemann von ihren sexuellen Phantasien in bezug auf andere Männer zu erzählen, weil sie wütend auf ihn sei, da er ihre Freiheit derart einschränke, und weil sie ihn kränken wolle; es sei aber sicherlich sinnvoller, wenn sie ihm klar zu machen versuche, daß sie wirklich das Bedürfnis habe, mit ihm gemeinsam mehr soziale Aktivität zu entwickeln, und daß ihre Depressionen und ihre Angst zum Teil daher kämen, daß er ihr das bisher verweigert habe. Sie solle auch darauf bestehen, daß er sich ein passendes Hörgerät besorgen solle. Wie zu erwarten, ist die Patientin am Ende der Sitzung wieder deutlich zuversichtlicher und ruhiger geworden.

Zweite Nachuntersuchung

Drei Monate nach dem letzten Gespräch wird die Patientin noch einmal einbestellt, um ihr Einverständnis bezüglich der Veröffentlichung dieses Fallberichtes zu erhalten.

Ihre äußere Erscheinung hat sich erstaunlich verändert: sie ist geschmackvoll und jugendlich gekleidet und trägt eine hübsche Frisur. Sie sagt auch selbst, sie verwende jetzt mehr Mühe auf ihr Aussehen; sie hat mit einigen Müttern aus der Nachbarschaft vereinbart, daß sie reihum die Kinder hüten, so daß jede der Frauen pro Woche einen freien Tag zur Verfügung hat.

In der Zwischenzeit ging es ihr »ganz gut«. Sie hat zwar noch gelegentlich »schlimme Gedanken«, die sie sich aber »ausreden kann«, indem sie sich verschiedene Zusammenhänge wieder vergegenwärtigt, die in der Therapie besprochen worden waren, insbesondere ihre Rivalität mit Männern.

Ihre hartnäckigen Bemühungen haben endlich zu dem Erfolg geführt, daß der Ehemann jetzt ein passendes Hörgerät hat, das er ständig trägt. Dies hat die Situation erheblich verbessert: sie braucht nicht mehr zu schreien; der Fernsehapparat wird nur mehr auf normale Lautstärke gedreht; der Ehemann fühlt sich in Gesellschaft wohler, und die Patientin kann ihn jetzt auch einmal ohne Schuldgefühle allein lassen und sich mit anderen unterhalten. Er erwägt bereits eine Ohroperation, die seinen Hörapparat überflüssig machen würde, allerdings auch sehr kostspielig wäre, aber die Patientin redet ihm zu, die Operation durchführen zu lassen.

Manchmal taucht wieder der Gedanke auf, sie könne verrückt werden, aber sie macht sich klar, daß solche Befürch-

tungen wahrscheinlich mit den »schlimmen Gedanken« zusammenhängen; auf diese Weise gelingt es ihr, die Angst zu
beherrschen, indem sie sich wieder die in der Therapie besprochenen Zusammenhänge und die stützenden Versicherungen des
Therapeuten vor Augen hält. Die sexuellen Phantasien in bezug auf ihren früheren Freund aus der Pubertätszeit spielen
jetzt keine Rolle mehr; die Patientin hatte sich bereits nach
ihrem letzten Besuch beim Therapeuten überlegt, daß es dumm
von ihr gewesen sei, an so etwas überhaupt zu denken, und daß
sie sich solche Gedanken aus dem Kopf schlagen könne.

Literaturverzeichnis

1. ABRAHAM, K.: *Selected Papers on Psychoanalysis*. New York, Basic Books, 1953. In Deutsch: *Psychoanalytische Studien* Bd. I und II, Frankfurt/M., S. Fischer, 1969 und 1971.

2. *Action for Mental Health*. Joint Commission on Mental Illness and Health. New York, Science Editions, 1961.

3. ALEXANDER, F.: *Psychoanalytic Therapy*. New York, Ronald Press, 1946.

4. ALLPORT, G. W.: The functional autonomy of motives *Amer. J. Psychol.* 50: 141-156, 1937.

5. BAHN, A. K., CHANDLER, C. A., und EISENBERG, L.: Diagnostic and demographic characteristics of patients seen in outpatient psychiatric clinics for an entire state (Maryland): Implications for the psychiatrist and the mental health planner. *Amer. J. Psychiat.* 117: 769-778, 1961.

6. BELLAK, L.: The use of oral barbiturates in psychotherapy. *Amer. J. Psychiat.* 11: 849-850, 1949.

7. —: Psychiatric aspects of tuberculosis. *Social Casework* 31: 5, 1950.

8. —: The emergency therapy of depression. In: *Specialized Techniques in Psychotherapy*, herausg. v. G. Bychowski und J. L. Despert. New York, Basic Books, 1952.

8a. —: The Thematic Apperception Test and the Children's Apperception Test in Clinical Use. New York und London, Grune & Stratton, 1954.

9. —: Einführung zu dem Buch *Psychology of Physical Illness*. New York und London, Grune & Stratton, 1952.

10. —, und HASELKORN, F.: Psychological aspects of cardiac illness and rehabilitation. *Social Casework* 37: 483-489, 1956.

11. —, und SMITH, B. B.: An experimental exploration of the psychoanalytic process. *Psychoanalytic Quarterly* 25: 385 bis 414, 1956.

12. –: The schizophrenic syndrome. In *Schizophrenia: A Review of the Syndrome*. New York, Logos Press, 1958.

13. –: A community mental health center in a hospital. *Brit. J. Med. Psychol.* 33: 287, 1960.

14. –: A general hospital as a focus of community psychiatry. *J. Amer. med. Assoc.* 174: 2214-2217, 1960.

15. –, und BLACK, B. J.: The rehabilitation of psychotics in the community. *Amer. J. Ortho-Psychiat.* 30: 346-355, 1960.

16. –: Research in psychoanalysis. *Psychoanalytic Quarterly* 30: 519-549, 1961.

17. –: Acting out: Some conceptual and therapeutic considerations. *Amer. J. Psychotherapy* 17: 375-389, 1963.

18. – (Herausg.): *Handbook of Community Psychiatry and Community Mental Health*. New York und London, Grune & Stratton, 1964.

19. –: Depersonalization as a variant of self-awareness. In *Unfinished Tasks in the Behavioral Sciences*. Baltimore, Williams & Wilkins, 1964.

20. –, PROLA, M., MEYER, E. J., und ZUCKERMAN, M.: Psychiatry in the medical-surgical clinic. *Arch. Gen. Psychiat.* 10: 267-269, 1964.

20a. –, und CHASSAN, J. C.: An approach to the evaluation of drug effect during psychotherapy. A double-blind pilot study of a single case. *J. Nerv. Ment. Dis.* Feb. 1964.

21. BENJAMIN, J. E.: Prediction and psychopathological theory. In: *Dynamic Psychopathology in Childhood*, herausg. v. L. Jessner und E. Pavenstedt. New York und London, Grune & Stratton, 1959.

22. BERES, D.: Ego deviation and the concept of schizophrenia. In: *The Psychoanalytic Study of the Child*, Bd. XI. New York, IUP, 1956.

23. BERGLER, E., und EIDELBERG, R.: Further studies on depersonalization. *Psychiat. Quart.* 24: 268, 1950.

24. v. BERTALANFFY, L.: General System Theory. In: *Main Currents in Modern Thought* 2: 75-83, 1955.

25. BIBRING, C.: Psychiatric Principles in casework. *J. Social Casework* 30: 230-235, 1949.

26. —: The mechanism of depression. In: *Affective Disorders,* herausg. v. Ph. Greenacre. New York, IUP, 1953.

27. BLACK, B. J.: Psychiatric rehabilitation in the community. In: *Handbook of Community Psychiatry,* herausg. v. L. Bellak. New York und London, Grune & Stratton, 1964.

28. BLANK, H. R.: Depression, hypomania and depersonalization. *Psychoanalytic Quarterly* 23: 20, 1954.

29. BLOS, P.: The concept of acting out in relation to the adolescent process. Vortrag bei einer Tagung der New Yorker Psychoanalytic Society am 25. 9. 1962.

30. BÜHLER, K.: *Die geistige Entwicklung des Kindes.* 4. Aufl. Jena, G. Fischer, 1924.

31. BUTLER, J. M.: Measuring the effectiveness of counseling and psychotherapy. *Personnel Guid. J.* 32: 88-92, 1953.

32. CAPLAN, C.: *An Approach to Community Mental Health.* New York und London, Grune & Stratton, 1961.

33. COLE, J.: The therapeutic efficacy of antidepressant drugs. *J. A. M. A.* 190: 448-455, 1964.

33a. COLE, I. E.: *General Psychology.* New York, McGraw-Hill, 1939.

33b. DEUTSCH, H.: Acting out in the transference. In: *Neuroses and Character Types.* New York, IUP, 1965.

34. DIAMOND, S.: A neglected aspect of motivation. *Sociometry* 2: 77-85, 1939.

35. ESCALONA, S., und HEIDER, G. M.: *Prediction and Outcome.* New York, Basic Books, 1959.

36. FEDERN, P.: The ego as subject and object in narcissism. In: *Ego Psychology and the Psychoses,* herausg. v. E. Weiss, New York, Basic Books, 1952. Deutsch in: *Ichpsychologie und die Psychosen.* Bern und Stuttgart, H. Huber, 1956.

37. FENICHEL, O.: *The Psychoanalytic Theory of Neurosis.* New York, Norton, 1945.

38. –: Organ libidinization accompanying the defense against drives. In: *Collected Papers of Otto Fenichel*, Bd. I. New York, Norton, 1953.

39. FRIEDMAN, P., und LINN, L.: Some psychiatric notes on the *Andrea Doria* disaster. *Amer. J. Psychiat.* 114: 426-432, 1957.

40. FREUD, A.: *Das Ich und die Abwehrmechanismen* (1936). München, Kindler-Taschenbücher, 1964.

41. FREUD, S.: Zur Psychopathologie des Alltagslebens (1901). *Ges. Werke* Bd. IV. London (Imago) / Frankfurt (S. Fischer) 4. Aufl. 1964.

42. –: Vorlesungen zur Einführung in die Psychoanalyse (1916/17). *Ges. Werke* Bd. XI. London (Imago) / Frankfurt (S. Fischer) 3. Aufl. 1961.

43. –: Das Ich und das Es (1923). *Ges. Werke* Bd. XIII. London (Imago) / Frankfurt (S. Fischer) 4. Aufl. 1963.

44. –: Erinnern, Wiederholen und Durcharbeiten (1914). *Ges. Werke* Bd. X. London (Imago) / Frankfurt (S. Fischer) 3. Aufl. 1963.

45. –: Bruchstück einer Hysterie-Analyse (»Fall Dora«) (1905). *Ges. Werke* Bd. V. London (Imago) / Frankfurt (S. Fischer) 3. Aufl. 1961.

46. GILL, M. M., NEWMAN, R. G., REDLICH, F. C., und SOMMERS, M.: *The Initial Interview in Psychiatric Practice.* New York, IUP, 1954.

47. GREENACRE, Ph.: General problems of acting out. *Psychoanalytic Quarterly* 19: 455, 1950.

48. HARRIS, R. E., und CHRISTIANSIN, C.: Predictions of response to brief psychotherapy. *J. Consult. Psychol.* 21: 269-284, 1946.

49. HARTMANN, H.: Ein Fall von Depersonalisation. *Z. Neurol. Psychiat.* 74: 593, 1922.

50. –: Comments on the psychoanalytic theory of the ego. In: *The Psychoanalytic Study of the Child*, Bd. V. New

York, IUP, 1950. In Deutsch: Bemerkungen zur psycho-analytischen Theorie des Ichs. *Psyche* 18: 330-354, 1964.

51. –: Contributions to the metapsychology of schizophrenia. In: *The Psychoanalytik Study of the Child*, Bd. VIII. New York, IUP, 1953. In Deutsch: Ein Beitrag zur Metapsychologie der Schizophrenie. *Psyche* 18: 375-396, 1964.

52. –: Ich-Psychologie und Anpassungsproblem (1939). Stuttgart, Klett, 1960.

53. HERBART, C. P.: Zitiert nach dem *Dictionary of Philosophy*, herausg. v. D. R. Runes, New York, Philosophical Library, 1942.

54. HILGARD, J. R., und NEWMAN, M. F.: Evidence for functional genesis in mental illness. *J. Nerv. Ment. Dis.* 132: 1, 1961.

55. HOLLINGSHEAD, A. B., und REDLICH, F. C.: *Social Class and Mental Illness: A Community Study*. New York, Wiley, 1958.

56. HOLT, R. R.: Gauging primary and secondary processes in Rorschach responses. *J. Proj. Techn.* 20: 14-25, 1956.

57. JACKSON, D.: Conjoint family therapy. Some considerations on theory, technique, and results. *Psychiatry* (Suppl.) 24: 30-45, 1961.

58. JACOBSON, E.: On effect of disappointment on ego and super-ego formation in normal and depressive development. *Psychoanaly. Rev.* 33: 129-147, 1946.

59. –: Denial and repression. *J. Amer. Psychoanal. Ass.* 5: 61, 1957.

60. –: Depersonalization. *J. Amer. Psychoanal. Ass.* 7: 581, 1959.

61. JONES, E.: *Das Leben und Werk von Sigmund Freud*, Bd. III. Bern und Stuttgart, Huber, 1963.

62. KAFFMAN, M.: Short term family therapy. *Family Process* 2: 216-234, 1963.

63. KANNER, L.: A discussion on early infantile autism. *Dig. Neurol. Psychiat.* 19: 158-159, 1951.

64. KATAN, M.: Schreber's prepsychotic phase. *Intern. J. Psycho-Analysis* 34: 43-51, 1953.

65. KATZ, M. M., und LYERLY, S. B.: Methods for measuring adjustment and social behavior in the community. I. Rationale, description, discriminative validity, and scale development. *Psychol. Reports* 13: 503-535, 1963.

66. KRIS, E.: Danger and morale. *Amer. J. Ortho-Psychiat.* 14: 147-155, 1944.

67. –: *Psychoanalytic Explorations in Art.* New York, IUP, 1952.

68. –: The use of prediction in a longitudinal study. In: *The Psychoanalytic Study of the Child,* Bd. XII. New York, IUP, 1957.

69. LEMKAU, P. V., und CROCETTI, G. M.: The Amsterdam municipal psychiatric service. *Amer. J. Psychiat.* 117: 779-783, 1961.

70. LEWIN, B. D.: *The Psychoanalysis of Elation.* New York, Norton, 1950.

71. LORD, E.: Two sets of Rorschach records obtained before and after brief psychotherapy. *J. Consult. Psychol.* 14: 134-139, 1950.

72. MAHLER, M.: On child psychosis and schizophrenia. In: *The Psychoanalytic Study of the Child,* Bd. VII. New York, IUP, 1952.

73. MANN, R. D.: *A Critique of P. E. Meehl's Clinical vs. Statistical Prediction.* Ann Arbor, University of Michigan Mental Health Research Institute, 1961.

74. MEEHL, P. E.: *Clinical Versus Statistical Prediction: A Theoretical Analysis and a Review of the Evidence.* Minnesota, Univ. of Minnesota Press, 1954.

75. MENNINGER, K.: Regulatory services of the ego under major stress. *Int. J. Psycho-Analysis* 35: 412-430, 1954.

76. MORTON, R. B.: An experiment in brief psychotherapy. *Psychol. Monogr.* 69: 1, 1955.

77. MURRAY, H. A.: *Explorations in Personality.* New York, Oxford University Press, 1938.

78. NUNBERG, H.: The synthetic function of the ego. *Int. J. Psycho-Anal.* 1931, 12.

79. –: *Principles of Psychoanalysis.* New York, IUP, 1955. Deutsch: *Allgemeine Neurosenlehre.* Bern / Stuttgart, Huber, 1932, 3. Aufl. 1970.

80. OBERNDORF, D. P.: The role of anxiety in depersonalization. *Int. J. Psycho-Analysis* 31: 1, 1950.

81. OSTOW, M.: *Drugs in Psychoanalysis and Psychotherapy.* New York, Basic Books, 1962.

82. PARLOFF, M. B., KELMAN, H. C., und FRANK, J. D.: Comfort effectiveness and self-awareness as criteria of improvement in psychotherapy. *Amer. J. Psychol.* 111: 343 bis 352, 1954.

83. PIAGET, J.: *Language and Thought.* London, Kegan Paul, 1932.

84. Psychoanalysis and learning theory. Dr. C. Brenner's Section of the Kris Study Group. *Psychoanal. Quart.* 32: 152-154, 1963.

85. REICH, A.: Pathological forms of self-esteem regulations. In: *Psychoanalytic Study of the Child,* Bd. XV. New York, IUP, 1960.

86. SCHEIDLINGER, S.: The concept of identification in group psychotherapy. *Amer. J. Psychother.* 9: 661-672, 1955.

87. SCHILDER, P.: *The Image and Appearance of the Human Body.* New York, IUP, 1950.

88. SEWARD, J. P.: The structure of functional autonomy. *Amer. Psychol.* 18: 7-10, 1963.

89. SHNEIDMAN, E. S., und FARBEROW, N. L.: *Clues to Suicide.* Public Health Reports 71: 109-114, 1956.

90. SMALL, L.: Personality determinants of vocational choice. *Psychol. Monogr.* 67: 1, 1953.

91. SPIEGEL, L.: The self, the sense of self, and perception. In: *The Psychoanalytic Study of the Child,* Bd. XIV. New York, IUP, 1959.

92. SPITZ, R.: Hospitalism, an inquiry into the genesis of

psychiatric conditions in early childhood. In: *The Psychoanalytic Study of the Child*, Bd. I, 1945.

93. –: Anaclitic depression, an inquiry into the genesis of psychiatric conditions in early childhood. In: *The Psychoanalytic Study of the Child*, Bd. II. New York, IUP, 1946.

94. –: Psychogenic diseases of infancy. In: *The Psychoanalytic Study of the Child*, Bd. VI. New York, IUP, 1950.

95. STAMM, J.: Depersonalization and the wish to sleep. *J. Amer. Psa. Ass.* 10: 762, 1962.

96. STRUPP, H.: *Psychotherapists in Action*. New York und London, Grune & Stratton, 1960.

96a. –: *A Bibliography of Research in Psychotherapy*. Chapel Hill, University of North Carolina, 1964.

97. –: *A Clinical Picture of Claustrophobia*. Film produced by the Veterans' Administration.

98. VAN ITALLIE, P. H.: Over 19 000 suicides in the United States. *Pulse of Pharmacy* 17: 3, 1963.

99. WAELDER, R.: *Basic Theory of Psychoanalysis*. New York, IUP, 1960. In Deutsch: *Die Grundlagen der Psychoanalyse*. Bern und Stuttgart, Huber, 1963.

100. WHITE, R. W.: Motivation reconsidered: The concept of competence. *Psychol. Rev.* 66: 297-333, 1959.

101. WHITTINGTON, H. C.: Transference in brief psychotherapy: Experience in a college psychiatric clinic. *Psychiatric Quart.* 26: 503-518, 1962.

102. WOODWORTH, R. S.: *Dynamic Psychology*. New York, Columbia University Press, 1918.

Namen- und Sachverzeichnis

Abraham, K. 189

Abhängigkeit 92

Abreagieren, *siehe* kathartische Methode

Abwehrmechanismen 55, 57, 67 bis 69
- benigne und pathologische 133
- physiologische Abwehr 241
- Therapie bei Störungen der Abwehrfunktionen 152 f.
  siehe auch Verdrängung, Verleugnung

Adoleszenz, *siehe* Pubertät, Jugendliche

Aggression
- und Angst 133
- und Depersonalisation 225
- und Depression 188 f., 190 f., 196 f.
- Intra-Aggression 188 f., 190 f., 196 f.
- manifeste, Behandlung 176 bis 178
- verdrängte 116 f., 126-128

Agieren 61, 249-265
- bei akuten Psychosen 239, 241, 249 f.
- Fallbeispiele 260-264, 264 f.
- klinisches Bild 249-251
- Psychodynamik 251-255
- und Suizidversuche 198
- therapeut. Maßnahmen 129 bis 131, 255-260

Albee, G. W. 21

Allport, G. W. 4, 31, 302

Alkoholismus 94, 150, 249

Altro-Rehabilitationsprogramme für Schizophrene 175 f.

Amitriptylin 165 f., 193

amnestische Lücken 106

Amphetamin-Derivate 165, 193

Amputation, psychotherapeutische Probleme 189

Anamnese, *siehe* Erstinterview

Anfälle, psychogene 124 f.

Anpassung, psychische
- an körperl. Krankheiten 268 bis 273
- an die Realität 57 f.

antagonistische Hemmung 74

Antidepressiva 165 f., 193, 243

Angst
- frei flottierende 109
- und Hyperventilation, *siehe dort*
- Initialangst, Schwellenangst 136, 164
- Libidinisierung von Angst 60 f.
- neurotische 212, *siehe auch* Panikzustände
- primäre 208
- psychotische 239
- somatische Angstäquivalente 274
- traumatische 208
- Angstzustände, *siehe* Panikzustände, Phobie

Arbeit und Beruf, psychodynamische Aspekte 99, 171-176

Arousal 79

Atemtechnik 179, 230

Alfred Lorenzer, Sprachzerstörung und Rekonstruktion
Vorarbeiten zu einer Metatheorie der Psychoanalyse

Gérard Mendel, Die Generationskrise
Eine soziopsychoanalytische Studie

Karl Menninger, Selbstzerstörung
Psychoanalyse des Selbstmords

Objekte des Fetischismus
Herausgegeben von J.-B. Pontalis

Paul Parin, Fritz Morgenthaler und Goldy Parin-Matthèy
Fürchte deinen Nächsten wie dich selbst
Psychoanalyse und Gesellschaft am Modell der Agni in Westafrika

Psychoanalyse und Justiz
*Theodor Reik, Geständniszwang und Strafbedürfnis. Probleme der
Psychoanalyse und der Kriminologie (1925)
Franz Alexander und Hugo Staub, Der Verbrecher und sein Richter.
Ein psychoanalytischer Einblick in die Welt der Paragraphen (1929)*

Psycho-Pathographien I
*Schriftsteller und Psychoanalyse
Einleitung von Alexander Mitscherlich*

F. C. Redlich und D. X. Freedman
Theorie und Praxis der Psychiatrie

Theodor Reik, Der eigene und der fremde Gott
Zur Psychoanalyse der religiösen Entwicklung

Paul Roazen, Politik und Gesellschaft bei Sigmund Freud

Paul Schilder, Entwurf zu einer Psychiatrie auf psychoanalytischer
Grundlage
Vorwort von Helm Stierlin

Charles W. Socarides, Der offen Homosexuelle

Jean Starobinski
Psychoanalyse und Literatur

Helm Stierlin
Das Tun des Einen ist das Tun des Anderen
Versuch einer Dynamik menschlicher Beziehungen